执行典范

执　行　典　范　丛　书

顾问　宋朝武　肖建国

执行参与分配实务难点指引

ZHIXING CANYU FENPEI SHIWU
NANDIAN ZHIYIN

曹凤国　主编

法律出版社
LAW PRESS · CHINA
北京

图书在版编目（CIP）数据

执行参与分配实务难点指引 / 曹凤国主编. -- 北京 : 法律出版社, 2025. --（执行典范丛书）. -- ISBN 978 -7 -5197 -9888 -8

Ⅰ. D925.04

中国国家版本馆 CIP 数据核字第 2024HW0805 号

执行参与分配实务难点指引
ZHIXING CANYU FENPEI SHIWU NANDIAN ZHIYIN

曹凤国 主编

策划编辑 冯雨春
责任编辑 张 颖
装帧设计 李 瞻

出版发行 法律出版社
编辑统筹 法律应用出版分社
责任校对 王晓萍
责任印制 刘晓伟
经　　销 新华书店

开本 710 毫米×1000 毫米 1/16
印张 23.25 **字数** 368 千
版本 2025 年 1 月第 1 版
印次 2025 年 1 月第 1 次印刷
印刷 固安华明印业有限公司

地址:北京市丰台区莲花池西里 7 号(100073)
网址:www.lawpress.com.cn
投稿邮箱:info@lawpress.com.cn
举报盗版邮箱:jbwq@lawpress.com.cn

销售电话:010－83938349
客服电话:010－83938350
咨询电话:010－63939796

书号:ISBN 978－7－5197－9888－8
定价:118.00 元

作者一览表

（按姓氏拼音排序）

主　编

曹凤国　中国政法大学法学博士，资深执行专家，中国法学会银行法学研究会副秘书长，中国行为法学会执行行为专业委员会常务理事
第一章第二节，第三章，第十六章第二、三节

撰稿人

陈晓欢　法学本科，浙江省金华市中级人民法院执行综合处副处长
第九章

杜　欣　法学硕士，宁夏回族自治区银川市中级人民法院执行二庭庭长
第八章第一节、第二节（合）

范加庆　法律硕士，江苏省南通市中级人民法院执行局三级法官
第七章第二节

高　可　法学硕士，北京市第三中级人民法院执行二庭副庭长，三级高级法官
第一章第一节、第八章第二节（合）

李金雷 | 法学硕士，北京市朝阳区人民法院望京人民法庭庭长，四级高级法官
第十六章第一节

刘伟光 | 法学硕士，北京市西城区人民法院执行局执行指挥中心副团队长
第十一章

孙兆松 | 军事管理学硕士，湖北省武汉市武昌区人民法院二级法官
第四章

王　建 | 法学硕士，山东省济南市天桥区人民法院执行指挥中心副主任
第二章

王燕军 | 法学硕士，福建省高级人民法院办公室二级主任科员
第七章第一节，第十章

闫龙欢 | 法学本科，河南省高级人民法院执行裁决庭一级法官助理
第十四章，第十五章，第十八章

杨海超 | 法学博士，原北京市海淀区人民法院执行三庭副庭长
第十二章，第十七章

杨　朔 | 法学硕士，北京市高级人民法院执行二庭四级高级法官
第五章

张誉潇 | 法律硕士，原北京市丰台区人民法院民四庭法官助理
第十三章，第十六章第四节

邹慧敏 | 法律硕士，内蒙古自治区高级人民法院复议监督处三级高级法官
第六章

总　　序

曹凤国博士在军都山下和小月河畔度过了十年的求学生涯，算是一个土生土长的法大人。我记得那是十七年前的秋天，他硕士研究生在读，我在法律出版社参加一个学术研讨会，将要离开的时候，他很真诚地跑到前面请我一起合影留念，并表达了对学术研究的渴望。我以为他只是对民法感兴趣，没想到他分配至法院工作多年，成为一名法官后，并没有抛弃当初的理想，只不过研究的重点转向了民事程序法和强制执行法，这份坚持也很是难得。他认为，我国民事执行的理论研究尚属薄弱，加上制度建构的落伍，实践中反馈的问题较多，应得到理论界和实务届更广泛的关注，从理论和实务、实体和程序相结合的多维视角推进对民事执行的系统化研究。2019 年初冬，他来看望我时，再次阐述了他针对民事执行领域重点和难点问题组织编写一套具有实践指导价值的丛书的愿望。尽管想法多少有些理想主义成分，且付诸实施的难度不小，但相信以他长期对执行理论的研究为基础，辅以丰富的立法和实务经验，能够高水平完成这样一个专门研究执行前沿问题的宏大工程，我对此深表嘉许并给予鼓励。

民事执行现在已经引起全社会的广泛关注，我也了解中国社会确实还存在执行难的问题，最高人民法院有针对性地开展了“基本解决执行难”的专项行动，从信息化和规范化的角度继续探索建立不再产生执行难的长效机制，也取得了一些成效，但执行难还未根治。从民事权利的保障看，裁判的执行是保障人权的重要手段、整合社会诚信体系的关键制度、司法权威的基本表征。执行程序作为实现公平正义的“最后一公里”，如果不能充分体现对权利的尊重，不能高效地兑现实体权利，对市场经济的主体而言，反而拉长了把纸面权利转换为现实权利的时空距离，也就弱化了社会主体内心所认知的司法公信力。目前看来，无论是审判权还是执行权，与其动辄对市场主体重大财产权利进行实体处分的强大功能相比，其行使还没有受到理性的制约，司法自由裁量权还没有生成相对统一、具有可预见性的尺度，这也是人民群众对司法实践仍有微词的症结所在。

在某种意义上，强制执行法的重要性不亚于《民法典》，但相对于发育较为成熟的民事实体法，强制执行法刚刚提上立法日程，能不能制定出一部适合中国国情、现代化的强制执行法，从理念定位、基本原则、体例结构、制度设计、措施手段等方面作出科学安排，仍具有较大的不确定性，需要顶层设计者以及每一位从事法学理论和实践研究的法律工作者高度关注并积极建言献策。

我对法治中国的前景依然保持乐观，法官和律师作为法律共同体的中坚力量，要站在正义河流的源头，多一些悲天悯人的济世情怀，不向强权屈服，只向真理低头。在通往法治国的道路上，不应仅是呐喊，还要顺应时代发展潮流，洞察社会需求，深入研究法律规则的运行效果和规律，以一点一滴的实际行动推动法治社会的来临。

生于忧患、死于安乐，我希望更多的青年才俊能珍惜当下，热切地投入中国法律制度的实证研究和理论研究中去，成为法治社会的践行者和推动者，为法治中国的建构贡献应有的力量。

是为序！

江　平[*]

2019年12月4日

---

[*] 中国政法大学终身教授。

序

在广义执行法领域，我国一直奉行有限破产主义，并在执行程序中辅以参与分配制度。在保障公民和其他组织等民事主体从债务人的财产变价款中平等受偿的权利方面，参与分配规则起到了“小破产法”的作用。随着个人破产制度入法的社会呼声越来越高，参与分配制度成了法律改革热点问题之一。曹凤国博士主编的新书《执行参与分配实务难点指引》展现了迄今为止的参与分配制度研究成果，记录法律变更的焦点时刻，可谓恰逢其时。

参与分配制度不是民事诉讼法明确规定的制度，而是通过司法解释确立的制度。因此，对于参与分配的适用条件、申请时间、分配顺序、救济途径等的规定尚有不完全、不明确之处，亟须法教义学的提升。该书从制度历史发展和比较法研究入手，详细阐述了参与分配程序的启动、分配法院、截止日期、主体资格、清偿顺位、分配方案、分配异议等参与分配制度适用中的难点、疑点以及问题点，并重点论述了税收债权能否参与分配、参与分配与破产制度如何衔接、到期债权执行是否适用参与分配、参与分配错误的救济路径等重大问题。其中的论述均以实践为导向，以解决实践中的问题为己任，以提升法教义学含金量为目标，对于参与分配法的理论研究以及参与分配制度规则的实践，均将产生深远的影响。

从体例设置来看，该书章节分为法律依据、制度研究、实务操作、审判前沿四大部分。不仅采取了从立法到司法的正向视角，而且采取了从司法反思立法不足的反向视角；不仅采用了从宏观到微观的演绎方法，而且采用了从微观到宏观的归纳方法。其视角多元，其方法周延，其论证深入，其内容全面，其体系整齐，读起来酣畅淋漓，引人深思。

曹凤国博士一直钟情于强制执行法理论与实务的研究，其主持编写的“执行典范丛书”在强制执行法研究领域影响力很大。曹凤国博士以其独特的人格魅力，吸引着越来越多的法官、律师和企业法务从业人员关注并从事强制执行法研究。本书的作者中，有很多实践经验非常丰富的一线法官和学者。独特的作者群使本书能够从实务和理论的双重视角对参与分配制度进行论述，并兼顾立法论与解释论。该书形成的成果对于法律适用以及未来的参与分配和个人破产的立法，都具有启发意义。

最后，我想说的是，如何在适应中国国情的前提下完善参与分配制度，是一个中国自主知识体系构建进程中的重大问题。该书的研究仅仅是一个开端，对于参与分配制度的研究，亟须更多优秀的学者和法律从业者参与。在此，特别期待本书的出版能够带动更多优秀学者加入参与分配研究行列，一起写好中国的故事。

是为序。

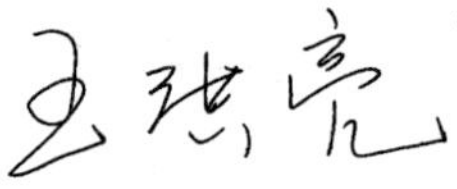[*]

2024 年 7 月 8 日

* 清华大学长聘教授，博士生导师。

参与分配的当下命运
——正义在平等与优先之间
（代前言）

《民事强制执行法(草案)》提交立法机关审议的同时,《企业破产法》也列入修订议程,参与分配与这两部法律存在相当密切的关系。2024年6月,全国人大委员长会议通过了法工委作出的关于终止审议民事强制执行法草案的报告,意味着强制执行法如火如荼的立法议程,又一次宣告搁浅。相对于强制执行法的制定过程的波折,参与分配的立法命运似乎更加多舛,20年前,最高法院向社会公布了参与分配司法解释的征求意见稿,拟颁布可以对全国法院具有普遍指导意义的统一法律适用规则,但时至今日仍不见踪影。客观而言,鉴于我国执行管辖制度与个案利益平衡的特殊性考量,在执行分配领域制定统一的操作标准,确非轻而易举。参与分配司法解释历经五分之一个世纪仍然“难产”,不经意间已定格为强制执行法立法的缩影。但是,在刚刚终止审议的《民事强制执行法(草案)》起草过程中,参与分配在平等主义、团体优先主义和彻底优先主义之间游移不定、反复切换,理论界和实务界对应当如何构建参与分配制度依然众说纷纭,即使将来重新起草强制执行法,参与分配采用何种立法模式仍然是个未知数。

我国参与分配制度,向来被视为有限破产主义平等清偿理念下的特定产物,它与纯粹的优先主义清偿观,似乎有着天然隔阂,但与破产程序以概括清偿为目的的实质平等原则又形似神异,即使个人破产制度写进破产法,但因参与分配负担的特殊使命,无法被个人破产所替代,参与分配制度不可能退出历史舞台,因此,试图以个人破产取代参与分配的错误思潮不应当成为共识。

从现行制度逻辑出发,我国参与分配程序的启动以被执行人的总财产不足以清偿全部债务为前提，并非指向特定财产，参与分配程序一定程度上承担了部分清算程序的功能，但在实务操作层面，执行机构对被执行人名下财产是否足以清偿全部债务，一般不做严格性审查，分配对象主要指向某单个资产或部分可变现财产，且以分配法院获得处置权的执行财产为准，对于其他法院查控的财产，并未一并纳入本院分配范围，从这个意义上，参与分配不完全等同于一般破产主义的语境下的财产分配，系介于个别清偿和概括清偿中间的颇具中国特色的清偿范式。因此，有学者主张将参与分配重新拉回到特定财产分配的轨道上来，按照查封财产的先后顺序受偿，实际上旨在摒弃针对债务人总财产实行分配的平等主义理念，采取了绝对优先主义的清偿原则，意图取消几十年的平等主义传统，这种思潮直接体现在强制执行法的条文中，已被终止审议的《民事强制执行法（草案）》与2019年《民事强制执行法（草案）（征求意见稿）》相比，执行分配的制度设计出现了从团体优先向彻底优先主义的急速转向。

彻底优先主义在强制执行法草案中的强势推行，不能不引起对平等主义参与分配制度缺失引发不良后果的广泛忧虑。在中国施行优先主义参与分配制度的观点，不过是以个人破产嵌入破产法作为假想前提的超前物种，尽管为强制执行法涂抹了一层浓厚的理想主义色彩，但立法者在打破公平主义分配外壳的同时，忽略了参与分配的概念实质，该种制度设计在某种程度上使强制执行法遭遇了终止审议的挫折。轻易否定参与分配的平等观念，将个人破产与公平清偿对立起来，在是否采纳一般破产主义以及破产法引入个人破产制度依然存在高度不确定性的情况下，单纯以个人破产作为预设，舍弃平等主义，从新旧制度的有序衔接、立法的逻辑性和实用性观察，多少显得有些仓促和武断。

执行实践中，尽管被执行人为企业法人，如果债权人同时申请执行，仅仅因为执行办案人员的快慢，以采取执行措施的先后作为清偿规则，将会出现早几分钟查封的债权人得到足额清偿、晚几分钟的债权人颗粒无收的现象，尤其是大标的案件，这种巨大反差很难彰显执行程序的公平价值。因此，虽然强制执行法在中国切实解决执行难的语境中的分量不言自明，但如果立法者仅以主观创新为理由，对现行制度轻言放弃，此种立法将对我国久久为功的执行制度建设造成难以言说的伤害。

优先主义抑或平等主义的选择,还要关顾参与分配制度的重构能否与我国其他执行法律制度相调谐。我国职权主义的财产查控和多判项一揽子申请执行模式,殊难与纯粹的优先主义相契合,优先主义观点只看到对先到先得者的鼓励,却忽略了债权人在获取责任财产上并不享有充分的自主权,如果通过立法赋予当事人或其代理律师广泛的财产调查权,而非完全依赖于执行法院的依职权调查,需要改造和扭转我国目前协助义务机关不对接执行债权人的财产调查申请的固有体制,充分发挥债务人的财产开示功能,使申请开具调查令成为债权人的法定权利,而不是受限于地方法院自行决定的范畴。当下,执行自由裁量权的运用,对个别债权人的清偿具有决定性影响,如果因执行行为的消极,让债权人承担劣后查封的不利后果,既是逻辑判断问题,也是价值判断问题。

参与分配立法不能机械模仿某一域外立法外观,德国之所以采取优先主义,是因为该国民事诉讼法修订后,将财产调查的义务转移至债权人,债权人只有提供了债务人的财产线索,才能申请启动对应财产的执行。因此,德国法不仅允许查封产生顺位优先权,而且就同一执行依据可能因执行财产不同衍生出多个的执行程序,与彻底优先主义的分配规则遥相呼应,从制度配套和立法逻辑上均可自洽,我国查封措施不产生实体法上的优先权,且禁止重复查封,轮候查封制度也并未给优先主义的参与分配制度提供足够适用之空间。制度建构上,对绝对优先主义说不,却不意味着我国现行参与分配制度没有深度改造的空间。区分法人和自然人、其他组织而实行不同清偿规则的做法并没有彻底实现结果正义,激发执行主体的参与积极性。参与分配法院的自由裁量权与当事人、利害关系人程序异议权的滥用,使分配程序的效率价值屡屡受挫,虚假优先权对普通债权的蚕食,在执行中难以分辨;税收优先权对抵押权、建工优先权的挤压,也让执行法官无所适从。如此,债权人不但没有品尝到甜美果实,反而有可能陷入另一种巨大的不确定性。因此,我们不妨接受现实,找出相对折中的法律适用标准,找到平等和优先的最佳结合点,借鉴团体优先主义的合理因子,在某一特定时点适当关门,对每次关门后进入门里的群体实行按比例平等分配。总之,参与分配程序不应当被定位成纯粹的技术规则。如果将参与分配脑补成配合个人破产制度承担执行案件终本出清功能的技术手段,立法者将会在主观化立法思维的驱使下,对参与分配采取非理性斧凿与肢解,使原本血肉丰满的参与分配制度异化为无魂之躯。

本书作者为正在执行一线战斗或曾经在执行系统内战斗过的青年才俊,他们拥有勇于担当的家国情怀、扎实的专业功底以及丰富的争议解决经验。本书分享的不仅是知识和经验,还有他们数载的青春年华和对执行的爱。笔者认为,在作者和读者的殷殷期盼中,假如强制执行法立法进程的延缓能够换来立法技术和制度建构的成熟,参与分配可以重回理性轨道,如果审议的终止能够换来一部更加优质的强制执行法,为健全国家执行体制赋能,立法暂缓出台代价的付出还是值得的!

曹凤国

2025 年 1 月 1 日于北京西郊

凡　　例

一、法律、法规、规章和规范性文件名称一律省略中华人民共和国，其余一般不省略，但可以简称，如《中华人民共和国民法典》，简称《民法典》。

二、叙述法律、法规、规章和规范性文件，如果因需要区分，有必要在名称前标注制定机关和制定、修改年份，如1991年《民事诉讼法》，对于现行《民事诉讼法》，不再注明修改年份，简称《民事诉讼法》；更改文号但未变更规定名称的，只在前面注明相应年份。

三、为行文方便，对于本书以下出现场合较多的法律、法规、司法解释和规范性文件，使用简称，具体如下：

1.《最高人民法院关于适用〈中华人民共和国民事诉讼法〉的解释》（法释〔2015〕5号，2022年修正），简称《民事诉讼法解释》；

2.《最高人民法院关于人民法院办理财产保全案件若干问题的规定》（法释〔2020〕21号），简称《保全规定》；

3.《最高人民法院关于人民法院办理执行异议和复议案件若干问题的规定》（法释〔2015〕10号，2020年修正），简称《异议复议规定》；

4.《最高人民法院关于人民法院民事执行中查封、扣押、冻结财产的规定》（法释〔2004〕15号，2020年修正），简称《查扣冻规定》；

5.《最高人民法院关于人民法院执行工作若干问题的规定（试行）》（法释〔1998〕15号，2020年修正），简称《执行规定》；

6.《最高人民法院关于首先查封法院与优先债权执行法院处分查封财产有关问题的批复》（法释〔2016〕6号），简称《优先债权执行批复》；

7.《最高人民法院关于适用〈中华人民共和国民事诉讼法〉执行程序若干问题的解释》（法释〔2008〕13号，2020年修正），简称《执行程序解释》；

8.《最高人民法院关于执行案件移送破产审查若干问题的指导意见》（法

发〔2017〕2 号），简称《执转破意见》；

9.《最高人民法院关于适用〈中华人民共和国企业破产法〉若干问题的规定（二）》（法释〔2020〕18 号），简称《破产法解释（二）》；

10.《最高人民法院关于人民法院民事执行中拍卖、变卖财产的规定》（法释〔2004〕16 号，2020 年修正），简称《拍卖变卖规定》；

11.《最高人民法院关于适用〈中华人民共和国民事诉讼法〉若干问题的意见》（法发〔1992〕22 号，已废止），简称《民诉意见》；

12.《最高人民法院、国土资源部、建设部关于依法规范人民法院执行和国土资源房地产管理部门协助执行若干问题的通知》（法发〔2004〕5 号），简称《国土房管部门协助执行通知》；

13.《全国法院民商事审判工作会议纪要》（法〔2019〕254 号），简称《九民纪要》；

14.《最高人民法院关于审理民事案件适用诉讼时效制度若干问题的规定》（法释〔2008〕11 号，2020 年修正），简称《诉讼时效规定》；

15.《最高人民法院、最高人民检察院关于办理虚假诉讼刑事案件适用法律若干问题的解释》（法释〔2018〕17 号），简称《虚假诉讼解释》；

16.《最高人民法院关于进一步完善执行权制约机制　加强执行监督的意见》（法〔2021〕322 号），简称《执行监督意见》；

17.《最高人民法院关于适用〈中华人民共和国民法典〉有关担保制度的解释》（法释〔2020〕28 号），简称《民法典担保制度解释》；

18.《最高人民法院关于统一法律适用加强类案检索的指导意见（试行）》（2020 年 7 月 31 日），简称《类案检索意见》。

目　　录

第一章 参与分配制度概述

参与分配制度是在执行程序中,同一债务人存在多个债权人,且债务人财产不足以清偿全部债务,为保障各债权人的债权公平受偿,在执行程序中按比例或按查封顺位分配债务人财产的制度。参与分配作为民事执行制度的重要组成部分,历经40余年的理论和实践探索,已经在我国司法实践中普遍适用。参与分配制度并未在民事诉讼法中出现,而是通过司法解释逐步确立和完善的。目前有关参与分配的司法解释包括《执行规定》、《民事诉讼法解释》和《执行程序解释》①,最高人民法院曾于2001年向社会公布了关于参与分配司法解释的征求意见稿,但实践中关于是否适用参与分配程序、申请参与分配的主体范围、当事人提交申请的截止日期、债权清偿顺位等均存在不同认识,导致参与分配的统一立法变得异常艰难。

第一节 参与分配的立法演进

一、1998年《执行规定》颁布前的参与分配立法

1982年《民事诉讼法(试行)》第180条曾规定:"被执行人被执行的财产,不能满足所有申请人要求的,按下列顺序清偿:(一)工资、生活费;(二)国家税收;(三)国家银行和信用合作社贷款;(四)其他债务。不足清偿同一顺

① 司法解释主要包括《执行规定》(第55~56条)、《民事诉讼法解释》(第506~510条)、《执行程序解释》(第17~18条)3部司法解释9个条文,共同构筑起我国民事执行程序中的参与分配制度。《执行程序解释》关于分配方案异议和异议之诉的规定与《民事诉讼法解释》第509条、第510条高度重合,实际上关于参与分配的法律规定只有7条。

序的申请人要求的,按比例分配”。但是1982年规定的内容比较粗略,并不能解决当时分配制度面临的各种问题,例如该法条仅仅适用于“企业法人破产还债程序”,尚未明确规定当被执行人为公民或者其他组织时,以何种形式参与到分配程序当中。

1991年《民事诉讼法》第十九章单独规定了企业法人破产还债程序。1992年最高人民法院公布的《民诉意见》,将对法人财产的分配从民事执行程序中剥离,对执行法人的破产制度和执行公民、其他组织的参与分配制度进行了区分,这弥补了我国非法人破产制度的空白。《民诉意见》关于参与分配的规定共3条(第297~299条),明确了参与分配的适用条件,程序及财产的分配顺序,首次确定了我国参与分配制度。根据该司法解释,取得执行依据或已经起诉的债权人发现被执行人的财产不能清偿所有债权的,可以向人民法院申请参与分配;适用条件是被执行人财产不能清偿所有债权;申请时间在执行程序开始后,被执行财产清偿前,清偿顺序参照破产财产的分配顺序①,即被执行人的财产参照1991年《民事诉讼法》第204条规定的顺序清偿,不足清偿同一顺序的,按照比例分配。清偿后的剩余债务,被执行人应当继续清偿。债权人发现被执行人有其他财产的,可以随时请求人民法院执行

二、1998年《执行规定》关于参与分配的制度设计

1998年《执行规定》第十一节(多个债权人对一个债务人申请执行和参与分配)共9条(第88~96条)对《民诉意见》中的参与分配制度进行了进一步的修正和细化。1998年《执行规定》第88条规定:“多份生效法律文书确定金钱给付内容的多个债权人分别对同一被执行人申请执行,各债权人对执行标的物均无担保物权的,按照执行法院采取执行措施的先后顺序受偿。多个债权人的债权种类不同的,基于所有权和担保物权而享有的债权,优先于金钱债权受偿。有多个担保物权的,按照各担保物权成立的先后顺序清偿。一份生效法律文书确定金钱给付内容的多个债权人对同一被执行人申请执行,执行

① 1991年《民事诉讼法》第204条规定,破产财产优先拨付破产费用后,按照下列顺序清偿:(1)破产企业所欠职工工资和劳动保险费用;(2)破产企业所欠税款;(3)破产债权。破产财产不足清偿同一顺序的清偿要求的,按照比例分配。

的财产不足清偿全部债务的,各债权人对执行标的物均无担保物权的,按照各债权比例受偿。”不难看出,1998 年《执行规定》改变了有权申请参与分配主体的范围,首先取消了已经提起诉讼但未取得执行依据的债权人的申请资格,其次除有执行依据的债权人外,在被执行人财产上享有担保物权及优先权的债权人也具有了参与分配的资格,着重强调了对有优先权、担保物权的债权人优先受偿权的保护。第 91 条第 1 款规定:“对参与被执行人财产的具体分配,应当由首先查封、扣押或冻结的法院主持进行。”明确了由首先查封、扣押或者冻结的法院主持财产的具体分配。如果采取的是诉讼保全措施,则具体分配应当在案件审理终结后进行。清偿顺序采取剩余主义,即在已经优先清偿有优先权、担保物权的债权人的债权后,按比例清偿普通债权。

另外,第 96 条①还将被执行人的范围扩大至符合特定条件的企业法人,这是参与分配的一个特殊情况,主要是针对当时破产制度十分不健全、破产程序的启动十分困难的实际状况,目的在于弥补破产法适用失灵造成的企业清算空白,维护债权人之间的公平受偿。当然第 96 条在适用上也存在一些争议,一般当债权人依据第 96 条申请参与分配的,法院都会转而要求债权人以《执行规定》第 89 条申请被执行人破产。2007 年,《企业破产法》正式实施,《民事诉讼法》以及《执行规定》中有关企业法人破产还债的规定也就并入了破产法之中。随后在 2007 年修改《民事诉讼法》中再无有关参与分配制度的法律规定。

三、《民事诉讼法解释》关于参与分配制度的变革

2008 年《执行程序解释》第 25 条规定:“……债权人或者被执行人对分配方案有异议的,应当自收到分配方案之日起十五日内向执行法院提出书面异议。”第 26 条关于“债权人或者被执行人对分配方案提出书面异议的……异议人可以自收到通知之日起十五日内,以提出反对意见的债权人、被执行人为被告,向执行法院提起诉讼……”的规定首次在执行程序中增加了参与分配

① 1998 年《执行规定》第 96 条规定:被执行人为企业法人,未经清理或清算而撤销、注销或歇业,其财产不足清偿全部债务的,应当参照本规定 90 条至 95 条的规定,对各债权人的债权按比例清偿。

制度的救济程序，并且明确了分配方案异议及其处理程序，即分配方案异议以及分配方案异议之诉。2015 年《民事诉讼法解释》第 508～513 条（共 6 条）进一步细化了参与分配制度，主要变化分为四个方面：一是将参与分配的债权人范围限定在已经取得执行依据的债权人和有优先权担保物权的债权人，对人民法院查封的财产有优先权、担保物权的债权人，可以直接申请参与分配，主张优先受偿权；二是将参与分配的时间表述为“执行程序开始后，被执行人的财产执行终结前”；三是确定了优先清偿执行费用，即执行所得价款的清偿顺序是在要扣除执行费用并清偿优先债权后，剩余部分普通债权按比例清偿；四是删除了特定情形下被执行人为企业法人适用参与分配制度的规定，即在符合破产情形下，经当事人同意，可以中止对企业法人的执行，将执行案件相关材料移送被执行人住所地人民法院，转入破产程序。

2020 年《执行规定》删除了与《民事诉讼法解释》重复和冲突的条款，保留了关于不同债权人依据不同权利性质、债权种类的受偿规则条款（第 55 条）和由首先查封的法院主持分配的规定（第 56 条）。至此，参与分配制度历经立法的多次修改日臻完备。

2022 年 6 月 24 日提交立法机关审议的《民事强制执行法（草案）》将分配制度专章规定于第十四章（清偿和分配）第 174～182 条。在《民事强制执行法（草案）》以及破产法正在修订和拟建立自然人破产制度的立法背景下，草案对于参与分配制度进行了较大的变革，由原来的二元制结构调整为一元制，分配程序适用于所有的民事主体，即不再区分被执行人是公民或者法人，采用统一的案款分配顺序。普通民事债权按照查封顺序先后受偿，对于执行所得案款在扣除优先债权后，均按照查封先后顺序受偿。在这一基础上，草案详细规定了分配方案的作出时间，分配方案的内容，执行款的清偿顺序，同时修改了参与分配的申请时间，分配方案异议时间。目前《民事强制执行法（草案）》尚处在审议阶段，《强制执行法》最终采纳的参与分配制度究竟如何，目前尚未可知。

第二节　我国参与分配制度的基本特征

一、参与分配程序适用的主体特殊性

（一）适用的被执行主体特定化

《民事诉讼法解释》第506条规定："被执行人为公民或者其他组织，在执行程序开始后，被执行人的其他已经取得执行依据的债权人发现被执行人的财产不能清偿所有债权的，可以向人民法院申请参与分配。对人民法院查封、扣押、冻结的财产有优先权、担保物权的债权人，可以直接申请参与分配，主张优先受偿权。"参与分配的前提条件是被执行人财产不足以清偿全部债务。因我国参与分配制度指向被执行人所有财产而非对特定财产的变现价款之分配，故要求以被执行人全部财产不能清偿债务为前提。至于如何判断不能清偿所有债务，一般以终本为判断标准。被执行人包括公民或者其他组织，企业法人不适用参与分配制度。关于企业法人是否能够作为被执行人适用参与分配，实践中还存在争议。但是《民事诉讼法解释》第511、514条限制企业法人参与分配，规定符合企业法人破产情形的应当申请破产，不应再适用狭义的参与分配程序，但从是否应当制作分配方案角度看，企业法人可以适用广义的参与分配程序。

（二）申请参与分配债权人严格限定

在债权人范围问题上，我国立法历经了从宽到严再适当放宽的变化，1992年《民诉意见》规定已经起诉的债权人可以申请参与分配，但债务人与其他第三人共同伪造债权以侵害有执行依据的申请执行人的情形不断出现，立法将申请人的范围限缩为有执行依据的债权人。但是，我国拍卖执行财产采取涂销主义，即拍卖财产上原有的担保物权及其他优先受偿权因拍卖而消灭，优先权人也会因财产的拍卖而丧失对物的优先权利。在实体法中，享有优先权或担保物权的权利人优先于其他普通债权人，有必要在执行款项的受偿中优先保障有优先权或担保物权的权利人，因此，优先权人可以直接申请参与分配。除《民事诉讼法解释》第506条规定外，《优先债权执行批复》第3条第3款规定："首先查封债权尚未经生效法律文书确认的，应当按照首先查封债权的清

偿顺位,预留相应份额。”根据上述司法解释,可以申请参与分配的主体有三类:(1)取得执行依据的债权人,执行依据包括生效的判决、裁定、调解书、仲裁裁决书、仲裁调解书、支付令、公证债权文书等;(2)对被执行财产有优先受偿权的债权人;(3)首先查封但尚未取得执行依据的债权人。

各地法院对于已取得执行依据和有优先受偿权的债权人可以申请参与分配均无异议。但是对于尚未取得执行依据的债权人能否申请参与分配,做法不一。江苏①、浙江②、重庆③、北京、福建等地放宽了申请主体范围,对于以下几类未取得执行依据的普通债权人也准予申请参与分配,在执行分配中留存相应的财产份额,根据审理结果对执行款进行分配。江苏省高级人民法院、浙江省高级人民法院、重庆市高级人民法院和北京市高级人民法院均肯定了首先申请查封的债权人,请求支付被拖欠工资、医疗及伤残补助、抚恤费用、基本养老保险金、基本医疗保险费用等的债权人可以提存对应债权款项;浙江、重庆法院认为对于人身损害赔偿金的受害人债权也应当予以保护,因此此类债权也可以在无执行依据的情况下申请参与分配,除上述规定的 4 类特殊情形外,《江苏省高级人民法院关于正确理解和适用参与分配制度的指导意见》第 6 条还规定主张抚养费、扶养费、赡养费的债权人和申请司法确认的人民调解协议的债权人也可以申请强制执行。福建省福州市中级人民法院与内蒙古自治区包头市中级人民法院关于申请参与分配的主体规定一致。《包头市中级人民法院关于执行程序中参与分配的实施细则》《福州市中级人民法院关于参与分配具体适用的指导意见(试行)》都在第 8 条规定已经起诉且在先保全的债权人即使尚未取得执行依据,也得以诉讼保全的债权额为限参与分配,该条第 2 款、第 3 款还赋予了未届清偿期的担保债权人、被欠缴社会保险费用的职工申请参与分配的权利。

与上述法院不同,有的法院对申请主体的范围规定较为审慎,《佛山市中级人民法院关于规范执行程序中权利主体参与分配会议纪要》第 5 条规定申请参与分配的主体限于有金钱债权执行依据和对查封财产有优先权或担保物

① 《江苏省高级人民法院关于正确理解和适用参与分配制度的指导意见》。

② 《浙江省高级人民法院关于多个债权人对同一被执行人申请执行和执行异议处理中若干疑难问题的解答》。

③ 《重庆市高级人民法院关于执行工作适用法律若干问题的解答(一)》。

权的债权人。无论优先权、担保物权是否已届清偿期，均可申请参与分配并主张优先受偿权。

二、有权申请参与分配截止时间的差异性

关于债权人有权申请参与分配的起始时间，1992 年《民诉意见》规定的是“执行程序开始后”，关于参与分配的截止时间，1992 年《民诉意见》将截止时间界定为“被执行人的财产被清偿前”，1998 年《执行规定》则规定为“被执行人的财产被执行完毕前”，《民事诉讼法解释》第 507 条第 2 款规定：“参与分配申请应当在执行程序开始后，被执行人的财产执行终结前提出。”但是，就“财产执行终结前”的理解，因执行标的物的种类不同，实务中各地法院做法差异较大。

各地法院在确定申请参与分配的截止时间时，普遍做法是将执行财产分为货币类财产和非货币类财产。《江苏省高级人民法院关于正确理解和适用参与分配制度的指导意见》第 8 条确定的申请参与分配的截止时间就是根据参与分配财产的类别予以规定。(1)待分配财产为货币类财产或通过拍卖、变卖方式处置变现非货币类财产的，截止时间为分配方案已制作完成且当次分配方案已发送任一相关当事人的前一日，以投递签收日期为发送时间；(2)待分配财产为非货币类财产通过拍卖、变卖不成，以物抵债的，截止时间为抵债裁定送达之日的前一日。北京法院、福州市中级人民法院、包头市中级人民法院虽然也是以执行财产的类别进行划分，但是货币类财产申请参与分配的截止时间是案款到达分配法院账户之日，非货币财产则是拍卖、变卖裁定送达买受人之日或以物抵债裁定送达之日。《重庆市高级人民法院关于执行工作适用法律若干问题的解答(一)》第 5 条第 2 款规定：(1)被执行人财产是货币资产的，截止时间为案款支付给申请执行人的前一日；(2)被执行人财产是动产的，截止时间为动产交付的前一日；(3)被执行财产为不动产或其他财产权益的，截止时间为过户裁定依法送达相关权属登记机关的前一日。另外，在《上海法院类案办案要件指南》一书中对申请参与分配截止时间的认定区分了不同情况。①

---

① 参见茆荣华主编：《上海法院类案办案要件指南》(第 4 册)，人民法院出版社 2021 年版，第 603～604 页。

也有法院根据申请执行人的数量情况进行划分。如《浙江省高级人民法院关于多个债权人对同一被执行人申请执行和执行异议处理中若干疑难问题的解答》第12条规定：(1)只有一个申请执行人的，截止时间为执行价款支付给申请执行人的前一工作日或产权转移承受人的前一工作日；(2)有两个以上债权人的，截止时间为分配方案送达第一个当事人的前一个工作日。有的法院不区分被执行财产类别，直接以分配方案的首次送达日为截止时间（如佛山市中级人民法院）。

总体来说，申请截止时间为拍卖成交之日（上海），分配案款到达法院账户之日或拍卖裁定送达之日（北京、福州、包头），效率最高，客观上可以预期分配时间，但同时也要求参与分配债权人具备较高的注意义务，需要及时关注债务人财产的上拍信息。截止时间为分配方案送达之日（江苏）的，所保护的债权人范围较广，但是由于分配方案的制作进度主要取决于法院，分配时间不具备客观认知性。将申请分配截止时间规定为拍卖款分配完毕之日的，对债权人保障范围最广，但其执行效率和公平受偿性也最低。《重庆市高级人民法院关于执行工作适用法律若干问题的解答（一）》支持这种做法，最高人民法院（2020）最高法执监105号裁判观点也认为在拍卖款分配完毕之前，不能剥夺债权人申请参与分配的权利。

关于是否应当依职权通知债权人申请参与分配的问题，有的法院认为应当在参与分配截止前通知已知的各债权人以尽可能保障所有债权人的公平受偿，而有的法院认为参与分配应当注重执行效率，在通知程序上只需通知已知的优先权人。对于未提交参与分配申请书的债权人，江苏省高级人民法院认为应当通知的范围包括：首封债权人，已知的享有优先权、担保物权的债权人，有执行依据的轮候查封债权人，执行法院已经受理的对同一被执行人的执行案件的其他债权人。上海市高级人民法院认为应当通知已知的优先权、担保物权人，对于普通债权人，则无须通知。

三、债权的清偿顺序的差别性

《民事诉讼法解释》第508条规定，执行价款按执行费用、优先债权、普通债权的顺序分配，原则上普通债权按该债权占全部申请参与分配债权数额的比例受偿。

《江苏省高级人民法院关于正确理解和适用参与分配制度的指导意见》第 9 条规定，分配前应当先按顺序扣除执行费用、土地出让金、物权变更登记所需承担的税费等必要费用后再按优先受偿债权和普通债权的顺序进行分配。《浙江省高级人民法院关于多个债权人对同一被执行人申请执行和执行异议处理中若干疑难问题的解答》第 8 条明确优先权包括担保物权、船舶优先权、民用航空器优先权、建设工程价款优先受偿权、土地使用权出让金优先权、税收优先权、应退受教育者学杂费用优先权、已交付全部或大部分款项的商品房买受人(消费者)优先权以及基于保留所有权或未转移登记而产生的剩余价款优先受偿权共计九个类别。

北京法院认为在扣除执行费用、土地使用权出让金后按消费者购房款、享有优先权部分的建设工程价款，职工工资债权，担保物权，民用航空器优先权，船舶优先权的顺序清偿优先债权后，剩余案款由各普通债权按比例受偿。佛山市中级人民法院在《佛山市中级人民法院关于规范执行程序中权利主体参与分配会议纪要》第 10 条中规定，被执行人的财产按照共益费用、职工工资及劳动保险费用、经生效法律文书确认优先权的建设工程价款、担保物权、普通债权的顺序清偿。佛山市中级人民法院还明确了职工经济补偿金属于违约补偿，在参与分配程序中不具有优先受偿性，应按照普通债权进行清偿。对于税款的清偿顺序，包头市中级人民法院认为税款优先于无担保的债权，并且如果欠缴税款的时间发生在担保物权设立之前，则税款的清偿顺位优先于该担保物权。

在实践中，为了激发债权人查找被执行人财产的积极性，破解执行财产难寻困境，部分法院规定在一定情形下，在执行价款分配时对于首封债权人予以适当优待，提高分配比例。所提高的分配比例一般以按债权比例分配时应得款项的 20% 为限。江苏省高级人民法院、重庆市高级人民法院认为对于分配财产，债权人首先申请查控、提供线索查控、行使撤销权、司法审计、悬赏执行等方式发现被执行人财产的可以多分。北京法院对于特别清偿顺序的规定是债权人对执行标的采取保全措施的可以在该财产清偿完担保物权和优先债权后，予以优先补偿，但是财产保全时间限定于诉讼前、诉讼中、仲裁前或仲裁中。浙江省高级人民法院、福州市中级人民法院、包头市中级人民法院也规定对于首先采取财产诉讼保全措施的债权人，在分配该财产变价所得价款时可以适当多分。

在首先查封财产的普通债权人是否可以优先受偿的问题,上海市高级人民法院、佛山市中级人民法院对此持否定态度,认为参与分配的分配原则应当坚持现行的法律规定即按比例分配的原则,在先查封的普通债权人不享有优先受偿权。另外,佛山市中级人民法院认为债权人之间的认知程度存在差异,不能要求所有债权人都能发现分配方案中的错误,进而提起分配异议之诉,这会在司法实践中损害执行法院的公信力,因此明确规定分配方案异议之诉的诉讼利益归属于全体执行当事人。

四、主持分配的法院的恒定性

关于主持分配法院的问题,普遍采取由首封法院主持分配。江苏省高级人民法院特别规定参与分配由首封法院或实际控制财产的法院主持。如果被执行人的多项财产被不同法院查封,主持分配法院略有不同。江苏省高级人民法院规定由控制主要财产的法院主持分配,也可以报请省法院或中级人民法院指定法院主持分配。浙江省高级人民法院规定各法院对适用参与分配意见一致的,由各在先查封法院各自进行分配,不能达成一致意见或者涉及法院较多的,由各法院的共同上级法院提级执行或指定执行。福州市中级人民法院规定可以由各项财产的在先查封法院分别进行分配,也可以通过提级执行或指定执行对被执行人所有的可供执行的财产或者价款统一处置,统一分配。

五、参与分配的诉讼救济性

对于执行实施程序作出的参与分配方案,法院只根据当事人的反馈意见进行调整,根据《民事诉讼法解释》第510条和《执行程序解释》第18条规定,债权人、被执行人应当在其对分配方案提出书面异议且收到其他债权人、被执行人的反对意见后,才可以提起分配方案异议之诉。另外,对于被执行人为企业法人的情形,债权人也可以提起分配方案异议之诉。根据《执行程序解释》第17条规定,作为被执行企业法人的债权人在被执行人未进入破产程序时可以提起分配方案异议之诉。

第二章　参与分配的基本原则

采用有限破产主义模式，自然人和非法人组织作为债务人财产无法清偿所有债权时，通过参与分配程序的设计能够最大限度保障财产分配符合公平正义理念，维护债权人合法权益，让多个纠纷在尽可能满足多方意愿的前提下得到有效的解决。而最大限度发挥参与分配制度的功能，很大意义上在于确立科学合理的分配原则。一般来说，参与分配制度解决的是民事债务清偿问题，故其在功能上应该贯彻民法债权平等原则，在平等原则的大框架之下保护各债权人利益。但同时，作为执行程序中的分配程序，必然要考量执行效率，因此，目前世界上关于参与分配制度的分配原则，主要有优先主义、平等主义与折中主义三种。以下分述之。

第一节　优先主义

参与分配中的优先主义是指法院在债务人有两个以上（含两个）债权人的场合，除了对执行财产本身具有法定优先权的债权人外，对于其他债权人的清偿按照采取强制执行措施的顺序或其他某种顺序进行清偿的原则。一般来说，优先主义中所遵循的顺序主要指的是查封（冻结、扣押）顺序，即先查封者先受偿。在世界范围内来说，在民事执行中实行优先主义的国家主要有德国、英国、美国等。

一、优先主义的主要观点

在实行优先主义的国家中，德国最具有代表性。为了实现首先查封的普通债权优先受偿的目的，德国法创设了查封质权和查封抵押权制度，在德国，普通债权人可以因法院的查封行为在查封物上取得担保物权人的法律地位,从而使该普通债权人的债权能够优先于其他普通债权人得以清偿。[①] 在德国强制执行程序中,对动产的执行和不动产的执行有不同的法律规定。动产层面,《德国民事诉讼法》规定,债权人在查封债务人动产时即获得关于该项执行财产的质权,这就是所谓的“查封质权”,取得查封质权的债权人即获得相应的优先受偿的权利。查封债权人有多数人时,其优先受偿的顺序依查封时间的先后确定,如有依法律行为设定的抵押权存在时,依抵押权发生的先后顺序确定其优先受偿顺位。[②] 不动产层面,《德国民事诉讼法》规定,债权人可以直接申请执行机构采取拍卖的方式予以执行,当执行机构的拍卖文书送达该债权人时,该债权人同样获得关于该执行财产的抵押权。与动产类似,债权人依据执行机构采取强制措施即可取得优先受偿权。此外,《德国民事诉讼法》还规定,债权人取得对债务人的胜诉判决后,无须经债务人同意即可到不动产的登记机关申请登记,在债务人不动产上设立抵押权,即所谓的强制抵押权。总之,无论被执行财产是动产还是不动产,德国法律都赋予在先提起关于该项财产强制执行措施的债权人某种担保物权,通过这种担保物权,债权人便获得了相较于其他债权人关于被执行财产的优先受偿权。当一个财产上既有普通抵押权,又有强制抵押权时,按照抵押权形成的先后时间确定优先受偿权顺位。

英国作为普通法系国家,优先主义的实现方式和德国法明显不同。英国法律中的优先制度,是在强制执行程序中承认债权人按查封时间先后而享有优先受偿权,并无如同德国法上的查封质权制度。[③] 动产方面,以执行令状到达执行官时间确定受偿顺序。普通法系国家的强制执行程序存在诸多令状,执行令状也称菲发令状,内容主要是指示执行官对债务人名下的财产采取扣押处置措施,将所得款项用于清偿债权人对债务人享有的债权。当多个债权人对同一债务人都取得执行令状时,以先到达执行官的令状对应债权人取得

---

① 参见尚彦卿:《民事执行中参与分配制度研究》,西南政法大学2018年博士研究生学位论文,第77页。

② 参见黄金龙:《关于人民法院执行工作若干问题的规定实用解析》,中国法制出版社2000年版,第270页。

③ 参见黄金龙:《关于人民法院执行工作若干问题的规定实用解析》,中国法制出版社2000年版,第270页。

对债务人名下财产优先受偿的权利，后到达执行官的令状关联债权人，只能在前面债权人债权受偿完毕且有余款时，才能获得清偿。如无剩余，则不能获得清偿。不动产执行，则是通过向法院申请扣押令的形式来实现的，即债权人向法院申请扣押令并持扣押令到登记机关办理登记手续，以获得对不动产的优先受偿权，这点类似于德国的强制抵押权制度。需要注意的是，判决债权人可以通过向法院申请设定担保权益裁定而获得优先受偿权，但如果法院认为判决债务人已经或将要丧失偿还能力，可以驳回判决债权人之申请，因为判决债权人此时不应通过法院裁定获得优于其他一般债权的地位。①

美国和英国同属于普通法系国家，强制执行制度在很大程度上来源于英国法，但是在表现形式上又有不同。美国法律中的优先主义是通过各类司法文书的形式确定债权人享有各类担保利益，进而实现优先受偿的目的。不动产层面，美国衡平法在英国衡平法设定担保权益裁定的基础上创设了判决担保权益制度，判决作出后，法院书记官主动在判决摘要册登记债务人姓名、债务数额及登记日期，判决债权人对判决债务人不动产享有的抵押权，从判决摘要册登记日期起算，②即法院以判决的形式，判决债权人对债务人所有的不动产享有担保利益。在后取得执行依据的债权人，得等待前面判决抵押权人利益实现后，方得受偿。如果没有剩余利益，在后权利人只能通过破产程序寻求救济。动产方面，通过司法扣押的方式取得担保利益，即债权人向法院申请扣押债务人名下的动产，法院对债务人名下的动产一经扣押完成，债权人即取得对特定动产的担保利益。

在实行优先主义的国家中，法国比较特殊。一方面，《法国民法典》明确规定："债务人的财产是为其全体债权人之共同担保，此种财产的价金，应依各债权人之债权数额平等分派之，但在债权人之间存在优先受偿的合法原因，不在此限。"这一法条从原则上确立了财产分配的平等主义底色。另一方面，在实践操作中，法国又通过各类制度设计，使得平等主义被不断架空。不动产方面，法国法律规定了类似德国的强制抵押权制度，债权人一旦取得胜诉判决，即刻对债务人所有不动产取得判决抵押权。债权人持胜诉判决到登记机

---

① 参见严银：《执行程序中的查封优先权》，载《人民司法(应用)》2017 年第 10 期。

② 参见严银：《执行程序中的查封优先权》，载《人民司法(应用)》2017 年第 10 期。

关办理登记后，可取得抵押权对抗效力。多个债权人对不动产均享有判决抵押权的，以到登记机关办理登记的时间确定先后顺序。动产层面，法国法律通过设立“归属扣押”，“除了债务人的工资债权之外，法院可以直接判决命令第三人直接向债权人清偿债务”。因此，法国法已经事实上放弃了平等主义的基本立场，基于对效率的追求转向优先主义。

我国2022年《民事强制执行法（草案）》（征求意见稿）第179条规定：“执行款在优先清偿执行费用和共益债务后，依照下列顺序进行分配：（一）维持债权人基本生活、医疗所必需的工资、劳动报酬、医疗费用等执行债权；（二）对执行标的享有优先受偿权的债权；（三）其他民事债权。前款第三项规定的民事债权，按照查封财产的先后顺序受偿。刑事判决中确定被告承担赔偿责任的，按照民事债权顺位受偿。”改以平等主义为重心的二元主义为优先主义，由此引发我国现有国情是否已完全具备实施优先主义条件的诸多探讨。有观点认为，在我国现有的权能与责任均高度集中于法院的民事执行体制下，当事人难以在债务人财产发现中起到主体性作用，决定财产查封之先后也非其权能范围，按照查封顺序清偿无疑是要求债权人承担查封顺序先后带来的不利后果，在我国现有执行体制下，很难具有正当性。① 另外，基于我国法院决定财产查封顺序的现状，优先主义易引发廉政风险。另有观点认为，我国现有的平等主义原则不仅占用了过多的司法资源，导致执行效率低下，还无限拉长了债权人实现债权的时间，难免有以平等保护债权人之名拖延债权受偿之实的质疑。

二、优先主义评析

优先主义从程序的视角出发，通过主张竞争机会均等和效率价值来强调制度的公平，其优势主要体现在以下两点：其一，与强制执行程序追求效率的属性相契合。与审判程序强调公平不同，强制执行程序更着眼于效率价值，通过采取强制措施，不间断、不停歇地实现胜诉当事人利益是强制执行程序的本质追求。在这种情况下，优先主义通过“查封质权”或“判决抵押权”等制度安排，对执行竞合时如何进行利益分配确定明确的分配规则，操作上更简单明确，更有利于相关权利人利益的快速实现。其二，更有利于督促债权人及时行

① 参见陈杭平：《执行价款分配模式转型之辨》，载《中国法学》2023年第5期。

使权利。优先主义赋予最先主张权利、申请扣押的债权人以优先受偿权,保护其利益的实现,而在后主张权利、申请扣押的债权人则面临劣后受偿乃至无法受偿的风险。通过这种制度设计,督促权利人第一时间积极主张权利,实现债权,促进相关纠纷的快速出清,有利于维护社会稳定和交易安全。

但是优先主义在追求效率的同时,也带来了许多问题,其本身存在的缺点也显而易见:其一,对于未取得执行依据的债权人来说,因强制执行需要执行依据,优先主义剥夺了其同时申请执行的机会,从而丧失了机会平等的前提。而未取得执行依据有时并非由于债权人不积极主张权利,而是诉讼程序本身的原因所致,比如针对同一债务人,债权人选择仲裁完全可能比在先诉讼的债权人更早取得执行依据。其二,优先主义一般赋予了查封以质权或者抵押权的效力,这使得本来平等的债权因强制措施而变得不平等了。这一不平等甚至延续到了破产程序中,比如德国法上的查封质权和查封抵押权具备超强效力,它们使得查封标的物在破产程序中享有了别除权,从而使得其他债权人最后要求公平的机会都丧失了。或许正是基于此,英国和美国的优先主义并没有赋予查封在破产法上的别除权,而是弱化了优先主义在破产程序中的影响。

第二节　平 等 主 义

参与分配程序中的平等主义原则,是指对债务人财产的折价或变价款,除享有法定优先权的债权人(如担保物权人,建设工程优先受偿权人等)外,参与分配中各普通债权人均有平等接受债务清偿的权利,受偿数额按照债权比例确定。平等主义原则有着古老的发展历史,最早可以上溯到罗马法时代,后法国法、日本法均沿袭了这一原则并有所改良。

一、平等主义的主要观点

如前所述,法国曾经是实行平等主义的典型国家,在罗马法复兴的背景下,法国于 1804 年、1806 年相继制定了《法国民法典》和《法国民事诉讼法典》,在民事执行原则方面完全承袭了罗马法的精神,即除享有法定优先权的债权人之外,各个债权人均按其债权额比例受偿。[①] 法国至今仍然在现行立法中保留着平等主义的基本立场,即便通过"强制抵押权"以及"归属扣押"的规定,赋予了当事人取得优先受偿权的途径,但是仍然存在标的物分配时无人取得优先受偿依据的情形,此时仍然需要按照平等原则分配执行到位。相比较而言,日本成了实行平等主义最彻底的国家,一方面,日本将平等主义作为分配财产的基本原则,对债务人的财产,清偿完执行费用及法定优先权后,所有债权人均可以申请参与分配并获得不同程度的受偿。另一方面,日本法没有规定"查封质权""判决抵押权"等制度。日本法上的查封与我国现行立法类似,查封标的物一般只是禁止债务人转移标的物所有权或在标的物上设置权利负担,查封债权人并不取得优先受偿的实体权利。在变价及案款分配阶段,取得执行依据的债权人可以直接向财产处置机构申请参与分配并获得最终清偿,而此时没有取得执行依据的债权人,还需要通过审理确定债权,才能申请参与分配。日本法还对参与分配的申请时间进行了规定,执行机构有权确定参与分配的截止时间并进行公告,截止时间之外申请参与分配的债权人,存在无法获得清偿的风险。

除日本外,我国现行立法也采取平等主义原则,《民事诉讼法解释》第508条规定,参与分配程序中,执行所得价款扣除执行费用,并清偿应当优先受偿的债权后,对于普通债权,原则上按照其占全部申请参与分配债权数额的比例受偿。近年来,各地区对平等主义原则也开始反思和改进,比如,考虑首封债权人的贡献,部分地区赋予首封债权人在参与分配中多分的权利。

二、平等主义评析

平等主义是公平原则在强制执行程序和参与分配程序中的直接体现,具有天然的正当性。在债务人的财产足以覆盖全部债权人债权的情况下,债务的清偿顺序在债权人之间并不敏感,而当债务人的财产不足以覆盖全部债权人债权的情况下,分配原则就显得极为重要和敏感,除处置费用和法定优先权可以优先在债务人财产中受领之外,全部普通债权人对债务人享有的债权具

---

① 参见王娣、王德新、周梦炎:《民事执行参与分配制度研究》,中国人民公安大学出版社2019年版,第87页。

有平等性，按照数额比例平等受偿也就成了应有之义。这是平等主义原则最大的特点和优势。除此之外，平等主义较之优先主义而言，在一定程度上可以规避道德风险，即债务人选择性清偿的问题。在优先主义原则下，最先主张权利、扣押财产的债权人获得比其他一般债权人更优先的权利，而只有债务人最清楚自己的财物状况和财产所在，取得债务人配合的债权人，一定比其他债权人更有优势，这对于其他债权人而言是不公正的，也会导致债务人和部分债权人恶意串通，损害其他债权人利益，进而提高全社会交易成本和诚信成本。当然，平等主义的缺点也不容忽视：其一，影响债权人主张权利、推动财产处置的积极性。在平等主义模式下，是否优先采取保全、查封措施对于最终能否获得清偿、获得多少清偿并无直接关系，只要取得执行依据并在案款发放完毕前申请参与分配，理论上均可以获得和首先查封债权人同等的清偿利益。这必然导致当事人申请保全债务人财产，推动法院处置债务人财产的积极性大打折扣。在执行实务中，这种情况的出现可能导致债务人恶意转移财产导致债权无法实现，动产长期不处置导致贬值等风险。其二，降低司法效率，损耗司法资源。虽然平等主义是公平原则的直接体现，但是在执行实务中，如果对每一项财产都要制定参与分配方案，甚至进入参与分配之诉，则会导致大量财产处置效率低下，严重占用司法资源。事实上，在执行实务中，虽然法律规定了平等主义，但是由于债权人难以掌握债务人的财产状况和其他案件执行情况，债权人往往难以及时申请参与分配，导致结果实质上系按照优先主义原则实现，尤其是对于银行存款等易于执行的财产，真正有机会提出参与分配申请的债权人少之又少。

第三节 折中主义

折中主义，又称团体优先主义，是平等主义和优先主义调和的产物，当债务人财产不足清偿债权时，申请执行的债权人与在一定期限之内申请参与分配的债权人形成一个团体，得依债权比例受偿，该团体相比该期限以后申请参与分配的债权人，享有优先受偿的权利。从前述优先主义和平等主义立法情况来看，两种立法例着眼于不同的价值取向，呈现出对债权不同的保护模式，在这种情况下,本书虽然将折中主义模式与前述两种模式并列,但并不意味着折中主义呈现出完全不同的价值取向,其更类似于前两种模式在司法实践中动态平衡和妥协的产物,更多地着眼于通过细化制度设计来缓和各方利益冲突,以达到兼顾各方权益的目的。

一、折中主义的主要做法

在各国和地区现行规定中,典型的折中主义模式是瑞士模式。《瑞士联邦债务执行与破产法》规定,从最先查封被执行人财产之日起30日内,请求轮候查封债务人财产的债权人与最先查封的债权人构成第一团体,该团体就被查封的财产以同一顺位按照债权比例平均受偿。以30日为一个团体的申请期间,每个期间内申请轮候查封的所有债权人以此类推组成第二、第三等团体,每个团体的债权人均在团体内部按照债权比例受偿,前面团体的债权人优先于后面团体的债权人受偿。这种规定实际上是通过规定固定的期间,将不同期间分别申请参与分配的债权人分为不同团体,对同一期间内申请参与分配的债权人按比例清偿,时间劣后的团体需等待前述团体受偿完毕后再行受偿。

我国台湾地区"强制执行法"也实行折中主义,主要体现在对参与分配申请时间规定了明确的节点,对需要拍卖的标的物,参与分配申请提交截止时间是拍卖终结前一日,对不需要拍卖的标的物,参与分配申请提交截止时间是参与分配方案落款时间前一日,也就是说,参与分配方案已经制作出来的,就不允许其他债权人在对方案所涉及标的物提出参与分配申请。我国台湾地区"强制执行法"第31条规定:"因强制执行所得之金额,如有多数债权人参与分配时,执行法院应作成分配表,并指定分配期日,于分配期日五日前以缮本交付债务人及各债权人,并置于民事执行处,任其阅览。"第32条规定:"他债权人参与分配者,应于标的物拍卖、变卖终结或依法交债权人承受之日一日前,其不经拍卖或变卖者,应于当次分配表作成之日一日前,以书状声明之。逾前项期间声明参与分配者,仅得就前项债权人受偿余额而受清偿;如尚应就债务人其他财产执行时,其债权额与前项债权余额,除有优先权者外,应按其数额平均受偿。"根据上述规定,我国台湾地区"强制执行法"改优先主义为团体优先主义,区分执行标的物是否需要拍卖变卖规定了不同的划分时点。标的物需拍卖、变卖的，以标的物拍卖、变卖终结之日一日前为时点，在此之前声明参与分配的债权人为一个团体，超过该时点声明参与分配的债权人为另一团体，另一团体只得就前一团体受偿余额而受清偿；标的物不需拍卖、变卖的，以当次分配表作成之日一日前为时点，在此之前声明参与分配的债权人为一个团体，超过该时点声明参与分配的债权人为另一团体，另一团体只得就前一团体受偿余额而受清偿；标的物需依法交债权人承受的，以债权人承受之日一日前为时点。

二、折中主义评析

相比前两种分配原则来说，折中主义并无自身独立价值，而是平等主义国家在执行实践中针对平等主义的弊端进行改良的产物。折中主义的优势也是针对平等主义的劣势而言的，一方面，一定程度上克服了平等主义“大锅饭”的弊端，提高了债权人主张权利的积极性；另一方面，明确了参与分配的截止时间节点，在实务中有利于提高参与分配程序的效率。

第四节　我国参与分配制度的功能定位和价值选择

从上述三种分配原则评析中可以看出，三种原则并无绝对的优劣之分，而是不同国家和地区根据各自国家和地区不同时期经济社会发展特点作出的最适宜的选择。那么，由此引发追问，我国现行参与分配制度采取的平等主义原则是否仍然适应现在经济社会发展需要？本书认为，我国平等主义的制度设计虽然有很大的改革空间，但是综合考虑我国执行体制现状，即使在个人破产制度确立后，也不应当采取优先主义。理由主要有以下几点。

一、优先主义不一定提高执行效率

效率是执行程序的本质追求。平等主义原则下，当债务人有多个债权人时，法院不仅要接受参与分配申请，核实实时债权余额，制作分配方案并送达，还要面对当事人提起参与分配之诉导致案款长期无法发放的情况，这不仅导致执行效率低下，债权人债权迟迟难以实现，还牵扯执行法官大量工作精力。但这构成改革分配方案救济制度的理由，只是分配方案异议之诉范围适当收缩，而不是废除平等主义的理由。

二、优先主义不是各国和各地区的主流

从前述各国和各地区参与分配原则的综述可以看出，优先主义与一国（地区）法律传统密切相关。有些国家采取平等主义，后来只是赋予一些优先主义的色彩，比如日本对金钱的执行，规定冻结的同时参与分配申请期限截止，事实上属于优先主义的变通适用。

三、优先主义不适合我国国情

我国现行立法并未规定个人破产，参与分配制度事实上承担着部分清算功能，平等主义有存在的必要性，但这也并非权宜之计。《最高人民法院关于深化人民法院司法体制综合配套改革的意见——人民法院第五个五年改革纲要（2019—2023）》指出，“研究推动建立个人破产制度及相关配套机制，着力解决针对个人的执行不能案件”。个人破产在未来成为现实，参与分配作为执行程序的一环，必然要回归执行程序本身的价值属性，平等主义不必然受到影响。

四、优先主义可能引发廉政风险

在我国现有的执行权能与责任均高度集中于法院的民事执行体制下，当事人难以在债务人财产发现中起到主体性作用，决定财产查封之先后也非其权能范围，按照查封顺序清偿无疑是要求债权人承担查封顺序先后带来的不利后果，正当性不足。事实上，我国强制执行本质上仍然没有背离“不告不理”的基本原则，法院查控虽然是发现债务人财产的主要手段，但强制执行也是依债权人申请发起，只有债权人积极主张债权，才能导致后续的查询和控制财产。目前我国执行体制下，债权人不是发现债务人财产的主体，法院已经构建了十分庞大的网络查控系统。从执行实务来看，法院可以决定财产查封顺序，在优先主义原则之下，会对当事人权利产生实质影响。优先主义会产生廉政风险的提法，不无道理。

第三章　参与分配与执行竞合

第一节　执行竞合的构成要件

在国内学术著作中,多将执行竞合与参与分配并列陈述,但未彻底厘清参与分配与执行竞合之间的关系实质。一般认为,执行竞合有广义和狭义之分,广义的执行竞合包括参与分配,狭义的执行竞合则是指相同或不相同的债权人依据数个执行名义,对于同一债务人的同一执行标的,同时或先后申请执行,以实现自己权利的一种现象。但该定义未明确参与分配与执行竞合到底有哪些不同,例如,在执行程序中,不同的申请执行人依据不同的执行名义,对同一不动产申请执行,且不同的权利之间相互排斥,就产生了所谓的"不动产的执行竞合",物之交付请求权的执行与建筑工程款优先权的竞合即为典型。有的学者将不同的执行依据皆当作金钱债权的执行,也作为执行竞合处理,并不严谨。从我国台湾地区参与分配的要件看,参与分配系就其他债权人强制执行换价所得,在债权人中间平等分配,仅适用于金钱请求权的终局执行,不适用于非金钱债权之执行。吴光陆先生认为,1996 年以前,我国台湾地区"强制执行法"参与分配规定在总则中,并不妥当,该年修订时将参与分配移入金钱请求权执行一章。

从构成要件看,执行竞合须符合四个要件:(1)必须有两个或者两个以上的债权人存在;(2)执行标的是债务人的同一特定财产;(3)须数个执行共存于某段特定的时期;(4)特定财产不能满足全部债权人。按照债权种类,如果是金钱债权与金钱债权之间的竞合,仍然属于参与分配,不需要通过执行竞合制度解决。

我国台湾地区学者认为,执行竞合分为执行名义竞合与执行程序竞合,赖来焜认为,执行名义竞合,是指债权人对债务人之同一给付请求权,取得两个以上复数之执行名义;执行程序竞合,系指相同或不相同的债权人,依据数个执行名义,就债务人之同一标的物,同时先后声请强制执行者。

执行竞合与声请强制执行竞合不同,按债务人之全部财产为一切债务的总担保,原则上各债权人均得自债务人的财产获得债务之清偿,若多数债权人先后或同时对于债务人之同一财产为强制执行之声请时,势将发生多数债权人竞合请求满足其债权之问题,其涉及参与分配的立法主义问题。

如何解决执行名义竞合。甲说认为,依据旧执行名义失效说。不论新旧二个执行名义的内容是否彼此相同或彼此相互抵触,在前之执行名义因在后之执行名义成立而当然失其效力,仅新的执行名义有效,债权人仅得依新的执行名义而声请强制执行。乙说认为,依据债务人对第二度执行提异议之诉说。执行名义竞合时,不问新旧及内容有无抵触,两者均属有效之执行名义。持有两个以上执行名义时,均得付诸执行,债务人对第二度之执行,得以有消减请求事由发生而提起异议之诉救济。丙说认为,依据债务人可就有利部分消减请求事由提异议之诉说。新旧两执行名义均属有效之执行名义,纵有互相抵触或当事人有不受在前之执行名义拘束之意,债权人选择对其有利之执行名义声请强制执行时,债务人可就其有利部分削减请求权事由,提起债务人异议之诉。

所有执行请求指向同一项特定财产,这些请求之间就会相互排斥,导致无法同时满足所有执行权利人的需求,形成一种困境。应将执行竞合聚焦于强制执行过程中发生的特定类型的竞合,即金钱债权和非金钱债权的执行根据之间的竞合。金钱债权因其同质性,在理论上能够通过分批清偿或通过参与分配的程序来解决竞合问题,债务人的财产不足以偿还所有债权人的金钱债务,通过有序的分配程序也能尽可能地平衡各方的利益,避免了金钱债权执行过程中的直接竞合现象。多个金钱债权的执行冲突可以通过参与分配程序得以解决,但参与分配仅是处理问题的一种方法。

第二节 执行竞合的处理

执行竞合的多种情形同属金钱请求权之强制执行一般适用参与分配法律

规定予以调整,其他执行竞合情形我国《民事诉讼法》及其解释并未作出明确规定,即使在我国台湾地区有所谓的“强制执行法”,其对金钱债权执行与非金钱债权执行之间、非金钱债权执行之间的竞合亦未作出明确说明。关于执行竞合处理的基本法则,吴光陆先生认为,应当遵循如下原则:(1)债权人平等原则;(2)物权优于债权;(3)债务人财产为其债务之总担保;(4)实务上认为法院拍卖为民法上之买卖,执行法院系代替债务人为出卖人。依此四原则,处理执行竞合中权利之优先劣后问题。

一、金钱债权执行与非金钱债权执行竞合

金钱债权执行与非金钱债权执行需要区分是终局执行还是保全执行,不可一概而论。在均为终局执行之场合,例如,一个执行债权人请求交付土地,另一债权人请求执行该土地,如果请求交付土地之债权人基于租赁权,则因买卖不破租赁,二者互不产生影响。彼此产生冲突者,如何处理,共有四种学说。

学说一认为,应区分物之交付请求权系基于物权还是基于债权,如果基于物权,则可排除基于金钱请求权之执行,反之则不能。实际上,此时执行竞合处理的规则与案外人依据另案生效法律文书提出排除执行的异议适用的规则相同,只不过,此时物之交付请求权案件的债权人需要通过案外人异议和异议之诉程序实现其权利主张。《异议复议规定》第26条对此种情形已经作出规定:“金钱债权执行中,案外人依据执行标的被查封、扣押、冻结前作出的另案生效法律文书提出排除执行异议,人民法院应当按照下列情形,分别处理:(一)该法律文书系就案外人与被执行人之间的权属纠纷以及租赁、借用、保管等不以转移财产权属为目的的合同纠纷,判决、裁决执行标的归属于案外人或者向其返还执行标的且其权利能够排除执行的,应予支持;(二)该法律文书系就案外人与被执行人之间除前项所列合同之外的债权纠纷,判决、裁决执行标的归属于案外人或者向其交付、返还执行标的的,不予支持。(三)该法律文书系案外人受让执行标的的拍卖、变卖成交裁定或者以物抵债裁定且其权利能够排除执行的,应予支持。金钱债权执行中,案外人依据执行标的被查封、扣押、冻结后作出的另案生效法律文书提出排除执行异议的,人民法院不予支持。非金钱债权执行中,案外人依据另案生效法律文书提出排除执行异议,该法律文书对执行标的权属作出不同认定的,人民法院应当告知案外人依

法申请再审或者通过其他程序解决。申请执行人或者案外人不服人民法院依照本条第一、二款规定作出的裁定,可以依照民事诉讼法第二百二十七条规定提起执行异议之诉。”

2019 年最高人民法院发布的《九民纪要》,对金钱债权执行与非金钱债权执行的竞合也作出规定。关于案外人依据另案生效裁判对金钱债权的执行提起执行异议之诉。作为执行依据的生效裁判并未涉及执行标的物,只是执行中为实现金钱债权对特定标的物采取了执行措施。对此种情形,《异议复议规定》第 26 条规定了解决案外人执行异议的规则,在审理执行异议之诉时可以参考适用。依据该条规定,作为案外人提起执行异议之诉依据的裁判将执行标的物确权给案外人,可以排除执行;作为案外人提起执行异议之诉依据的裁判,未将执行标的物确权给案外人,而是基于不以转移所有权为目的的有效合同(如租赁、借用、保管合同),判令向案外人返还执行标的物的,其性质属于物权请求权,亦可以排除执行;基于以转移所有权为目的有效合同(如买卖合同),判令向案外人交付标的物的,其性质属于债权请求权,不能排除执行。

值得注意的是,在金钱债权执行中,如果案外人提出执行异议之诉依据的生效裁判认定以转移所有权为目的的合同(如买卖合同)无效或应当解除,进而判令向案外人返还执行标的物的,此时案外人享有的是物权性质的返还请求权,本可排除金钱债权的执行,但在双务合同无效的情况下,双方互负返还义务,在案外人未返还价款的情况下,如果允许其排除金钱债权的执行,将会使申请执行人既执行不到被执行人名下的财产,又执行不到本应返还给被执行人的价款,显然有失公允。为平衡各方当事人的利益,只有在案外人已经返还价款的情况下,才能排除普通债权人的执行。反之,案外人未返还价款的,不能排除执行。

学说二认为,应视申请执行先后决定,先申请执行者优先于后申请执行者。学说三认为,原则上依据申请先后决定,但申请在后者系基于物权请求权者,应优先在先之金钱债权之执行。学说四认为,执行竞合毕竟为执行实施程序中何种债权人之债权能得到执行的标准,不是执行异议审查程序,亦非案外人异议之诉程序,最后胜出之债权人,并非一定要经过案外人异议之程序,因此,对执行实施程序之法官仍有较高之要求。对于物之交付请求权之执行,如果金钱债权执行案件查封在先,债务人因法院查封无从交付,只有物之交付请求权的债权人提起案外人异议之诉,排除金钱债权执行后,解除查封,物之交付请求权案件方可顺利执行,从这个角度看,案外人执行异议和异议之诉程序为解决执行竞合必备之前提和手段。如果物之交付请求权执行的查封在先,则金钱债权案件执行法院不应再次查封。①

如果保全查封在先,物之交付判决执行,仍需要该交付请求权人提起案外人异议之诉,否则将出现给付不能问题。

二、非金钱债权执行之间的竞合

2019 年最高人民法院发布的《九民纪要》,从案外人异议之诉的视角,对非金钱债权执行的竞合作出规定。关于案外人依据另案生效裁判对非金钱债权的执行提起执行异议之诉,案外人有时依据另案生效裁判所认定的与执行标的物有关的权利提起执行异议之诉,请求排除对标的物的执行。此时,鉴于作为执行依据的生效裁判与作为案外人提出执行异议依据的生效裁判,均涉及对同一标的物权属或给付的认定,性质上属于两个生效裁判所认定的权利之间可能产生的冲突,人民法院在审理执行异议之诉时,须区别不同情况作出判断:如果作为执行依据的生效裁判是确权裁判,不论作为执行异议依据的裁判是确权裁判还是给付裁判,一般不应据此排除执行,但人民法院应当告知案外人对作为执行依据的确权裁判申请再审;如果作为执行依据的生效裁判是给付标的物的裁判,而作为提出异议之诉依据的裁判是确权裁判,一般应据此排除执行,此时人民法院应告知其对该确权裁判申请再审;如果两个裁判均属给付标的物的裁判,人民法院需依法判断哪个裁判所认定的给付权利具有优先性,进而判断是否可以排除执行。

① 参见吴光陆:《强制执行法》(修订 4 版),台北,三民书局股份有限公司 2024 年版,第 569 页。

第四章　查扣冻结措施与参与分配的关系

查封、扣押、冻结属控制性执行措施，以限制被执行人对其财产的处分为手段，达到保障生效法律文书兑现的目的。在我国，查封、扣押、冻结是基于财产类型区分，即查封多用于不动产或需要登记的动产（如机动车、机器设备等），通过向相关行政机关送达执行裁定书和协助执行通知书来实施，目的是防止财产转移或权利变更；扣押多用于不需要登记的动产；冻结则是针对被执行人的其他财产性权利（如股权、存款、到期债权等）。在实际执行中，查封措施也常被用于控制动产。所以，本章将我国《民事诉讼法》规定的这些控制性措施统称为"查封"。

执行竞合发生时，不同国家和地区对于金钱债权适用的清偿原则不同，基于此，查封规则亦不相同，大体可分为再查封主义和不再查封主义，简言之，再查封主义允许重复查封，不再查封主义不允许重复查封。清偿原则和查封规则并非一一对应，一般来讲，采用优先清偿主义的国家和地区允许重复查封，并以查封的先后顺序清偿；采用平等清偿主义的国家和地区一般不允许重复查封。通常来说，查封优先效力等同于法定担保物权。查封优先效力与担保物权在功能与作用机理上相似，以特定财产的交换价值作为债的"特别担保"，在内部依先后顺位受偿。①

一、重复查封

（一）重复查封的概念

重复查封是指对已经处于查封状态的财产申请人可以申请查封，法院可以再次实施查封，即同一财产上可以同时存在两次或两次以上的有效且完整

① 参见李潇洋：《债权平等与查封的优先效力》，载《清华法学》2023 年第 3 期。

的查封。

1. 德国

德国奉行优先清偿主义,并通过设立查封抵押权和查封质权来实现,即对于多个债权,通过查封的时间确定清偿顺位。《德国民事诉讼法》通过设立“附带查封”实现重复查封,对同一财产的后续查封被称为“附带查封”。在德国,查封财产的清偿顺序遵循质权优先原则,即先查封的债权人在清偿顺序中优先于后查封的债权人。①

2. 西班牙

西班牙坚持审执合一的立法模式传统,将民事执行制度置于民事诉讼法之中,并将强制执行制度解释为判决程序的延长,②虽奉行优先清偿主义,但是不允许重复查封。西班牙法院与我国法院基本情况类似,长期受“案多人少”困扰,执行效率低下,故在2000年专门修改民事诉讼法中有关执行程序的规定,试图建立起更高效的执行制度。③

3. 我国台湾地区

我国台湾地区“强制执行法”第33条规定:执行人员于实施强制执行时,发现债务人之财产业经行政执行机关查封者,不得再行查封。前项情形,执行法院应将执行事件连同卷宗函送行政执行机关合并办理,并通知债权人。行政机关就已查封之财产不再继续执行时,应将有关卷宗送请执行法院继续执行。执行法院已查封之财产,行政执行机关不得再行查封。前项情形,行政执行机关应将执行事件连同卷宗函送执行法院合并办理,并通知移送机关。执行法院就已查封之财产不再继续执行时,应将有关卷宗送请行政执行机关继续执行。对于已开始实施强制执行之债务人财产,他债权人再声请强制执行者,已实施执行行为之效力,于为声请时及于该他债权人,应合并其执行程序,并依前二条之规定办理。我国台湾地区奉行不再查封主义,不允许重复查封。我国台湾地区对于同一债务人贯彻合并执行的原则,即使执行机关不同,也应当由后预备查封机关将案件移送先查封机关合并执行。从体系的角度来看,

---

① 参见杨与龄:《强制执行程序之竞合》,载《法令月刊》第37卷第3期。

② 参见肖建国:《中国民事执行立法的模式选择》,载《当代法学》2011年第1期。

③ 参见陈杭平:《比较法视野下的执行权配置模式研究——以解决“执行难”问题为中心》,载《法学家》2018年第2期。

本条位于我国台湾地区"强制执行法"第二章第一节参与分配制度中,承认了金钱债权的执行可归属于执行竞合,还将后执行程序拼到前执行程序中,实现不再查封制度与参与分配制度的有效衔接。该不再查封主义的构成要件必须为前后两执行名义均为金钱债权,若其中一执行名义为金钱给付,另一执行名义为非金钱给付,即使二者所执行的标的物相同,则无法就变价所得价金实施分配,此时则属于执行程序竞合。①

(二)重复查封的特征

1. 同效性

重复查封制度下,同一财产上可以同时存在两次或两次以上的有效且完整的查封,且后行查封和前次查封产生相同的效力。即虽然后行查封和前次查封发生的时间不同,但其均是有效且完整的查封,查封效力相同。

2. 同时性

同时性是指在某一特定时间段内,同一法院或不同法院对同一财产实施多次查封行为。从微观角度,重复查封制度下的后行查封和前次查封当然不可能在某一时刻同时发生,但其在法律逻辑上是处于同一时段内。

3. 确定性

相较于轮候查封的不确定性,重复查封中,无论是先行查封还是后行查封,其效力均是确定的。重复查封制度下,先行查封和后行查封效力确定且互相独立,即后行查封的效力不会动摇先行查封的效力,同样地,先行查封也不会影响后行查封的生效。

4. 前置性

查封属于控制性执行措施,是执行处分的前置阶段,即通过限制被执行人处分被执行财产或设置权利负担,使被执行财产处于一种稳定的状态,为财产的最终处置奠定基础。在重复查封的背景下,前置性也关乎着执行处分阶段财产分配的秩序,确保债权人权益的有序实现。

(三)我国对重复查封的态度

我国现行有效的法律禁止重复查封,这一点从《民诉意见》到后来的《民事诉讼法》的规定中都有体现。诚然,最初禁止重复查封的制度设定有其特

① 参见杨思勤:《两岸强制执行制度之比较研究》,中国政法大学2009年博士学位论文。

定的时代背景，即在登记制度不完善的情况下，重复查封极易导致执行混乱，而后续对禁止重复查封制度的沿用多出于制度惯性。无疑，这种“一刀切”的禁止性规定有助于提高司法执行的效率和公平性，同时也减少了不必要的法律纠纷。

2022 年《民事强制执行法（草案）》（征求意见稿）转变了对重复查封的态度，第 110 条明确规定：“已经查封的不动产，可以再次查封。首先查封的人民法院，可以依法对查封的不动产采取变价、强制管理等处置措施。在后查封的人民法院应当在查封后及时告知申请执行人可以向首先查封或者其他有处置权的人民法院申请分配。首先查封的人民法院在查封后三个月内未对不动产启动确定参考价程序的，在后查封的人民法院可以商请首先查封的人民法院移送处置权。”该条允许对已经查封的不动产再次查封。是否允许重复查封和清偿原则相匹配，2022 年《民事强制执行法（草案）》（征求意见稿）允许重复查封的同时，确立了优先主义的清偿原则，显示出立法对执行效率的看重。

二、轮候查封

（一）轮候查封的概念

2004 年 3 月《最高人民法院、国土资源部、建设部关于依法规范人民法院执行和国土资源房地产管理部门协助执行若干问题的通知》第 19 条首次提出了轮候查封：“两个以上人民法院对同一宗土地使用权、房屋进行查封的，国土资源、房地产管理部门为首先送达协助执行通知书的人民法院办理查封登记手续后，对后来办理查封登记的人民法院作轮候查封登记，并书面告知该土地使用权、房屋已被其他人民法院查封的事实及查封的有关情况。”2005 年《查扣冻规定》第 28 条，“对已被人民法院查封、扣押、冻结的财产，其他人民法院可以进行轮候查封、扣押、冻结。查封、扣押、冻结解除的，登记在先的轮候查封、扣押、冻结即自动生效。其他人民法院对已登记的财产进行轮候查封、扣押、冻结的，应当通知有关登记机关协助进行轮候登记，实施查封、扣押、冻结的人民法院应当允许其他人民法院查阅有关文书和记录。其他人民法院对没有登记的财产进行轮候查封、扣押、冻结的，应当制作笔录，并经实施查封、扣押、冻结的人民法院执行人员及被执行人签字，或者书面通知实施查封、扣押、冻结的人民法院”的规定进一步明确了轮候查封制度。2006 年和 2007

年最高人民法院分别以《最高人民法院关于同一法院在不同案件中是否可以对同一财产采取轮候查封、扣押、冻结保全措施问题的答复》《最高人民法院关于查封法院全部处分标的物后轮候查封的效力问题的批复》,对轮候查封相关问题进行了完善。

学界关于轮候查封的详细探索较为有限,目前通说认为,“轮候查封制度,就是对其他人民法院已经查封的财产,执行法院依次按时间先后在登记机关进行登记,或者在其他人民法院进行记载,排队等候,查封依法解除后,在先的轮候查封自动转化为正式查封的制度”①。简言之,轮候查封涉及法院对某项资产实施的查封操作,同时禁止其他法院或同一法院针对不同案件对该资产采取进一步的控制措施,只允许以通知形式向辅助机关发起查封登记请求。一旦原始查封撤销,前述已经通知或完成登记的后续查封请求便迅速转化为具有约束力的控制状态。在这一机制下,所有已经进行轮候登记的查封操作和文档均应向其他执行机关开放查询。因此,轮候查封实际上是依据请求方的要求,通过执行机关向登记部门提交的正式通知,并不直接限制财产的处置权。其产生实际查封效果的前提是先前的查封记录取消或废除,这意味着轮候查封的效力状态在通知书送达登记部门时还未定。

关于轮候查封的适用条件,一般认为应当具备以下几个条件:第一,先行查封法院的查封裁定是轮候查封适用的前提条件;第二,针对同一财产是轮候查封适用的客体条件;第三,查封财产价值明显高于先行法院查封标的和先前设定的优先受偿权是轮候查封适用的物质条件,由于我国并未完全确立无益查封制度,实践中无益查封性质的轮候查封仍大量存在;第四,查封标的不得超过申请范围是轮候查封适用的限制条件。② 轮候查封一定程度上解决了禁止重复查封制度下其他债权人保护的问题,但仍存在以下问题亟待规范和解决。

1. 执行文书的规范问题。查封和轮候查封效力并不相同,应当予以区分,但实践中存在使用“查封”替代“轮候查封”的情况。这固然有执行机构事先并不知晓目标财产上是否存在在先查封、为提高执行效率而笼统表述的原因,

① 参见姚宝华:《轮候查封疏议》,载《法律适用》2022 年第 8 期。

② 参见姚宝华:《轮候查封疏议》,载《法律适用》2022 年第 8 期。

有的协助执行机关也会在送达回证上注明查封顺位，虽然并未影响实际执行效果，但多份法律文书均对债务人的同一财产使用“查封”的表述，似有“重复查封”之嫌。

2. 协助执行机关的通知义务问题。执行实务中，假若在先的查封被解除或撤销，轮候查封自动变更为正式查封，但由于前后两个法院之间缺乏信息沟通机制，而且法律也没有规定协助执行机关有向轮候查封法院通知该情况的义务，就会导致后续的轮候查封法院因不知情而不对财产进行处置，继而造成轮候查封执行债权人的债权就得不到及时实现。因协助执行机关负有协助执行义务，且协助执行机关掌握轮候查封情况，可以由协助执行机关通知轮候查封法院，以解决信息传递不及时导致的执行僵局。

3. 额度查封的问题。在轮候查封中，如果首封债权的查封额度明显低于查封财产的价值，事实上查封财产的剩余价值并未被查封，该种情况下其他法院对剩余价值的查封是属于轮候查封还是首次查封？对该财产的剩余价值予以查封后，能否不经商请保全法院移送处置权而直接启动评估排名程序，还需进一步明确和规范。

（二）轮候查封的特征

1. 不确定性

轮候查封完成后，并不产生查封效力，轮候查封能否转为正式查封、产生查封效力取决于在先查封的解除。因此，从一开始，轮候查封就伴随着一种固有的不确定性。

2. 相对性

轮候查封不能单独存在，轮候查封存在的前提条件必然是被查封的财产之前已经成为某一法院完成查封手续的标的物，被查封的财产只有已经被法院查封后，才能产生被轮候查封的可能性，也就是说被查封财产不可能只有轮候查封而缺乏正式的查封。

3. 有序性

轮候查封在完成轮候查封登记时，其与在先的查封会形成一种有序的关系，根据时间先后来确定顺序。由于有法定协助查封义务的机关收到法院的查封裁定的具体时间是可以确定的，在时间上会存在一个先后的顺序，根据先来后到，前后数个查封形成一个有序的队列，在法定秩序内互相制约。

（三）轮候查封与重复查封的异同

轮候查封和重复查封适用条件极为相似，均需要一个有效的在先查封存在，且其他债权人在有效的在先查封后申请查封，同时，轮候查封和重复查封具有如下区别：

1. 时间前后逻辑不同。重复查封的先行查封和后行查封虽然不是在同一时刻发生，但在时间前后逻辑上是处于相同地位的，也就是数个查封行为平等地存在于同一时间段内，即重复查封在法律逻辑上处于同一时段内。而轮候查封在时间逻辑上是前后错开的，是先后衔接的，具有不一致的时间性，在法律逻辑上在先查封处于同一时段，轮候查封处于另一时段。

2. 效力不同。重复查封中，单独查封行为一旦完成便立即成为有效查封，具有法定效力。这种多重有效查封的存在，可能会导致执行程序的混乱，增加财产控制难度，影响法院裁决的有效实施，并且降低整个执行过程的效率。轮候查封在完成相关程序后，并不直接生效，而是保持在一个待决状态。这种状态的不确定性将持续到先行的正式查封取消或在执行过程结束后仍有剩余财产时，才会触发轮候查封。若财产在执行过程中已被完全处理，轮候查封则不再产生效力。因此，轮候查封为多个查封请求建立了一个顺序化的队列，按照法定顺序进行，从而更有效地维护了债权人的权益，保证了执行程序的有序进行。

需要说明的是，在首封法院对查封财产处置完毕，向行政机关下达过户裁定时，仍然会有部门或工作人员以轮候查封未解除为由拒绝协助办理。但事实上，不论该查封财产上存在多少轮候查封，这些轮候查封均未产生对查封财产的限制性法律效力。

三、重复查封、轮候查封与参与分配的关系

从适用条件的角度来看，重复查封和轮候查封的适用条件极为相似，均出现在多个债权人对债务人的同一财产申请查封的情形，而参与分配适用于多个债权人对同一债务人申请执行的情形。从发生阶段的角度来看，重复查封和轮候查封一般处于审判阶段，参与分配处于执行阶段。通常来说，出现重复查封和轮候查封情形时大概率会引发参与分配，但也并不必然，如因生效法律文书作出时间的差异，可能出现在先查封债权执行完毕后，轮候查封债权尚未

进入执行阶段的情形。一般来讲,采用优先清偿主义的国家允许重复查封,即重复查封下的参与分配多以查封顺位清偿,如德国、美国等。

(一)重复查封下的参与分配

1.德国

德国在优先清偿主义下允许重复查封,同时,重复查封还具有确定受偿顺位的功能。《德国民事诉讼法》第804条规定,“执行法院对动产扣押后,债权人在扣押物上取得动产质权;扣押在先所生的质权优先于扣押在后所生的质权而受偿。对于债权和其他财产的扣押,同样使申请查封的债权人获得扣押质权。对于不动产采取强制抵押,即通过登记债权上的担保抵押权的方式,使申请执行的债权人获得优先受偿权”。重复查封是参与分配的必要条件,对于执行所得变价款项,德国严格依照查封顺序清偿,即所谓“时间优先”“先到先得”的原则。

2.美国

美国允许重复查封。在重复查封情形下,就查封财产的执行分配而言,美国各州采取“时间优先”原则,类似于德国。然而,美国的制度允许在债务人财产不足以清偿所有债权的情况下,通过破产程序阻止执行,使其他债权人或债务人在破产程序中有机会获得平等的救济。不同于德国,在破产程序中,美国的扣押担保权益并不享有排他权,而在德国,通过扣押或查封行为产生的质权或抵押权在破产程序中则具有排他性优先权。

3.日本

日本允许对不动产重复查封。不动产的执行采取强制拍卖或强制管理的办法,强制拍卖的开始决定送达债务人时产生扣押的效力。与德国、美国不同的是,日本参与分配的清偿顺序按实体法的规定执行,债权人不因先行执行或查封而获得优先权。

(二)轮候查封下的参与分配

我国的参与分配是由最高人民法院的司法解释所创设。《民事诉讼法解释》第506条规定:“被执行人为公民或者其他组织,在执行程序开始后,被执行人的其他已经取得执行依据的债权人发现被执行人的财产不能清偿所有债权的,可以向人民法院申请参与分配。对人民法院查封、扣押、冻结的财产有优先权、担保物权的债权人,可以直接申请参与分配,主张优先受偿权。”从司法解释条文上来看，似乎轮候查封与参与分配并无直接关系，对于被执行人为公民或者其他组织的，只要符合资不抵债的情形，不论其他债权人是否对执行标的采取了轮候查封措施，均可申请参与分配。诚然，轮候查封和参与分配并无必然的联系，但轮候查封在处置权商请移送方面发挥着至关重要的作用。执行实践中，由于种种原因，首封法院可能长时间不处置保全财产，发生法定情形时，第一轮候法院可以商请首封法院移送处置权。2016 年《保全规定》第 21 条第 1 款明确了轮候查封的执行法院可以向首先保全的法院商请移送财产处置权："保全法院在首先采取查封、扣押、冻结措施后超过一年未对被保全财产进行处分的，除被保全财产系争议标的外，在先轮候查封、扣押、冻结的执行法院可以商请保全法院将被保全财产移送执行。但司法解释另有特别规定的，适用其规定。"从争取处置权的角度来看，即使财产已被在先保全，其他债权人也应当积极推进对保全财产的轮候查封。

（三）再次查封下的参与分配

2004 年《最高人民法院、国土资源部、建设部关于依法规范人民法院执行和国土资源房地产管理部门协助执行若干问题的通知》第 19 条首次提出了轮候查封，并在 2005 年《查扣冻规定》第 28 条中进一步明确了轮候查封。2006 年和 2007 年最高人民法院分别以《最高人民法院关于同一法院在不同案件中是否可以对同一财产采取轮候查封、扣押、冻结保全措施问题的答复》《最高人民法院关于查封法院全部处分标的物后轮候查封的效力问题的批复》，对轮候查封相关问题进行了完善。

但在 2022 年《民事强制执行法（草案）》（征求意见稿）中，并没有出现轮候查封的字眼，而是在第 110 条中规定了对于不动产的再次查封，表述为"已经查封的不动产，可以再次查封。首先查封的人民法院，可以依法对查封的不动产采取变价、强制管理等处置措施。在后查封的人民法院应当在查封后及时告知申请执行人可以向首先查封或者其他有处置权的人民法院申请分配。首先查封的人民法院在查封后三个月内未对不动产启动确定参考价程序的，在后查封的人民法院可以商请首先查封的人民法院移送处置权。"查封制度与参与分配制度密切相关，因此 2022 年《民事强制执行法（草案）》（征求意见稿）在摒弃轮候查封允许再次查封的情况下，又通过第 179 条创设了对于民事债权按照查封财产的先后顺序确定清偿的顺位，改平等主义为优先主义。从执行分配的价值导向来看,顺应了由平等分配向优先分配的发展趋势,对于在先申请查封的普通债权人是一种更加优越的保护。优先主义分配模式实质上体现了“奖勤罚懒”的价值倾向,对于勤勉的债权人更为有利。

查封制度是债权人保障债权实现的手段,分配制度才是债权实现的目的。改轮候查封为再次查封,改平等主义为优先主义,这种颠覆性的改变突破了此前民事执行所确立的以禁止重复查封为原则、以轮候查封为漏洞填补、以平等为分配理念的制度体系。即便2022年《最高人民法院关于正确处理轮候查封效力相关问题的通知》对轮候查封进行重申并反映出该制度存在的问题,但在执行实践中,不少地方法院通过互联网等信息化手段,强化了彼此间协作机制,已经使轮候查封发挥出较好作用,并不需要突破现有制度另立新规。[①] 从2022年《民事强制执行法(草案)》(征求意见稿)有关处置权移转规定即可看出,在后查封的人民法院在首封法院自查封之日起3个月内仍未对不动产启动确定参考价程序的,其有权商请前者移送处置权。该规定在一定程度上可以说是立法机关对于破除地方保护这一“执行难”现象的应对方针,值得肯定。但是盲目地转向优先分配规则,将更加强化当前执行领域中一些不规范现象,例如,法院争抢查封、以虚假诉讼抢先查封以逃避债务等行为。因此,在配套制度不完善时“一刀切”的“一废一立”可能引发一系列消极后果。

---

① 参见姚宝华:《轮候查封疏议》,载《法律适用》2022年第8期。

第五章　案款分配与参与分配

第一节　执行案款发还制度

法律依据

《最高人民法院关于执行款物管理工作的规定》

第6条　被执行人可以将执行款直接支付给申请执行人;人民法院也可以将执行款从被执行人账户直接划至申请执行人账户。但有争议或需再分配的执行款,以及人民法院认为确有必要的,应当将执行款划至执行款专户或案款专户。

人民法院通过网络执行查控系统扣划的执行款,应当划至执行款专户或案款专户。

第10条　执行人员应当在收到财务部门执行款到账通知之日起三十日内,完成执行款的核算、执行费用的结算、通知申请执行人领取和执行款发放等工作。

有下列情形之一的,报经执行局局长或主管院领导批准后,可以延缓发放:

(一)需要进行案款分配的;

(二)申请执行人因另案诉讼、执行或涉嫌犯罪等原因导致执行款被保全或冻结的;

(三)申请执行人经通知未领取的;

(四)案件被依法中止或者暂缓执行的;

(五)有其他正当理由需要延缓发放执行款的。

上述情形消失后，执行人员应当在十日内完成执行款的发放。

第11条　人民法院发放执行款，一般应当采取转账方式。

执行款应当发放给申请执行人，确需发放给申请执行人以外的单位或个人的，应当组成合议庭进行审查，但依法应当退还给交款人的除外。

第12条　发放执行款时，执行人员应当填写执行款发放审批表。执行款发放审批表中应当注明执行案件案号、当事人姓名或名称、交款人姓名或名称、交款金额、交款时间、交款方式、收款人姓名或名称、收款人账号、发款金额和方式等情况。报经执行局局长或主管院领导批准后，交由财务部门办理支付手续。

委托他人代为办理领取执行款手续的，应当附特别授权委托书、委托代理人的身份证复印件。委托代理人是律师的，应当附所在律师事务所出具的公函及律师执照复印件。

第16条　有下列情形之一，不能在规定期限内发放执行款的，人民法院可以将执行款提存：

（一）申请执行人无正当理由拒绝领取的；

（二）申请执行人下落不明的；

（三）申请执行人死亡未确定继承人或者丧失民事行为能力未确定监护人的；

（四）按照申请执行人提供的联系方式无法通知其领取的；

（五）其他不能发放的情形。

《最高人民法院关于进一步完善执行权制约机制加强执行监督的意见》

22.及时发放执行案款。具备发放条件的，执行部门应当在执行案款到账后10个工作日内向财务部门发出支付案款通知，财务部门在接到通知后5个工作日内向申请执行人发放案款。部分案款有争议的，应当先将无争议部分及时发放。有效解决执行案款发放不及时问题。

……

制度研究

一、案款发还的规范化表现

执行款发还又称案款发还,是在执行程序开始后,执行法院在处置归集涉案财物的基础上,按照法定程序,向申请执行人和其他案外人发放案款的执行行为,这一程序区别于执行查控、拍卖变卖财产、信用惩戒等程序,是执行程序中的重要环节,具有相对独立性。案款发还是兑现生效法律文书的最后环节,也是债权人实现债权的“最后一公里”,无论被执行人的财产是否能够满足所有当事人申请的债权以及执行费用,无论被执行人是公民、法人还是其他组织,只要是金钱给付类执行案件,都会存在执行款发放的执行行为。

案款发还作为执行程序必经环节,2006 年 5 月,为了加强人民法院执行款物的管理工作,维护当事人的合法权益,最高人民法院发布《最高人民法院关于执行款物管理工作的规定(试行)》(已失效),对执行款物的收发等环节作了具体规定。2016 年 3 月,最高人民法院提出“用两到三年时间基本解决执行难问题”,案款发放规范化、信息化建设进度加快,形成了以“一案一账户”执行案款归集、管理系统为中心的集约化、信息化执行案款发放制度。2017 年 2 月,最高人民法院发布了《最高人民法院关于执行款物管理工作的规定》,全面规范了执行案款收、存、管、发各个环节,其中包括案款发还的程序、方式、期限等相关规则。2021 年最高人民法院发布《执行监督意见》,其中再次强调“完善‘一案一账号’工作制度”“推行设立案款专户专用”“及时发放执行案款”等内容。

二、执行法院账户案款发还前之权属定性

根据《最高人民法院关于执行款物管理工作的规定(试行)》(已失效)的规定,人民法院设立执行案款专户,对执行案款实行专项管理、专款专付。关于执行案款进入法院账户后的权属确认问题,实践中存在较大争议,有的意见认为,执行案款是“特殊种类物”,按照物权法相关原则应适用“占用即所有”的权属认定标准,案款一旦进入法院案款专户,原所有权人即丧失对该笔案款

的所有权；有的意见认为，执行案款发还至申请执行人后，才能认定所有权发生了变化，如《最高人民法院关于执行案件移送破产审查若干问题的指导意见》第17条规定，“执行法院收到受移送法院受理裁定时，已通过拍卖程序处置且成交裁定已送达买受人的拍卖财产，通过以物抵债偿还债务且抵债裁定已送达债权人的抵债财产，已完成转账、汇款、现金交付的执行款，因财产所有权已经发生变动，不属于被执行人的财产，不再移交”。笔者倾向后一种意见，一方面，“占用即所有”原则存在例外情形，如保管合同中，不能完全根据“占用即所有”原则绝对化的确认动产交付后的所有权变更；另一方面，更符合目前相关执行规范的规定，除上述“执转破”规范外，如《人民法院办理执行案件规范》（第2版）第622条第2款规定，参与分配申请应当在执行程序开始后，被执行人的财产执行终结前提出，该条特别注释说明，如果被执行人财产的最终形态价款尚未分配，执行程序未终结，债权人可以申请参与分配。当然，在执行实践中，执行款发还前所有权仍归属被执行人的观点与部分执行规则也存在相悖的地方，例如，在计算被执行人迟延履行期间的债务利息时，按照《最高人民法院关于执行程序中计算迟延履行期间的债务利息适用法律若干问题的解释》的相关规定，加倍部分债务利息并非计算至案款发还之日，笔者认为，这种相悖之处是执行程序中各方当事人之间的权益平衡，是执行措施具体操作层面的一种协调。

实务操作

案款发放制度主要包括案款发放条件、发放程序、发放方式以及救济渠道等内容。

一、发放条件

执行程序中发放案款应当具备以下条件：

一是有明确适格的案款发还对象。一般情况下，在案款发放前应确认申请执行人的信息，例如领款人应提供其本人或本单位名下的银行账户，不得借用、租用其他个人、单位的银行账户；领款人为自然人的，应为其名下储蓄卡银行账户；领款人是法人或其他组织的，银行账户应当为其基本存款账户或临时存款账户。特殊情况无法提供上述银行账户的，根据属地司法政策予以调整。不存在其他债权人申请参与分配的情形时，案款发还程序较为简便，执行人员只需根据案件情况向申请执行人发放案款；如果存在其他债权人申请参与分配的情形，案款发还程序则会更为复杂，不仅确定案款发还对象存在困难，案款清偿顺序和清偿金额的确定也更加繁难，必须经过参与分配的前置程序先行确定分配方案后再按照分配方案予以发还。

二是完成执行款的核算、执行费用的结算等准备工作。执行款发放前应当理清案款清退顺位，在此过程中既包括案外人申请案款分配问题，也包括法院依职权核算执行费，明确分配顺位等问题。执行款核算过程中，特别是在刑事裁判涉财产部分执行案件中，还要对被执行人应承担的刑事责任、民事责任予以区分，对刑事裁判主文确认的财产性判项和财产刑予以明确，确定其他对执行标的依法享有优先受偿权的债权人的清退顺位。

三是确认是否存在延缓发放案款的情形。具有下列情形的，可以延缓发放案款：(1)需要进行案款分配的；(2)申请执行人因另案诉讼、执行或涉嫌犯罪等原因导致执行款被保全或冻结的；(3)申请执行人经通知未领取的；(4)案件被依法中止或者暂缓执行的；(5)有其他正当理由需要延缓发放执行款的。不存在上述情形的，执行人员应当在收到财务部门执行款到账通知之日起30日内，完成执行款的核算、执行费用的结算、通知申请执行人领取和执行款发放等工作。

四是确定发放金额。发放前必须确定应发放各申请执行人的案款数额，即拟发放的案款不存在争议，案款发放过程中，如对于拟发放的案款存在争议，有争议的部分应暂缓发放，先将无争议部分及时发放。对于案款中有争议暂不予发放的部分，一般情况下应将案款提存。

二、发放程序

根据《执行监督意见》，执行案款发放要严格履行审批程序，层层把关，做到手续完备、线下和线上手续相互印证。对于有法定事由延缓发放或者提存的，应当在法定期限内提出申请，严格履行报批手续。实践中，案款发放程序由法院依职权启动，各省区市人民法院按照属地财物管理制度推进案款发放程序，主要环节包括通知申请人及其他应发款人员准备领取案款的材料，办理执行款发放审批及领取执行款手续，会同财务部门发放案款，收款人出具合法有效的收款凭证，执行款物的收发凭证、相关证明材料。

三、发放方式

人民法院发放执行款，一般应当采取转账方式。实践中，具有法定情形，不能在规定期限内发放执行款的，人民法院可以将执行款提存，包括申请执行人无正当理由拒绝领取的；申请执行人下落不明的；申请执行人死亡未确定继承人或者丧失民事行为能力未确定监护人的；按照申请执行人提供的联系方式无法通知其领取的；其他不能发放等情形。

四、救济渠道

在执行程序中，对人民法院案款发放不服的，针对不同事项，当事人有如下救济途径：

一是通过异议复议程序予以救济。《民事诉讼法》第 236 条规定："当事人、利害关系人认为执行行为违反法律规定的，可以向负责执行的人民法院提出书面异议。当事人、利害关系人提出书面异议的，人民法院应当自收到书面异议之日起十五日内审查，理由成立的，裁定撤销或者改正；理由不成立的，裁定驳回。当事人、利害关系人对裁定不服的，可以自裁定送达之日起十日内向上一级人民法院申请复议。"案款发还属于执行行为，当事人、利害关系人对案款发还过程中通知、送达等程序性执行行为有异议的和对案款是否延缓发放、是否提存等案款发放执行行为存在异议的，均可通过执行异议、复议程序予以救济。

二是通过执行监督程序予以救济。《执行规定》第 74 条规定："上级法院发现下级法院的执行案件（包括受委托执行的案件）在规定的期限内未能执行结案的，应当作出裁定、决定、通知而不制作的，或应当依法实施具体执行行为而不实施的，应当督促下级法院限期执行，及时作出有关裁定等法律文书，或采取相应措施。对下级法院长期未能执结的案件，确有必要的，上级法院可以决定由本院执行或与下级法院共同执行，也可以指定本辖区其他法院执行。"对人民法院在法定期限内未发放案款且无正当理由延缓发放或提存案款等消极执行行为，也可以通过执行申诉、监督程序予以纠正。

审判前沿

中国民生银行股份有限公司三亚分行、宁波银行股份有限公司北京分行合同纠纷执行审查案

【案例索引】

(2017)最高法执复58号

【基本案情】

中国民生银行股份有限公司三亚分行(以下简称民生银行三亚分行)与宁波银行股份有限公司北京分行(以下简称宁波银行北京分行)及一审第三人苏州银行股份有限公司合同纠纷一案,海南省高级人民法院于2016年9月18日作出(2016)琼民初20号民事判决,判令宁波银行北京分行在判决生效之日起10日内向民生银行三亚分行支付4亿元。最高人民法院于2016年12月27日作出(2016)最高法民终741号民事判决,维持原判。

民生银行三亚分行向海南省高级人民法院申请强制执行。2017年4月5日,宁波银行北京分行将执行案款4亿元付至海南省高级人民法院执行款专户。因在立案执行前,内蒙古自治区鄂尔多斯市公安局东胜区分局(以下简称东胜公安分局)向海南省高级人民法院去函,以该院办理的该民事案件涉及经济犯罪嫌疑为由,要求停止案件的执行,海南省高级人民法院遂于2017年4月6日将执行案款到账情况告知东胜公安分局。2017年6月21日,东胜公安分局向海南省高级人民法院发出鄂东公(经)冻财字[2017]10号协助冻结财产通知书,请予冻结犯罪嫌疑人季某铭、孙某新涉嫌票据诈骗案当中的该院账户中的4亿元财产,冻结时间从2017年6月21日起至2017年12月20日止。

民生银行三亚分行不服,向海南省高级人民法院提出书面执行异议:(1)东胜公安分局冻结行为违法。本案执行款项系民事案件的执行款,与东胜公安分局立案侦查的刑事案件无关,公安机关无权冻结。东胜公安分局侦查活动指向的是民生银行三亚分行的前员工姚某个人及相关票据诈骗犯罪嫌疑人，与民生银行三亚分行无关。（2）东胜公安分局的冻结不属于延缓发放的规定情形。《最高人民法院关于执行款物管理工作的规定》第10条第2款第2项规定，“申请执行人因另案诉讼、执行或涉嫌犯罪等原因导致执行款被保全或冻结的”，可以延缓发放执行款项。截至目前，申请执行人民生银行三亚分行并未因另案诉讼、执行或涉嫌犯罪等原因导致执行款被冻结。东胜公安分局的冻结理由也并非民生银行三亚分行涉嫌犯罪。东胜公安分局的冻结不属于延缓发放的情形，海南省高级人民法院协助经侦机关冻结并延缓发放执行款的行为违法。

海南省高级人民法院查明，民生银行三亚分行于2017年4月7日向该院提交关于支付执行款项的申请：“现（2017）琼执1号案被执行人已于2017年4月5日履行判决，将4亿元票款支付至贵院账户，因4亿元票款每日迟延利息高达12万元，特申请及时将4亿元款项分别支付给平安银行宁波分行3亿元、兴业银行福州分行1亿元；（2017）琼执8号案判决自2017年4月5日停止计算延期利息。”2017年4月24日，民生银行三亚分行再次提交关于支付执行款项的申请：“我行诉宁波银行北京分行案中，4亿元执行款项已于2017年4月5日支付至贵院执行账户，但未支付给我行或应我行申请支付给兴业银行福州分行。兴业银行福州分行诉我行票据纠纷案判决已生效，并已立案执行。我行于2017年4月24日收到《执行通知书》[（2017）浙02执146号]……鉴于以上事实，我行不仅将面临被强制执行，且将单方背负迟延履行期间利息（仅本金部分每日迟延利息近3万元），特申请并恳请贵院于2017年4月29日前将其中1亿元票款支付给我行，由我行支付给兴业银行福州分行；或由贵院代我行将1亿元款项支付给兴业银行福州分行。”

海南省高级人民法院认为，本案的争议焦点是执行法院在公安机关要求协助冻结执行款项的情况下延缓发放执行款，能否依照执行异议予以审查。该院认为，2017年《民事诉讼法》第225条①规定：“当事人、利害关系人认为执行行为违反法律规定的，可以向负责执行的人民法院提出书面异

① 现为第236条。

议……”当事人对执行行为提出异议，应针对人民法院在执行程序中作出的执行行为，只有作为的执行行为才有必要和可能在执行异议、复议程序中裁定撤销或改正。本案中，该院在执行过程中协助其他执法机关冻结执行到位的款项，该强制措施是其他执行机关作出的，不是该院的执行行为，也不属于2017年《民事诉讼法》第225条规定的范围。另外，即使当事人所提异议针对执行法院迟延支付案款，也是对执行不力、消极执行等不作为所提的诉求，不是执行行为违法的范畴。对于人民法院在执行程序中的执行不力、消极执行等不作为，申请执行人应依据2017年《民事诉讼法》第226条①的规定行使权利和寻求救济，执行异议、复议程序中无权对该问题予以处理，也不能对执行异议案件予以审查并裁定撤销或改正。因此，民生银行三亚分行提出东胜公安分局的冻结行为违法、请求依法发放执行款项的主张，不是异议案件审查的内容，不能通过执行异议、复议程序寻求救济。海南省高级人民法院于2017年7月31日作出(2017)琼执异39号执行裁定，驳回民生银行三亚分行的异议申请。

民生银行三亚分行不服海南省高级人民法院(2017)琼执异39号执行裁定，向最高人民法院申请复议，请求依法撤销该异议裁定，指令海南省高级人民法院依法审查本案执行异议。主要理由是：(1)海南省高级人民法院将自身执行行为片面理解为不作为的执行行为，将法律规定的执行行为限制在作为的执行行为，适用法律错误。首先，海南省高级人民法院协助配合冻结、延缓发放执行款项的行为，包含了协助冻结的作为以及经批准而延缓的具体行为，因此，延缓也是一种作为，而非不作为行为；其次，2017年《民事诉讼法》第225条规定涉及的是执行行为，法律和司法解释均未限制为作为的执行行为。(2)海南省高级人民法院认定事实错误，逃避对协助公安机关冻结行为的事实认定和违法性审查。本案首要的争议焦点即公安机关要求协助冻结款项是否有事实和法律依据，是否合法的问题。海南省高级人民法院以该强制措施是作出冻结决定的其他机关作出的，而非该院的执行行为为由，回避审查公安机关的冻结决定。(3)海南

① 现为第237条。

省高级人民法院在协助冻结款项过程中,存在程序瑕疵。延缓发放执行款项的行为在一定程度上侵害了申请执行人的期待利益,故应严格限制其程序,并赋予申请执行人抗辩的权利,以体现程序正当原则。海南省高级人民法院暂缓发放执行款项未听取当事人意见,未作出决定书。(4)东胜公安分局请求海南省高级人民法院协助冻结执行款项,无事实和法律依据。首先,案涉4亿元执行款项系被执行人宁波银行北京分行的款项,并非刑事案件所涉案款,该笔资金与犯罪嫌疑人季某铭、孙某新无事实和法律上的关系。其次,本案据以执行的生效法律文书涉及的是民生银行三亚分行与宁波银行北京分行之间的合同纠纷,两家银行并非刑事案件的犯罪嫌疑人,执行款项与刑事案件无关。最后,东胜公安分局的通知书违反了《公安机关办理刑事案件适用查封、冻结措施有关规定》,程序存在重大瑕疵,执行款项不属于公安机关可以冻结的财产。

宁波银行北京分行称:(1)案涉4亿元款项,是宁波银行北京分行为履行生效判决的付款义务而支付,与东胜公安分局所侦查的涉及季某铭、孙某新个人的刑事案件无关,亦与犯罪行为所涉资金无关,不是赃款赃物。(2)海南省高级人民法院未发放执行款项,该4亿元款项应返还宁波银行北京分行。案涉4亿元款项属于宁波银行北京分行,宁波银行北京分行履行付款义务后,海南省高级人民法院仅是临时占有,属过渡平台,款项的所有权人目前仍是宁波银行北京分行。4亿元款项在海南省高级人民法院账户未予发放,造成宁波银行北京分行资金被长期占用,产生损失。因此,应当将款项返还该行,待发放案款时,该行再将款项交付海南省高级人民法院。

最高人民法院认为,本案在复议阶段的争议焦点为,民生银行三亚分行作为申请执行人对执行法院未予发放案款的行为提出异议,是否属于执行行为异议,应否纳入异议、复议程序予以审查的问题。

2017年《民事诉讼法》第225条规定的“执行行为”并未限定为执行法院在执行程序中的积极作为。《异议复议规定》第7条规定,当事人、利害关系人对“人民法院作出的侵害当事人、利害关系人合法权益的其他行为”提出异议的,人民法院应当依照2017年《民事诉讼法》第225条规定进行审查。本案中,执行法院海南省高级人民法院在收到被执行人宁波银行北京分行应付的4亿元执行款后,以“谈话笔录”的形式明确告知申请执行人民生银行三亚分行,该执行款由于有关公安机关请求协助冻结而不能向其发放。民生银行三亚分行认为海南省高级人民法院在收到执行款后不予及时发放的不作为行为,侵害了其合法权益,并提出执行异议,符合前述法律和司法解释规定精神,海南省高级人民法院以民生银行三亚分行系针对执行法院的不作为提出异议,不能依照2017年《民事诉讼法》第225条规定的执行异议、复议程序进行审查的认定不妥,应予纠正。

【案例评析】

根据《最高人民法院关于执行款物管理工作的规定》第10条的规定,执行人员应当在收到财务部门执行款到账通知之日起30日内,完成执行款的核算、执行费用的结算、通知申请执行人领取和执行款发放等工作,延迟发放执行款的行为可能损害申请执行人和被执行人的合法权益,对于执行法院延迟发放执行款的行为,当事人能否依据现行《民事诉讼法》第236条之规定通过异议复议程序予以救济,实践中存有争议。有观点认为迟延支付案款属于执行不力、消极执行的范畴,系不作为的执行行为,不在执行行为违法的范围之内。另有观点认为现行《民事诉讼法》第236条中“执行行为”并未限定为执行法院在执行程序中的积极作为,对于执行法院不作为的执行行为,应当允许当事人通过异议复议程序予以救济。最高人民法院在本案中持后一种观点,即允许当事人、利害关系人对人民法院迟延发放执行款的行为提出执行异议,本书认同该说,应当将执行行为违法作为当事人、利害关系人异议权的根本来源,即只要有执行行为违反法律规定的情形存在,无论该执行行为系作为还是不作为,均应允许当事人、利害关系人对执行行为提出执行异议。

第二节　案款分配与参与分配的关系

法律依据

《最高人民法院关于执行款物管理工作的规定》

第10条　执行人员应当在收到财务部门执行款到账通知之日起三十日内，完成执行款的核算、执行费用的结算、通知申请执行人领取和执行款发放等工作。

有下列情形之一的，报经执行局局长或主管院领导批准后，可以延缓发放：

（一）需要进行案款分配的；

（二）申请执行人因另案诉讼、执行或涉嫌犯罪等原因导致执行款被保全或冻结的；

（三）申请执行人经通知未领取的；

（四）案件被依法中止或者暂缓执行的；

（五）有其他正当理由需要延缓发放执行款的。

上述情形消失后，执行人员应当在十日内完成执行款的发放。

《民事诉讼法解释》

第506条　被执行人为公民或者其他组织，在执行程序开始后，被执行人的其他已经取得执行依据的债权人发现被执行人的财产不能清偿所有债权的，可以向人民法院申请参与分配。

对人民法院查封、扣押、冻结的财产有优先权、担保物权的债权人，可以直接申请参与分配，主张优先受偿权。

第507条　申请参与分配，申请人应当提交申请书。申请书应当写明参与分配和被执行人不能清偿所有债权的事实、理由，并附有执行依据。

参与分配申请应当在执行程序开始后，被执行人的财产执行终结前提出。

第508条　参与分配执行中，执行所得价款扣除执行费用，并清偿应当优先受偿的债权后，对于普通债权，原则上按照其占全部申请参与分配债权数额的比例受偿。清偿后的剩余债务，被执行人应当继续清偿。债权人发现被执行人有其他财产的，可以随时请求人民法院执行。

第509条 多个债权人对执行财产申请参与分配的，执行法院应当制作财产分配方案，并送达各债权人和被执行人。债权人或者被执行人对分配方案有异议的，应当自收到分配方案之日起十五日内向执行法院提出书面异议。

第510条 债权人或者被执行人对分配方案提出书面异议的，执行法院应当通知未提出异议的债权人、被执行人。

未提出异议的债权人、被执行人自收到通知之日起十五日内未提出反对意见的，执行法院依异议人的意见对分配方案审查修正后进行分配；提出反对意见的，应当通知异议人。异议人可以自收到通知之日起十五日内，以提出反对意见的债权人、被执行人为被告，向执行法院提起诉讼；异议人逾期未提起诉讼的，执行法院按照原分配方案进行分配。

诉讼期间进行分配的，执行法院应当提存与争议债权数额相应的款项。

第514条 当事人不同意移送破产或者被执行人住所地人民法院不受理破产案件的，执行法院就执行变价所得财产，在扣除执行费用及清偿优先受偿的债权后，对于普通债权，按照财产保全和执行中查封、扣押、冻结财产的先后顺序清偿。

《执行规定》

56. 对参与被执行人财产的具体分配，应当由首先查封、扣押或冻结的法院主持进行。

首先查封、扣押、冻结的法院所采取的执行措施如系为执行财产保全裁定，具体分配应当在该院案件审理终结后进行。

《最高人民法院关于刑事裁判涉财产部分执行的若干规定》

第13条 被执行人在执行中同时承担刑事责任、民事责任，其财产不足以支付的，按照下列顺序执行：

（一）人身损害赔偿中的医疗费用；

（二）退赔被害人的损失；

（三）其他民事债务；

（四）罚金；

（五）没收财产。

债权人对执行标的依法享有优先受偿权，其主张优先受偿的，人民法院应当在前款第（一）项规定的医疗费用受偿后，予以支持。

制度研究

案款分配和参与分配是执行程序中不同的概念，案款分配行为存在于每一个金钱债权执行案件中，而参与分配是解决执行竞合的一种方式，执行款分配与参与分配相互联系又有区别，执行款分配制度基于法院根据法律规定和公平原则主动行使司法权产生，参与分配制度是基于执行案件当事人、案外人借助司法权实现个人财产权益的行为而产生。

实践中，参与分配程序和执行款分配程序同时存在时，参与分配是执行款分配的一个前置程序，特别在狭义参与分配的概念下，只有在被执行人的财产不足以偿还申请执行人及案外债权人、刑事被害人、集资参与人等其他应发放案款主体的情况下，才会在执行款分配前启动参与分配程序。因此，在狭义参与分配概念的语境下，执行款分配与参与分配联系紧密又存在明显区别。

法律及司法解释对于执行款分配的时间有明确规定，为尽快实现申请执行人债权的目的，在不存在案款迟延发还的法定情形下，人民法院应当尽快启动案款发还程序。迟延发还案款的行为可能引发债权人失权的严重后果，如果执行法院未在法定期限内发还案款，其他债权人在此期间提出参与分配申请，或者法院裁定受理被执行人破产申请，此时尚未发还的案款的归属将会产生巨大争议，如果认定尚未发还的案款仍属于被执行人的财产，那么案款将被列入破产财产或参与分配，原债权人的受偿比例将大幅降低。如果将打入法院账户的案款视为已经清偿，原债权人的利益虽能够保障，但其他债权人或破产债权人的利益又将受损，陷入两难之境。实践中，主流观点认为尚未发还的案款仍属于被执行人的财产，在效率和公平的较量中选择了公平原则，但在司法解释明确规定案款发还期限的情形下，如果因法院拖延执行、消极执行的行为超期发还导致申请执行人获偿比例降低，该种情形下申请执行人如何救济尚无明确路径。案款进入法院账户到发还申请执行人期间处于权利不确定状态，该期间内其他债权人均有加入之可能，无论是从减少争议还是促进债权实现的角度，执行法院均应严格按照法定期间发还案款。

实务操作

一、案款分配与参与分配的联系

执行款分配与参与分配相互区别，又相互联系。本书认为，两者是整体与部分的关系，不是普通程序和特殊程序的关系。一定程度上讲，执行程序中案款发放环节必然包括执行款的分配，即便执行程序中仅需向申请执行人发放案款，法院也应对执行费、执行费用以及拟发放的案款予以分类核算。当执行案件中被执行人的其他债权人依法提出参与分配申请后，参与分配程序成为执行款分配重要的一部分，在一定程度上，鉴于执行款分配和参与分配在执行程序中属于同一阶段，参与分配甚至代替了执行款分配概念，但这并不影响执行款分配程序的整体性和系统性。在执行款分配程序中，参与分配与刑民责任偿付顺位、“执转破”程序介入等均系案款发放的前置条件，实体权利的公平分配和程序权利的公正推进共同构成了执行款分配制度。

二、执行款分配与参与分配的区别

基于不同的制度理论基础，执行款分配与案款分配的区别主要体现在以下几个方面：

一是两者启动程序不同，执行款分配程序一般由法院依职权启动，人民法院在办理执行案件过程中，在执行款发放前，必须进行核算、结算，按照案款发放程序做好案款分配工作；参与分配程序一般依债权人申请而启动。此处不同之处在刑事裁判涉财产部分执行案件中较为明显，该类执行案件基本由法院刑事审判部门移送执行，执行案件中无申请执行人，在案款处置归集并达到案款发放条件的，法院应依职权根据《最高人民法院关于刑事裁判涉财产部分执行的若干规定》第 13 条的规定，在正确理解刑事裁判财产刑和财产性判项的基础上，启动执行款分配程序，按照案款清退顺位制定案款发放方案。在刑事裁判涉财产部分执行案件办理过程中，案件外对被执行人享有民事债权的案外人可以申请参与案款分配，从而启动案件案款分配程序。

二是两者核心价值追求不同。执行款分配首要价值追求应为效率，快速推进执行程序是实现当事人实体权利的基本要求,相关法律规范据此规定在案款发放程序中,有争议的案款可以暂缓发放,但无争议的案款必须及时发放,其争议更多通过执行异议、复议程序快速审查解决。参与分配制度首要价值追求应为公平,提出分配请求的债权均基于实体权利提出分配申请,要求法院应当对相关债权人的实体权利予以审查,相关债权人有异议时可通过执行异议之诉程序主张权利,以维护其合法实体权益。

三是两者救济程序不同。对主持分配法院确认的参与分配方案不服的债权人,如果是对参与分配人员资格的认定、申请参与分配是否超期、分配方案及相关法律手续的送达以及其他程序性执行行为存在异议,应当通过执行行为异议、复议程序主张权利;如果是对债权分配数额、顺位、分配的债权是否适格等存在实体争议,应当通过分配方案异议及分配方案异议之诉程序主张权利。对执行款分配不服的,可以通过异议复议程序或执行监督程序予以救济。

审判前沿

海南伟亚实业有限公司、孙某申请破产清算执行审查案

【案例索引】

(2019)最高法执复65、90号

【基本案情】

徐某与海南伟亚实业有限公司(以下简称伟亚公司)、孙某合同纠纷一案,最高人民法院(2015)民一终字第305号民事判决:撤销海南省高级人民法院(2014)琼民一初(重)字第1号民事判决;孙某在判决生效之日起3个月内向徐某支付人民币1.734亿元及其利息;伟亚公司对孙某的上述债务承担连带清偿责任。

海南省高级人民法院在淘宝网司法拍卖平台拍卖了诉讼中徐某申请查封的伟亚公司名下海国用(2008)第1006号35,106平方米土地使用权及该地上已报建的“博鳌凯莱温泉假日”项目,拍卖成交价为207,929,750元。2018年3月30日,海南省高级人民法院作出(2016)琼执9号之六执行裁定,确认海国用(2008)第1006号35,106平方米土地使用权及该地上已报建的“博鳌凯莱温泉假日”项目归买受人中科建设控股有限公司所有,所有权自裁定送达买受人中科建设控股有限公司时起转移。

海南省高级人民法院先后自上述拍卖款项中向琼海市税务局拨付税款24,753,541.67元,向琼海市国税局拨付税款18,588,424.58元,向申请执行人徐某退还其垫付的公告费和评估费64,450元,向申请执行人徐某支付款项111,383,088.25元。鉴于该案尚有其他参与分配申请人及破产债权分配可能等实际情况,剩余53,140,245.5元尚未发放。

2018年11月21日,海南省海口市中级人民法院(以下简称海口中院)在《人民法院报》上刊登公告,载明2018年7月18日海口中院受理伟亚公司破产清算一案,并于2018年10月19日指定海南维特律师事务所为管理工作人负责本案的破产清算工作,伟亚公司的债权人应于2019年1月3日前,向伟亚公司管理人申报债权等内容。

2018年12月13日,海南省高级人民法院作出(2016)琼执9号之三十二通知,告知伟亚公司管理人、徐某、孙某,伟亚公司管理人来函告知海口中院已裁定受理申请人薛某银对被申请人伟亚公司的破产申请,并请求将执行财产移交给管理人。依照《企业破产法》第17条和第19条的规定,该院依法裁定中止对伟亚公司的执行,并将在该院执行案款账户上执行伟亚公司尚未支付款项53,140,245.5元移交给管理人。

后申请执行人徐某不服,向海南省高级人民法院提出执行异议称,该院作出(2016)琼执9号之三十二通知错误,请求撤销上述通知,及时向徐某发放执行案款。根据《最高人民法院关于执行款物管理工作的规定》第10条的规定,执行人员应当在收到财务部门执行款到账通知之日起30日内,完成执行款的核算、执行费用的结算、通知申请执行人领取和执行款发放等工作。如确有法定原因需要中止发放,也需要在中止情形消失后的10日内完成执行款的发放。本案中大部分剩余款项发放条件的成就时间分别为2018年6月25日(6月10日加上15天的提起诉讼期间)、2018年7月5日(6月20日加上15天的提起诉讼期间),而伟亚公司破产申请被受理的时间为2018年7月18日,款项发放条件成就的时间早于伟亚公司破产被受理的时间。已经具备发放条件、非因申请执行人原因而没有被发放的执行案款,不应被认定为破产财产。本案中53,140,245.5元款项已经具备发放条件，至少大部分已经具备发放条件，但非因申请执行人徐某的原因而没有发放，因此，该53,140,245.5元不应被认定为破产财产，更不应移交给伟亚公司的破产管理人。

海南省高级人民法院认为，本案的争议焦点为尚未向申请执行人徐某发放的53,140,245.5元是否为伟亚公司的破产财产，应否移交给伟亚公司的破产管理人。2018年3月30日，该院作出(2016)琼执9号之六执行裁定，确认海国用(2008)第1006号35,106平方米土地使用权及该地上已报建的"博鳌凯莱温泉假日"项目归买受人中科建设控股有限公司所有，所有权自裁定送达买受人中科建设控股有限公司时起转移。该裁定生效时间早于海口中院受理伟亚公司申请破产案件的时间(2018年7月18日)。《执转破意见》第17条规定，执行法院收到受移送法院受理裁定时，已通过拍卖程序处置且成交裁定已送达买受人的拍卖财产，通过以物抵债偿还债务且抵债裁定已送达债权人的抵债财产，已完成转账、汇款、现金交付的执行款，因财产所有权已经发生变动，不属于被执行人的财产，不再移交。根据上述规定，被执行财产是否应当列为破产财产应视该财产所有权归属而定。法院强制执行的财产产权自法院裁定生效之日起转移。已通过拍卖程序处置且成交裁定已送达买受人的拍卖财产，财产所有权已经发生转移，被执行人不再享有所有权，该被执行财产不应当再列入破产财产范围予以移交。另外，《最高人民法院关于执行款物管理工作的规定》第10条规定，执行人员应当在收到财务部门执行款到账通知之日起30日内，完成执行款的核算、执行费用的结算、通知申请执行人领取和执行款发放等工作。如确有法定原因需要中止发放，也需要在中止情形消失后的10日内完成执行款的发放。本案中大部分剩余款项发放条件的成就时间亦早于伟亚公司破产被受理的时间，已经具备发放条件、非因申请执行人原因而没有被发放的执行案款，不应被认定为破产财产。徐某关于本案中未发放的53,140,245.5元不应被认定为破产财产，不应当移交给伟亚公司破产管理人的主张合理，予以支持。据此，海南省高级人民法院于2019年2月25日作出(2019)琼执异36号执行裁定，撤销该院(2016)琼执9号之三十二通知。

伟亚公司、孙某及伟亚公司的相关债权人不服海南省高级人民法院(2019)琼执异36号执行裁定,向最高人民法院申请复议,请求撤销上述裁定。主要理由为:(1)海南省高级人民法院异议裁定适用法律错误,本案中未发放的53,140,245.5元属于破产财产,应当移交给伟亚公司破产管理人。①依照《执转破意见》第17条规定,对已完成向申请执行人转账、汇款、现金交付的执行款,因财产所有权已经发生变动,不属于被执行人的财产。已经扣划到执行法院账户的执行款,但尚未完成向申请执行人转账、汇款、现金交付的,财产权利归属未发生变动,仍属于被执行人的财产。因此,执行法院不应再支付给申请执行人,应当将其移交给受理破产案件的法院或者管理人。自海南省高级人民法院拍卖成交至该院收到伟亚公司破产管理人提交的受理破产裁定及请求将执行财产移送管理人的请求函期间,剩余未发放的53,140,245.5元款项一直存放在执行法院专户,并未支付给申请执行人。该款项权利归属未发生变动,仍属于被执行人的财产。②2017年12月12日,最高人民法院〔2017〕最高法民他72号就重庆市高级人民法院《关于破产申请受理前已经划扣到执行法院账户尚未支付给申请执行人的款项是否属于债务人财产及执行法院收到破产管理人中止执行告知函后应否中止执行问题的请示》所作答复中载明,人民法院裁定受理破产申请时已经扣划到执行法院账户但尚未支付给申请人执行的款项,仍属于债务人的财产,人民法院裁定受理破产申请后,执行法院应当中止对该财产的执行。③虽然申请执行人认为海南省高级人民法院未按照《最高人民法院关于执行款物管理工作的规定》第10条规定的要求发放执行款,但这并不能影响该53,140,245.5元款项的权利归属。伟亚公司破产案件的第一次债权人会议已于2019年1月17日在海口中院召开。如果没有破产财产分配给债权人,债权人将遭受巨大损失。(2)本案属于应当进行听证的案件而未进行听证。本案在审判阶段历经一审、二审,在执行阶段因伟亚公司申请破产中止,后又因伟亚公司破产申请被驳回而恢复执行。2018年伟亚公司债权人申请其破产被法院受理,破产管理人向海南省高级人民法院申请中止执行。本案涉及徐某、伟亚公司及众多债权人,而且对于案涉执行款的归属存在重大争议,因此属于案件复杂、争议较大的案件，应当进行听证。海南省高级人民法院未进行听证，没有给伟亚公司充分陈述意见的机会，审查结果无法令伟亚公司信服。

徐某称：(1)海南省高级人民法院异议裁定适用《执转破意见》第17条规定，认定53,140,245.5元执行款不属于破产财产，适用法律正确。该条规定中将款项性质定义为执行款，足以说明其中的已完成转账、汇款、现金交付指的是买受人向执行法院转账、汇款、现金交付，而不是伟亚公司破产管理人所理解的执行法院向申请执行人转账、汇款、现金交付。如果已经支付给申请执行人，便属于申请执行人的财产，不再属于执行款。(2)即使案涉53,140,245.5元执行款属于应该发放而没有被发放给申请执行人的款项，其仍不应属于破产财产。该笔款项在伟亚公司被裁定受理破产之前就已经具备发放条件，且已经超过《最高人民法院关于执行款物管理工作的规定》第10条规定的发放期限，没有发放的原因不在于徐某。此与〔2017〕最高法民他72号答复函中所认定的应列入破产财产的“已经扣划到法院账户但尚未支付给申请人执行的款项”完全不同。如果将具备发放条件、非因申请执行人原因超期未发放的款项列为破产财产，则申请执行人债权的受偿金额将大幅降低。(3)海南省高级人民法院账户中尚未发放的53,140,245.5元执行款不属于伟亚公司的破产财产。〔2017〕最高法民他72号答复函中“已经扣划到法院账户但尚未支付给申请人执行的款项”与本案法院账户中“对被执行人财产拍卖所得款项”的性质不同。前者财产的形态没有发生变化，只是保存者由被执行人转为法院，而后者财产的形态已经发生变化，由物转为货币；前者产生的主要原因是法院扣划行为，而后者是拍卖行为，扣划行为中申请执行人没有承担成本，而拍卖行为中申请执行人承担了大量的评估与拍卖等执行成本，如果将两种不同情况下的款项同等对待，则有违公平、公正。(4)本案仅涉及法律适用问题，案件事实双方没有争议，因此不属于应当进行听证的案件。

最高人民法院认为，本案争议的主要问题是，在人民法院受理对被执行人的破产清算申请情况下，经拍卖已经取得但尚未发放给申请执行人的拍卖款项，是否属于被执行人的破产财产。

《企业破产法》第19条规定，人民法院受理破产申请后，有关债务人财产的保全措施应当解除,执行程序应当中止。根据该规定,如果执行程序尚未终结,对被执行人财产的保全措施应当解除,执行程序应当中止,尚未清偿的不得进行清偿。在被执行人的财产不能清偿全部债权的情况下,上述规定旨在通过破产程序实现债权的公平受偿。《执转破意见》第16条进一步明确规定,执行法院收到受移送法院受理裁定后,应当于7日内将已经扣划到账的银行存款、实际扣押的动产、有价证券等被执行人财产移交给受理破产案件的法院或管理人;第17条规定,执行法院收到受移送法院受理裁定时,已通过拍卖程序处置且成交裁定已送达买受人的拍卖财产,通过以物抵债偿还债务且抵债裁定已送达债权人的抵债财产,已完成转账、汇款、现金交付的执行款,因财产所有权已经发生变动,不属于被执行人的财产,不再移交。从第16条和第17条规定内容看,对已完成向申请执行人转账、汇款、现金交付的执行款,因财产权利归属已经发生变动,不属于被执行人的财产。已经扣划到执行法院账户的银行存款等执行款,但未完成向申请执行人转账、汇款、现金交付的,财产权利归属未发生变动,仍属于被执行人的财产,执行法院收到受移送法院受理裁定后,不应再支付给申请执行人,应当将其移交给受理破产案件的法院或管理人。申请执行人徐某认为该规定中的"已完成转账、汇款、现金交付的执行款"指的是买受人向执行法院"转账、汇款、现金交付",缺乏依据,与规定精神不符。实践中,在个案处理上,最高人民法院〔2017〕最高法民他72号答复函中也再次明确,人民法院裁定受理破产申请时已经扣划到执行法院账户但尚未支付给申请执行人的款项,仍属于债务人财产,人民法院裁定受理破产申请后,执行法院应当中止对该财产的执行。而对已经执行到法院账户的款项是拍卖所得款还是其他款项并无区分必要,申请执行人因评估拍卖所承担的成本可以通过其他途径解决。本案中徐某所垫付的公告费、评估费已予退还。因此,已经进入执行法院账户,尚未发放和分配给申请执行人的执行款项,仍应属于未执行完毕、可以用于清偿被执行人债务的被执行人的责任财产,受理破产申请后,应当中止执行并移交。

同时,《执转破意见》第8条规定,执行法院作出移送决定后,应当书面通知所有已知执行法院,执行法院均应中止对被执行人的执行程序。

该条规定实际上是将中止执行时点前移至执行法院作出移送决定时。那么，结合前述规定条文可以明白，在被执行人的财产已经明显不能清偿全部债务的情况下，有必要对所有债权人进行公平保护，实现公平受偿，这与《企业破产法》关于中止执行的立法目的是完全一致的。从价值衡量角度看，个别债权人和全体债权人利益冲突的衡量，应该要向全体债权人倾斜，以有利于矛盾纠纷的化解。本案中，海南省高级人民法院经拍卖取得拍卖款项并进行分配的过程中，已经知晓相关债权人申请分配以及款项无法清偿全部债务的事实。正是鉴于该案尚有其他参与分配申请人及破产债权分配可能等实际情况，对于剩余的53,140,245.5元拍卖款项，未予发放，符合《民事诉讼法解释》及《执转破意见》关于通过破产程序对债权人进行公平清偿的规定精神。而海南省高级人民法院在异议裁定中，适用《最高人民法院关于执行款物管理工作的规定》第10条所规定的案款发放期限，以剩余款项发放条件的成就时间早于伟亚公司破产被受理的时间，认为已经具备发放条件、非因申请执行人原因而没有被发放的执行案款，不应被认定为破产财产，缺乏法律依据。鉴于海口中院裁定受理相关债权人对伟亚公司的破产申请时，案涉53,140,245.5元拍卖款项尚未实际支付给申请执行人徐某，故应当按照相关规定精神，停止个别清偿，将执行款项移送给受理破产案件的法院或管理人，海南省高级人民法院(2016)琼执9号之三十二通知并无不当。

【案例评析】

本案的争议焦点为如果案款发放条件的成就时间早于被执行人破产被受理的时间，即对于已经具备发放条件、非因申请执行人原因而没有被发放的执行案款，应否认定为破产财产。海南省高级人民法院认为已经具备发放条件、非因申请执行人原因而没有被发放的执行案款，不应被认定为破产财产。最高人民法院则从价值衡量的角度，认为只要案款没有发还申请执行人，则财产所有权未发生变动，即未发放的执行案款属于债务人财产，属于破产财产。本书认可最高人民法院的观点，已经扣划到执行法院账户的执行款尚未向申请执行人交付的，财产权利归属不发生变动，仍属于被执行人的财产，即便存在案款超期未发还之情形，且申请执行人对超期未发还不具有过错，该超期发还也不会影响案款的权利归属。但应当考虑的是，超期未发还确实会影响债权人的受偿比例，在司法解释对发还期限有明确规定的前提下，应当赋予因超期未发还导致获偿比例降低的债权人以救济途径，充分保障程序公平。该案例充分证明了设置发还期限的重要意义，有鉴于此，执行法院应严格按照法定期限发还案款，避免后续争议。

第六章　参与分配的构成要件

第一节　广义参与分配的适用条件

法律依据

《执行规定》

55. 多份生效法律文书确定金钱给付内容的多个债权人分别对同一被执行人申请执行，各债权人对执行标的物均无担保物权的，按照执行法院采取执行措施的先后顺序受偿。

多个债权人的债权种类不同的，基于所有权和担保物权而享有的债权，优先于金钱债权受偿。有多个担保物权的，按照各担保物权成立的先后顺序清偿。

一份生效法律文书确定金钱给付内容的多个债权人对同一被执行人申请执行，执行的财产不足清偿全部债务的，各债权人对执行标的物均无担保物权的，按照各债权比例受偿。

56. 对参与被执行人财产的具体分配，应当由首先查封、扣押或冻结的法院主持进行。

首先查封、扣押、冻结的法院所采取的执行措施如系为执行财产保全裁定，具体分配应当在该院案件审理终结后进行。

《执行程序解释》

第17条　多个债权人对同一被执行人申请执行或者对执行财产申请参与分配的，执行法院应当制作财产分配方案，并送达各债权人和被执行人。债权人或者被执行人对分配方案有异议的，应当自收到分配方案之日起十五日内向执行法院提出书面异议。

制度研究

我国的参与分配在学理上存在“广义参与分配”与“狭义参与分配”之说，区别在于是否允许企业法人作为被执行人时适用参与分配制度。根据《执行规定》第55条和《执行程序解释》第17条的规定，司法解释并未将企业法人作为被执行人的情形排除在分配程序适用之外，但《民事诉讼法解释》第506条又明确参与分配程序的适用限于自然人或者其他组织作为被执行人的情形，没有将企业法人作为被执行人的情形囊括在内。《执行规定》第55条、《执行程序解释》第17条、《民事诉讼法解释》第506条的适用是否必然产生冲突，企业法人作为被执行人时究竟能否适用参与分配程序，引发广泛争论。最高人民法院院长信箱对该问题作过回复，《执行规定》系执行程序中的一般规则，而非适用于被执行人资不抵债、申请执行人参与分配或执行转破产的情形，该部分规定与《民事诉讼法解释》的相关规定并不冲突，共同构成了对于多个债权人申请执行同一被执行人的清偿顺序问题的体系化规定。①

根据《执行规定》第55条，司法解释对被执行主体的范围没有限制性规定，既包括公民、其他组织，也包括企业法人。对于多份生效法律文书确定金钱给付内容的多个债权人对同一被执行人申请执行的情形，被执行人的清偿能力，司法解释也没有限制性规定，质言之，无论被执行人是否存在资不抵债的情形，只要有多个债权人对同一债务人申请执行，均可以适用《执行规定》第55条进行分配。相较于《民事诉讼法解释》第506条关于狭义参与分配的规定，广义参与分配最根本的特征在于对被执行人的清偿能力和主体类别并无限制，能够更广泛地解决执行竞合问题。根据《执行程序解释》第17条的规定，存在多个债权人对同一被执行人申请执行或者对执行财产申请参与分配的，执行法院应制作财产分配方案，并未区分被执行人的清偿能力和主体类别，该条也被认为是“广义参与分配”的法律依据。

---

① 参见最高人民法院院长信箱:《关于“对〈民事诉讼法〉司法解释疑问”的回复》,2021年4月6日。

实务操作

一、广义分配适用的被执行人主体

广义参与分配适用并不区分被执行人的主体类别，无论被执行人是自然人还是企业法人，只要有多个债权人对同一被执行人申请执行或者对执行财产申请参与分配，均可以适用广义的参与分配程序。

二、对被执行人清偿能力的要求

广义参与分配并不以被执行人财产不能清偿所有债权为前提，只要有多个债权人对同一被执行人申请执行或者对执行财产申请参与分配，均可以适用广义的参与分配程序。虽然广义参与分配适用并不区分被执行人的主体是自然人、其他组织或企业法人，但是不同的主体类别清偿能力的不同可能会影响债权清偿顺序。被执行人为自然人或其他组织时，其财产不能清偿所有债权时，应当适用《民事诉讼法解释》第 506 条之规定，即狭义的参与分配程序，对于普通债权按比例清偿；被执行人为自然人或其他组织时，其财产足以清偿所有债权时，应当适用《执行规定》第 55 条之规定，各债权人对执行标的物均无担保物权的，按照执行法院采取执行措施的先后顺序受偿；被执行人为企业法人时，无论其是否具有财产不能清偿所有债权的情形，均应当适用《执行规定》第 55 条之规定，对于普通债权，按照执行法院采取执行措施的先后顺序受偿。

需要注意的是，执行的财产不足清偿全部债务的情形要区分执行债权是由一份生效法律文书确定还是多份生效法律文书确定，如果一份生效法律文书确定金钱给付内容的多个债权人对同一被执行人申请执行，无须区分被执行人是自然人、其他组织抑或企业法人的不同情形，各债权人对执行标的物均无担保物权，按照各债权比例受偿；如果多份生效法律文书确定金钱给付内容的多个债权人对同一被执行人申请执行，执行的财产不足清偿全部债务，被执行人是自然人、其他组织，各债权人对执行标的物均无担保物权，按照各债权比例受偿；如果被执行人是企业法人，各债权人对执行标的物均无担保物权，按照执行法院采取执行措施的先后顺序受偿。

三、对债权种类的要求

广义参与分配是否只能适用于金钱债权,因司法解释并未对申请参与分配的债权种类作出限制,那么物之交付请求权抑或行为请求权的执行,其间两两发生竞合或者交叉发生竞合时,能否适用广义参与分配程序。如何理解《执行规定》第55条第2款"基于所有权和担保物权而享有的债权,优先于金钱债权受偿"的规定,能否据此认定广义参与分配之适用并不局限于金钱债权?基于所有权而享有的债权,指人民法院基于债权人对执行标的物享有所有权而判决被执行人应当将标的物返还债权人,根据上述规定,此时债权人享有的物之交付请求权应当优先于金钱债权受偿,基于此,本书认为广义参与分配之适用并不局限于金钱债权之中。

四、广义分配的清偿顺序

根据《执行规定》第55条第1款和《执行程序解释》第17条的规定,广义参与分配的适用并不限制债务人的财产不足以清偿其全部债务,即使债务人的财产足以清偿全部债权,债权人也可以参与分配,分配顺序按照执行法院采取执行措施的先后顺序进行分配。被执行人"资能抵债"时的分配顺序如下:

(1)实现债权的费用(诉讼费、保全费、执行费等)。

(2)优先受偿的债权(主要是指有担保物权或其他优先权的债权,优先受偿);有多个担保物权的,按照担保物权设立的先后顺序受偿。

(3)普通金钱债权,按照执行法院采取执行措施的先后顺序受偿(优先主义原则)。

(4)基于所有权和担保物权而享有的债权优先于金钱债权受偿。

《执行规定》第55条规定了参与分配的三种清偿原则,第1款即对于持不同执行依据的具有金钱给付内容的多个债权人分别对同一被执行人申请执行时,如各债权人均为普通金钱债权,按执行法院采取执行措施的"先后顺序"受偿。

《执行规定》第55条第2款即各债权人的债权种类不同的,基于所有权和担保物权而享有的债权,优先于金钱债权受偿。在被执行人财产足以清偿全部债务时，债权人也可以参与分配，此时分配顺序适用优先主义原则，按采取执行措施的先后顺序，分配结果将是所有债权人 100% 受偿，只有受偿时间因采取执行措施的时间不同有所区别。

《执行规定》第 55 条第 3 款、《民事诉讼法解释》第 506 条明确规定了参与分配的前提必须是“被执行人的财产不能清偿所有债权”，即被执行人“资不抵债”时的分配顺序：

《执行规定》第 55 条第 3 款即同一份生效法律文书确定的多个债权人对同一被执行人申请执行的，执行的财产不足清偿全部债务的，各债权人对执行标的物均无担保物权，按各债权“比例受偿”（平等主义原则）。

（1）被执行人为公民或其他组织时：

①实现债权的费用（诉讼费、保全费、执行费等）；

②优先受偿的债权（主要是指有担保物权或其他优先权的债权，优先受偿）；

③有多个担保物权的，按照担保物权设立的先后顺序受偿；

④普通债权，原则上按债权人占全部申请参与分配债权数额的比例受偿（平等主义原则）；

⑤基于所有权和担保物权而享有的债权优先于金钱债权受偿。

（2）被执行人为企业法人时：

①一般情况下，经申请执行人之一或被执行人同意，进入执转破程序审查。

②如果当事人不同意移送破产或人民法院不受理破产案件，执行法院要区分给付义务的债务人是否由同一生效法律文书所确定。如系同一生效法律文书所确定的不同债权人，应按照债权数额“比例受偿”；如系多份生效法律文书所确定的不同债权人，则应当按照财产保全和执行中查封、扣押、冻结财产的“先后顺序”受偿。

综上，多个普通债权人对于同一被执行人申请执行，根据被执行人的主体性质和财产状况，优先主义原则与平等主义原则适用的情形有所区别。优先主义原则适用于以下情形：（1）被执行人为公民或其他组织及企业法人，可供执行的财产足以清偿全部债务；（2）被执行人为企业法人，可供执行的财产不足以清偿全部债务但又不能实现执转破的。符合上述情形之一的，按照执行法院采取执行措施的先后顺序受偿。平等主义原则适用于以下情形:(1)被执行人为公民或其他组织,其可供执行的财产不足清偿全部债务;(2)同一份生效法律文书确定的债权,且被执行人可供执行的财产不足清偿全部债务。符合上述情形之一的,依照《民事诉讼法解释》的相关规定,通过参与分配程序,按照普通债权数额比例进行分配受偿。①

审判前沿

中国银行股份有限公司某分行、海南实业公司执行复议案

【案例索引】

(2019)最高法执复14号

【基本案情】

中国银行股份有限公司某分行(以下简称中国银行某分行)在海南省高级人民法院执行海南实业公司与海南地产公司、海南物业公司、重庆公司投资款纠纷执行一案中,针对该院作出的(2003)琼执字第2831号通知书提出异议,认为该院对案涉房产拍卖款优先受偿的主张不予支持错误,请求撤销该通知书并由海南省高级人民法院制作财产分配方案并优先清偿重庆公司所欠中国银行某分行债务。

海南省高级人民法院查明,中国银行某分行与重庆公司信用证兑付纠纷一案,重庆市高级人民法院作出(1997)渝高法经初字第12号民事判决:(1)重庆公司偿还中国银行某分行欠款310万美元,并自1997年1月21日起按人民币本金2575.48万元每日0.5‰计算逾期罚息,直至欠款付清时止,限重庆公司自判决生效之日起10日内给付。(2)重庆公司未能按时偿还中国银行某分行本金及逾期罚息时,中国银行某分行有权以抵押的房地产折价或者以拍卖、变卖的价款优先受偿。执行过程中,重庆市高级人民法院作出(1998)渝高法经执字第202号执行裁定,终结该院作出的(1997)渝高法经初字第12号民事判决的执行,解除对案涉房产在内的部分房屋的查封。

---

① 参见最高人民法院执行局编:《执行工作指导》第79辑,人民法院出版社2022年版。

海南实业公司与海南地产公司、海南物业公司、重庆公司投资款纠纷执行一案恢复执行过程中，海南省高级人民法院作出(2003)琼执字第2814号执行裁定，查封了登记在重庆公司名下某大厦21层房产。中国银行某分行向海南省高级人民法院提出书面异议，请求解除对案涉房产的查封，同时请求确认其对案涉房产享有优先受偿权，海南省高级人民法院裁定驳回中国银行某分行的异议请求。后重庆市高级人民法院向海南省高级人民法院发出关于请求暂缓支付某大厦21层拍卖款的函，请求海南省高级人民法院暂缓对案涉房产拍卖款的兑付。2017年2月16日，重庆市高级人民法院作出(2017)渝执监8号执行裁定：撤销该院(1998)渝高法经执字第201号、202号执行裁定，(1997)渝高法经初字第12号民事判决继续执行。中国银行某分行通过重庆市高级人民法院向海南省高级人民法院提交参与分配申请，请求参与分配案涉房产的拍卖款。海南省高级人民法院作出(2003)琼执字第2831号通知书，对该行主张未予支持。

海南省高级人民法院认为，本案中，被执行人为法人，中国银行某分行参与分配申请不符合上述法条规定的情形。海南省高级人民法院以通知书的形式驳回其申请并无不当。

中国银行某分行不服，向最高人民法院申请复议。请求：撤销海南省高级人民法院异议裁定；责令海南省高级人民法院就某大厦21层房屋拍卖款制作财产分配方案，并优先清偿重庆公司所欠中国银行某分行债务。另提出中国银行某分行为某大厦21层房屋的抵押权人，某大厦21层房屋处置款应优先清偿该行债权，不论被执行人为公民、法人还是其他组织，中国银行某分行作为抵押权人均有权要求参与分配。

最高人民法院查明，海南实业公司与海南地产公司、海南物业公司、重庆公司投资款纠纷执行一案，海南省高级人民法院于2003年11月立案执行，在执行过程中，海南实业公司参与重庆市高级人民法院(2006)渝高法执他字第164号执行一案的案款分配后，因被执行人无财产可供执行，海南省高级人民法院于2008年1月9日作出(2003)琼执字第2813号执行裁定，裁定终结本次执行程序。2013年12月18日，海南实业公司以发现被执行人有财产可供执行为由向海南省高级人民法院申请恢复上述案件的强制执行,海南省高级人民法院于2013年12月27日立案恢复执行。恢复执行中,海南省高级人民法院于2014年1月13日裁定对案涉房产采取查封措施,并于2016年8月3日裁定对案涉房产进行拍卖。

中国银行某分行因重庆公司未履行(1997)渝高法经初字第12号民事判决确定的义务,于1998年7月13日向重庆市高级人民法院申请执行,重庆市高级人民法院立案执行,案号为(1998)渝高法经执字第20号。其间,中国银行某分行于1999年4月30日与新原兴公司签订《购房协议》,约定新原兴公司向中国银行某分行购买案涉房产,购房款为人民币407万元。2004年6月25日,中国银行某分行与信达公司签订《债权转让协议》,将借款合同编号为596BB1117及596BB1146的两笔债权共计本金2,854,141.13美元及利息转让给信达公司。2006年6月15日,中国银行某分行向信达公司发出关于重庆某房地产开发有限公司信用证垫款案中押品情况的函,确认了其转让的债权2,854,141.13美元中不含407万元人民币对应的美元,某大厦21层的抵押权仍由中国银行某分行享有。2006年12月15日,信达公司与瑞华公司签订《单户资产转让协议》,将其从中国银行某分行处受让的债权转让给瑞华公司。2008年8月15日,重庆市仲裁委员会以中国银行某分行非案涉房产所有权人为由,以2008渝裁(房)字第117号裁决书裁决中国银行某分行与新原兴公司签订的《购房协议》无效,并要求中国银行某分行向新原兴公司返还购房款407万元。2009年5月11日,重庆市高级人民法院裁定变更瑞华公司为(1998)渝高法经执字第20号案件的申请执行人。2009年5月26日,重庆市高级人民法院裁定终结(1997)渝高法经初字第12号民事判决的执行。2017年2月16日,重庆市高级人民法院作出(2017)渝执监8号执行裁定,裁定撤销该院(1998)渝高法经执字第201号执行裁定,变更该案申请执行人为中国银行某分行和瑞华公司,其中中国银行某分行债权本金为512,485.82美元,瑞华公司债权本金为2,587,514.18美元;撤销该院(1998)渝高法经执字第202号执行裁定,(1997)渝高法经初字第12号民事判决继续执行。

海南实业公司不服重庆市高级人民法院(2017)渝执监8号执行裁定,于2017年向重庆市高级人民法院提出异议,后以重庆市高级人民法院立(2017)渝执异21号案后3个月余既不组织听证也未作出异议裁定,还不允许代理律师查阅卷宗材料,不符合法律和司法解释的规定为由,向最高人民法院提出异议,最高人民法院以(2017)最高法执监239号案进行审查,查明海南实业公司向重庆市高级人民法院提出的异议请求,重庆市高级人民法院经审查未按执行异议案件立案受理,已通过执行监督案件形式进行审查并已答复海南实业公司。最高人民法院于2017年8月30日作出(2017)最高法执监239号通知书认为,海南实业公司系海南省高级人民法院执行案件的申请执行人,与重庆市高级人民法院作出的以变更中国银行某分行与瑞华公司为案件申请执行人同时撤销终结执行裁定为内容的(2017)渝执监8号执行裁定没有直接的利害关系。海南实业公司就该裁定提出异议,实质是希望排除中国银行某分行在海南省高级人民法院参与分配的权利,属于参与分配程序应当解决的争议。中国银行某分行是否参与分配,具体参与分配的数额,由海南省高级人民法院通过作出参与分配方案来确定。如海南省高级人民法院作出的分配方案中对中国银行某分行分配了相关价款,海南实业公司可根据2015年《民事诉讼法解释》第511条①、第512条②的规定就分配方案提出异议,甚至异议之诉来寻求救济,维护自己的合法权益。最高人民法院认为,根据《执行程序解释》,有多个债权人对同一被执行人申请执行或者对执行财产申请参与分配的,执行法院可依照该规定制作分配方案;当事人对分配方案不服的,可以通过分配方案异议或异议之诉程序处理,并不区分被执行人是企业法人或者是公民、其他组织。事实上,参与分配有广义和狭义两种概念,广义的参与分配,是指不管被执行人是否为企业法人,只要涉及多个债权人对其财产申请分配的,执行法院均应按2008年《执行程序解释》第25条③的规定启动分配程序;而狭义的参与分配,则特指被执行人为公民或者其他组织时,在其财产不能清偿所有债权的情况下,按债权比例公平清偿的分配方式。

---

① 现为第509条。

② 现为第510条。

③ 现为第17条。

2015年《民事诉讼法解释》第508条[①]的规定针对的正是狭义参与分配，但不能据此否定《执行程序解释》第25条规定的广义参与分配程序之适用，只是根据《民事诉讼法解释》的相关规定，被执行人为企业法人的，不得对其采取按债权比例清偿的狭义参与分配程序。

【案例评析】

最高人民法院（2019）最高法执复14号执行裁定适用《执行程序解释》第17条规定，认为参与分配并不区分被执行人是企业法人或者是公民、其他组织。该裁定中引入了“广义参与分配”和“狭义参与分配”两个概念，同时认为《民事诉讼法解释》的规定针对的是狭义参与分配，但不能据此否定《执行程序解释》规定的广义参与分配程序之适用。只是根据《民事诉讼法解释》的相关规定，被执行人为企业法人的，不得对其采取按债权比例清偿的狭义参与分配程序。通过此案例的分析，再结合2022年修正的《民事诉讼法解释》第511条的规定可知，被执行人为企业法人时，并不是完全排除适用参与分配制度，只是为了保障债权人公平受偿的权利，对财产分配顺序有特别规定，即被执行人为企业法人时，其他普通债权人可以申请参与分配，依法不得采取按债权比例清偿的狭义参与分配程序，只能按采取执行措施的先后顺序受偿。在具体分配过程中，结合案件其他情况，认为符合移送破产条件的，也可以依法移送破产。当享有优先权、担保物权的债权人申请优先分配受偿的，执行法院应允许其加入执行程序，并将其债权作为优先受偿债权列入分配方案。其他债权人认为抵押权已经消灭而对分配方案有异议的，应当依据执行程序解释的相关规定通过分配方案异议和异议之诉解决。

河南公司申请对案涉执行标的处置价款优先分配执行复议案

【案例索引】

（2021）晋执复139号

【基本案情】

缑某贤与弘基公司合同纠纷一案，山西省晋城市中级人民法院于

① 现为第506条。

2015年8月11日作出(2015)晋市法民初字第55号民事判决,判令弘基公司偿还缑某贤借款本金25,000,000元,并从借款之日起至还清借款之日止按中国人民银行同期贷款利率的4倍支付缑某贤借款利息等。执行中,山西省晋城市中级人民法院作出(2020)晋05执恢52号执行裁定,拍卖弘基公司名下的23号楼1号至10号商铺(含地下室)。经两次网络司法拍卖,均因无人竞买导致流拍。缑某贤向山西省晋城市中级人民法院提出将上述10套房产以第二次流拍价格交付其抵偿相应债务。因案外人提出异议,山西省晋城市中级人民法院经审查,于2020年12月9日作出(2020)晋05执恢52号之一执行裁定,准许将案涉10套房产中的2号、3号、4号、6号、7号、8号、10号共7套商铺(含地下室)交付缑某贤抵偿10,961,133.2元债务。缑某贤向山西省晋城市中级人民法院提供担保,请求继续执行剩余3套房产,以第二次流拍价格抵偿其债务。2021年1月18日,山西省晋城市中级人民法院作出(2020)晋05执恢52号之四执行裁定,将案涉10套房产中的1号、5号、9号商铺(含地下室)交付缑某贤抵偿其债务。

2020年10月23日,河南公司向山西省晋城市中级人民法院提出参与分配的申请,请求对上述拍卖、变卖所得参与分配。山西省晋城市中级人民法院认为,本案被执行人为企业法人,不能适用被执行人为公民或其他组织的参与分配制度,且无证据证明河南公司对上述财产拥有优先受偿权,依法不符合参与分配的条件,遂于2020年12月14日向河南公司发出通知,不予准许河南公司的参与分配申请。

河南公司不服,向山西省晋城市中级人民法院提出异议称,其对23号楼1号至10号商铺享有建设工程价款优先受偿权,故请求准许其对弘基公司所有的23号楼1号至10号全部商铺(含地下室)参与分配;确认河南公司对弘基公司所有的23号楼1号至10号全部商铺(含地下室)在5,921,025.64元建设工程款的范围内优先受偿,剩余的利息16,205,547.51元作为普通债权参与分配。

山西省晋城市中级人民法院认为,根据《民事诉讼法解释》,多个债权人对执行财产申请参与分配的,执行法院应当制作财产分配方案,并送达各债权人和被执行人。债权人或者被执行人对分配方案有异议的,应当自收到分配方案之日起15日内向执行法院提出书面异议。债权人或者被执行人对分配方案提出书面异议的,执行法院应当通知未提出异议的债权人、被执行人。未提出异议的债权人、被执行人自收到通知之日起15日内未提出反对意见的,执行法院依异议人的意见对分配方案审查修正后进行分配;提出反对意见的,应当通知异议人。异议人可以自收到通知之日起15日内,以提出反对意见的债权人、被执行人为被告,向执行法院提起诉讼;异议人逾期未提起诉讼的,执行法院按照原分配方案进行分配。本案中,河南公司申请参与缑某贤与弘基公司合同纠纷执行一案的分配,山西省晋城市中级人民法院于2020年12月14日不准许其参与分配,河南公司以其在5,921,025.64元建设工程款的范围内享有优先受偿权提出书面异议。按照前述规定,对该异议的处理,应先通知未提出异议的申请执行人和被执行人,若申请执行人和被执行人未提出反对意见,则对异议人进行分配;若提出反对意见,则自异议人收到反对意见的通知之日起15日内提起执行分配方案异议之诉予以救济。河南公司所提异议不符合执行异议的受理条件。山西省晋城市中级人民法院作出(2021)晋05执异3号执行裁定,驳回河南公司的异议申请。

河南公司向山西省高级人民法院申请复议,请求撤销山西省晋城市中级人民法院(2021)晋05执异3号执行裁定及山西省晋城市中级人民法院于2020年12月14日作出的通知书,准许其对弘基公司所有的23号楼1号至10号全部商铺(含地下室)参与分配,并指令山西省晋城市中级人民法院作出分配方案。

山西省高级人民法院认为,根据《执行程序解释》第17条、第18条规定,有多个债权人对同一被执行人申请执行或者对执行财产申请参与分配的,执行法院可依照该规定制作分配方案;当事人对分配方案不服的,可以通过分配方案异议或异议之诉程序处理,并不区分被执行人是企业法人或是自然人、其他组织。事实上,参与分配有广义和狭义两种概念,广义的参与分配,是指不管被执行人是否为企业法人,只要涉及多个债权人对其财产申请分配的,执行法院均应按《执行程序解释》第17条的规定启动分配程序;而狭义的参与分配,则特指被执行人为自然人或者其他组织时,在其财产不能清偿所有债权的情况下,按债权比例公平清偿的分配方式。《民事诉讼法解释》第506条的规定针对的正是狭义参与分配,但不能据此否定《执行程序解释》第17条规定的广义参与分配程序之适用,只是根据《民事诉讼法解释》的相关规定,被执行人为企业法人的,不得对其采取按债权比例清偿的狭义参与分配程序。本案中,河南公司向山西省晋城市中级人民法院提出异议,实际是请求加入山西省晋城市中级人民法院(2020)晋05执恢52号执行案件程序,就案涉房产优先受偿。对于该请求依照《执行程序解释》第17条的规定,通过广义参与分配程序予以处理。

【案例评析】

广义参与分配有多个债权人对同一被执行人申请执行或者对执行财产申请参与分配的,执行法院可依照该规定制作分配方案,并不区分被执行人是自然人、法人或非法人组织。本案中,河南公司对弘基公司的债权已经生效判决予以确认,其向山西省晋城市中级人民法院申请对弘基公司名下财产参与分配,有事实和法律依据。山西省晋城市中级人民法院以本案被执行人是法人为由,不予准许河南公司参与分配。在河南公司提出异议后,山西省晋城市中级人民法院又以河南公司应通过分配方案异议及异议之诉进行救济,其异议不符合执行异议受案范围为由,裁定驳回河南公司的异议申请,适用法律均有不当。山西省高级人民法院参照最高人民法院(2019)最高法执复14号执行裁定的观点进行阐述,对山西省晋城市中级人民法院的执行行为予以纠正,并要求山西省晋城市中级人民法院依源泰公司申请制作分配方案的结论正确。我国设定参与分配制度的目的,在于保障被执行人不具备破产资格情形下债权的平等受偿。人民法院审查参与分配申请时,不应给申请参与分配设置过多的障碍。参与分配申请人在申请书中说明了原因,即应制作参与分配方案,如当事人对分配方案有异议,可以通过分配方案异议或分配方案异议之诉程序进行救济。

第二节　狭义参与分配的适用条件

法律依据

《民事诉讼法解释》

第506条　被执行人为公民或者其他组织，在执行程序开始后，被执行人的其他已经取得执行依据的债权人发现被执行人的财产不能清偿所有债权的，可以向人民法院申请参与分配。

对人民法院查封、扣押、冻结的财产有优先权、担保物权的债权人，可以直接申请参与分配，主张优先受偿权。

第507条　申请参与分配，申请人应当提交申请书。申请书应当写明参与分配和被执行人不能清偿所有债权的事实、理由，并附有执行依据。

参与分配申请应当在执行程序开始后，被执行人的财产执行终结前提出。

第508条　参与分配执行中，执行所得价款扣除执行费用，并清偿应当优先受偿的债权后，对于普通债权，原则上按照其占全部申请参与分配债权数额的比例受偿。清偿后的剩余债务，被执行人应当继续清偿。债权人发现被执行人有其他财产的，可以随时请求人民法院执行。

制度研究

通说认为，2015年的《民事诉讼法解释》第508条至第512条是对"狭义参与分配"的规定。《民事诉讼法解释》在制定过程中，最高人民法院提出两种设计方案，一种是建立直接移送破产制度，另一种是通过限制狭义参与分配程序对企业法人的适用来倒逼查封在后的债权人去申请破产。《民事诉讼法解释》采纳了第二种方案，即设计了第513条至第516条的"执行转破产"制度，将企业法人排除在狭义参与分配制度的适用范围，以实现"倒逼"不能受偿的债权人申请破产的目的。该司法解释对参与分配的被执行主体作了限制，即企业法人作为被执行人时其财产不足以清偿所有债权的不再适用狭义参与分配制度，而适用破产清算程序。2022年修正的《民事诉讼法解释》第

506 条至第 510 条对参与分配的被执行主体也未进行调整，仍将企业法人排除在参与分配制度之外，学界认为我们通常所说的参与分配即“狭义参与分配”。如杨立新教授主张，参与分配是在申请执行人申请立案后，作为公民及其他组织的被执行人的财产已被控制，即将处置时，其他债权人（已起诉或持有执行依据）认为债务人财产不能偿还所有债务，向法院提出申请，参与其中，使各债权可以均衡受偿的制度①。吴晓静认为，我国参与分配应仅对于不具备破产能力的公民或其他组织进行适用，实现“清盘”的功效。② 对于企业法人且其财产不足以清偿所有债权的债务人，应通过破产程序进行清算；对于非企业法人，其财产不足清偿全部债务并且法院已查封其全部或主要财产的，应通过参与分配程序公平受偿。

实践中，部分法院通过颁布司法文件的方式出台相关规定，将企业法人排除在参与分配程序之外，如《江苏省高级人民法院关于正确理解和适用参与分配制度的指导意见》第二部分“关于参与分配的适用条件与范围”第 3 条第 1 项明确规定，启动参与分配程序的条件之一即为被执行人为自然人或者其他组织。第 4 条第 1 款规定，其他组织包括“不具备企业法人资格”的情形；第 4 条第 2 款再次指出“企业法人的财产不能清偿所有债权的，不得适用参与分配制度。普通债权人申请对企业法人财产参与分配的，应征求其意见，建议其同意移送破产审查或者直接申请被执行人破产。债权人坚持申请参与分配的，不予支持”。浙江、北京也规定企业法人原则上不适用参与分配制度。《浙江省高级人民法院关于执行程序与破产程序衔接若干问题的纪要》（浙高法〔2016〕62 号）第 15 条规定：《民事诉讼法解释》施行后，对企业法人为被执行人的执行案件，不再适用参与分配，但已取得执行依据的债权人一致同意适用参与分配的除外。《北京市高、中级法院执行局（庭）长座谈会（第五次会议）纪要——关于案款分配及参与分配若干问题的意见》第 7 条第 1 款第 1 项规定，适用参与分配程序的条件之一即为被执行人为自然人（包括外国人和无国籍人）或其他组织（指非法人组织）。被执行人为企业法人的，不适用执

① 参见杨立新：《民事执行程序中的参与分配制度》，载《法律科学（西北政法学院学报）》1994 年第 1 期。

② 参见吴晓静：《现行参与分配制度根本缺陷与改进建议》，载《法律适用》2008 年 Z1 期。

行程序中的参与分配制度。而《最高人民法院、司法部、中华全国律师协会印发〈关于深入推进律师参与人民法院执行工作的意见〉的通知》(法发〔2019〕34号)系最近的关于参与分配制度的相关规定,其中第8条明确规定:“充分发挥律师在参与分配和执行转破产程序中的作用。被执行人为公民或其他组织,其财产不足以清偿全部债务,其他已经取得执行依据的债权人的代理律师可以协助该债权人向人民法院申请参与分配。对符合条件的申请,人民法院应当及时受理。被执行人为企业法人,资产不足以清偿全部债务或明显缺乏清偿能力的,人民法院应当及时询问申请执行人、被执行人是否同意将执行案件移送破产审查……”该通知明确区分了被执行主体为公民或其他组织的,适用参与分配制度;被执行人为企业法人,出现资不抵债时,应移送破产。

实务操作

一、狭义分配适用的被执行人主体

根据《民事诉讼法解释》第506条关于狭义参与分配的规定,只有被执行人为公民或其他组织时,才可以适用狭义参与分配程序,被执行人为企业法人的,不能适用狭义参与分配程序。

二、对被执行人清偿能力的要求

狭义参与分配程序是对我国有限破产主义的有力补充,因此只有被执行人存在财产不能清偿所有债权的情形时,才能够适用参与分配程序。对于“被执行人的财产是否足以清偿全部债务”,实践中争议较大,最难把握的是“被执行人的财产不足清偿全部债务的认定标准”。实践中有“客观认为”和“主观认为”两种不同的认定标准。“客观认为”只要求被执行人的所有财产,事实上少于其债权总额即可。“主观认为”是指只要取得执行依据的普通金钱债权人,通过被执行人其他财产无法清偿其所有债权,即可申请参与分配。司法实践所持标准亦不统一,有的法院认为债务人的财产是否满足不能清偿所有债权的条件,应由执行法院来审查,无须当事人来举证;有的法院则认为,只要除了被执行财产外,还有其他财产的,应认为财产能够清偿所有债权,标准较高；还有的法院会结合财产进行多方考察，进而判断是否资不抵债，标准相对较低。法律设定参与分配制度的目的，在于保障被执行人不具备破产资格情形下债权的平等受偿。因此人民法院审查参与分配申请时，不应苛求参与分配申请人必须证明被执行人不能清偿所有债务或给申请参与分配设置过多的障碍。参与分配申请人在申请书中说明了原因，且其申请执行案件因被执行人无财产可供执行已终结本次执行程序的，执行法院形式审查后应予准许。所以在审查债权人的参与分配申请时，应把握必要的限度，即从宽把握“被执行人的财产不能清偿所有债权”的要求。

本书认为，判断“不能清偿所有债权的认定标准”，采用“主观认为”标准更为合理。因普通债权人对被执行人的财产信息掌握能力有限，为最大限度保障其他债权人可行使参与分配的权利，且被执行人最终是否符合“参与分配”的适用条件，还需要法院进行审查。一般情况下，债权人通过法院执行机构查询时，发现被执行人除了已被采取了查封、扣押、冻结等措施的财产外，再无其他财产，而被采取了查封、扣押、冻结措施的财产又不足以清偿债务人已查明的债权，即可认定满足参与分配的条件。如最高人民法院（2017）最高法执监 325 号执行裁定即采纳此观点。

三、参与分配申请的提出

参与分配程序的启动以申请执行人的申请为原则，申请执行人应在执行程序开始后，被执行人的财产执行终结前向首先查封、扣押或冻结的法院提交书面申请书。申请书应当写明参与分配和被执行人不能清偿所有债权的事实、理由，并附有执行依据。未取得执行依据的优先权人、担保物权人直接向执行法院申请参与分配的，应提交参与分配申请书，除写明被执行人未清偿所有债权的事实、理由外，还应写明优先受偿的金额、事实和理由，并提交相关的权利证明文件。已申请执行的债权人申请参与分配的，可以向原申请法院提交参与分配申请书，由原审法院将参与分配申请书转交给主持分配的法院，并说明执行情况。

四、债权清偿顺位

我国狭义参与分配制度以平等主义为分配原则。执行所得价款扣除执行费用(包括执行费、保全费、公告费等),并清偿应当优先受偿的债权后,对于普通债权,执行款不足以清偿所有债权的,原则上按照其占全部申请参与分配债权数额的比例受偿。清偿顺序如下:

(1)实现债权的费用(诉讼费、保全费、执行费等)。

(2)优先受偿的债权(主要是指有担保物权或其他优先权的债权,优先受偿);有多个担保物权的,按照担保物权设立的先后顺序受偿。

(3)普通金钱债权,原则上按其占全部申请参与分配债权数额的比例受偿。

需要注意的是,参与分配程序和破产程序不同,对于参与分配程序中清偿后的剩余债务,并不豁免被执行人的清偿义务,债权人发现被执行人有其他财产的,可以随时请求人民法院执行,被执行人应对其未能清偿的债权继续清偿。

审判前沿

李某崇申请执行监督一案

【案例索引】

(2017)最高法执监325号

【基本案情】

山西省运城市中级人民法院在执行申请执行人贺某民与被执行人张某国、胡某民间借贷纠纷一案中,以双方当事人达成执行和解协议为由,于2015年4月20日作出(2015)运中执字第77-2号执行裁定,将张某国位于北京朝阳区望京某商业金融项目房屋以1200万元抵顶给申请执行人贺某民。同日作出(2015)运中执字第77-3号执行裁定,将胡某位于太原市某小区A-5层房屋以1400万元价格抵顶给申请执行人贺某民,上述房产均过户至贺某民名下。2015年6月2日,案外人李某崇提出执行异议,请求撤销(2015)运中执字第77-2号、77-3号、77-5号执行裁定。山西省运城市中级人民法院作出(2015)运中执异字第17、18号执行裁定,撤销(2015)运中执字第77-2号、77-3号、77-5号执行裁定书。申请执行人贺某民不服,向山西省高级人民法院申请复议,2016年1月18日山西省高级人民法院裁定驳回复议申请,维持异议裁定。

山西省运城市中级人民法院另查明，案外人李某崇与被告张某国、胡某、山西某造纸公司、山西某造纸分公司借款合同纠纷一案，山西省太原市中级人民法院作出(2015)并民初字第31号民事判决，主要内容为张某国、胡某共同偿还李某崇本金3820万元及利息。李某崇已向山西省太原市中级人民法院申请强制执行。在执行中，执行人员曾就参与分配召集申请执行人贺某民与案外人李某崇进行协商，但双方未达成一致意见，在评估被执行人张某国北京房产时，山西省运城市中级人民法院通知了李某崇有关房产评估的相关事宜。贺某民向山西省运城市中级人民法院提出异议称，申请参与分配的房屋已过户至其名下，属于异议人所有，且该房屋非被执行人唯一财产，案外人李某崇申请参与分配于法无据。2016年12月6日，案外人李某崇向该院递交了参与分配被执行人张某国位于北京的房产及车位、被执行人胡某位于太原的房产书面申请书。

山西省运城市中级人民法院认为，依照2015年《民事诉讼法解释》第509条①，申请参与分配，申请人应当提交申请书。申请书应当写明参与分配和被执行人不能清偿所有债权的事实、理由，并附有执行依据，即申请参与分配人应承担证明被执行人不能清偿所有债权事实、理由的责任。本案中申请参与分配人李某崇未提供相关证据，裁定异议人贺某民异议成立。

李某崇不服山西省运城市中级人民法院异议裁定，向山西省高级人民法院申请复议。山西省高级人民法院认为，债权人申请参与分配时应当具备2015年《民事诉讼法解释》第508条②和第509条规定的条件，即被执行人的其他已经取得执行依据的债权人发现被执行人的财产不能清偿所有债权的，可以向人民法院申请参与分配；申请分配，申请人应当提交申请书。申请人应当写明参与分配和被执行人不能清偿所有债务的事实和理由，并附有执行依据。本案中，复议申请人李某崇未向原执行法院即山西省太原市中级人民法院提出参与分配申请，而是向山西省运城市中级人民法院申请参与分配，且不能提供被执行人的财产不足以清偿其全部债务的

① 现为第507条。

② 现为第506条。

证据,裁定驳回复议申请人李某崇的复议申请。

申诉人李某崇不服,向最高人民法院申请监督,请求撤销山西省高级人民法院(2017)晋执复2号执行裁定及山西省运城市中级人民法院(2016)晋08执异26号执行裁定。

最高人民法院认为,本案争议焦点为申诉人李某崇是否有权参与分配。根据《民事诉讼法解释》的规定,其他债权人参与分配的条件为:(1)被执行人为公民或者其他组织;(2)执行程序开始后,被执行人的财产执行终结前;(3)被执行人的财产不能清偿所有债权。结合本案案情,被执行人张某国和胡某是公民,被执行人的财产执行尚未终结,条件1、条件2均满足。关于条件3,被执行人的财产不能清偿所有债权。《物权法》第28条[①]规定,因人民法院的法律文书,导致物权设立、变更、转让或者消灭的,自法律文书生效时发生效力。结合本案,以物抵债裁定是直接发生物权变动效力的法律文书,送达当事人后,物权已经发生变动,此后办理登记只是将物权已经变动的事实进行公示。而当这些裁定被依法撤销后,物权也已发生变化。因此,尽管案涉房产仍在异议人贺某民的名下,但房屋的所有权人已变更为被执行人张某国、胡某。《民事诉讼法解释》第509条第1款规定,申请人申请参与分配,只需提交申请书,写明参与分配和被执行人不能清偿所有债权的相关事实、理由,并附有执行依据,并未要求由申请人承担被执行人不能清偿所有债权的证明责任。而且从实际情况来看,由申请人承担严格的证明责任并不现实。实践中,只要申请人一方提供相关材料,符合一定要件后就应予以认可,至于被执行人的财产是否满足不能清偿所有债权的条件,应由执行法院来审查,并且执行法院对此也应从宽把握。只要确定现有财产已经不能清偿所有债权,就应同意申请人参与分配。因此,本案中,山西省高级人民法院和山西省运城市中级人民法院要求由李某崇承担严格的证明责任从而不支持李某崇参与分配的申请与法律规定和执行实际均不符。此外,关于申请人应向哪个法院提出参与分配申请的问题。虽然《执行规定》规定应当向其原申请执行法院提交参与分配申请

① 现为《民法典》第229条。

书，但之后修订的《民事诉讼法》和司法解释对此均并未提出明确要求，而且即便法律规定申请人应当向原申请执行法院提交申请书，法院也不能以此为由驳回当事人的申请，毕竟向哪个法院提出申请只是具体操作的问题，不能以此剥夺申请人的实体权利。参照2015年《民事诉讼法》第204条①，依照2008年《执行规定》第129条规定，裁定撤销山西省高级人民法院（2017）晋执复2号执行裁定和山西省运城市中级人民法院（2016）晋08执异26号执行裁定，本案由山西省运城市中级人民法院重新审查处理。

【案例评析】

从现实情况来看，债权人很难完全掌握被执行人的财产信息，由债权人承担不能清偿的证明责任并不现实。出于保障债权人债权实现的考量，也不应苛以申请执行人过高的证明责任。实践中，只要申请人一方提供相关材料，符合一定要件后就应予以认可，至于被执行人的财产是否满足不能清偿所有债权的条件，应由执行法院来审查，并且执行法院对此也应从宽把握。只要确定现有财产已经不能清偿所有债权，就应同意申请人参与分配，即执行法院在审查债权人的参与分配申请时，应把握必要的限度，秉持形式审查和从宽把握的审查原则，更加符合参与分配制度的立法本意。

异议申请人、利害关系人股权转让纠纷执行审查案

【案例索引】

（2019）最高法执监59号

【基本案情】

王某与涂某喜、湖北房地产公司、湖北电缆公司股权转让合同纠纷一案，荆州仲裁委员会作出的（2013）荆仲字第31号调解书生效后，涂某喜、湖北房地产公司、湖北电缆公司未按照调解书履行义务，王某向湖北省荆州市中级人民法院申请强制执行。执行过程中，湖北省荆州市中级人民法院查封了湖北房地产公司、湖北电缆公司位于荆州市××区××路的房屋及土地使用权和在建工程1号、6号、7号、12号楼（以下统称涉案资产）。湖北省荆州市中级人民法院对涉案资产拍卖后，胡某彪等债权人向湖北省荆州市

① 现为第215条。

中级人民法院申请参与受偿拍卖价款。湖北省荆州市中级人民法院作出(2014)鄂荆州中执字第00055号执行财产分配方案(以下简称55号分配方案)。

胡某彪对55号分配方案不服,向湖北省荆州市中级人民法院提出书面异议,请求按照普通债权的比例对湖北房地产公司涉案资产拍卖价款进行分配。

湖北省荆州市中级人民法院查明,胡某彪、荆州小贷公司以湖北房地产公司资产不足以清偿全部债务为由提出破产清算申请,湖北省荆州市中级人民法院认为不符合《企业破产法》第2条的规定,裁定驳回胡某彪、荆州小贷公司的破产清算申请。湖北省高级人民法院二审维持。本案拍卖处置的涉案资产的所有权人是被执行人湖北房地产公司和湖北电缆公司,两公司均为企业法人。国家企业信用信息公示系统显示,湖北房地产公司的登记状态为:存续(在营、开业、在册)。

湖北省荆州市中级人民法院认为,2015年《民事诉讼法解释》第516条①规定:"当事人不同意移送破产或者被执行人住所地人民法院不受理破产案件的,执行法院就执行变价所得财产,在扣除执行费用及清偿优先受偿的债权后,对于普通债权,按照财产保全和执行中查封、扣押、冻结财产的先后顺序清偿。"本案属于"被执行人住所地人民法院不受理破产案件"的情形,并存在多个债权人对同一被执行人的金钱债权执行竞合。执行法院确定对被执行人的资产变价所得财产首先扣除执行费用及清偿优先受偿的债权,然后再按照查封的先后顺序对普通债权清偿,符合上述法律规定。关于异议人胡某彪主张本案应当适用2008年《执行规定》第96条规定的问题。本案中,被处置的资产所有人,即被执行人为企业法人,但并不存在"未经清理或清算而撤销、注销或歇业"等情形,故不应由《执行规定》第96条设定的规定调整。另外,异议人主张适用2015年《民事诉讼法解释》第508条②,是对"被执行人为公民和其他组织"时,债权人如何申

① 现为第514条。

② 现为第506条。

请参与分配的规定，与本案被执行人的主体亦不相同。据此，湖北省荆州市中级人民法院于2017年12月8日作出（2017）鄂10执异28号执行裁定，驳回胡某彪的异议请求。

胡某彪不服湖北省荆州市中级人民法院异议裁定，向湖北省高级人民法院申请复议，请求撤销湖北省荆州市中级人民法院（2017）鄂10执异28号执行裁定，依照普通债权的比例对被执行资产的拍卖案款进行分配。

湖北省高级人民法院认为，本案的争议焦点问题为湖北省荆州市中级人民法院所作执行财产分配方案适用法律是否正确。2015年《民事诉讼法解释》第516条[①]规定："当事人不同意移送破产或者被执行人住所地人民法院不受理破产案件的，执行法院就执行变价所得财产，在扣除执行费用及清偿优先受偿的债权后，对于普通债权，按照财产保全和执行中查封、扣押、冻结财产的先后顺序清偿。"本案中，胡某彪等债权人向湖北省荆州市中级人民法院申请对湖北房地产公司进行破产清算被裁定驳回后，又向该院提交执行转破产申请未被受理。该事实表明本案符合上述法律规定适用情形。故湖北省荆州市中级人民法院依据2015年《民事诉讼法解释》第516条规定作出执行财产分配方案，确定债权受偿顺序并无不当，胡某彪关于本案应适用2008年《执行规定》第96条规定的复议理由不能成立。湖北省高级人民法院于2018年9月12日作出（2018）鄂执复26号执行裁定，驳回胡某彪的复议申请。

胡某彪不服湖北省高级人民法院复议裁定，向最高人民法院申诉。最高人民法院认为争议焦点为本案能否适用2008年《执行规定》第96条的规定。最高人民法院认为：《执行规定》关于多个普通债权人对同一被执行企业法人申请执行的制度，是《民事诉讼法解释》施行前适用的制度。依照当时的规定，对于被执行人为企业法人，其财产不足以清偿全部债务，原则上应当按照执行法院采取查封措施的先后顺序受偿，但在被执行企业符合2008年《执行规定》第96条规定的情形时，也可以参照被执行人为公民或其他组织的参与分配制度对普通债权按比例清偿。但由于《民事诉

① 现为第514条。

讼法解释》对此问题作了新的规定，明确对未进入破产程序的企业法人应按照查封先后顺序对普通债权进行清偿，这实质上修改了《执行规定》第96条的规定，排除了参与分配制度对企业法人的参照适用。对于被执行人为企业法人的执行案件债权人而言，要么其在执行程序中按照查封先后顺序受偿债权，要么其通过破产程序按比例受偿债权。

【案例评析】

2015年《民事诉讼法解释》施行后，明确排除了企业法人适用参与分配，企业法人作为被执行人时，其财产不足以清偿全部债权的，应转入破产程序。同时又明确对于未进入破产程序的企业法人应按照查封先后顺序对普通债权进行清偿，事实上，这对2008年《执行规定》第96条进行了修正，排除了按比例清偿对企业法人的适用可能。基于此，企业法人作为被执行人时，其财产足以清偿所有债权时，对于普通债权按照执行法院采取执行措施的先后顺序受偿；其财产不足以清偿所有债权，当事人不同意移送破产或者被执行人住所地人民法院不受理破产案件的，对于普通债权，按照财产保全和执行中查封、扣押、冻结财产的先后顺序清偿。至此，企业法人作为被执行人的，无论其财产是否足以清偿所有债权，只要其没有进入破产程序，对于普通债权，均需按照财产保全和执行中查封、扣押、冻结财产的先后顺序清偿。该种规定一定程度上能够激活破产程序的适用，在企业法人出现“资不抵债”时，适用“执行转破产”程序在一定程度上更能提高债权人的受偿比例。相较参与分配制度，破产制度有更为完善的债权人权益保护机制，有较明确的法律规定和指引，尤其是破产制度中关于管理人撤销权的规定，更能发现和找回债务人可分配的财产，对于债权人尤其是查封顺位在后的债权人来说，其债权受偿比例会大大高于参与分配程序中的受偿比例。

第七章　参与分配程序的启动

第一节　启动参与分配的方式

法律依据

《民事诉讼法解释》

第506条　被执行人为公民或者其他组织，在执行程序开始后，被执行人的其他已经取得执行依据的债权人发现被执行人的财产不能清偿所有债权的，可以向人民法院申请参与分配。

对人民法院查封、扣押、冻结的财产有优先权、担保物权的债权人，可以直接申请参与分配，主张优先受偿权。

第507条　申请参与分配，申请人应当提交申请书。申请书应当写明参与分配和被执行人不能清偿所有债权的事实、理由，并附有执行依据。

参与分配申请应当在执行程序开始后，被执行人的财产执行终结前提出。

《执行规定》

56. 对参与被执行人财产的具体分配，应当由首先查封、扣押或冻结的法院主持进行。

首先查封、扣押、冻结的法院所采取的执行措施如系为执行财产保全裁定，具体分配应当在该院案件审理终结后进行。

制度研究

原则上，参与分配应当依申请启动，即在债务人的全部或主要财产已被一个法院因执行确定金钱给付的生效法律文书而查封、扣押或冻结时，其他债权人应当向执行法院提出书面申请,而拟制申请参与分配为例外情形。依申请启动一方面督促债权人及时行权,调动当事人的维权积极性,另一方面减轻司法成本,节约司法资源。但受限于我国执行体制机制,当事人很难掌握被执行人的其他财产执行情况,实践中当事人只能通过申请执行法院查询的方式了解被执行人的其他财产执行情况,但基于法院案多人少的现状,执行法院对于当事人的查询申请很难第一时间回应,而参与分配申请又有截止时间,因此完全排除依职权通知参与分配的适用不利于债权人权益保护,亦可能由于债权人发起救济程序导致程序反复,拖慢执行进度,浪费司法资源,因此,应当在依申请启动参与分配程序外,允许某些特定情况下法院依职权通知债权人参与分配,从而平衡各方利益。

实务操作

一、依申请启动

(一)提交书面申请书

债权人申请参与分配的,应当向执行法院提交参与分配申请书,当事人没有书面申请,不能成为参与分配债权人,法院也不能主动通知其他债权人提出申请,不能未经申请人申请而直接确定参与分配人。关于参与分配申请书应当载明的内容,1992 年《民诉意见》要求“申请书应写明参与分配和被执行人不能清偿所有债权的事实和理由”,而 1998 年《执行规定》没有要求载明“被执行人不能清偿所有债权的事实”。《民事诉讼法解释》则要求“申请书应当写明参与分配和被执行人不能清偿所有债权的事实、理由,并附有执行依据”。申请参与分配,其他债权人应当证明自己对义务人享有债权,并证明自己提出申请的合法性。因此,在具体操作上,应注意以下事项:(1)参与分配申请书应当写明申请参与分配的数额、理由及法律依据;(2)担保物权人及其他享有优先权的债权人申请参与分配的,因其性质系就标的物拍卖款主张优先受偿,故担保物权及其他优先权的债权人只需要提出担保物权及优先受偿债权的主债权证明。

(二)提交执行依据

按照《民事诉讼法解释》第 507 条的规定,债权人申请参与分配时应当提交执行依据。但是,《民事诉讼法解释》第 506 条规定,对人民法院查封、扣押、冻结的财产有优先权、担保物权的债权人,可以在尚未取得执行依据时直接申请参与分配,主张优先受偿权。结合《民事诉讼法解释》第 506、507 条的规定,可以得出《民事诉讼法解释》第 507 条第 1 款申请参与分配应当附有执行依据仅仅是对《民事诉讼法解释》第 506 条第 1 款普通债权申请参与分配的约束,优先权人申请参与分配并不受必须取得执行依据的约束。虽然司法解释并未限制未取得执行依据的优先权人申请参与分配,但对于未取得执行依据的优先权人,执行法院在参与分配程序中是能够直接依据分配方案向其清偿,还是只能为其预留相应份额,在其取得执行依据后再行清偿,法律、司法解释并无明确规定。

《北京市高、中级法院执行局(庭)长座谈会(第五次会议)纪要——关于案款分配及参与分配若干问题的意见》第 14 条规定:"按照《执行规定》第 93 条的规定,对法院查封、扣押或冻结的财产享有担保物权和法律规定的其他优先受偿权的债权人,可以申请参加参与分配程序,主张优先受偿权。该债权人未取得执行依据,主持参与分配的法院告知其依照相关法律规定取得执行依据,但在分配案款时为其预留相应款项……"按照该规定理解,对于未取得执行依据的对法院查封、扣押或冻结的财产享有担保物权和法律规定的其他优先受偿权的债权人,执行法院在参与分配程序中不能直接依据分配方案向其清偿,只能为其预留相应份额,在其取得执行依据后再行清偿。

本书认为,《北京市高、中级法院执行局(庭)长座谈会(第五次会议)纪要——关于案款分配及参与分配若干问题的意见》中规定的"相关法律规定"实际上并没有相关的法律规定担保物权人以及优先权人应当在申请参与分配前取得执行依据,质言之,优先权人未取得执行依据并不影响其申请参与分配的权利。至于未取得执行依据的优先权人能否直接在参与分配程序中获偿虽然法律司法解释没有明确规定,但结合《民事诉讼法解释》第 510 条的规定,在分配方案形成过程中,债权人或者被执行人未在法定期限内对分配方案提出书面异议,或者异议人逾期未提起分配方案异议之诉的,执行法院按照分配方案进行分配的立法精神,分配方案确定后,执行法院即可按此分配,无论分配方案列明的债权人是否已取得执行依据。但在执行实践中,有的法院会要求担保物权人在申请参与分配之前通过实现担保物权的程序取得执行依据,在其取得执行依据前不予分配。实际上,此种做法忽视了执行分配法官享有的审查职能和权力,且不利于担保物权人的债权快速实现。在我国台湾地区,对于该种申请人,以"权利证明文件"作为执行依据提交即可,无须再行取得执行依据。杨与龄先生认为,所谓"权利证明文件",是指足以证明对于执行标的物有担保物权或优先受偿权及其债权金额的文件。[①] 此种做法简单、快捷,能够有效保障担保物权人及优先权人快速实现优先受偿权。

二、依职权通知参与分配

依职权通知参与分配,是指执行法院依职权通知未申请参与分配的债权人申请参与分配。通常认为,强制执行作为保证生效法律文书所确定的民事权利、民事义务得到履行的程序[②],应遵循民事诉讼程序中的当事人处分原则,也即执行程序的启动、中止、终结等除法律另有规定外,均由当事人自行决定,执行法院不予干预。所以,参与分配程序,作为实现债权人权利的程序之一,也遵循着当事人处分原则,由债权人自行申请。就像是否申请强制执行一样,全凭其他债权人自己的意愿决定,执行法院不应主动通知债权人申请参与分配[③]。但是,实践中由于债权人掌握的执行信息不及时、不对称,完全由债权人自行申请参与分配,可能会使得本来打算申请参与分配的债权人丧失申请参与分配的机会。所以执行法院为了平等保护各债权人的合法权益,避免类似情况发生,往往在处置财产后会通知同一法院申请执行的债权人申请参与分配。

实践中,明确了通知债权人申请参与分配的有江苏、山东等地法院。《山东高院:执行疑难法律问题审查参考(六)——参与分配专题》第 5 条参与分配程序如何启动中规定,"启动参与分配程序,原则上依债权人申请。向主持分配法院申请参与分配的债权人,一般是已经取得执行依据或虽未取得执行依据但对执行财产享有优先权、担保物权等的债权人。已知的享有优先权、担保物权人未提出参与分配申请的,执行法院应通知其参与分配事宜。其他债权人向主持分配法院申请执行同一被执行人的,主持分配法院应将其纳入分

① 参见杨与龄编著:《强制执行法论》,中国政法大学出版社 2002 年版,第 280 页。

② 参见张卫平:《民事诉讼法》(第 5 版),法律出版社 2019 年版,第 541 页。

③ 参见童兆洪主编:《民事强制执行新论》,人民法院出版社 2001 年版,第 200 页。

配程序。主持分配法院可将参与分配案件的被执行人、待分配财产、金额等事项通过在全国或者省级有影响的报纸、网络等媒体刊登公告的方式对外公开，便于相关债权人申请参与分配”。《江苏省高级人民法院关于正确理解和适用参与分配制度的指导意见》第13条规定：“启动参与分配程序，原则上依债权人申请，但有下列情形之一的，可依职权启动：(1)对被执行人财产首先申请采取查封、扣押、冻结措施的债权人并非本案债权人的，应当通知该债权人参与分配；(2)主持分配法院对已经设定权利负担的执行财产予以分配的，应通知其已知的对该财产享有优先权、担保物权的债权人参与分配；(3)其他法院对被分配财产已经采取轮候查封、扣押、冻结措施且已书面通知主持分配法院的，应通知已取得执行依据的轮候查封债权人申请参与分配；(4)执行法院已经受理多起涉及同一被执行人的执行案件且被执行人财产不能清偿所有债权的，应通知未申请参与分配的债权人申请参与分配；(5)其他依法应当依职权启动参与分配程序的情形。前款第(1)(2)项两种情形无法通知债权人的，应当预留其应分得财产份额。除前款第(1)(2)项两种情形外，债权人经通知后不申请参与分配的，视为其放弃参与分配权利。”上述规定，明确了可以通知债权人申请参与分配的四种具体情形和兜底条款，为实践通知申请提供了可操作性指引。

审判前沿

赵某平与虞某为借款合同纠纷执行案

【案例索引】

(2020)苏0681执1325号

【基本案情】

赵某平与虞某为民间借贷纠纷执行一案，江苏省启东市人民法院于2020年4月14日立案执行，案号为(2020)苏0681执1325号。执行过程中，江苏省启东市人民法院裁定拍卖虞某为、葛某红名下位于启东市汇龙镇凯旋华府房产，并于2020年10月18日在淘宝网司法拍卖平台竞拍成交，成交价117.5万元，债权人申请参与分配。2020年9月21日，上海市松江区人民法院向江苏省启东市人民法院发出(2020)沪0117执640号公函,内容为:“我院在执行原告张某安与被告虞某锋、陆某健、虞某为民间借贷一案中,查明虞某为名下启东市汇龙镇凯旋华府房产由你院进行了评估、拍卖。现张某安向本院提出向你院申请分配拍卖款的请求,请求分配的总金额为113,403元。故烦请你院在分配中予以考虑。”2020年11月23日,江苏省启东市人民法院作出(2020)苏0681执1325号执行财产分配方案。其中,张某安在该案中受偿16,150元,后调整为15,818元。

方某健与虞某为、葛某红民间借贷纠纷一案,江苏省启东市人民法院于2020年9月27日立案执行,执行案号为(2020)苏0681执2882号。执行过程中,江苏省启东市人民法院裁定拍卖被执行人葛某红名下的位于启东市汇龙镇香格花园503室房屋(以下简称503室房屋),并于2020年12月27日在淘宝网司法拍卖平台竞拍成交,成交价167万元。中国银行启东支行、平安普惠融资担保有限公司等债权人申请参与分配。2021年3月24日,江苏省启东市人民法院作出(2020)苏0681执2882号执行财产分配方案。

上述两分配方案送达当事人后,各当事人均未提出异议。2021年6月15日,邓某文与虞某锋、虞某为、陆某健、葛某红民间借贷一案被江苏省启东市人民法院再审改判。随后,江苏省启东市人民法院对(2020)苏0681执1325号、(2020)苏0681执2882号分配方案中涉及邓某文债权的数额及之后扣划的两笔虞某为名下银行存款进行调整处理。2021年8月6日,江苏省启东市人民法院作出(2020)苏0681执1325号、(2020)苏0681执2882号裁定书,将调整结果告知各债权人。张某安遂提出异议,张某安称:江苏省启东市人民法院在分配被执行人虞某为名下汇龙镇凯旋华府房产拍卖款时,其作为债权人参与分配。江苏省启东市人民法院在明知张某安的债权尚未得到足额清偿的情形下,在分配虞某为在503室房屋拍卖款中享有的份额及其名下的银行存款时,却未依职权通知其参与分配,直接作出了分配方案。该执行行为损害了其作为债权人的合法权益。请求江苏省启东市人民法院准许其参与(2020)苏0681执1325号、(2020)苏0681执2882号案件中虞某为在503室房屋拍卖款中享有的份额及虞某为名下银行存款的分配，重新制作分配方案。

江苏省启东市人民法院经审查认为，启动参与分配程序，原则上依债权人申请，有下列情形之一的，法院可依职权启动：(1)对被执行人财产首先采取查封、扣押、冻结措施的债权人并非本案债权人的，应当通知该债权人参与分配；(2)主持分配法院对已设定权利负担的执行财产予以分配的，应通知其已知的对该财产享有优先权、担保物权的债权人参与分配；(3)其他法院对被分配财产已采取轮候查封、扣押、冻结措施且已书面通知主持分配法院的，应通知已取得执行依据的轮候查封债权人申请参与分配；(4)执行法院已受理多起涉及同一被执行人的执行案件且被执行人财产不能清偿所有债权的，应通知未申请参与分配的债权人申请参与分配；(5)其他应当依职权启动参与分配程序的情形。本案中，张某安对葛某红名下503室房屋及银行存款，既未采取查封、冻结等执行措施，又不享有优先权、担保物权，且在法定期限内，其本人及执行案件受理法院均未向江苏省启东市人民法院提交参与分配申请书。法院据此作出的分配方案，并无不当。对张某安请求参与分配葛某红名下503室房屋拍卖款及虞某为银行存款的异议请求，法院不予支持。据此，江苏省启东市人民法院作出(2021)苏0681执异148号执行裁定，驳回张某安的异议请求。张某安不服，向江苏省南通市中级人民法院申请复议。

江苏省南通市中级人民法院认为，本案的争议焦点是江苏省启东市人民法院是否应当通知并准许张某安参与虞某为在503室房屋拍卖款中享有的份额及虞某为银行存款的分配。

根据法律规定，参与分配应当由债权人主动申请。但是，参与分配制度的目的在于平等实现债权，弥补我国有限破产主义的不足，替代个人破产程序发挥平等受偿的功能。所以，主持分配法院应尽可能地通知已知的债权人参与分配，经通知后债权人未提交参与分配申请的，视为该债权人放弃权利，以此最大限度实现债权平等受偿。正因如此，《江苏省高级人民法院关于正确理解和适用参与分配制度的指导意见》第13条规定，启动参与分配程序，原则上依债权人申请，但有下列情形之一的，可依职权启动：(1)对被执行人财产首先申请采取查封、扣押、冻结措施的债权人并非本案债权人的，应当通知该债权人参与分配；(2)主持分配法院对已经设定权利负担的执行财产予以分配的，应通知其已知的对该财产享有优先权、担保物权的债权人参与分配；(3)其他法院对被分配财产已经采取轮候查封、扣押、冻结措施且已书面通知主持分配法院的，应通知已取得执行依据的轮候查封债权人申请参与分配；(4)执行法院已经受理多起涉及同一被执行人的执行案件且被执行人财产不能清偿所有债权的，应通知未申请参与分配的债权人申请参与分配；(5)其他依法应当依职权启动参与分配程序的情形。除第(1)(2)项两种情形外，债权人经通知后不申请参与分配的，视为其放弃参与分配权利。从上述规定的前四种情形看，对已知的债权人，主持分配的法院均应当通知其参与分配。虽然上述规定列举了四种具体情形，但因为实际情况复杂多变，不一定能将实际应当依职权启动参与分配程序的所有情形都涵盖，故规定了第(5)项兜底条款。所以，适用上述规定时不能仅因为不符合前四项情形就认为不应当依职权启动参与分配，而是要重点审查是否系主持分配法院已知的债权人，如果是前四项规定以外的已知债权人，则应适用第(5)项规定，依职权启动参与分配程序。

具体到本案中，江苏省启东市人民法院应当通知并准许张某安参与503室房屋拍卖款中虞某为享有的份额及虞某为银行存款的分配。第一，江苏省启东市人民法院已知张某安对虞某为享有生效法律文书确定的债权。2020年9月21日上海市松江区人民法院已向江苏省启东市人民法院发出(2020)沪0117执640号执行裁定，代替张某安申请参与分配虞某为名下位于启东市汇龙镇凯旋华府房产的拍卖款，江苏省启东市人民法院亦同意其参与分配，并将张某安的债权纳入(2020)苏0681执1325号分配方案。所以，江苏省启东市人民法院知道张某安对虞某为享有生效法律文书确定的债权。第二，江苏省启东市人民法院知道张某安的债权未全额受偿。张某安申请分配的金额为113,403元，而张某安在(2020)苏0681执1325号案件中获得的分配款仅为15,818元，故江苏省启东市人民法院知道张某安的债权未全部受偿。第三，符合申请参与分配的截止时间要求。上海市松江区人民法院是在2020年9月21日发函江苏省启东市人民法院,503 室房屋是 2020 年 12 月 27 日在淘宝网司法拍卖平台竞拍成交,虞某为名下 32,800 元的银行存款是在 2021 年 3 月 22 日扣划到账。所以,张某安申请参与分配的时间均早于对上述款项申请参与分配的截止时间,符合申请参与分配截止时间的要求。综上,江苏省启东市人民法院已知张某安对虞某为享有未受偿的债权,且没有超过申请参与分配的截止时间,属于《江苏省高级人民法院关于正确理解和适用参与分配制度的指导意见》第 13 条中"其他依法应当依职权启动参与分配程序的情形",江苏省启东市人民法院应当主动通知张某安参与分配虞某为在 503 室房屋拍卖款中享有的份额和虞某为的 32,800 元银行存款。

另外,在债权人已经向执行法院申请参与分配的情形下,与直接向执行法院申请执行,在实现债权的法律效果上并无差别,所以,可以将参与分配视为申请执行,参与分配债权人亦可以视为执行法院的申请执行人。故参照《江苏省高级人民法院关于正确理解和适用参与分配制度的指导意见》第 13 条第 1 款第 4 项的规定,江苏省启东市人民法院也应当通知张某安参与分配。

综上,江苏省启东市人民法院未通知张某安参与分配,违反法律规定,应当予以纠正。鉴于张某安已经在异议、复议请求中提出参与分配申请,故无须再行通知,应当直接准许其参与分配。

【案例评析】

《江苏省高级人民法院关于正确理解和适用参与分配制度的指导意见》第 13 条对依职权通知参与分配情形作了列举加兜底规定,江苏省南通市中级人民法院认为应当结合参与分配的制度目的理解"其他依法应当依职权启动参与分配程序的情形",即使申请执行人的情况不属于意见列明的 4 种任一具体情形,只要执行法院知晓申请执行人有生效法律文书确认的债权尚未完全实现,且满足参与分配程序截止时间的要求,均应通知债权人申请参与分配,以实现参与分配程序平等实现债权的制度目的。在债权人很难掌握被执行人其他财产执行情况的前提下,该种认识倾向债权人利益保障,更有利于债权人债权实现。

第二节　拟制的参与分配

法律依据

《民事强制执行法(草案)》

第177条　有下列情形之一的,视为就执行法院查封的被执行人财产申请分配:

(一)其他金钱债权人向执行法院申请执行同一被执行人;

(二)其他金钱债权人向其他人民法院申请执行同一被执行人,其他人民法院对被执行人财产再次查封,且已经完成查封登记。

符合前款第二项规定情形的,执行法院应当通知再次查封的人民法院提交前条规定有关材料并说明案件执行情况。

制度研究

拟制的参与分配申请是指无须债权人提出参与分配申请,在存在某些情形时通过法律拟制方式视为债权人提出参与分配申请。所谓法律拟制是指在立法或法律中以“视为”这一引导词作为规范词,所引出的把两个或两个以上虽然类似,但又有区别的事实纳入或排除同一法律概念或规范(做参照)而处理的立法方式。[①] 作为一种立法表达技术,拟制条款指向一般条款,并以隐藏的方式对一般条款作出扩张或者限缩。[②] 所以,参与分配程序中的法律拟制,是以申请方式启动参与分配的规定为一般条款,如果存在和参与分配申请具有相似效果的情形后,无须债权人申请,通过法律规定可形成视为申请的法律效果。需要指出的是,拟制的仅仅是参与分配启动方式,不是适用参与分配的基本条件。换言之,拟制是在债权人取得执行依据和债务人财产不足以清偿所有债权情形下的拟制,如果不具备上述条件,则不能通过拟制申请方式启动

① 参见谢晖:《论法律拟制、法律虚拟与制度修辞》,载《现代法学》2016年第5期。

② 参见俞海涛:《法律拟制论及其法治意义》,华东政法大学2021年博士学位论文。

参与分配程序。

拟制参与分配申请与通知申请参与分配存在以下区别：

一是适用条件不同。拟制参与分配申请需要符合拟制的要件，否则不能拟制。对于通知申请参与分配的适用范围，实践中存在分歧，有观点认为只有法律、司法解释或地方高级人民法院明确应当通知的情形时，人民法院才负有通知的义务，通知义务仅限于规定的特定情形；另有观点认为，基于债权人权益保障的考量，加之参与分配一次性处理多个执行案件的执行效率因素影响，对于执行法院已知的符合参与分配条件的债权人，都应当通知其申请参与分配。

二是适用程序不同。拟制参与分配申请审查是否符合拟制的条件即可，通知申请参与分配则需要执行法院发出参与分配的通知。

三是法律效果不同。拟制参与分配，无须债权人申请视为已经申请，执行法院审查符合拟制的情形后就可以将该债权人纳入分配方案。通知申请参与分配，执行法院只是向债权人发出参与分配的通知，债权人在收到通知后并非必须提出参与分配申请，如果在接到通知后不申请参与分配，则视为放弃。

一、关于创设拟制参与分配的争议

当前，我国司法实践对拟制参与分配尚处于探索阶段。其实，从我国法律关于参与分配启动方式的沿革分析，参与分配不能通过拟制申请方式启动。早在1992年《民诉意见》中就规定了参与分配依申请而启动。[①] 1998年《执行规定》再次重申了参与分配应当依申请启动。[②] 虽然2008年《执行程序解释》第25条规定了“多个债权人对同一被执行人申请执行或者对执行财产申请参与分配的，执行法院应当制作财产分配方案”，但是2015年《民事诉讼法解释》第511条删除了“多个债权人对同一被执行人申请执行”的情形，修改为“多个债权人对执行财产申请参与分配的，执行法院应当制作财产分配方案”。[③] 根据新法优于旧法原则，应当适用《民事诉讼法解释》第509条的规

① 参见《民诉意见》第297条。

② 参见2020年修正前的《执行规定》第90条规定。

③ 参见最高人民法院修改后民事诉讼法贯彻实施工作领导小组编著：《最高人民法院民事诉讼法司法解释理解与适用（下）》，人民法院出版社2015年版，第1346页。

定。所以,从法律沿革可知,目前参与分配只能是依申请而启动。依申请启动遵循了当事人处分原则,与理论上认为法院不能主动启动参与分配程序,不应主动通知其他债权人参与分配的观点①相一致。执行实务中,也存在不赞同依职权启动参与分配的观点②,其主要理由包括加重首封法院的责任、通知送达难、制度成本高等。正因如此,这也是目前只有重庆等法院采取拟制申请的原因。不过,也有赞同采取拟制申请方式启动参与分配的观点。如有的学者认为其他权利人向同一法院申请执行时,应视为申请参与分配③。本书也赞同创设拟制申请等方式作为参与分配启动方式的例外,主要理由如下:

第一,实现平等实现各债权人债权的制度目的。根据《执行规定》第 55 条第 3 款规定,我国参与分配采取的是平等主义,对各债权人的债权按照比例分配。这是因为我国参与分配制度主要适用于自然人和其他组织,目的是弥补有限破产主义的不足,平等实现债权人的权利。④ 所以,实现对债权的平等保护是参与分配制度的根本目的。虽然不能向破产程序一样通知所有债权人申报债权,但是对其他已知的符合参与分配条件且为了实现债权已经采取了相应查封措施的债权人,如已经向同一法院申请执行或者已经采取查封措施,虽未申请参与分配,但是已经通过行动表明了希望实现债权的意思,与直接申请参与分配的效果并无区别,此时应当通知其申请或者将其债权直接纳入分配方案,这是参与分配平等实现债权目的的应有之义。

第二,解决弥补当事人信息不对称问题的现实问题。如果债权人能够申请参与分配而不申请,可视为其放弃权利,无依职权启动参与分配的必要。但是当前,被执行人财产难查的困境依然存在,特别是面对债务人财产流动性大、隐蔽性强、财产形式金融化、多元化的特点,执行法院都难以查明债务人财产的真实情况,更何况是债权人。同时,由于执行管辖的变更、处置权的移送、

---

① 参见肖建国主编:《民事执行法》,中国人民大学出版社 2014 年版,第 307 页。

② 《上海市高级人民法院执行局、执行裁判庭联席会议纪要(二)》认为普通债权人未提交参与分配申请书的,主持分配的法院无须通知其申请参与分配。

③ 参见杨荣馨主编:《〈中华人民共和国强制执行法(专家建议稿)〉立法理由、立法例参考与立法意义》,厦门大学出版社 2011 年版,第 482 页。

④ 参见肖建国、庄诗岳:《参与分配程序:功能调整与制度重构——以一般破产主义为基点》,载《山东社会科学》2020 年第 3 期。

首封法院的变化、执行程序的中止、恢复等,债权人也不能及时了解财产的具体处置情况。两者共同叠加作用,使得有些债权人并不清楚财产的处置法院、处置进度。所以,有必要通知其申请或通过拟制申请方式,弥补债权人信息不对称的问题,避免债权人失去实现债权的机会,造成实质上的不平等受偿。

第三,践行确保债权人的债权及时实现的为民理念。民事执行作为公法行为,不能只保护个别债权人,而应当以司法为民的理念,积极保护各方债权人的权利,特别是在参与分配采取平等主义时,执行法院明知有债权人未受偿,不告知其申请参与分配,明显与司法为民理念相违背。退一步分析,即便是采取优先主义原则,那么在首封法院的债权人优先受偿后,也应当通知轮候查封法院,将剩余款项交其处理,不能将剩余款项退回给被执行人,否则在债务人拒绝履行时,等同于法院帮助债务人规避执行,损害了债权人的利益。为此,《最高人民法院关于正确处理轮候查封效力相关问题的通知》明确,首封债权人受偿后变价款后有剩余的,不能退回被执行人,应当将相关情况告知变价款处置前已知的轮候查封债权人。该通知系践行为民司法理念,保护轮候查封债权人合法权利的重要体现。

综上,前述认为法院不能主动启动参与分配的观点,理由并不充分。第一,关于参与分配遵循的处分原则。实践中债权人没有明确表示放弃债权,并且积极采取措施希望实现债权,仅是未明确表示申请参与分配,故法院通知其参与分配或拟制其参与分配并不违反处分原则。第二,关于加重首封法院负担、送达难、成本高的问题。强制执行作为公法行为,应坚持司法为民,不宜以司法成本为由放弃对其他债权人的保护。同时对于送达难的问题,可以通过技术性操作解决。如可以要求轮候查封法院在查封时留下债权人的送达地址,即可解决。所以,创设启动参与分配例外的方式具有必要性。

二、域外规定之考察

他山之石,可以攻玉。通过考察域外规定,了解其例外拟制参与分配申请的理论基础和逻辑架构,从中汲取有益经验,作为构建我们拟制参与分配申请的重要参考。

1. 我国台湾地区的拟制申请。我国台湾地区的"强制执行法"第 33 条规定,对于已开始实施强制执行之债务人财产,他债权人再声请强制执行者,已实施执行行为之效力，于为声请时及于该他债权人，应合并其执行程序，并依前二条之规定办理。上述规定系合并执行形成的拟制申请。我国台湾地区禁止重复查封，合并执行后，在先执行案件执行措施的效力及于在后申请执行债权人，[①]即在后申请执行对财产同样具有查封的效力。如在先执行案件撤回执行申请，则在后执行案件可以继续对财产进行执行。换言之，虽然禁止重复查封，但合并执行又能形成查封的效力，可充分保护在后执行的债权人权利。因合并执行后，同一执行程序中的债权人无再申请参与分配的必要，但由于实际上还要通过参与分配程序对所有债权人的债权进行分配，所以把申请执行通过法律拟制方式视为申请参与分配。简言之，我国台湾地区是通过“禁止查封 + 合并执行 + 拟制申请”制度设计，解决向同一法院申请执行形成的竞合问题。对于终局执行和保全执行竞合时，也可以参照“强制执行法”第 33 条规定合并执行。如果保全执行在前时，执行法院将保全案件债权人应得分配之金额提存，如果终局执行在前，亦是将应分配债权提存。[②] 另外，“强制执行法”第 34 条还规定了通知申请的例外启动方式，即依法对于执行标的物有担保物权或优先受偿权之债权人，不问其债权是否届清偿期，应提出其权利证明文件，声明参与分配。执行法院知有前项债权人者，应通知之。

2. 日本的拟制申请。《日本民事执行法》第 87 条规定关于不动产变现后分配程序中，三种无须申请即可以纳入分配的债权人：(1) 申请查封的债权人。(2)查封登记前被登记的假扣押债权人。(3)享有因出售而被消灭的查封登记前已登记的优先权、质权或抵押权的债权人。[③] 前两种情形系基于查封效力形成的参与分配拟制申请。与我国台湾地区不同，日本是允许重复查封的。[④] 因为重复查封均具有独立的查封效力，意味着每个查封都具控制财产的效力并有保障债权实现的功能。所以在执行法院变现财产后，存在于财产上的查

① 参见吴光陆：《强制执行法》，台北，三民书局股份有限公司 2017 年版，第 305 页。

② 参见杨与龄编著：《强制执行法论》，中国政法大学出版社 2002 年版，第 271 ~272 页。

③ 参见《日本民事诉讼法典》，曹云吉译，厦门大学出版社 2017 年版，第 343 页。

④ 《日本强制执行法》第 46 条第 1 项规定，查封自强制拍卖开始决定送达于债务人时生效。但是查封登记于该开始决定送达前作出时，则自登记时生效。第 47 条第 1 项规定，对于已作出强制拍卖或实行担保权的拍卖（本节以下称“拍卖”）开始决定的不动产再次提出强制拍卖申请时，执行裁判所可再次作出强制拍卖开始决定。结合两条的规定，可知日本是可以进行重复查封的。参见《日本民事诉讼法典》，曹云吉译，厦门大学出版社 2017 年版，第 323 页。

封债权人基于查封效力对该财产变价款同样具有受偿的权利。不过这种权利需要通过参与分配程序予以实现。故查封申请也视为参与分配申请,形成财产分配申请的拟制。简言之,日本的制度设计是“重复查封 + 拟制申请”,解决向同一法院申请执行(申请查封)及保全查封与执行查封竞合问题。其本质和我国台湾地区的逻辑是一致的。如前所述,“禁止重复查封 + 合并执行”可以形成“重复查封”的效力,所以本质上并无区别。其实,日本关于动产的分配也是采取“禁止重复扣押 + 合并执行”,后一案件的执行申请、保全执行申请均具有“提出分配要求”的效力①。

3. 德国的依职权启动。德国的参与分配是依职权启动的,不需要当事人申请。②《德国民事诉讼法》第 872 条规定,动产强制执行中,提存的金额不足以清偿有关债权人时,应进行分配。这是因为在德国,动产、债权和其他财产权利可以被多次查封,多次查封的效果是在执行标的上存在多次束缚,以及多个债权人享有的查封质权。在处置财产后,只需按照查封的顺序依次先后受偿,③故无须申请参与分配。就不动产而言,通过查封每个执行债权人均在债务人查封财产上获得了受偿权,并按照查封先后顺序受偿④,亦无申请参与分配之必要。

我国台湾地区和日本的参与分配启动都有例外方式,且具有相似性,均是基于对被执行人查封形成的查封效力,进而通过拟制申请方式视为参与分配,获得债权清偿。在德国,因为通过查封可以设定查封质权或抵押权,所以参与分配启动方式是依职权启动,按照查封顺序分配。上述域外规定中,我国台湾地区和日本的参与分配制度与我们的参与分配具有相同点,均有依申请启动方式,同时,都没有类似德国的查封质权或抵押权制度。所以,我国台湾地区和日本的拟制申请可资借鉴。

---

①　《日本强制执行法》第 125 条规定了动产禁止重复扣押、合并执行和拟制申请的规定。

②　参见[德]弗里茨・鲍尔、[德]霍尔夫・施蒂尔纳、[德]亚历山大・布伦斯:《德国强制执行法》(上下册),王洪亮、郝丽燕、李云琦译,法律出版社 2019 年版,第 769 页。

③　参见[德]奥拉夫・穆托斯特:《德国强制执行法》,马强伟译,中国法制出版社 2019 年版,第 184 页。

④　参见[德]奥拉夫・穆托斯特:《德国强制执行法》,马强伟译,中国法制出版社 2019 年版,第 199 页。

实务操作

一、我国拟制申请参与分配适用的现状

法律层面,我国法律和司法解释对于拟制参与分配申请没有明确规定,尚处于草案讨论阶段。最高人民法院2019年公布的《民事强制执行法(草案)》(征求意见稿)第203条规定,"有下列情形之一的,视为申请参与分配:(一)同一被执行人的其他债权人向主持分配的人民法院申请强制执行的;(二)其他国家机关对执行标的物重复查封,并且已经通知主持分配的人民法院的"。在有限破产主义背景下,参与分配制度系为债权人公平受偿所设立,规定明确的申请条件是为了减少纠纷、提高效率,而不是为了剥夺某些债权人的权利,通过债权人的其他行为能够推断出其申请参与分配之意思表示的,应当视为债权人已提出参与分配申请。

当前,实践中适用拟制申请的如重庆法院。重庆市高级人民法院在解答"主持参与分配的人民法院受理了涉及同一被执行人的多个案件的,如何处理"时认为,在符合参与分配情形时,主持参与分配的法院应直接将其受理的涉及同一被执行人的所有案件纳入参与分配方案,并将相关情况告知相应的债权人。[①] 该规定实质为拟制参与分配申请。实践中,北京法院也有个案采取拟制申请方式,将向同一法院申请执行并对被执行人财产进行轮候查封的债权人视为债权人已申请参与分配。[②]

二、拟制申请参与分配规则试构建

(一)规则基础——建立重复查封制度

从日本等域外规定看,查封效力是构建参与分配拟制申请的重要制度支撑。与我国台湾地区采取的禁止重复查封制度、日本不动产采取重复查封制度不同,我们采取的是首封+轮候查封制度。三者的区别在于前两种方式其

---

① 《重庆市高级人民法院关于执行工作适用法律若干问题的解答(一)》"五、参与分配有关问题"第6条。

② 参见北京市高级人民法院执行裁定书,(2022)京执监19号。

他债权人申请执行(申请查封)均能产生查封效力,或者隐藏在合并执行程序中[1],或者本身具有查封的效力,根据《查扣冻规定》第 26 条规定,轮候查封不能产生查封效力。[2] 所以,构建参与分配拟制申请制度时,应当先重构我们当前的查封制度,赋予其他债权人再次申请查封具有查封效力。

其实,从轮候查封制度的发展看,也应当赋予正式查封的效力。2004 年《国土房管部门协助执行通知》创设了轮候查封制度。[3] 2006 年《最高人民法院关于同一法院在不同案件中是否可以对同一财产采取轮候查封、扣押、冻结保全措施问题的答复》就创设轮候查封制度作了说明,即设立轮候查封、扣押、冻结制度,目的是解决多个债权对同一执行标的物受偿的先后顺序问题。换言之,首先查封优先于在先的轮候查封受偿,在先的轮候查封又优先于在后的轮候查封受偿。所以即便是轮候查封,也具有优先受偿的效力。再结合《执行规定》第 55 条第 1 款“多份生效法律文书确定金钱给付内容的多个债权人分别对同一被执行人申请执行,各债权人对执行标的物均无担保物权的,按照执行法院采取执行措施的先后顺序受偿”的规定看,首封 + 轮候的查封顺序更像是为了明确“采取执行措施的先后顺序”问题。所以从《执行规定》第 55 条第 1 款规定看,轮候查封也具有优先受偿的效力。不过这种效力只有在债务人财产足以清偿所有债权时才能体现,债务人财产不足时,则适用参与分配制度。[4]《国土房管部门协助执行通知》规定将轮候查封的效力及于首封案件清偿后的剩余变价款,可谓与《执行规定》第 55 条规定精神一脉相承,都体现了轮候查封具有有限优先受偿的效力。但是,由于《查扣冻规定》第 26 条关于轮候查封在首封解除后生效的规定,会形成轮候查封没有效力的判断[5]。所以,为了厘定轮候查封效力问题,避免存在不同的理解,造成实践难

---

① 参见张登科:《强制执行法》,台北,三民书局股份有限公司 2012 年版,第 512 页。

② 《查扣冻规定》第 26 条第 1 款规定,对已被人民法院查封、扣押、冻结的财产,其他人民法院可以进行轮候查封、扣押、冻结。查封、扣押、冻结解除的,登记在先的轮候查封、扣押、冻结即自动生效。从上述规定可以看出,我国轮候查封没有查封效力。

③ 参见《国土房管部门协助执行通知》第 19 条。

④ 参见黄金龙:《〈关于人民法院执行工作若干问题的规定(试行)〉实用解析》,中国法制出版社 2001 年版,第 282 页。

⑤ 参见董少谋:《民事强制执行法学》(第 2 版),法律出版社 2016 年版,第 225 页。

以掌握①,建议赋予每个查封均具有正式的查封效力。

在规定查封效力的同时,应一并规定先进入执行程序的查封为有处置权的查封,避免出现首封系保全查封影响其他执行查封及时处置财产的问题。先进入执行程序的查封,分为查封时就是执行查封和保全查封转化为执行查封两种情形,前种情形通过查封执行案号可以判断,对后者在保全查封转化为执行查封时,需要及时告知协助义务人,标记为执行案号,最终以在协助义务人处记载的先以执行案号查封或先转化为执行查封的为有处置权的查封。

(二)可以拟制申请参与分配的情形

结合我国实践和域外规定,对符合以下情形的债权人,可以通过拟制方式,视为其已经提出了参与分配申请。

1. 向同一法院申请执行

从法律拟制的要件分析,向同一法院申请执行可以采取拟制申请方式。第一,具备参与分配的基本条件。就此情形而言,向法院申请执行说明具有执行依据,执行法院自身可以通过在先执行案件判断出被执行人财产能否清偿全部债权。第二,申请参与分配与申请执行均是为了实现债权,向同一法院申请执行具有与申请参与分配相同的效果,故可以采取拟制申请方式。同时,应当就在先执行案件撤回申请后,在后执行案件可以承继在先执行案件的查封效力问题作出规定,否则容易造成查封财产脱保、执行程序脱节,致使在后执行案件债权人的权利难以获得保障。

2. 向执行法院申请参与分配

债权人向执行法院申请参与分配后,对执行法院处置其他财产时,是否应视为其参与分配?赞同的观点认为,有执行依据的普通债权人,申请参与分配后即附从于申请强制执行的债权人,如已处置财产分配后未能足额受偿,对执行法院处置其他财产时虽未申请参与分配,仍应同受分配。② 反对的观点认为,申请参与分配是对特定财产的申请分配,不能视为对所有财产的参与分

---

① 参见《最高人民法院关于正确处理轮候查封效力相关问题的通知》,载百度网 2022 年 4 月 20 日,https://baijiahao.baidu.com/s?id=1730621763474630467&wfr=spider&for=pc。

② 参见杨与龄编著:《强制执行法论》,中国政法大学出版社 2002 年版,第 283 页。

配。[1] 本书赞同前者的观点。第一，其他债权人通过申请参与分配已进入执行程序中，与申请执行人同为执行程序中的债权人，理应取得类似申请执行人的地位，参照向同一法院申请执行时债权人的地位处理。第二，可以鼓励其他债权人通过参与分配实现债权，避免申请执行，造成执行程序重复，节约司法成本。

此情形要明确申请执行人撤回执行后，参与分配债权人可以申请执行方式承继执行程序，如果愿意申请执行，则可如前种情形一样承继查封效力。如果该债权人不愿申请执行，则执行程序终结。

3. 对同一财产采取执行查封措施

此情形是指两个以上债权人向不同法院申请执行的执行案件对同一财产采取了查封措施，在有处置权法院处置财产时，其他查封债权人虽未申请参与分配，但也视为其提出了申请。之所以对这种情形进行拟制，一方面是因为具备与"向同一法院申请执行"相似的拟制基础。同时，对同一财产查封均是为了实现债权，与申请参与分配具有相似的效果，可以采取拟制申请方式。另一方面是因为这种情形与日本的"重复查封 + 拟制申请"制度逻辑相同，均是基于对财产控制和受偿的查封效力形成的拟制申请，本书不再赘述。

此情形的拟制在具体操作上，有两种方式，一是由再次查封的法院通知首封法院后，视为其申请参与分配，如《民事强制执行法（草案）》中采取的就是此方式。二是直接进行拟制，再次查封法院无须告知首封法院。本书认为应当直接拟制。一方面，首封法院能够知悉其他查封案件的情况，具有可操作性。如在财产处置后办理过户登记时，可以查明被执行财产上完成的查封登记情况，进而将符合条件的查封债权人纳入分配方案。另一方面，再次查封法院通知首封法院，其内容也必然包括了参与分配的意思，否则单纯通知查封事实，造成了资源的浪费。如果已经表明申请参与分配的意思，自然不存在拟制申请的问题。

4. 执行查封前的保全查封

在执行查封和保全查封竞合时，能否采取拟制申请方式。本书认为，从参与分配拟制申请的定义看，不能视为拟制申请。因保全查封的案件未取

---

① 参见曲巍、陈虎军编著：《执行实施操作指引》，人民法院出版社 2018 年版，第 294 页。

得执行依据,是否存在债权、债权多少尚未确定,不符合参与分配具有执行依据的条件,所以不能法律拟制。但是,因为再次查封的效力问题,应当为保全查封的债权预留相应份额。不过,不能为执行查封后的保全查封债权人保留相应的份额。因为我国现阶段,在征信体系尚未真正建立、打击虚假诉讼、仲裁制度可操作性不强的情况下[①],极有可能在知道有执行法院处置财产时,通过虚假保全方式,拖延执行,阻碍债权人实现债权。所以,建议对执行查封前的保全查封债权保留必要份额。对于在执行查封之后的保全查封债权人,如果分配后仍有剩余,可以交付其查封法院,作为查封财产的替代物处理。

(三)应当通知参与分配申请的情形

对被执行财产享有优先债权的债权人,如何启动参与分配方式。结合域外规定,存在三种方式。一是《民事诉讼法解释》第 506 条规定依申请启动;二是前述我国台湾地区采取的主动通知;三是前述日本直接将优先债权纳入分配方案。本书认为,应当通知优先债权人申请参与分配。

首先,对查封财产享有优先权的债权人,不能采取拟制申请方式。享有优先权的债权人进入参与分配程序,并不属于一般意义上的参与分配。最高人民法院在解读《民事诉讼法解释》第 506 条时提到,《执行规定》第 93 条对于享有优先权、担保物权的债权人,采用"可以申请参加参与分配程序"的表述,因为当时理论上一般认为,申请参与分配的应当是不具有优先受偿权的普通债权人,有优先受偿权的债权人参加到执行程序主张权利,不能称为"参与分配"。上述表述在理论上固然更为严谨,但是考虑到行文简洁,参与分配程序事实上需要同时处理优先债权与平等债权等因素,最终采用了现在的表述[②],从解读上可以看出,优先债权人进入参与分配程序,并不属于真正意义上的参与分配,而是在参与分配程序中一并解决,属于广义的参与分配。[③] 既然不属

---

① 参见曹兴权、尚彦卿:《民事执行中参与分配程序的适用条件》,载《政法论丛》2017 年第 5 期。

② 参见最高人民法院修改后民事诉讼法贯彻实施工作领导小组编著:《最高人民法院民事诉讼法司法解释理解与适用(下)》,人民法院出版社 2015 年版,第 1341 ~ 1342 页。

③ 参见张永泉:《民事执行程序中"参与分配"的理论与制度构建》,载《苏州大学学报(法学版)》2017 年第 4 期。

于一般意义上的参与分配，自然不能采取拟制申请方式。

其次，仅规定依申请启动参与分配程序，难以实现对其债权的充分保护。因为我国实行的是涂销主义，即原有的权利负担因拍卖而消灭，买受人或者接受拍卖财产抵债的债权人取得无任何权利负担的财产，[①]在财产被执行法院变现后，无论其所担保的债权是否到期，均视为到期，所以，优先权人在执行程序中处于被动地位，并非主动进入执行程序主张债权，其未必能够知悉执行法院对财产的处置情况。鉴于此，对享有优先权的债权人，宜采用通知申请方式。

审判前沿

李某1等执行复议案

【案例索引】

(2020)京02执复137号

【基本案情】

北京市西城区人民法院(以下简称西城法院)在李某1申请执行北京远东科能国际电气工程有限公司(以下简称北京科能公司)、西安科能国际电气工程咨询有限公司(以下简称西安科能公司)、四川远东科能电气工程有限公司(以下简称四川科能公司)、王某公证债权文书一案中，李某1对债权人潘某分配资格提出异议，请求认定潘某无参与分配资格。李某1的事实与理由：其为西城法院(2016)京0102执2385号执行案件(以下简称2385号案件)的申请执行人。西城法院在执行2385号案件过程中，于2016年2月29日首封了王某名下位于北京市××区××路××号楼9层1007号房屋(以下简称涉案房屋)。该房屋于2020年11月14日拍卖成交。2021年3月9日，法院通知李某1代理人查看潘某的参与分配材料，未见潘某的参与分配申请书。潘某未依法提出参与分配申请，法院不应确认其参与分配资格。

① 参见人民法院出版社编：《司法解释理解与适用全集·执行卷2》，人民法院出版社2018年版，第810页。

西城法院查明，李某1依据北京市东方公证处出具的具有强制执行力的公证债权文书及执行证书向西城法院申请执行北京科能公司、西安科能公司、四川科能公司、王某。2016年2月16日，西城法院立案执行，首封王某名下涉案房产。李某2与北京科能公司、王某民间借贷纠纷一案，西城法院于2016年5月10日作出（2016）京0102民初9970号民事调解书。调解书生效后，于2016年10月17日以（2016）京0102执9938号立案执行，并轮候查封王某名下涉案房屋。李某2与北京科能公司、王某民间借贷纠纷一案，西城法院作出（2016）京0102民初22823号民事判决书后，王某上诉，北京市第二中级人民法院维持原判。西城法院于2017年4月13日以（2017）京0102执3282号立案执行，并轮候查封王某名下涉案房屋。霍某与北京科能公司、王某民间借贷纠纷一案，西城法院于2017年3月13日作出（2016）京0102民初25742号民事调解书。调解书生效后，西城法院于2017年6月1日立案执行，并轮候查封王某名下涉案房屋。潘某、诸某与北京科能公司、王某民间借贷纠纷一案，西城法院作出（2016）京0102民初26470号民事判决书，之后，北京市第二中级人民法院维持原判。西城法院于2019年7月12日以（2019）京0102执15119号立案执行，并轮候查封王某名下涉案房屋。上述案件执行实施法官于2019年9月26日就涉案房屋拍卖进行合议。2019年10月13日，西城法院在京东网络司法拍卖平台依法对涉案房屋予以拍卖。2019年11月14日，买受人以825万元的最高价竞得涉案房屋。2019年12月6日，西城法院向买受人送达执行裁定书、成交确认书及案款收据。2021年4月22日，西城法院制作关于涉王某欠款案件的案款分配方案。该分配方案中，列明了抵押权人民生银行北京分行，还列明了西城法院受理执行案件的申请执行人李某1、陶某、李某2、霍某、潘某、诸某。

西城法院认为，2015年《民事诉讼法解释》第508条①规定，被执行人为公民或者其他组织，在执行程序开始后，被执行人的其他已经取得执行

① 现为第506条。

依据的债权人发现被执行人的财产不能清偿所有债权的,可以向人民法院申请参与分配。对人民法院查封、扣押、冻结的财产有优先权、担保物权的债权人,可以直接申请参与分配,主张优先受偿权。第509条①规定,申请参与分配,申请人应当提交申请书。申请书应当写明参与分配和被执行人不能清偿所有债权的事实、理由,并附有执行依据。参与分配申请应当在执行程序开始后,被执行人的财产执行终结前提出。第510条②规定,参与分配执行中,执行所得价款扣除执行费用,并清偿应当优先受偿的债权后,对于普通债权,原则上按照其占全部申请参与分配债权数额的比例受偿。清偿后的剩余债务,被执行人应当继续清偿。债权人发现被执行人有其他财产的,可以随时请求人民法院执行。本案中,即使潘某未提交书面申请,由于其与李某1等债权人均为西城法院执行案件申请执行人,亦均查封了涉案房屋,各执行案件承办人对于各债权人的基本情况及其债权的性质和数额、执行进度均了解,且共同参与了拍卖涉案房屋的合议。只要无证据证明同一法院申请执行人明确表示不参与分配,即可认定存在口头磋商或申请的可能性较大,至少存在参与分配的意愿。在此情况下,确定潘某有参与分配资格,更符合参与分配制度平等实现债权的立法目的。2021年7月26日,西城法院作出(2021)京0102执异382号执行裁定,驳回李某1的异议请求。李某1不服上述执行裁定,向北京市第二中级人民法院提出复议申请。

北京市第二中级人民法院认为,《民事诉讼法解释》第509条第1款规定:"申请参与分配,申请人应当提交申请书。申请书应当写明参与分配和被执行人不能清偿所有债权的事实、理由,并附有执行依据。"上述司法解释明确规定申请参与分配必须提交申请书。本案中,潘某自认其未向西城法院提交书面参与分配申请书,西城法院2021年4月22日作出的关于涉王某欠款案件的案款分配方案中将潘某列为债权人,不符合上述司法解释的规定,该执行行为应予撤销。综上,李某1所提复议请求成立,北京市

① 现为第507条。

② 现为第508条。

第二中级人民法院予以支持。西城法院(2021)京0102执异382号执行裁定适用法律错误,北京市第二中级人民法院依法予以撤销。故北京市第二中级人民法院作出(2021)京02执复280号执行裁定书,裁定撤销西城法院(2021)京0102执异382号执行裁定,撤销西城法院于2021年4月22日作出的关于涉王某欠款案件的案款分配方案中将潘某列为债权人的执行行为。潘某不服,向北京市高级人民法院申诉。

北京市高级人民法院认为,根据有关参与分配制度的司法解释规定,此项制度的目的在于在被执行人的财产不能清偿所有债权的情况下,保障符合一定条件的债权人获得同等受偿的权利。申请人提交参与分配申请书,是为了便于主持分配的法院更好地审核申请人的债权状况,确定其是否符合参与分配的条件。当申请人的执行法院与主持分配法院并非同一法院时,申请人向主持分配法院提出申请,表达参与分配的意愿,是主持分配法院判断申请人参与分配资格,并准许其参与分配的前提条件。而本案中,西城法院作为处分涉案房屋的李某1申请执行案的执行法院,同时也是轮候查封该房屋的潘某申请执行案的执行法院,对上述两案的债权人状况、财产查控情况、执行进度等有清晰明确的了解,在对涉案房屋处置所得价款进行分配时,应综合相关各案债权人的情况,作出分配方案。考虑到潘某向西城法院提交执行申请,且轮候查封了涉案房屋,已明确表达了请求法院强制执行被执行人财产,特别是涉案房屋财产,以实现其债权的意愿;在潘某无明确放弃债权或表示不参与涉案财产分配的情况下,即使其未向西城法院提交书面材料,亦可视为其已提出参与分配申请,西城法院在主持财产分配并制定分配方案的过程中,应当将潘某纳入分配方案之中,给予其对涉案房屋处置所得价款平等受偿的机会。综上,西城法院所作裁定符合相关司法解释的立法本意及案件执行实际情况,该法院于2021年4月22日作出的关于涉王某欠款案件的案款分配方案中将潘某列为债权人的执行行为并无不当,北京市第二中级人民法院所作裁定应予纠正,潘某的申诉理由成立,其申诉请求予以支持。遂裁定撤销北京市第二中级人民法院(2021)京02执复280号执行裁定书;维持西城法院(2021)京0102执异382号执行裁定书。

【案例评析】

当申请人的执行法院与主持分配法院是同一法院时，如果轮候查封人提出申请要求处置涉案财产时，应当视为已经提出了参与分配申请，而不能拘泥于是否再次提出书面参与分配申请。根据拟制申请规定，再次查封的法院只有已经完成了查封登记才能视为提出了参与分配申请，且应当向执行法院说明执行情况。

王某彩、徐某梅民间借贷纠纷执行监督案

【案例索引】

（2019）最高法执监341号

【基本案情】

徐某梅与贺某、连云港市康瑞房地产经纪有限公司（以下简称康瑞公司）民间借贷纠纷一案，连云港市海州区人民法院（以下简称海州区法院）于2015年3月20日作出（2015）海民初字第01438号民事裁定，查封贺某位于××市××区××路××号房产（以下简称案涉房产）。（2015）海民初字第01438号民事判决生效后，海州区法院立执行案号为（2016）苏0706执273号。

2017年5月10日，江苏省连云港市中级人民法院（以下简称连云港中院）作出（2017）苏07执监41号执行裁定，将该案提级执行。2017年10月5日，该院对上述案涉房产进行拍卖，因无人报名流拍。2017年10月22日，徐某梅申请以第一次拍卖流拍价格993,300元接受上述财产抵偿债务。2017年10月23日，连云港中院作出（2017）苏07执242号之一执行裁定，解除对被执行人贺某所有的案涉房产的查封；贺某所有的案涉房产按流拍价格993,300元抵偿贺某所欠徐某梅的债务。2017年11月1日、11月2日、11月3日，连云港中院分别向徐某梅、贺某、连云港市不动产登记中心送达了该裁定。

另查明，王某彩与贺某民间借贷纠纷一案，海州区法院于2015年4月3日作出（2015）海民初字第01439号民事裁定，查封贺某名下案涉房产。该院于2015年7月30日作出（2015）海民初字第01439号民事判决，2017

年11月20日，王某彩向连云港中院要求参与分配。2017年12月1日，连云港中院以王某彩未在被执行人的财产执行终结前提出参与分配申请为由，以通知书形式驳回其申请。

王某彩向连云港中院提出异议称，其与徐某梅同为被执行人贺某的债权人，均于2015年3月19日诉至海州区法院，且在诉讼过程中均查封案涉房产，同时均向海州区法院申请执行。后徐某梅案被连云港中院提执，异议所涉案件仍在海州区法院执行。因王某彩也保全了案涉房产，两次向办理徐某梅案的执行法官提出参与分配申请。执行法院应当制作并向其送达财产分配方案。不同意参与分配的，应当制作裁定书，而不是通知书，当事人可以提出执行异议，而通知书并未赋予其该权利。请求撤销(2017)苏07执242号之一执行裁定及通知书，确认其对案涉房产有参与分配权。

连云港中院认为，2015年《民事诉讼法解释》第509条①规定，申请参与分配，申请人应当提交申请书。申请书应当写明参与分配和被执行人不能清偿所有债权的事实、理由，并附有执行依据。参与分配申请应当在执行程序开始后，被执行人的财产执行终结前提出。根据本案查明的事实，2017年10月23日，该院作出(2017)苏07执242号之一以物抵债裁定，并于同年11月1日向债权人徐某梅送达。2017年11月20日，王某彩向连云港中院提交参与分配申请书，其提交参与分配申请的时间节点迟于房屋以物抵债裁定之日，亦迟于该裁定向债权人徐某梅送达之日的前一日，其未在被执行人贺某的财产执行终结前提出。根据2008年《执行规定》第92条规定，债权人申请参与分配的，应当向其原申请执行法院提交参与分配申请书，写明参与分配的理由，并附有执行依据。王某彩应当向其申请执行法院海州区法院提交参与分配申请书。综上，王某彩的异议理由不能成立，不予支持。连云港中院于2018年1月19日作出(2018)苏07执异1号执行裁定，驳回王某彩的异议请求。

王某彩不服，向江苏省高级人民法院申请复议。江苏省高级人民法院

① 现为第507条。

认为,2015 年《民事诉讼法解释》第 509 条[①]规定,申请参与分配,申请人应当提交申请书。申请书应当写明参与分配和被执行人不能清偿所有债权的事实、理由,并附有执行依据。参与分配申请应当在执行程序开始后,被执行人的财产执行终结前提出。依据该司法解释,申请人申请参与分配,应当提交书面申请。王某彩称没有法律规定申请参与分配需书面提出的理由不成立。连云港中院于 2017 年 10 月 23 日作出(2017)苏 07 执 242 号之一执行裁定,并向相关当事人进行了送达,王某彩于 2017 年 11 月 20 日提交书面参与分配申请,此时被执行人的财产执行程序已终结,其提交的参与分配申请已超过司法解释规定的期限。另法律或司法解释并未明确规定采用何种程序方式,对当事人的参与分配申请作出回应,连云港中院已对其所提异议立案审查,并未妨碍王某彩的异议权利。综上,王某彩的复议理由不成立,江苏省高级人民法院于 2018 年 12 月 29 日作出(2018)苏执复 67 号执行裁定,驳回王某彩的复议申请,维持连云港中院(2018)苏 07 执异 1 号执行裁定。

王某彩不服江苏省高级人民法院(2018)苏执复 67 号执行裁定,向最高人民法院申诉,请求:撤销江苏省高级人民法院(2018)苏执复 67 号执行裁定;撤销连云港市价格认定局作出连价鉴[2017]249 号关于案涉房产的价格意见书及淘宝网司法拍卖平台对上述财产的流拍价格 993,300 元;撤销登记在徐某梅(徐某春)名下的房权证书。

最高人民法院对江苏省高级人民法院查明的事实予以确认。

最高人民法院另查明,徐某梅与贺某、康瑞公司民间借贷纠纷一案,海州区法院于 2015 年 3 月 19 日受理,案号为(2015)海民初字第 01438 号。2016 年 1 月 13 日,徐某梅向海州区法院申请执行,海州区法院于 2016 年 1 月 14 日立案执行,案号为(2016)苏 0706 执 273 号。2017 年 5 月 10 日,连云港中院作出(2017)苏 07 执监 41 号执行裁定,将徐某梅与贺某、康瑞公司民间借贷纠纷一案由该院提级执行,提级执行后的案号为(2017)苏 07 执 242 号。执行中,连云港中院于 2017 年 7 月 25 日作出询征函,向连

① 现为第 507 条。

云港市价格认定局征询案涉房产市场价格。连云港市价格认定局于2017年8月10日作出连价鉴[2017]249号询价意见书,载明鉴证标的(案涉房产)价格为1419,000元。2017年9月4日,连云港中院在淘宝网络司法拍卖平台发布关于对贺某所有的位于连云港市海州区××社区××路××号贺某名下一套房产进行拍卖的公告(第一次拍卖),在该公告中,案涉房产的起拍价为993,300元。

又查明,王某彩与贺某民间借贷纠纷一案,海州区法院也于2015年3月19日立案受理,案号为(2015)海民初字第01439号。审理过程中,海州区法院于2015年4月3日作出(2015)海民初字第01439号民事裁定,轮候查封案涉房产。2015年11月16日,王某彩向海州区法院申请执行,该院于2015年11月25日立案执行,案号为(2015)海执字第04238号。2016年5月6日,海州区法院作出(2015)海执字第04238号执行裁定书,终结该院(2015)海民初字第01439号民事判决的本次执行程序。

2017年7月28日,王某彩向连云港中院提交了申请提执报告,主要内容为:"王某彩依据(2015)海民初字第01439号的生效判决向海州区法院申请执行被申请执行人贺某的房产坐落在××市××区××路××号,丘号:01891100,可供执行。执行案件已两年但海州区法院受理至今未采取任何有效执行措施,致使申请人的合法权益受到严重损害……特向贵院提级执行申请,请求贵院依法将海州区法院(2015)海民初字第01439号民事判决一案提级执行。"

再查明,海州区法院向连云港中院报送关于王某彩与贺某民间借贷纠纷执行一案的请示,该请示的落款日期为2017年10月19日,主要内容为:"我院受理的申请执行人王某彩与贺某民间借贷纠纷一案[(2015)海执字第04238号],在执行过程中查明被执行人贺某仅有一套房产且当时不具备处理条件,由于没有其他可供执行财产,本院依法作出裁定按程序终结结案。2017年6月8日,由本院一并处理的同一被执行人为贺某,申请执行人为徐某梅民间借贷一案被连云港中院提级执行。申请执行人王某彩得知后认为两件案件系同一被执行人,原由海州区法院一并处理,现在单独将其中一件案件提级执行会影响到案件的公正执行,请求将两件案件合并处理……申请上级法院提级执行。”连云港中院于2018年3月2日立案审查,于2018年3月28日作出(2018)苏07执监42号执行监督函,仍由海州区法院执行。

还查明,在连云港中院(2017)苏07执242号案卷中有时间为2017年8月21日上午,地点B222,审判人员为宋某成,书记员为相某铭,当事人为贺某的谈话笔录一份,有关于询问人询问的如下记录:“……徐某梅这案子,本案55万元本金,利息还没有估算,海州区还有关联案件……还有一个处置方案就是以物抵债。这是要和徐某梅进行协商,可以让你一个过渡期给你去找房子。徐某梅和另一个申请方来接受这个案子,另一方要求参与分配,还不清楚够不够……”

最高人民法院认为,本案的争议焦点为,王某彩要求参与分配的时间是否在徐某梅申请执行的(2017)苏07执242号案对案涉房产执行终结之前。根据查明的事实,在徐某梅申请执行贺某、康瑞公司一案于2017年5月10日被连云港中院提级执行后,王某彩于2017年7月28日向连云港中院提交了提级执行的书面申请。结合王某彩的提级执行申请,海州区法院给连云港中院的请示等,可以发现,王某彩不仅要求将自己申请执行贺某一案提级执行,还要求与徐某梅申请执行贺某、康瑞公司的(2017)苏07执242号案一并处理,且提出上述请求的时间皆在(2017)苏07执242号案对案涉房产执行终结之前。王某彩申请提级执行的过程中,虽然没有直接采用“要求参与分配”的表述,但其均强调案涉房产系被执行人贺某的唯一财产,故要求与(2017)苏07执242号案一并处理,其实质意思就是要求参与分配。连云港中院与贺某2017年8月21日谈话的笔录中,也有“徐某梅和另一个申请方来接受这个案子,另一方要求参与分配,还不清楚够不够”的表述。由此可知,对王某彩符合申请参与分配条件且已要求参与分配的情况,连云港中院也早已知晓。该院之后作出(2017)苏07执242号之一执行裁定,将案涉房产以物抵债给徐某梅的时间为2017年10月23日,晚于前述王某彩申请提级执行、海州区法院请示以及连云港中院与贺某谈话的时间,故应当认为王某彩在(2017)苏07执242号案对案涉房产执行完毕之前,已经提出参与分配请求。连云港中院、江苏省高级人民法院关于王某彩在(2017)苏07执242号案对案涉房产执行完毕后才提出参与分配请求的认定,与事实不符,应予纠正。从另外一个角度来看,王某彩与贺某民间借贷纠纷一案,和徐某梅与贺某、康瑞公司民间借贷纠纷一案,由海州区法院同一天受理,并在诉讼阶段对案涉房产先后进行了保全查封;两案执行依据生效后,先后进入执行程序(王某彩申请执行于2015年11月25日由海州区法院立案,徐某梅申请执行于2016年1月14日由海州区法院立案)。两案案情类似,且在进入执行阶段后均由海州区法院同一执行法官承办,因此,对被执行人贺某现有财产不能清偿所有债务,符合参与分配条件的情况,海州区法院应当知晓。对此情况,根据前述分析,连云港中院也应当知晓。在此情况下,连云港中院只将徐某梅申请执行贺某案提级执行,且在王某彩要求将本案一并提级执行,一起处理的情况下,直接将被执行人贺某的唯一财产即案涉房产以物抵债给徐某梅,显然不公,与善意文明执行理念不符。江苏省高级人民法院(2018)苏执复67号执行裁定、连云港中院(2018)苏07执异1号执行裁定认定事实错误,结论不当,应予纠正。王某彩的申诉请求成立,应予支持。

【案例评析】

原则上,参与分配程序应当依申请启动,并且债权人之申请要满足在执行程序开始后,被执行人的财产执行终结前提出的期限要件,本案中,连云港中院于2017年10月23日作出以物抵债裁定,王某彩于2017年11月20日提交书面参与分配申请,王某彩提交的参与分配申请已超过司法解释规定的期限,此种情形下,似乎三级法院严格遵循司法解释的规定不允许王某彩参与分配的处理不无道理。最高人民法院在梳理案件事实的基础上透过表象,认定王某彩提级执行申请中囊括了参与分配的意思,同时在主持参与分配法院知道债权人王某彩存在的前提下,应当秉持善意文明执行理念,将王某彩纳入分配方案之中。

虽然法律及司法解释并未规定对人民法院提级执行的限制,但基于强制执行程序实现生效法律文书确认债权的根本目的,人民法院的提级执行行为应当有利于债权人债权实现,同时不得损害其他债权人合法权益。因此,对于被执行人财产不足以清偿所有债务时的多个执行案件,为了保障所有债权人公平实现债权的权利，人民法院决定提级执行的，应当一并提级执行所有执行案件，尤其在本案两个债权人均提出提级执行申请的情况下，人民法院选择性提级影响其他债权人参与分配权利，侵害其他债权人利益的，有违平等保护各方债权人权益的立法精神。

第八章　主持参与分配的法院

第一节　执行法院与参与分配法院的关系

法律依据

《民事诉讼法解释》

第506条　被执行人为公民或者其他组织，在执行程序开始后，被执行人的其他已经取得执行依据的债权人发现被执行人的财产不能清偿所有债权的，可以向人民法院申请参与分配。

对人民法院查封、扣押、冻结的财产有优先权、担保物权的债权人，可以直接申请参与分配，主张优先受偿权。

第507条　申请参与分配，申请人应当提交申请书。申请书应当写明参与分配和被执行人不能清偿所有债权的事实、理由，并附有执行依据。

参与分配申请应当在执行程序开始后，被执行人的财产执行终结前提出。

《执行规定》

56. 对参与被执行人财产的具体分配，应当由首先查封、扣押或冻结的法院主持进行。

首先查封、扣押、冻结的法院所采取的执行措施如系为执行财产保全裁定，具体分配应当在该院案件审理终结后进行。

制度研究

人民法院系统内部不同级别法院之间和不同地方的同级法院之间就民

事案件执行有具体分工和权限，也就是不同法院之间对执行权有划分①，对于执行法院应当根据《民事诉讼法》《民事诉讼法解释》《执行规定》等法律及司法解释关于执行管辖的规定予以确定。参与分配是强制执行程序中一揽子解决多个债权人对同一被执行人申请执行的法定程序，最高人民法院 1992 年《民诉意见》和 2015 年《民事诉讼法解释》，均未对“主持参与分配的法院”如何确定作出明确规定，1998 年《执行规定》第 91 条明确由首先查封、扣押或冻结的法院主持参与分配，2020 年修正时第 56 条沿用该规定。根据上述第 56 条的规定，无论执行法院还是被执行人住所地法院抑或被执行财产所在地法院，只要首先对被执行财产采取了查封、扣押、冻结等执行措施，该法院就有权处分该被执行财产，从而获得主持参与分配的权力。② 基于执行法院和参与分配法院确定的相关规定，执行法院和主持参与分配法院可能是同一法院，也可能是不同的法院。执行法院和主持参与分配法院是同一法院时，债权人无须考虑向哪个法院提出参与分配申请；执行法院和主持参与分配法院是不同法院时，债权人应当如何启动参与分配程序，即债权人应当向哪个法院申请参与分配，1998 年《执行规定》第 92 条规定：“债权人申请参与分配的，应当向其原申请执行法院提交参与分配申请书，写明参与分配的理由，并附有执行依据。该执行法院应将参与分配申请书转交给主持分配的法院，并说明执行情况。”2020 年《执行规定》修正时，删除了该条文，故债权人可以向主持参与分配法院提交参与分配申请书，也可以向原申请法院提交参与分配申请书，债权人向受理其执行案件的法院提交参与分配申请的，该执行法院在收到申请书后应将申请书转交给主持分配法院。

实务操作

一、执行法院和主持参与分配法院相同

执行法院和主持参与分配法院同一是指执行法院和主持参与分配法院同时存在且主持参与分配法院即为执行法院的情形，具体包括以下情形：一般情

① 参见赵祥华：《民事执行管辖问题研究》，载《山东审判》2003 年第 2 期。

② 参见江必新主编：《强制执行法理论与实务》，中国法制出版社 2014 年版，第 707 页。

形下,首封债权人申请参与分配;发生处置权移送优先债权执行法院的情形下,优先权人申请参与分配;首封法院主持参与分配时,其他债权人根据执行管辖规定确定的执行法院即为首封法院时;优先债权执行法院主持参与分配时,其他债权人根据执行管辖规定确定的执行法院即为优先债权执行法院时。

执行法院和主持参与分配法院同一不仅有利于债权人加入参与分配程序,还有利于参与分配法院了解案件执行情况,准确确定各债权人参与分配的债权数额。关于参与分配程序,原则上应当依申请启动,但基于实际情况,债权人很难掌握被执行人其他执行案件的执行情况,相较于债权人,法院更容易掌握被执行人其他案件的执行情况,因此,出于尽力保障债权人经生效法律文书确认的债权实现的目的,部分地方高级人民法院出台相关规定明确其他债权人向主持分配法院申请执行同一被执行人的,主持分配法院应将其纳入分配程序。从公平角度出发,似乎应当理解为主持参与分配法院应当依职权查询本院受理的申请执行同一被执行人的案件,并将债权人纳入参与分配程序之中,但实践中部分法院仍将债权人申请视为参与分配的唯一路径。

二、执行法院和主持参与分配法院不同

当执行法院和主持参与分配法院不同时,债权人想要通过参与分配程序受偿的首要困境是难以掌握被执行人其他案件的执行情况。事实上,执行法院不是参与分配法院时,对于同一被执行人不在本院处理的执行案件,执行法院也无法完全掌握。因此,债权人意识到被执行人存在财产不能清偿所有债权的情形时,应当通过各种渠道搜寻被执行人财产及其他执行案件信息,包括但不限于中国执行信息公开网等渠道,以便能够在被执行人的财产执行终结前成功提出参与分配申请,尽可能实现债权。普通债权原则上按照其占全部申请参与分配债权数额的比例受偿,即参与分配法院在制定分配方案时,应当确定各债权人的债权金额,在执行法院与参与分配法院不同的情况下,两个法院之间应积极对接,确保债权人参与分配数额的准确性,避免因债权金额不准确,导致债权人对执行财产分配方案不服而提出异议。

另外,基于参与分配的程序特征,主持参与分配法院只是处理被执行人特定财产分配事宜的临时法院,而非各参与分配债权人执行案件的最终处理法院,即对于各债权人在参与分配程序中未能受偿的部分,仍由各债权人各自的

执行法院处理。因此,对于债权人申请参与分配数额的确定,需要执行法院予以配合,在债权人向执行法院递交参与分配申请时,执行法院将参与分配申请转递分配法院时,应当同时说明案件执行情况,以便主持分配法院准确确定债权人参与分配的债权数额。如果债权人直接向主持分配法院递交参与分配申请,执行法院难以掌握债权人参与分配的具体情况,此时也需要主持参与分配法院将参与分配情况向执行法院说明,以便执行法院在参与分配程序结束后继续执行。

三、没有执行法院的情形

债权人没有执行法院的,参与分配申请当然只能向主持参与分配的法院提出。债权人没有执行法院但有权申请参与分配包括取得执行依据但尚未申请执行的债权人,尚未取得执行依据的优先权人,尚未取得执行依据的首封债权人等。

审判前沿

李某、崔某成合同纠纷执行监督案

【案例索引】

(2021)最高法执监502号

【基本案情】

李某与殷某春、崔某成、湖北三国赤壁旅游股份有限公司(以下简称三国旅游公司)股权转让合同纠纷一案,李某依据生效的(2018)鄂12民初15号民事判决向湖北省咸宁市中级人民法院(以下简称咸宁中院)申请强制执行。咸宁中院于2020年12月27日依法对崔某成名下位于广东省深圳市的房屋公开拍卖,拍卖成交价为335.67万元。案涉房屋被处置前,枣庄农村商业银行股份有限公司薛城支行(以下简称枣庄农商行薛城支行)向咸宁中院申请对查封的案涉房屋的处置价款参与分配。

咸宁中院审查认为,在枣庄农商行薛城支行申请执行的案件中,山东文尔达集团有限公司(以下简称文尔达公司)为主债务人,崔某成为连带清偿责任人。文尔达公司名下有国有土地使用权,并非无财产可供执行。

2021年1月25日,咸宁中院作出(2020)鄂12执226号通知书,通知枣庄农商行薛城支行不符合参与分配的条件。对此,枣庄农商行薛城支行提出异议,请求准许其参与对案涉房屋处置价款的分配。

咸宁中院查明,枣庄农商行薛城支行与文尔达公司、枣庄华宇建筑安装工程有限公司(以下简称华宇建筑公司)、枣庄华宇房地产开发有限公司、崔某成金融借款合同纠纷一案,借款本金为500万元,山东省枣庄市薛城区人民法院(以下简称薛城区法院)于2017年6月30日作出(2017)鲁0403民初1126号民事判决,执行案号(2017)鲁0403执822号;枣庄农商行薛城支行与文尔达公司、华宇建筑公司、枣庄大自然园林绿化有限公司、崔某成借款合同纠纷一案,借款本金为378万元,薛城区法院于2017年6月30日作出(2017)鲁0403民初1128号民事判决,执行案号(2017)鲁0403执1185号。两起案件中文尔达公司均为主债务人,崔某成均为连带清偿责任人。文尔达公司名下有国有土地使用权。

咸宁中院认为,枣庄农商行薛城支行申请执行的两件案件,均有多名被执行人,且主债务人文尔达公司的国有土地使用权尚未处置,并且还有其他资产。枣庄农商行薛城支行亦未提交其他被执行人无财产可供执行的证据,故不能确定主债务人是否存在不能清偿所有债务的情形。枣庄农商行薛城支行申请执行的案件并非属于无财产可供执行的情形,枣庄农商行薛城支行不符合参与分配条件并无不当。2021年3月31日,咸宁中院作出(2021)鄂12执异15号执行裁定,驳回枣庄农商行薛城支行的异议请求。

枣庄农商行薛城支行向湖北省高级人民法院(以下简称湖北高院)申请复议。湖北高院查明,薛城区法院以被执行人暂无财产可供执行为由,于2017年11月24日和2018年5月3日分别作出(2017)鲁0403执822号执行裁定、(2017)鲁0403执1185号执行裁定,终结两案本次执行程序。

湖北高院认为,2015年《民事诉讼法解释》第508条至第512条①系针对参与分配制度所作,参与分配制度的目的在于平等实现债权,法院审查参与分配申请时,不应苛求参与分配申请人必须证明被执行人不能清偿所

① 现为第506~510条。

有债务或给参与分配申请设置过多的障碍，只要参与分配申请人在申请书中说明原因，执行法院形式审查后即应准许。本案中，咸宁中院认为薛城区法院（2017）鲁0403执822号、（2017）鲁0403执1185号两案的主债务人文尔达公司还有其他可供执行的财产，不能确定主债务人是否存在不能清偿所有债务的情况，认定枣庄农商行薛城支行不符合参与本案执行款分配条件，不仅与上述司法解释立法目的相悖，而且与湖北高院查明"薛城区法院（2017）鲁0403执822号、（2017）鲁0403执1185号执行两案因被执行人暂无财产可供执行而裁定终结本次执行程序"的事实不符。咸宁中院（2021）鄂12执异15号执行裁定适用法律错误，认定枣庄农商行薛城支行不符合参与本案执行款分配条件不当，结果应予纠正。2021年6月21日，湖北高院作出（2021）鄂执复163号执行裁定：撤销咸宁中院（2021）鄂12执异15号执行裁定；撤销咸宁中院（2020）鄂12执226号通知书；准许枣庄农商行薛城支行参与对崔某成财产的分配。

李某向最高人民法院申诉请求：撤销湖北高院（2021）鄂执复163号执行裁定，维持咸宁中院（2021）鄂12执异15号执行裁定、（2020）鄂12执226号通知书。

最高人民法院认为，本案中，枣庄农商行薛城支行已经取得对崔某成的执行依据，并在咸宁中院处置崔某成案涉房屋之前提出参与分配申请。同时，薛城区法院在执行枣庄农商行薛城支行与崔某成等金融借款合同纠纷案中，以被执行人无财产可供执行为由裁定终结本次执行程序。可见枣庄农商行薛城支行符合参与分配的实体要求和程序要求。湖北高院准许枣庄农商行薛城支行参与对案涉房屋处置价款的分配，认定事实清楚，适用法律正确。李某所提供的财产线索，不足以推翻薛城区法院关于"被执行人无财产可供执行"的认定。2021年12月20日，最高人民法院作出（2021）最高法执监502号裁定，驳回申诉人李某的申诉请求。

【案例评析】

本案中，枣庄农商行薛城支行的执行法院为薛城区法院，主持参与分配法院为咸宁中院，枣庄农商行薛城支行直接向主持参与分配法院咸宁中院提交参与分配申请书，该院对枣庄农商行薛城支行参与分配申请进行了审查。对于债权人来说，执行法院和主持参与分配法院非同一法院，债权人既可以向执行法院提交参与分配申请，也可以向主持参与分配的法院提交申请，无论债权人向哪个法院提出申请，均由主持参与分配法院予以审查。

第二节　特定情形下主持参与分配法院的确定

法律依据

《最高人民法院关于首先查封法院与优先债权执行法院处分查封财产有关问题的批复》

一、执行过程中，应当由首先查封、扣押、冻结（以下简称查封）法院负责处分查封财产。但已进入其他法院执行程序的债权对查封财产有顺位在先的担保物权、优先权（该债权以下简称优先债权），自首先查封之日起已超过60日，且首先查封法院就该查封财产尚未发布拍卖公告或者进入变卖程序的，优先债权执行法院可以要求将该查封财产移送执行。

二、优先债权执行法院要求首先查封法院将查封财产移送执行的，应当出具商请移送执行函，并附确认优先债权的生效法律文书及案件情况说明。

首先查封法院应当在收到优先债权执行法院商请移送执行函之日起15日内出具移送执行函，将查封财产移送优先债权执行法院执行，并告知当事人。

移送执行函应当载明将查封财产移送执行及首先查封债权的相关情况等内容。

三、财产移送执行后，优先债权执行法院在处分或继续查封该财产时，可以持首先查封法院移送执行函办理相关手续。

优先债权执行法院对移送的财产变价后，应当按照法律规定的清偿顺序分配，并将相关情况告知首先查封法院。

首先查封债权尚未经生效法律文书确认的，应当按照首先查封债权的清偿顺位，预留相应份额。

《保全规定》

第21条　保全法院在首先采取查封、扣押、冻结措施后超过一年未对被保全财产进行处分的，除被保全财产系争议标的外，在先轮候查封、扣押、冻结的执行法院可以商请保全法院将被保全财产移送执行。但司法解释另有特别规定的，适用其规定。

保全法院与在先轮候查封、扣押、冻结的执行法院就移送被保全财产发生争议的，可以逐级报请共同的上级法院指定该财产的执行法院。

共同的上级法院应当根据被保全财产的种类及所在地、各债权数额与被保全财产价值之间的关系等案件具体情况指定执行法院，并督促其在指定期限内处分被保全财产。

《民事诉讼法》

第237条　人民法院自收到申请执行书之日起超过六个月未执行的，申请执行人可以向上一级人民法院申请执行。上一级人民法院经审查，可以责令原人民法院在一定期限内执行，也可以决定由本院执行或者指令其他人民法院执行。

第240条　被执行人或者被执行的财产在外地的，可以委托当地人民法院代为执行。受委托人民法院收到委托函件后，必须在十五日内开始执行，不得拒绝。执行完毕后，应当将执行结果及时函复委托人民法院；在三十日内如果还未执行完毕，也应当将执行情况函告委托人民法院。

受委托人民法院自收到委托函件之日起十五日内不执行的，委托人民法院可以请求受委托人民法院的上级人民法院指令受委托人民法院执行。

《执行规定》

74. ……对下级法院长期未能执结的案件，确有必要的，上级法院可以决定由本院执行或与下级法院共同执行，也可以指定本辖区其他法院执行。

制度研究

《执行规定》和《民事诉讼法解释》规定，对被执行人财产的分配，原则上由首先查封、扣押或冻结财产的法院主持。参与分配以被执行人被查封的财产为锚点,司法实务中,被执行人的多项财产被多个法院查封的情况并不鲜见,按照法律规定,各项财产的分配都应当由首先查封该财产的法院主持。首先,如果机械遵循由首封法院主持参与分配的规定,在被执行人的多项财产分别由不同法院首封的情况下,一个被执行人将引发多个参与分配程序,多个由不同法院主持的参与分配程序如何衔接,如何审查与确定债权人参与分配债权数额,债权人如何掌握同一被执行人的所有参与分配案件信息,无疑会引发诸多问题,浪费司法资源,加重当事人诉累。其次,各院甚至同院的不同法官之间对参与分配制度的理解和适用也存在偏差,如各债权人在不同法院申请参与分配后,各主持参与分配法院执行思路不统一,可能引发信访案件,甚至集体访。再次,因参与分配案件涉及财产调查、处置,核实各债权人债权金额,制作分配方案,处理债权人对分配方案的异议等大量工作,与办理普通个案相比,工作量成倍增加,司法资源被极大占用。最后,对于申请参与分配的债权人来说,相较于在一个法院通过参与分配程序最终受偿,在多个法院通过参与分配程序最终受偿难度极大,一方面债权人要为实现债权付出较大的时间精力成本,另一方面在多个法院主持参与分配的情况下,分配方案将更难以确定,可能会引发多起分配方案异议及异议之诉,债权人获偿遥遥无期。基于此,如各项财产的分配都由首先查封该财产的法院分别主持进行,不仅不能发挥好参与分配制度的作用,还会在一定程度上激化法院案多人少的矛盾。

针对多个执行法院对同一被执行人"多对一"的执行困境,《人民法院办理执行案件规范》(第 2 版)第 624 条规定,"……被执行人的多项财产分别被不同法院查封,符合参与分配条件的,由各项财产的在先查封法院分别进行分配。相关执行法院协商一致并经申请执行人同意,也可以将各自查封的财产交其中一家法院进行处置和分配。共同上级法院也可以通过提级执行或指定执行将所有案件管辖权集中至一家法院,由该法院处置财产并主持分配。或者由共同的上级法院作出决定,确定其中一家法院对被执行人所有可供执行的财产或者价款统一处置,统一分配"。部分地方法院也建立了各执行法院"协商"或上级法院"协调"的变通机制,允许由"非首封法院"主持参与分配。如《江苏省高级人民法院关于正确理解和适用参与分配制度的指导意见》第 14 条规定,"参与分配原则上由首先采取查封、扣押、冻结或者实际控制财产的人民法院主持。处置权经协商后移送的,由获得财产处置权的人民法院主持。受移送法院应当及时处置财产并启动分配程序,并将相关分配情况及时告知移送处置权的人民法院。被执行人有多项财产,且被不同法院查封、扣押、冻结并处置变现的,由控制主要财产的法院主持分配,也可以报请省法院或者中级法院指定其中一个法院主持分配。涉及省外法院的,可通过执行协调方式予以确定”。又如,《浙江省高级人民法院关于多个债权人对同一被执行人申请执行和执行异议处理中若干疑难问题的解答》第5条规定,被执行人的多项财产分别被不同法院查封、符合参与分配条件的,各查封法院对适用参与分配意见一致的,由每项财产的在先查封法院对各自查封的财产进行分配;适用分配意见不一致的,或者涉及的法院较多的,可由各查封法院的共同上级法院通过提级执行或指定执行将所有案件管辖权集中至一家法院,由该法院处置财产并主持分配。或者由共同的上级法院作出决定,确定其中一家法院对被执行人所有可供执行的财产统一处置,统一分配。《山东高院:执行疑难法律问题审查参考(六)——参与分配专题》,其中关于主持分配的法院如何确定的参考意见载明:对被执行人财产的具体分配,原则上由首先查封、扣押、冻结的执行法院主持进行。如经协调,被执行人财产由优先债权执行法院或轮候查封法院处置,则由取得财产处置权的法院主持分配,分配情况应告知首查封法院。被执行人的多项财产分别被不同法院查封,符合参与分配条件的,由各项财产的在先查封法院分别进行分配。相关执行法院协商一致并经申请执行人同意,可以将各自查封的财产交其中一家法院进行处置和分配。共同上级法院可以通过提级或指定执行将所有案件管辖权集中至一家法院,由该法院处置财产并主持分配。共同上级法院也可以作出决定,确定其中一家法院对被执行人所有可供执行的财产或者价款统一处置,统一分配。再如,《北京市高、中级法院执行局(庭)长座谈会(第五次会议)纪要——关于案款分配及参与分配若干问题的意见》第11条规定,“对被执行人财产的处置和具体分配,按照《执行规定》第91条的规定,原则上由首先查封、扣押或冻结的法院主持进行。本市法院之间亦可协商由非首封的法院主持进行;协商不成的,可报请高级法院予以协调。”《上海法院类案办案要件指南》(第4册)提出:“1. 原则上应当由首先采取查封、扣押、冻结的法院主持参与分配程序。优先债权执行法院从首先查封法院取得处置权后,由优先债权执行法院主持分配。2. 被执行人有多项财产且被不同法院采取强制措施,符合参与分配条件的,由各项财产的在先查封法院分别进行分配。相关法院协商一致并经申请执行人同意,也可以将各自查封的财产交其中一家法院进行处置和分配。共同上级法院也可以通过提级执行或者指定执行将所有案件管辖权集中至一家法院,由该法院处置财产并主持分配。”可见,地方法院为了加强主持分配法院转化的可操作性,进行了各种有益的探索。

在被执行人的多项财产分别被不同法院查封的情况下,法院应当探索通过移送、委托执行,或上级法院提级、指定执行等方式,在不改变查封顺序的情况下,将同一被执行人的案件交由一个法院集中办理,减少债权人往来多家法院的诉累,提高财产的处置和分配效率。但也有否定观点认为,集中办理的难点在于,一是容易导致参与分配的主持法院集中在部分法院,加大部分法院的办案压力。二是执行程序中的参与分配针对的是特定财产的分配,鉴于一体分配中存在多个财产采取一体分配难以确定参与分配的截止时间。

在不同法院分别查封房屋、土地时,需要予以特别注意。《查扣冻规定》第21条规定,查封地上建筑物的效力及于该地上建筑物使用范围内的土地使用权,查封土地使用权的效力及于地上建筑物,但土地使用权与地上建筑物的所有权分属被执行人与他人的除外。地上建筑物和土地使用权的登记机关不是同一机关的,应当分别办理查封登记。依据上述第1款规定,如果房屋及其使用范围内的土地使用权均属于被执行人,法院仅于房屋登记部门查封房产,未于土地管理部门查封土地使用权,该查封房产的效力也及于相应的土地使用权。上述第2款规定的目的是要求执行法院完善执行措施,进行充分公示,但未分别办理查封登记不影响查封的效力。其他法院此后对该房产使用范围内的土地使用权采取查封措施,应属轮候查封,而不属于房屋、土地使用权分别被不同法院查封的情形,在此予以说明。

参与分配完成后,案件未执行完毕的情况下,法院又发现被执行人名下有其他可供执行的财产,债权人可以继续进行分配,但债权人是否需要重新提交分配申请,法律、司法解释并没有明确规定。从减轻当事人负担、提升执行工作效率的角度出发,已经申请过参与分配且未完全受偿的债权人,无须再次提交分配申请,主持法院应将处置后所得价款在上次分配的债权人中间再次进行参与分配。但如有新的债权人申请参与分配,该债权人应按照相关规定在特定财产执行终结前提交申请。对主持法院再次制作的分配方案,债权人、被执行人均有权提出异议。

实务操作

一、处置权商请移送

执行过程中，应当由首先查封、扣押、冻结法院负责处分查封财产，该规定在厘清执行管辖的同时，也能保障首封债权人的利益。但在首封法院未及时处置查封财产的情况下，已经进入执行程序的优先债权执行法院和在先轮候查封、扣押、冻结的执行法院能否商请移送处置权，以实现提高执行效率，尽快兑现生效法律文书的目的。

（一）优先债权执行法院商请移送

根据《优先债权执行批复》的规定，优先债权执行法院商请移送需要满足以下几个条件：（1）商请移送的法院对查封财产有顺位在先的担保物权、优先权；（2）该优先债权已进入其他法院执行程序；（3）自首先查封之日起已超过60日，首先查封法院就该查封财产尚未发布拍卖公告或者进入变卖程序。《优先债权执行批复》并未明确首封案件所处阶段，由于对条文的不同理解，在首封案件处于诉讼环节而未进入执行程序时，能否依据《优先债权执行批复》商请移送，如果认为能够依据《优先债权执行批复》商请移送，应当由没有进入执行程序的首先查封法院的哪个部门回函移送，实践中均存在不同观点，导致此类执行案件多数无法推进到实质处置阶段。①

从目的解释的角度，《优先债权执行批复》是为了打破首封法院不及时处置查封财产导致的执行僵局所设，首封案件未进入执行程序时，其处置时限更会被无限拉长，出于提高执行效率的目的，应当允许优先债权执行法院向未进入执行程序的首封案件保全法院商请移送。

从体系解释的角度，对于未进入执行阶段的首封案件，在满足一定条件的情况下，在先轮候查封、扣押、冻结的执行法院可以向保全法院商请移送，相较于在先轮候查封、扣押、冻结的债权人，优先债权人的权益更优，举轻以明重，应当

---

① 参见唐浩凌、张绍忠：《首查封法院未进入执行时不动产处置权的移送》，载《西部法学评论》2020年第2期。

允许优先债权执行法院向未进入执行程序的首封案件保全法院商请移送。

关于这个问题，最高人民法院执行局负责人就批复主要内容接受了记者采访也曾谈到，“将保全阶段查封的财产移送执行不会影响到审理程序。理由在于，查封‘负担优先债权的财产’，申请人的利益在逻辑上仅及于查封财产除去优先债权的余额。将查封财产移送优先债权法院处分并未损害查封债权人的利益，也未危及查封制度。批复制定过程中曾考虑过区分保全查封与执行查封，但并不是担心影响审理程序。当时的具体想法是，当优先债权执行法院商请移送时，如果首先查封为保全查封，首先查封法院应立即移送；如果首先查封是执行查封，则在满 60 日不处分时予以移送。当时考虑的是，保全查封一般会比执行查封在财产处分上更为迟延，更有移送的必要。后来考虑到这种区分的实践意义不大，为了简明规则，批复最终统一做了规定”。鉴于此，应当认定优先债权执行法院向未进入执行程序的首封案件保全法院商请移送并不存在障碍。

关于首先查封法院与优先债权执行法院处分查封财产如何移送的程序问题，《优先债权执行批复》第 2 条第 1 款明确规定，优先债权执行法院要求首先查封法院将查封财产移送执行的，应当出具商请移送执行函，该批复的附件中有商请移送执行函的样式，方便执行法院参考。需要注意的是，优先债权执行法院需将确认优先债权的生效法律文书及案件情况说明一并进行移送。首先查封法院收到优先债权执行法院商请移送执行函之日起 15 日内，应当出具移送执行函，将查封财产移送优先债权执行法院执行，移送执行函应当载明将查封财产移送执行及首先查封债权的相关情况等内容，并告知当事人，即首先查封法院仅需通知当事人即可，无须征得当事人的同意。优先债权执行法院对移送的财产变价后，应当按照法律规定的清偿顺序分配，并将相关情况告知首先查封法院。

（二）在先轮候查封法院商请移送

根据《保全规定》第 21 条的规定，在先轮候查封、扣押、冻结的执行法院商请移送需要满足以下几个条件：(1)保全法院在首先采取查封、扣押、冻结措施后超过一年未对被保全财产进行处分；(2)被保全财产并非争议标的；(3)商请移送的法院是在先轮候查封、扣押、冻结的法院；(4)在先轮候查封、扣押、冻结的债权已进入执行程序。本条并未明确保全案件进入执行程序后能否适用本条规定，实践中存有争议。有观点认为基于《保全规定》第21条“保全法院在首先采取查封、扣押、冻结措施后超过一年未对被保全财产进行处分的”条件限制，因在保全案件进入执行程序前，保全法院本就无权处分保全财产的考虑，对于已进入执行程序的保全案件，也应当允许在先轮候查封法院依据该条商请移送。此外，从是否侵害首封债权人利益的角度考量，基于参与分配程序中为首封债权预留份额的规定，允许在先轮候查封法院向进入执行程序的首封案件商请移送不会实质影响首封债权人的利益。另有观点认为首先查封法院取得优先处置权，是我国民事诉讼法和执行司法解释设立的基本规则，因此在首封法院已进入执行程序的情况下，不宜轻易予以否定。[①] 本书认同后一种观点，首封法院处置原则不可轻易动摇。

（三）普通债权法院之间移送处置权的地方规定

另外，部分地方高级人民法院对于首先查封与轮候查封均为普通债权且均进入执行程序的法院之间协调转移处置权发布相关通知。《江苏省高级人民法院关于首查封与轮后查封均为普通债权的法院之间协调转移处置权相关事项的通知》第1条规定：“省内首查封法院自执行立案之日起90日内未发布拍卖公告或进入变价程序的，轮后查封法院可以商请移送处置权。首查封法院应当自收到商请移送处置函之日起5日内予以回函，除有正当理由外，应当出具同意移送执行函，并告知当事人。移送执行函应当载明查封有效的起止日期，并应附最后一次查封或续封手续的复印件。首查封法院的双方当事人达成和解协议或申请执行人不同意移送处置权的，不影响处置权的移送。”该规定对于首封法院回函时间、首封法院逾期不回函产生的后果、首封法院是否同意移送的审查标准、轮候查封法院在收到同意移送执行函后启动财产处置的时间、多家轮候查封法院均商请移送处置权时首封法院确定移送法院的规则等具体内容作了相关规定，明确具体，对于当事人和法院都极具操作性。2018年7月4日，《福建省高级人民法院关于首先查封与轮候查封均为普通债权的法院之间协调移送处置权处理意见》第1条规定：“执行过程中，被执行人的财产原则上应当由首先查封法院负责处置，首先查封法院自查封之日

---

① 参见曹凤国：《最高人民法院财产保全司法解释理解与适用》（第2版），法律出版社2023年版，第221页。

起超过60日未发布拍卖公告的,轮候查封法院可以商请移送处置权。首先查封法院应当自收到商请移送处置函之日起10日内予以回函,除有查封财产正在司法审查等正当理由外,应当出具同意移送执行函,并告知当事人。首先查封法院的双方当事人达成和解协议或申请执行人不同意移送处置权的,不影响处置权的移送。”相较于江苏省高级人民法院首查封法院自执行立案之日起90日内未发布拍卖公告或进入变价程序,轮候查封法院可以商请移送处置权的规定,福建省高级人民法院缩减为60日,有利于尽快推动执行程序,实现债权。

《上海市高级人民法院关于首先查封不动产移送执行有关问题的解答》第5条规定:“首先查封法院自执行查封之日、查封系保全查封并已经进入执行程序的自执行立案之日起超过六个月,或者查封系保全查封但尚未进入执行程序的自查封之日起超过一年,就查封不动产财产尚未发布拍卖公告或进入变卖程序,其他普通债权执行法院在处置查封不动产不属于无益拍卖的情形下,可以商请首先查封法院将查封不动产移送执行。首先查封法院在函复商请法院前,又收到轮候查封在先的其他普通债权执行法院商请移送函的,应当将查封不动产移送给轮候查封在先的商请法院执行。”明确普通债权法院之间移送处置权的具体规定。此外,上海法院允许受偿顺位在后的其他债权执行法院向受偿顺位在先的首先查封法院商请查封不动产的移送执行,《上海市高级人民法院关于首先查封不动产移送执行有关问题的解答》第4条规定:“首先查封法院自执行查封之日、查封系保全查封并已经进入执行程序的自执行立案之日起超过六个月,或者查封系保全查封但尚未进入执行程序的自查封之日起超过一年,就查封不动产财产尚未发布拍卖公告或进入变卖程序,受偿顺位在后的其他债权执行法院在处置查封不动产不属于无益拍卖的情形下,可以商请首先查封法院将查封不动产移送执行。首先查封法院在函复商请法院前,又收到其他执行法院商请移送函的,分别按照下列方式进行处理:(1)商请法院执行债权属于同一受偿顺位的,首先查封法院应当将查封不动产移送给轮候查封在先的商请法院执行。(2)商请法院执行债权不属于同一受偿顺位的,首先查封法院应当将查封不动产移送给受偿顺位在先的商请法院执行。”在满足相关条件的情况下,只要不属于无益拍卖,受偿顺位在后的其他债权执行法院即可向受偿顺位在先的首先查封法院商请移送处置权。

二、委托、提级、指定执行

基于执行管辖的相关规定，同一被执行人的案件可能在多个法院分别执行，由于执行法院间很难掌握其他法院对同一被执行人案件的执行情况，可能会影响执行效率，导致案件久拖不结。根据《民事诉讼法》和《执行规定》的相关规定，对下级法院长期未能执结的案件，上级法院可以依申请或依职权决定由本院执行或与下级法院共同执行，也可以指定本辖区其他法院执行。

参与分配程序中，原则上由首先查封、扣押、冻结法院负责处分查封财产，主持参与分配程序。相较于单个执行案件，参与分配程序涉及多个执行案件，流程更加烦琐，确定参与分配方案的难度较高，可能会拖慢执行进程，尤其是对于存在多个主持参与分配法院分别负责同一被执行人不同的参与分配案件时，多个主持参与分配法院之间的协调无疑更加困难。

对于上述情况，上级法院应当充分发挥“三统一”工作职能，对被执行人案件较多，但分别由不同法院主持参与分配的案件，了解各院案件执行情况和被执行人财产查封情况后，可将涉及同一被执行人的案件全部提级至本院执行，或指定由辖区某一执行法院集中执行。各中、基层人民法院在执行过程中，也可通过关联案件检索等方式，充分了解涉及某一被执行人案件情况，如发现被执行人名下财产被不同法院查封的情况，可及时报请上级法院将案件集中至某一法院执行。通过各级法院之间联动，既能够提高财产的处置及参与分配的效率，也能够确保参与分配尺度的统一，从而更好实现参与分配制度的价值追求。[①] 被执行人的多个财产分属不同法院办理，如案件不在同一市域范围内，执行法院之间可在协商一致，并征求各方当事人同意的情况下，将所有财产移交至其中一个法院进行处置，并进行分配，也能够提高资产处置和参与分配的效率。总之，执行制度设立均是为了及时兑现生效法律文书，参与分配程序中，出于打破执行僵局，提高执行效率，综合保障债权人和债务人权益的考虑，可以通过提级执行、指定执行、委托执行等方式转换主持参与分配法院。

---

① 参见李飞：《参与分配制度的功能厘定及实现路径》，载最高人民法院执行局编：《执行工作指导》总第 77 辑，人民法院出版社 2021 年版。

审判前沿

福建长安船务有限公司与泉州市长海集装箱发展有限公司、泉州市鸿益机械制造有限公司等企业纠纷、金融借款合同纠纷等执行监督案

【案例索引】

(2016)最高法执监204号

【基本案情】

申诉人福建长安船务有限公司(以下简称长安船务公司)不服福建省高级人民法院(2015)闽执复字第52号复议裁定,向最高人民法院申诉。

最高人民法院查明:2013年8月26日,鸿益公司与中行泉州分行签订《最高额抵押合同》,约定鸿益公司为中行泉州分行与泉州环海物流有限公司间《授信额度协议》项下形成的债权提供抵押担保,并依法于2013年9月13日向泉州市住房和城乡建设局申请办理了抵押登记。《最高额抵押合同》后附的“抵押物清单”列明:抵押物名称为“房屋所有权(所有权人:鸿益公司)”;数量为“土地面积6091.5平方米,厂房面积5670.98平方米”,登记机关为“泉州市住房和城乡建设局”,并记载了相应的国有土地使用权证号和房屋使用权证号。后中行泉州分行于2013年9月13日向泉州市住房和城乡建设局办理了抵押登记,取得房屋他项权证书,证书记载了案涉房产的房屋所有权证号,并在附记中记载了案涉土地使用权的土地证号。

2014年8月18日,厦门海事法院作出(2014)厦海法保字第35－2号保全裁定:查封鸿益公司所属坐落于××城区××高新技术电子园区××小区××房产及其土地使用权(以下简称案涉房产及土地使用权),或查封、冻结、扣押长海集装箱公司、鸿益公司、苏某树的其他财产,金额以800万元为限;责令三被告提供800万元的担保;长安船务公司应当在30日内提起诉讼或申请仲裁,逾期不起诉或申请仲裁的,将解除财产保全。次日,厦门海事法院向泉州市国土资源局(现为泉州市自然资源和规划局)及泉州市房地产交易与房屋权属登记发证处分别送达上述裁定及协助执行通知书,查封了案涉房产及土地使用权。泉州市房地产交易与房屋权属登记发证处在送达回证上注明“已抵押登记,轮候查封房产”,泉州市国土资源局的送达回证未标注。

2014年10月29日,福建省泉州市中级人民法院(以下简称泉州中院)作出(2014)泉民初字第1481号民事调解书,确认中行泉州分行诉泉州环海物流有限公司、苏某树、鸿益公司等金融借款合同纠纷一案中,中行泉州分行对鸿益公司提供的抵押物享有抵押权,对抵押物拍卖、变卖所得的款项或抵押物的折价款享有优先受偿权。2014年11月7日,泉州中院受理了该案的执行申请,并定于2015年1月9日拍卖案涉房产及土地使用权。

2015年1月6日长安船务公司向泉州中院提出执行异议,要求撤销拍卖。2015年1月8日,厦门海事法院致函泉州中院称,因厦门海事法院案件尚未生效,而泉州中院案件已进入执行拍卖程序,同意泉州中院继续拍卖,但应保留土地使用权拍卖价款,留待厦门海事法院依法处置。2015年5月8日泉州中院函告厦门海事法院称:案涉土地使用权拍卖得款458.08万元,已将拍卖土地使用权所得款提存,留待厦门海事法院依法处理。因买受人要求办理房地产的过户手续,请厦门海事法院解除对上述土地使用权的查封。

2015年5月29日,厦门海事法院(2014)厦海法商初字第457号民事判决书经福建省高级人民法院(2015)闽民终字第860号民事裁定书确认生效后,因被执行人长海集装箱公司、鸿益公司、苏某树未履行判决书确定义务,长安船务公司向厦门海事法院申请执行。2015年8月11日,厦门海事法院作出(2015)厦海法执字第222号执行裁定书,裁定:(1)按上述法律文书确定的被执行人向申请执行人应付款额310万元及迟延履行期间按银行同期贷款最高利率加倍计付的债务利息,冻结、划拨其银行存款,或扣留、提取被执行人收入。(2)如被执行人存款或收入不足以清偿应付数额,则查封、扣押被执行人所有的其他财产。查封、扣押期间,任何人不得将所查封、扣押的财产隐藏、转移、变卖、毁损。(3)被执行人应于其财产被查封、扣押之日起5日内履行上述法律文书所确定的义务,逾期厦门海事法院将依法拍卖或变卖所查封、扣押的财产，所得款项在支付相关费用后，用于偿还其所欠债务。同日，厦门海事法院向泉州中院发出协助执行通知书，要求将案涉土地使用权拍卖款中的328万元汇至厦门海事法院。

厦门海事法院认为：根据泉州中行听证中的陈述及厦门海事法院2014年8月19日向泉州市国土资源局送达（2014）厦海法保字第35－2号民事裁定及协助执行通知书的情况，可以确认案涉土地使用权未办理抵押登记。虽然依据《物权法》第182条[①]之规定，案涉房产抵押后，案涉土地使用权即使未抵押也视为一并抵押，但该法第6条[②]规定："不动产物权的设立、变更、转让和消灭，应当依照法律规定登记……"第187条[③]规定："以本法第一百八十条第一款第一项至第三项规定的财产或者第五项规定的正在建造的建筑物抵押的，应当办理抵押登记。抵押权自登记时设立。"案涉土地使用权的抵押未办理登记，该抵押权未生效，厦门海事法院2014年8月19日向泉州市国土资源局送达（2014）厦海法保字第35－2号民事裁定及协助执行通知书后，案涉土地使用权即被厦门海事法院查封。2014年10月29日，泉州中院虽在（2014）泉民初字第1481号民事调解书中确认泉州中行对鸿益公司提供的抵押物（案涉房产和土地使用权）享有抵押权，但该确认非《物权法》第187条要求的抵押登记，且该民事调解书生效于厦门海事法院（2014）厦海法保字第35－2号民事裁定之后，不能改变案涉土地使用权已被查封的状态，泉州中行不能据此对案涉土地使用权享有抵押权。鉴于案涉房产及土地使用权已被拍卖，且拍卖评估时对案涉土地使用权价值已作专项认定，使得申请执行人行使对案涉土地使用权的权利具有可操作性，故该土地使用权的拍卖款应由诉前保全申请人即申请执行人长安船务公司优先受偿。厦门海事法院于2015年9月18日作出（2015）厦海法执异字第4号执行裁定书，驳回泉州中行的异议。

中行泉州分行不服，向福建省高级人民法院申请复议，请求该院裁定撤销厦门海事法院作出的（2015）厦海法执异字第4号执行裁定书，撤销

① 现为《民法典》第397条。

② 现为《民法典》第208条。

③ 现为《民法典》第402条。

厦门海事法院要求泉州中院将案涉土地使用权拍卖款划拨给厦门海事法院处置的执行行为，由泉州中院尽快依法主持分配案涉土地使用权的拍卖款，由中行泉州分行依法对案涉土地使用权的拍卖款优先受偿。

福建省高级人民法院另查明：关于张某锋与苏某树、长海集装箱公司、鸿益公司、厦门中缙国际物流有限公司民间借贷纠纷一案，泉州中院在执行过程中于2014年8月11日查封了鸿益公司案涉房产。

福建省高级人民法院认为，本案的争议焦点有两个：(1)中行泉州分行是否享有案涉土地使用权的抵押权；(2)本案首封法院是哪一个及拍卖款项应由哪家法院主持分配。

针对第一个争议焦点，该院认为：泉州中院(2014)泉民初字第1481号民事调解书确认了中行泉州分行对鸿益公司提供的抵押物(案涉房产及土地使用权)享有抵押权。该调解书已生效，且中行泉州分行已申请强制执行。该生效法律文书所确认的内容，应当得到执行，申请执行人的合法权益应当得到保护。第三人若有证据证明发生法律效力的调解书的部分或者全部内容错误，损害其民事权益，可以自知道或者应当知道其民事权益受到损害之日起6个月内，向作出该调解书的人民法院提起诉讼。因此，在(2014)泉民初字第1481号民事调解书被依法撤销前，应当确认中行泉州分行对鸿益公司提供的抵押物(案涉房产及土地使用权)享有抵押权，对案涉土地使用权的拍卖款享有优先受偿权。厦门海事法院对(2014)泉民初字第1481号民事调解书中确认中行泉州分行对案涉土地使用权优先受偿的内容进行审查，已超越执行异议审查的范围。

针对第二个争议焦点，该院认为：根据2008年《查扣冻规定》第23条①的规定，查封地上建筑物的效力及于该地上建筑物使用范围内的土地使用权。因此，2014年8月11日泉州中院查封案涉房产时，查封的效力及于案涉土地使用权，故本案首先查封案涉房产及上地使用权的法院为泉州中院。根据2008年《执行规定》第91条②第1款的规定，对参与被执行人财产的具体分配，应当由首先查封、扣押或冻结的法院主持进行。因此，

① 现为第21条。

② 现为第56条。

案涉房产及土地使用权拍卖款应由泉州中院主持分配。中行泉州分行关于撤销厦门海事法院划拨案涉土地使用权拍卖款行为,由泉州中院主持分配拍卖款的主张,符合法律规定,应予支持。

综上,福建省高级人民法院认为厦门海事法院作出的(2015)厦海法执异字第4号执行裁定认定事实有误,应当予以撤销。厦门海事法院要求泉州中院将案涉土地使用权拍卖款中的328万元汇至其法院的行为不当,应当予以纠正。福建省高级人民法院于2015年12月3日作出(2015)闽执复字第52号裁定:(1)撤销厦门海事法院(2015)厦海法执异字第4号执行裁定;(2)房产及土地使用权的拍卖款由泉州中院主持分配。

长安船务公司不服上述裁定,向最高人民法院申诉,最高人民法院认为,本案的焦点问题是:拍卖款项是否可以由泉州中院主持分配;本案适用2012年《民事诉讼法》第225条①进行审查是否正确;复议程序是否严重违法。

1. 拍卖款项是否可以由泉州中院主持分配

2008年《查扣冻规定》第23条②第1款规定,“查封地上建筑物的效力及于该地上建筑物使用范围内的土地使用权,查封土地使用权的效力及于地上建筑物,但土地使用权与地上建筑物的所有权分属被执行人与他人的除外”。本案中,泉州中院于2014年8月11日查封了案涉房产,故泉州中院查封案涉房产的效力及于案涉土地使用权。虽然该条第2款同时规定,“地上建筑物和土地使用权的登记机关不是同一机关的,应当分别办理查封登记”,但其目的是要求执行法院完善执行措施,进行充分公示,未分别办理查封登记不影响查封效力。本案中泉州中院对涉案房屋进行查封登记先于厦门海事法院对土地使用权进行查封登记,且泉州市房地产交易与房屋权属登记发证处在给厦门海事法院的送达回证上已经注明“已抵押登记,轮候查封房产”,虽然泉州中院未对土地使用权办理查封登记,但由于对房屋的查封效力及于土地使用权,故本案中泉州中院是首封法院。

① 现为第236条。

② 现为第21条。

2. 本案适用 2012 年《民事诉讼法》第 225 条[①]进行审查是否正确

首先,从中行泉州分行的异议申请书中可以看出,其请求厦门海事法院撤销将拍卖款划拨给该院处置的执行行为,是对厦门海事法院的具体执行行为提出异议,符合 2012 年《民事诉讼法》第 225 条的规定。其次,2015 年《民事诉讼法解释》第 465 条[②]规定:"案外人对执行标的提出的异议,经审查,按照下列情形分别处理:(一)案外人对执行标的不享有足以排除强制执行的权益的,裁定驳回其异议;(二)案外人对执行标的享有足以排除强制执行的权益的,裁定中止执行。驳回案外人执行异议裁定送达案外人之日起十五日内,人民法院不得对执行标的进行处分。"根据该规定精神,2012 年《民事诉讼法》第 227 条所指的案外人对执行标的提出的异议,其目的是排除对执行标的的强制执行。抵押权人可以从执行标的的变价款中优先受偿,并不需要排除对抵押物的执行,强制执行程序可以保障抵押权人优先受偿权的实现。本案中,中行泉州分行提出异议的目的亦非排除对土地使用权的强制执行,故本案不应当适用《民事诉讼法》第 227 条的规定。

3. 复议程序是否严重违法

2012 年《民事诉讼法》第 200 条规定:"当事人的申请符合下列情形之一的,人民法院应当再审:……(七)审判组织的组成不合法或者依法应当回避的审判人员没有回避的……"参照这一规定精神,由于长安船务公司并未提供证据证明本案存在审判组织组成不合法或者审判人员应当回避的情形,故不能据此撤销福建省高级人民法院作出的复议裁定。《异议复议规定》第 12 条规定,"人民法院对执行异议和复议案件实行书面审查。案情复杂、争议较大的,应当进行听证"。根据该规定精神,福建省高级人民法院在通过书面审查即可查清事实、分清是非的情况下,可以不采用听证形式。

综上所述,福建省高级人民法院(2015)闽执复字第 52 号复议裁定认定事实清楚,适用法律正确,最高人民法院予以维持。

---

① 现为第 236 条。

② 现为第 463 条。

【案例评析】

《执行规定》第 91 条[1]第 1 款规定,“对参与被执行人财产的具体分配,应当由首先查封、扣押或冻结的法院主持进行”。根据该规定精神,结合泉州中院已经对案涉房屋和土地使用权进行了处置的情况,最高人民法院认为由泉州中院主持处置拍卖款合理合法。另外,长安船务公司可以向泉州中院申请参与分配,在参与分配程序中主张权利。

① 现为第 56 条。

第九章　申请参与分配的截止时间

第一节　参与分配截止时间的法律价值

由于我国实行有限破产主义，参与分配制度设立之初旨在落实实体法上的债权平等原则，使被执行人的所有债权人的债权能够在同一执行程序中最大限度得到公平清偿，一定程度上成为破产程序的有益补充。然而，参与分配作为执行程序中的重要制度，其制度设计势必不能违反执行效率原则，设定参与分配截止时间面临着执行效率和分配公平的冲突问题，一定程度上折射着立法者的价值取向。

一、参与分配截止时间是确保执行分配效率和稳定的必要制度

提高执行效率，迅速实现当事人的胜诉利益是强制执行追求的基本目标和价值。《民事强制执行法（草案）》第一章第4条也明确了不停止执行原则，民事强制执行应当及时、高效、持续进行，非因法定情形并经法定程序，不得停止。参与分配作为执行程序中债权公平清偿的程序，其准入条件决定特定债权能否就法院已控制的被执行人财产进行受偿，关乎债权人的切身利益。无限期"宽进"虽然能最大限度满足债权平等性的诉求，但新债权的不断加入，将导致执行方案不断被修改重置，分配程序被无限延长，甚至影响已受偿债权的法律关系稳定性，不具有现实可行性。即便是破产分配程序，也设定了债权申报最后截止时间为"破产财产最后分配"①，执行分配程序毕竟不同于破产

① 《企业破产法》第56条规定，在人民法院确定的债权申报期限内，债权人未申报债权的，可以在破产财产最后分配前补充申报；但是，此前已进行的分配，不再对其补充分配。为审查和确认补充申报债权的费用，由补充申报人承担。债权人未依照本法规定申报债权的，不得依照本法规定的程序行使权利。

分配,债权人即使不能参与本轮财产分配,也可能在下一轮程序中受偿。相反,以牺牲执行效率为代价盲目追求债权平等非可取之路,过高的执行成本也将最终损害全体债权人利益。同时,执行进程的不断拉长会导致迟延履行利息的不断累计,因此参与分配截止时间设置过晚也会损害债权人利益。设定参与分配截止时间,可以确保本轮参与分配债权和分配方案的稳定,推动参与分配程序及时、高效、持续进行,快速实现当事人胜诉利益。

二、参与分配截止时间是对勤勉债权人的程序公平

法律不保护躺在权利上睡觉的人。立法设定时效和期限的意义在于,促使权利人及时行使权利,尽早结束权利义务关系的不确定状态,稳定法律关系和秩序,推动社会经济发展。当前我国参与分配制度基本遵循按债权比例平等受偿的原则,在被执行人财产难寻、变价处置推进难等问题尚未彻底解决的当下,若不在参与分配申请的时间上有所区别,勤勉债权人没有因积极行使权利获得更多利益,怠于行使权利的债权人反而能"搭便车"平等获得债权受偿,一定程度上也违背了程序公平价值。设定参与分配的截止时间,是推动债权人勤勉积极行使自身权利,配合法院推动被执行人财产查控、处置的一种合理报偿,也符合参与分配制度的公平内核。

三、参与分配截止时间折射着立法对公平与效率的价值平衡

参与分配制度的立法模式主要有三种:优先主义、平等主义和群团优先主义。有限破产主义背景之下,我国参与分配制度的立法,既有公民或其他组织按债权比例受偿的平等主义色彩,又有对企业法人采取按执行措施先后顺序的优先主义原则,甚至有观点认为我国现行制度层面可以理解为群团优先主义①。但参与分配并非破产制度,《民事诉讼法解释》也并未在参与分配程序中规定类似破产程序的公告义务,效率与公平的冲突与权衡就集中于申请参与分配截止时间的设定上。作为参与分配程序准入的"关键点",参与分配截

---

① 参见张永泉:《民事执行程序中"参与分配"的理论与制度构建》,载《苏州大学学报(法学版)》2017 年第 4 期。该文认为,依据《民事诉讼法解释》第 508 条规定,清偿后的剩余债务,被执行人应当继续清偿。债权人发现被执行人有其他财产的,可以随时请求人民法院执行。这体现了群团优先主义原则的特点。

止时间越靠前,准入的适格债权人越少,就越接近于优先主义,立法倾向于效率价值;参与分配截止时间越靠后,更多债权人准入程序中受偿,就越接近于平等主义,立法更倾向于公平价值。而正是由于立法者对参与分配价值取向举棋不定,才导致我国现行规定对参与分配截止时间问题不明朗,造成理解和适用上的较大差异,引发执行实务层面的混乱。

第二节　参与分配截止时间的多重标准

法律依据

《民事诉讼法解释》

第 507 条　申请参与分配,申请人应当提交申请书。申请书应当写明参与分配和被执行人不能清偿所有债权的事实、理由,并附有执行依据。

参与分配申请应当在执行程序开始后,被执行人的财产执行终结前提出。

2022 年《民事强制执行法(草案)》

第 176 条　申请分配的,应当在分配方案送达第一个当事人之日前提交申请书。

申请书应当写明申请分配的债权金额、债权性质、事实以及理由。执行依据确定的金钱债权人提交申请书,应当附执行依据;优先受偿权人提交申请书,应当附其对执行标的享有优先受偿权的证明文件。

执行申请已经被其他人民法院受理的金钱债权人申请分配的,应当说明原案件执行情况。

申请分配时作虚假陈述的,人民法院可以依据本法第六十二条规定予以处罚;造成被执行人或者其他债权人损害的,应当承担赔偿责任。

制度研究

1982 年 10 月 1 日施行的《民事诉讼法(试行)》(已废止)曾在第 180 条第 1 款规定了“被执行人被执行的财产,不能满足所有申请人要求的”清偿顺位,且第 2 款明确“不足清偿同一顺序的申请人要求的,按比例分配”,这是参与分配制度的最早“萌芽”。随后1991年施行的《民事诉讼法》却并未对执行分配作出规定，几经修正后现行《民事诉讼法》(2023年修正)也基本保持了1991年《民事诉讼法》的体例，并未规定参与分配制度。参与分配的正式提出和制度构建是在司法解释中。1992年《民诉意见》第297条至第299条对参与分配的条件、参与分配申请和清偿顺序作出规定。该司法解释第298条第2款对参与分配截止时间作出规定，即在“执行程序开始后，被执行人的财产被清偿前提出”。此后，1998年《执行规定》第90条将参与分配截止时间确定为“被执行人的财产被执行完毕前”。2015年《民事诉讼法解释》第509条第2款对参与分配截止时间规定为“执行程序开始后，被执行人的财产执行终结前”。2022年《民事诉讼法解释》修正时，原第509条第2款被调整为第507条第2款，条文内容未有变化。

从上述参与分配制度的立法沿革来看，关于申请参与分配截止时间的规定，经历了从“被执行人的财产被清偿前”到“被执行人的财产被执行完毕前”再到“被执行人的财产执行终结前”的演变。由于2015年《民事诉讼法解释》施行后，1992年《民诉法意见》同时废止，且2020年最高人民法院基于《民法典》施行对执行司法解释进行同步清理，对1998年《执行规定》进行了修正，因《民事诉讼法解释》已经对此予以明确，遂删除1998年《执行规定》“十一、多个债权人对一个债务人申请执行和参与分配”中第89条、第90条及第92条至第96条。据此，依据现行法律、司法解释规定，参与分配截止时间明确适用的是2022年《民事诉讼法解释》第507条第2款的规定，即“被执行人的财产执行终结前”。但法律、司法解释并未对“财产执行终结”做进一步阐明，而执行实践中被执行人财产类型日益多元化，导致财产处置程序存在较大差异，“财产执行终结前”的理解与适用是否因不同的财产类型、处置程序而有所区分并不明确，执行实践存在争议和分歧。

从未来立法来看，十三届全国人大常委会第三十五次会议审议的《民事强制执行法(草案)》，其中第176条将分配申请提交的截止时间限定为“在分配方案送达第一个当事人之日前”，同时在第177条对两种拟制参与分配申请[①]作出规定。《民事强制执行法(草案)》尚未经最终审议并正式施行,但该规定体现出立法者对参与分配截止时间问题的态度,且相较现行"被执行人的财产执行终结前"的规定更具体明确,具有一定参考意义。值得注意的是,《民事强制执行法(草案)》第175条明确分配程序适用于所有民事主体,第179条第2款规定普通民事债权"按照查封财产的先后顺序受偿",改变了现行平等主义和优先主义并存的现状,一律采取优先主义模式,此种立法模式系"在破产法正在修订和自然人破产制度即将建立的背景下",其价值取向在于增进该法与破产法的协调互补,突出执行效率理念[②]。

实务操作

由于立法对"财产执行终结前"并无明确定义,执行实践中各地法院结合执行程序中的具体流程节点予以认定,形成不同规定和做法。本书针对货币类财产、非货币类财产结合处置程序,对各地法院实践中确定参与分配截止时间的标准和模式进行梳理分析。

一、货币类财产的参与分配截止时间

货币类财产的分配程序相对比较简单,针对该类财产的参与分配截止时间,执行实践中主要有以下标准。

(一)案款到账日模式

以北京等地为代表。北京市高级人民法院曾在2013年的纪要中明确规定货币类财产参与分配截止时间为"案款到达主持分配法院的账户之日"[③]。

---

① 《民事强制执行法(草案)》第177条规定,有下列情形之一的,视为就执行法院查封的被执行人财产申请分配:(1)其他金钱债权人向执行法院申请执行同一被执行人;(2)其他金钱债权人向其他人民法院申请执行同一被执行人,其他人民法院对被执行人财产再次查封,且已经完成查封登记。符合前款第2项规定情形的,执行法院应当通知再次查封的人民法院提交前条规定有关材料并说明案件执行情况。

② 最高人民法院:《关于〈中华人民共和国民事强制执行法(草案)〉的说明》,载最高人民法院网2022年6月25日,https://www.court.gov.cn/shenpan/xiangqing/363381.html。

③ 《北京市高、中级法院执行局(庭)长座谈会(第五次会议)纪要——关于案款分配及参与分配若干问题的意见》(2013年8月21日施行)第10条。

上海市高级人民法院也曾有此种观点，认为“待分配财产经划拨、收取、强制管理等方式执行的，为相关案款到达主持分配法院的账户之日”。[①] 该模式倾向于效率价值且在一定时期内有规范依据，依据最高人民法院〔2003〕民二他字第52号答复精神，被执行人货币财产一经强制执行扣划脱离债务人实际控制，应视为申请执行人的债权已获得实现，财产已执行终结。

本书认为，随着认识变化和法律变迁，最高人民法院在〔2017〕最高法民他72号答复函[②]中已明确“已经扣划到执行法院账户但尚未支付给申请人执行的款项，仍属于债务人财产”，同时废止了〔2003〕民二他字第52号答复。依据新规定精神，案款到达分配法院账户仍属于被执行人财产，并不能视为“财产已执行终结”。而且该模式偏重效率，若查扣冻、案款发放等执行工作线上高效率运行，纯粹的货币类资产从扣划到账到发放非常迅速，案款到账日模式几乎可以排除所有其他债权参与分配，债权人的平等保护不足。

（二）分配方案送达模式

以浙江、江苏等地为代表。浙江省高级人民法院截止日期为“执行法院将分配方案送达第一个当事人的前一工作日”[③]，江苏省高级人民法院曾规定“待分配财产为货币类财产，分配方案已制作完成且当次分配方案已发送任一相关当事人的前一日为申请参与分配截止日”[④]。该模式认为分配方案一经作出并送达，即可明确执行款项具体归属，本次财产的分配程序终结，有利于分配方案的稳定性，一定程度上兼顾了公平与效率。但也有观点[⑤]认为，我国现行立法对分配方案的制作、送达缺乏统一标准和具体时限要求，仅对执行案款发放时间作出要求，该模式下主持分配法院的自由裁量空间和廉政风险较大。

本书认为，公平与效率始终是参与分配制度的价值追求，即便是质疑观

---

① 参见茆荣华主编：《上海法院类案办案要件指南》（第4册），人民法院出版社2021年版。

② 《最高人民法院关于对重庆高院〈关于破产申请受理前已经划扣到执行法院账户尚未支付给申请执行人的款项是否属于债务人财产及执行法院收到破产管理人中止执行告知函后应否中止执行问题的请示〉的答复函》（〔2017〕最高法民他72号）。

③ 《浙江省高级人民法院关于多个债权人对同一被执行人申请执行和执行异议处理中若干疑难问题的解答》第12条第2款。

④ 《江苏省高级人民法院关于正确理解和适用参与分配制度的指导意见》第8条第1项。

⑤ 参见盛强：《申请参与分配截止时间的合理认定》，载《人民司法》2023年第4期。

点，也不否认该模式较好地兼顾了执行效率和公平，且分配方案的稳定性本身也关系着既定债权人的利益。从实践来看，该模式也得到其他地区法院的认可和适用。比如广东省高级人民法院，虽然曾在2016年《广东省高级人民法院关于执行案件法律适用疑难问题的解答意见》中明确"在执行财产尚未实际支付给争议财产分配方案中确定的债权前"财产尚未执行完毕，即以"实际支付"作为财产执行终结的标准①，参与分配截止时间遵循的是案款实际发放模式，但2022～2023年以来该院裁判的多个案件②中，均将参与分配截止时间确定为"财产分配方案送达给参与分配的一方执行债权人"，则广东地区实际已向分配方案送达模式转变。从立法趋势来看，《民事强制执行法（草案）》第176条也采纳了分配方案送达模式，且立法者考虑到分配方案制作效率问题，还在草案第178条第2款规定了制作分配方案时限，要求"在执行款金额确定之日起十五日内作出"。

（三）案款实际发放模式

以重庆等地为代表。重庆市高级人民法院对货币资产规定参与分配的截止时间为"案款支付给申请执行人的前一日"③。需要强调的是，依前述分析，虽然广东省高级人民法院也曾采用案款实际发放模式，并在（2018）粤执监145号等案件适用，但近年来多个案件中已明确表明不再适用该模式。该模式将参与分配截止时间设定在案款发放这一执行最后环节，能让更多债权准入程序，最大化保障债权平等受偿。但也有观点④认为，该模式下若有分配争议，可能引发救济程序反复，导致分配迟延，与执行效率原则相悖，且新债权人的不断加入会影响既定分配方案的稳定性，实际操作困难。

本书认为，从参与分配制度功能来看，该模式确实更符合"财产执行终

---

① 2016年《广东省高级人民法院关于执行案件法律适用疑难问题的解答意见》第5条。

② 中国裁判文书网检索，包括（2021）粤执监37号、（2021）粤执监121号、（2021）粤执监128号、（2022）粤执监56号、（2022）粤执监32号、（2023）粤执复62号等。

③ 《重庆市高级人民法院关于执行工作适用法律若干问题的解答（一）》"五、参与分配有关问题"第2条。

④ 参见何定洁：《民事执行中参与分配截止时间的确定——基于制度功能定位的审视》，载《法律适用》2023年第4期。

结”的基本理解,倾向于公平价值。但考虑到参与分配争议带来的迟延和成本消耗,只有无分配争议的特定情形下该模式才具实践的可行性和合理性。有的地方也有类似考量和规定,如浙江省高级人民法院也规定“执行价款支付给申请执行人的前一工作日”作为参与分配的截止时间,但明确限定于“主持分配法院的执行程序中只有一个申请执行人”的情形①。无人申请参与分配的情形下,主持分配法院无须作出分配方案,执行效率并无太多掣肘因素,以案款实际发放作为参与分配截止时间,可以较好保障程序公平。同时,该模式与分配方案送达模式并存,一旦债权人准入参与分配程序,该案就不再符合无人申请参与分配的情形,后续其他新债权人申请参与分配的截止时间就应遵循分配方案送达模式,一定程度上较好地均衡了公平与效率。

二、非货币类财产的参与分配截止时间

被执行人财产为非货币类财产的,需先行通过拍卖、变卖等方式变价处置,将非货币类财产转化为货币类财产再予分配。为此,多数法院并未明确区分货币类财产和非货币类财产,货币类财产的参与分配截止时间规定同样适用于非货币类财产案件执行。如浙江省高级人民法院采取分配方案送达模式,以“分配方案送达第一个当事人”为参与分配截止时间,该规定既适用于货币类财产案件,也适用于非货币类财产案件。江苏省高级人民法院也曾规定非货币类财产拍卖或变卖方式处置变现的,参与分配截止时间按照货币类财产相同原则处理,同时规定“不受买受人未缴纳尾款或者人民法院撤销拍卖后再次拍卖、变卖所影响”。②

因非货币类财产相较货币类财产而言,执行分配前增加了财产拍卖、变价处置等阶段,各法院区分处置进展和情况对“财产执行终结”的理解又形成了新的模式。

(一)拍卖成交模式

以上海等地方为代表。上海市高级人民法院在《上海法院类案办案要件

---

① 参见《浙江省高级人民法院关于多个债权人对同一被执行人申请执行和执行异议处理中若干疑难问题的解答》第12条第1款。

② 参见《江苏省高级人民法院关于正确理解和适用参与分配制度的指导意见》第8条第2项。

指南》(第4册)中明确"待分配财产拍卖成交的,为竞价程序终结之日"。而在部分上海法院的案件中也采取该模式,如(2022)沪74执复5号案件认为,该案执行财产经网络司法拍卖成交,以竞价程序终结之日为参与分配的截止日期更具有客观性,若以执行价款发放作为申请截止时间,既不符合执行效率原则,又可能留下损害司法公正的隐患。

本书认为,"竞价程序终结"并非法律概念,以网络司法拍卖来看,竞价结束处置成功则网络司法拍卖同步成交,以拍卖成交模式对其予以总结更为贴切。由于拍卖成交网络司法拍卖平台即自动生成确认书并公示,无法人为影响,以拍卖成交之日这一客观标准作为参与分配截止时间确实减少了自由裁量、人为操作空间。但拍卖成交与买受人全额缴纳执行款、财产确权或过户仍有一定时间差,不符合司法解释"财产执行终结"规定,且买受人也有悔拍、撤拍而不缴纳尾款的可能性,将参与分配截止时间设定在执行案款确定之前,不具有现实可操作性也有违公平价值。最高人民法院在(2019)最高法执监37号案件中也认为,拍卖、变卖被执行人财产参与分配时点,可界定为拍卖、变卖成交之日的前一日,缺乏法律依据。

(二)产权变动模式

该模式认为,对于"财产执行终结",可以参照司法解释关于案外人异议提出时间规定的"执行标的执行终结之前"这一时间节点予以认定,即以执行财产所有权变动作为参与分配截止时间,自由裁量空间小且减少防止人为操控隐患。由于非货币财产的产权变动因财产类型、处置方式不同而有所差异,又区分如下情形:

一是以物抵债裁定送达模式。非货币类财产以物抵债的,依据《民事诉讼法解释》(2022年修正)第491条规定,标的物所有权自抵债裁定送达买受人或者接受抵债物的债权人时转移。江苏省高级人民法院规定申请参与分配截止时间为"抵债裁定送达之日的前一日"①,北京市高级人民法院"以物抵债裁定送达申请执行人之日"②,重庆市高级人民法院要求以物抵债裁定生效之

---

① 《江苏省高级人民法院关于正确理解和适用参与分配制度的指导意见》第8条第3项。

② 《北京市高、中级法院执行局(庭)长座谈会(第五次会议)纪要——关于案款分配及参与分配若干问题的意见》第10条第1款。

日起 15 日内将过户裁定依法送达相关权属登记机关,并以“过户裁定依法送达相关权属登记机关的前一日为截止日”[①]。浙江省高级人民法院也规定“执行标的物因以物抵债而将产权转移给承受人的前一工作日”[②]。以物抵债即以物清偿,无须财产转化和执行分配,产权变动后以物抵债即已完成,相应范围内的债权实现清偿,“财产执行终结”无可争议。

二是确权裁定送达模式。非货币类财产经拍卖处置变现的,拍卖财产所有权自拍卖成交裁定送达买受人时转移。北京市高级人民法院曾规定以“拍卖、变卖裁定送达买受人之日”为参与分配截止日;重庆市高级人民法院区分财产类型,动产以“交付的前一日为截止日”,不动产或其他财产权益,以“过户裁定依法送达相关权属登记机关的前一日为截止日”。

值得注意的是,最高人民法院在(2020)最高法执监 105 号案件中认为,当前参与分配规定实际上具有破产功能,案涉不动产裁定过户发生所有权转移,并不意味着执行程序终结,已转化货币类财产的清偿分配仍是执行的一个阶段。分配的目的就是从价款中受偿,在被执行人财产未分配处置完毕之前,债权人可以申请参与分配。最高人民法院在该案中明确否定了重庆市高级人民法院以产权变动模式作为参与分配截止时间,但并未深入阐述“财产执行终结”如何适用。

但最高人民法院针对“被执行人财产经拍卖已处置变现情况下其他债权人申请参与分配的时间截止问题”形成执行专业法官会议纪要[③](以下简称《分配法官会议纪要》),针对“财产执行终结前”适用“过户裁定依法送达相关权属登记机关的前一日”和“案款分配发放的前一日”两种截止时间标准,明确采用“案款分配发放的前一日”,即案款实际发放模式。最高人民法院认为,参与分配制度功能不同于案外人异议,实际上具有破产的功能,为各债权人提供平等受偿的路径。债权人参与分配的目的是分得一部分价款,而非争

---

① 《重庆市高级人民法院关于执行工作适用法律若干问题的解答(一)》“五、参与分配有关问题”第 2 条第 3 项。

② 《浙江省高级人民法院关于多个债权人对同一被执行人申请执行和执行异议处理中若干疑难问题的解答》第 12 条第 1 款。

③ 参见最高人民法院执行局编:《执行工作指导》总第 77 辑,人民法院出版社 2021 年版,第 1 ~ 5 页。

取特定财产所有权的归属，即使财产发生转化，但只要其最终形态价款仍在法院账户，尚未分配发放给任一债权人，执行程序便未终结，债权人仍可以申请参与分配。最高人民法院在《分配法官会议纪要》中同时指出“地方法院为防止参与分配方案被反复推翻，而将截止时间提前的做法与目前法律规定相悖，牺牲了债权人的权益，应予撤销”。

本书认为，最高人民法院《分配法官会议纪要》重申了参与分配制度的公平价值追求，将“财产执行终结前”这一司法解释规定的参与分配截止时间，界定为“案款分配发放的前一日”，解决执行实践中过分追求效率不断将截止时间提前，以效率牺牲债权人公平受偿权利的问题有积极意义。但正如前述分析，案款实际发放模式对执行效率的影响也是不争的事实，并非公平与效率统筹的最佳模式，实质上也可能损害既有债权人的利益。案款分配发放并非一蹴而就，执行款物实行执行机构与有关管理部门分别管理机制，案款分配发放审批决策与实际发放管理分离，存在时间差，“案款分配发放的前一日”具体是指案款分配、发放再到全部发放完毕哪个时点，仍可能产生争议，不能仅以“在法院账户”来简单界定。毕竟《民事强制执行法（草案）》第 176 条第 1 款规定的“在分配方案送达第一个当事人之日前”，实质也属于案款分配环节的一个时点。最高人民法院显然注意到这一点，《分配法官会议纪要》同时表明“该问题应在现行法律规定下进行解释”，“如何平衡公平价值和效率价值是未来立法需要反复研究和论证的问题”。

最高人民法院《分配法官会议纪要》仍体现出统一执行实践做法的重要意义。北京市高级人民法院在（2023）京执复 241 号、（2023）京执监 111 号等案件中均以“被执行财产的最终形态即价款尚未发放给任一债权人”“案涉房屋变现的金钱仍在该院账户内”等标准认定执行程序并未终结。

审判前沿

杨某、雷某等借款合同纠纷执行监督案

【案例索引】

（2020）最高法执监 105 号

【基本案情】

雷某、陈某某诉陈某、张某股权转让纠纷一案,重庆市第五中级人民法院(以下简称重庆五中院)生效民事判决确定由陈某、张某向雷某、陈某某支付股权转让款3008万元及逾期付款违约金。执行中,重庆五中院依法对被执行人陈某的14套商业用房进行公开拍卖,得款1222.284万元。该院于2018年7月3日裁定解除查封并将上述房屋过户给买受人,于2018年7月3日向不动产登记中心送达了该裁定和协助执行通知书,不动产登记中心于次日签收。另案债权人杨某依据重庆仲裁委员会调解书于2018年11月23日向重庆五中院提交参与分配申请书。重庆五中院以申请逾期为由口头告知不符合参与分配条件,杨某遂提出执行异议。

重庆五中院认为,根据《民事诉讼法解释》,其他债权人参与分配期限为执行程序开始后,被执行人的财产执行终结前。其他债权人必须在人民法院将执行所得金额交付于债权人之前提出参与分配请求,才能参与分配。本案强制执行的是被执行人的房屋,拍卖款1222.284万元实际为不动产房屋的转化物,该笔款项在支付给债权人之前,执行程序尚未终结。故杨某申请符合参与分配的条件。同时,杨某2000万元债权有322个车位抵押权保障,在无担保的550万元普通债权范围内有权申请参与分配。重庆五中院裁定杨某在550万元借款本息范围内有权申请参与分配。

杨某不服,向重庆市高级人民法院申请复议,请求变更重庆五中院异议裁定第一项为:杨某在1129.1724万元本金及利息和90万元保全费等范围内有权参与执行分配。

重庆市高级人民法院查明,重庆仲裁委员会作出调解书后,杨某于2018年11月14日、2019年4月1日分两次向重庆五中院申请执行。

重庆市高级人民法院认为,杨某对分配方案中债权数额异议属于实体异议,不属于执行行为异议审查范畴,异议裁定杨某在550万元借款本息范围内有权申请参与分配确有不当,应予纠正。本案争议在于杨某是否在规定期限内申请参与分配。《民事诉讼法解释》规定,参与分配申请应当在被执行人的财产执行终结前提出。被执行人财产为不动产的,执行终结应是指该财产已完成变价并将过户裁定依法送达相关权属登记机关之时。

将申请参与分配的截止时间确定为过户裁定依法送达相关权属登记机关的前一日，既具有客观认定标准，又可以避免案款发放前因新申请而导致分配方案不断修改或长期处于不确定状态。结合本案，杨某申请参与分配的截止日期应当是2018年7月3日过户裁定送达不动产登记机关之时。杨某于2018年11月14日、2019年4月1日申请执行，于2018年11月23日申请参与分配，均在前述裁定书及协助执行通知书送达不动产登记机关之后，已经超过规定期限。据此，重庆市高级人民法院裁定撤销异议裁定，驳回杨某异议请求。

杨某不服，向最高人民法院申诉，请求：撤销重庆市高级人民法院复议裁定；变更异议裁定第一项为杨某有权参与拍卖案款的分配。

最高人民法院认为，本案的焦点问题：债权人申请参与分配的截止时间如何确定。根据《民事诉讼法解释》规定，参与分配申请应当在执行程序开始后，被执行人的财产执行终结前提出。按照目前参与分配的规定，被执行人在没有其他财产的情况下，同意按比例受偿的制度设计，实际上具有破产的功能；案涉不动产裁定过户发生所有权的转移，但并不意味着执行程序终结，变成价款后下一步清偿分配，也是执行的一个阶段；分配的目的就是从价款中受偿，不能说不动产所有权转移，执行就终结了，只要执行价款还在，执行程序就不能终结，即在被执行人财产未分配处置完毕之前，债权人可以申请参与分配。就本案来看，根据查明的事实，执行法院于2018年7月3日裁定过户，此种情形属于将不动产变为金钱，还是属于被执行人财产，只是财产形式发生了转化，并不是财产处理完毕。杨某于2018年11月23日提出参与分配申请时，不动产变现的金钱还在执行法院账户，还未执行终结，其提出的参与分配申请应当得到支持。当事人对分配方案确定的具体数额不服，可以通过分配方案异议及分配方案异议之诉解决。综上，裁定撤销重庆市高级人民法院复议裁定，维持重庆五中院异议裁定第二项，变更第一项为杨某有权申请参与分配。

【案例评析】

重庆市高级人民法院关于参与分配截止时间采用产权变动模式，即以过户裁定依法送达相关权属登记机关的前一日作为参与分配截止时间，优点在于客观且便于认定,以保障执行效率。但该界定并不符合司法解释“财产执行终结”的规定,被执行财产产权变动只是发生财产形式转化,并不代表执行程序终结,重庆市高级人民法院将“财产执行终结”这一参与分配截止时间提前,追求执行效率却损害债权人公平受偿的权利。最高人民法院对此予以纠正,明确否定了重庆市高级人民法院以产权变动作为参与分配截止时间的做法,但该案并未深入阐述“财产执行终结”如何适用。

孙某、韩某等借款合同纠纷执行监督案

【案例索引】

(2022)粤执监32号

【基本案情】

广东省深圳市宝安区人民法院(以下简称宝安法院)在执行韩某与黎某等借款合同纠纷一案中,扣划了黎某名下银行账户存款5,022,488.21元。截至2021年3月11日,对上述扣划款申请参与分配的普通债权有5宗,债权人均已取得执行依据。2021年3月11日,宝安法院作出分配方案,并于2021年3月17日送达相关债权人。另案债权人孙某的执行依据于2021年4月15日作出并生效,孙某于2021年7月5日申请参与分配,并提出异议,请求撤销分配方案,将其债权列入分配。

宝安法院认为,一般情况下,主持分配的执行法院在作出本次财产分配方案并已送达给任意一方参与分配的执行债权人,或者在申请参与分配的多个执行债权人已经签字确定本次财产分配方案的执行笔录,可以视为本次参与分配程序终结。该案中,孙某在法院财产分配方案向相关执行债权人送达即本次参与分配程序终结之后申请,其异议理由不成立,应予以驳回。遂裁定驳回孙某的异议请求。

孙某向广东省深圳市中级人民法院(以下简称深圳中院)申请复议,请求撤销财产分配方案和异议裁定,将孙某列入财产分配方案。

深圳中院认为,根据《民事诉讼法解释》(2020年修正)相关规定,执行实践中,考虑到执行效率的高效和执行财产的及时变现,执行法院依法作出财产分配方案后,只要将财产分配方案送达给参与分配的一方执行债权人，就可以视为本次参与分配程序终结；本次参与分配程序终结后，符合参与分配条件的其他执行债权人再行申请参与分配的，执行法院可不予准许，但有权参与后续其他执行财产的分配。具体而言，宝安法院制作财产分配方案并送达给相关执行债权人后，孙某执行依据才作出并申请参与分配，属于在本次参与分配程序终结之后再行申请的情形。据此裁定驳回孙某的复议申请，维持异议裁定。

孙某不服深圳中院复议裁定，向广东省高级人民法院提出申诉。

广东省高级人民法院认为，本案的焦点问题为执行法院关于参与分配时间截点的确定是否适当。《民事诉讼法解释》(2022 年修正)第 507 条第 2 款的“被执行人的财产执行终结前”，目前并无明确规定。司法实践中，各地法院对于“申请参与分配的时间截点”问题确实存在不同意见，主要有“拍卖、变卖成交确认裁定书送达买受人之日或以物抵债裁定送达承受人之日、制定分配方案之日、分配方案送达日、执行款发放给债权人之日”等标准。广东省高级人民法院 2016 年印发的《广东省高级人民法院关于执行案件法律适用疑难问题的解答意见》并非具有法律效力的规范性文件，对该问题的处理意见仅对统一省内法院执行标准具有指导和参考意义，但随着社会经济不断发展变化，对该问题的处理认识亦随之更新。具体到本案，在执行法院分配方案送达后，申诉人才取得执行依据并申请参与分配。实践中，案款尚未分配前，另案债权人不断申请参与分配会严重降低执行工作效率，既定债权人的合法利益亦会受到实际损害。宝安法院、深圳中院结合执行工作具体情况，在本案中确定“执行法院依法作出财产分配方案后，只要将财产分配方案送达给参与分配的一方执行债权人，就可以视为本次参与分配程序终结”的做法，兼顾了执行效率与公正，并无不当。且执行法院亦明确申诉人“有权参与后续其他执行财产的分配”。因此，对执行法院及深圳中院相关参与分配时间截点的认定结论予以维持。

【案例评析】

本案中，广东省高级人民法院、深圳中院和宝安法院关于参与分配截止时间均采用分配方案送达参与分配的债权人标准，以“财产分配方案送达给参与分配的一方执行债权人”为截止时间。该做法一定程度上兼顾了公平与效率，保障本次财产分配方案的稳定性。但缺点在于，以参与分配送达作为截止时间，在现行立法未对执行分配具体时限和做法统一规定的背景下，主持分配法院的自由裁量空间和人为因素较大。

第十章　申请参与分配的主体资格

第一节　有执行依据的债权人

法律依据

《民事诉讼法解释》

第506条　被执行人为公民或者其他组织，在执行程序开始后，被执行人的其他已经取得执行依据的债权人发现被执行人的财产不能清偿所有债权的，可以向人民法院申请参与分配。

对人民法院查封、扣押、冻结的财产有优先权、担保物权的债权人，可以直接申请参与分配，主张优先受偿权。

制度研究

《民事诉讼法解释》第506条第1款规定，申请参与分配原则上应当有执行依据。我国将取得执行依据作为参与分配的要件，经历了一个变革过程。1992年《民诉意见》第297条规定，"被执行人为公民或者其他组织，在执行程序开始后，被执行人的其他已经取得执行依据的或者已经起诉的债权人发现被执行人的财产不能清偿所有债权的，可以向人民法院申请参与分配"。根据上述规定，申请参与分配并不必然要求取得执行依据，未取得执行依据但是已经起诉的债权人也可以申请参与分配。但是，1998年《执行规定》第90条规定，被执行人为公民或其他组织，其全部或主要财产已被一个人民法院因执行确定金钱给付的生效法律文书而查封、扣押或冻结，无其他财产可供执行或其他财产不足清偿全部债务的，在被执行人的财产被执行完毕前，对该被执行人已经取得金钱债权执行依据的其他债权人可以申请对该被执行人的财产参与分配。至此,申请参与分配必须要取得执行依据,已经起诉尚未取得执行依据的债权人不能再申请参与分配。之所以有如此变化,是因为第一,参与分配是强制执行程序中一揽子解决金钱债权执行竞合的程序,而强制执行程序本身就是为满足生效法律文书债权实现而设立,不像破产程序那样为所有债权人而设。只有取得执行依据的债权人才能申请强制执行,在执行程序中实现债权清偿。没有执行依据的债权人,其申请对债务人强制执行的条件还不具备,不应当有权直接参与到执行程序中来,受到执行债权人一样的待遇。第二,在未经诉讼程序确认的情况下,债权人与债务人之间往往会存在对债权债务关系的争议,一律在参与分配程序中解决起来比较复杂、困难,又与执行机构的职责不符。[①] 倘若允许无执行依据的债权人参与分配,固然可通过分配方案异议之诉查明该债权人是否真正享有债权,保障债权人之间的实体公平,但相关诉讼过程必然会造成执行程序的拖延,有损执行效率。[②] 第三,如果允许没有法律依据的债权人参与分配,其他债权人有异议,双方因而发生参与分配之诉,债务人反而置身事外,增加其他债权人的诉累。[③] 所以,在 2015 年发布《民事诉讼法解释》时,再次强调了参与分配需要取得执行依据。

实务操作

一、申请参与分配的执行依据种类

所谓执行依据,是当事人据以申请执行和人民法院据以采取执行措施的生效法律文书。[④] 根据作出机构的不同,执行依据大致可以分为以下几种:一是人民法院作出的民事判决、裁定、调解书、决定、支付令;二是仲裁机构依照《仲裁法》作出的仲裁裁决、调解书;三是公证机构依照《公证法》作出的赋予

① 参见黄金龙:《〈关于人民法院执行工作若干问题的规定(试行)〉实用解析》,中国法制出版社 2000 年版,第 287 页。

② 参见刘颖:《民事执行中参与分配的主体资格研究》,载《北方法学》2021 年第 6 期。

③ 参见杨与龄编著:《强制执行法论》,中国政法大学出版社 2002 年版,第 257 页。

④ 参见董少谋:《民事强制执行法学》,法律出版社 2016 年版,第 61 页。

强制执行效力的公证债权文书；四是人民法院作出的承认和执行外国法院判决、裁定、国外仲裁机构仲裁裁决的裁定；五是法律规定由人民法院强制执行的其他民事生效法律文书。

二、执行依据的审查要点

执行依据作为申请参与分配的要件，主持参与分配法院需要对执行依据进行审查。对上述法律文书，人民法院主要审查以下内容。

(一)法律文书已经生效

《执行规定》第 16 条第 1 款第 1 项规定，人民法院受理执行案件应当符合下列条件：申请或移送执行的法律文书已经生效。按照申请执行的要求，债权人申请参与分配所持的执行依据，也应当是发生法律效力的执行依据。尚未生效的法律文书，债权尚处于未确定的状态，不具有可执行性，同样也不具有参与分配的资格。同时生效时间也与确定执行依据所载债权数额息息相关，如在计算迟延履行利息时，需要明确判决生效的时间。所以，对参与分配资格进行审查时，首先要审查债权人所持执行依据是否已经发生法律效力。不同种类的法律文书生效节点不同，具体详述如下。

一是民事判决、裁定。《民事诉讼法》第 158 条规定，最高人民法院的判决、裁定，以及依法不准上诉或者超过上诉期没有上诉的判决、裁定，是发生法律效力的判决、裁定。根据上述规定，过了上诉期没有上诉的判决、裁定的生效时间容易判断，让当事人上诉首先得知晓判决的内容，所以应当从送达之日起计算上诉期，在上诉期限届满之日后的次日则为生效之日。但是对于最高人民法院的判决、裁定、不准许上诉的判决、裁定，何时生效，根据文书种类不同，生效时间也不同。如对于终审判决、裁定的生效时间，有观点认为，第二审人民法院的判决、裁定，是终审的判决、裁定，一经作出即发生效力。[①] 也有观点认为，终审判决、裁定以宣告之日或送达之日发生法律效力。[②] 实务上，二审判决主要是以送达当事人发生法律效力。虽然《民事诉讼法》没有明确规

---

① 参见张卫平、李浩：《新民事诉讼法原理与适用》，人民法院出版社 2012 年版，第 326 页。

② 参见王亚新、陈航平、刘君博：《中国民事诉讼法重点讲义》，高等教育出版社 2021 年版，第 346 页。

定,但是从《民事诉讼法》第 151 条的规定中也可以推断出来。该条规定,人民法院对公开审理或者不公开审理的案件,一律公开宣告判决。当庭宣判的,应当在 10 日内发送判决书;定期宣判的,宣判后立即发给判决书。根据该条规定,判决要宣告,当庭宣判的,当事人知道判决内容,发生法律效力。对于没有当庭宣判而定期宣判,多是采取送达方式告知当事人判决内容,所以,送达时为二审判决生效之日。需要注意的是,实践多将二审判决维持原判的一审判决作为执行依据,但是其生效时间应为二审判决的生效时间。

二是民事调解书。根据《民事诉讼法》及民事诉讼法司法解释规定,民事调解书是需经当事人签收后才发生法律效力,应当以最后收到调解书的当事人签收的日期为调解书生效日期。

三是仲裁裁决和仲裁调解书。随着仲裁程序的广泛运用,实践中通过仲裁解决民商事纠纷的案件随之增多,债权人持仲裁裁决或者仲裁调解书申请执行和参与分配的案件变得非常普遍。对于仲裁裁决的生效,我国《仲裁法》第 57 条规定,裁决书自作出之日起发生法律效力。仲裁调解书经双方当事人签收后,即发生法律效力

四是公证债权文书。公证债权文书签发后,债务人不履行或者履行不适当的,债权人可以依法向有管辖权的人民法院申请执行。根据《最高人民法院关于公证债权文书执行若干问题的规定》第 3 条规定,债权人申请执行公证债权文书,除应当提交作为执行依据的公证债权文书等申请执行所需的材料外,还应当提交证明履行情况等内容的执行证书。所以,参与分配时应当审查文书是否齐全。

对于其他执行依据也应当按照相关法律规定审查是否发生法律效力。

(二)权利义务主体明确

执行依据的权利义务主体需明确,这也是申请执行的要件。《执行工作规定》第 16 条第 1 款第 3 项规定,人民法院受理执行案件应当符合下列条件:申请执行的法律文书有给付内容,且执行标的和被执行人明确。《民事诉讼法解释》第 461 条第 1 款第 1 项规定,当事人申请人民法院执行的生效法律文书应当具备下列条件:权利义务主体明确。所以,应当审查申请参与分配的执行依据权利义务主体是否明确。

一般来说,判断权利义务主体是否明确比较容易。但是在执行依据首部

中的当事人和主文中的当事人不一致时，如调解书主文表述“张三自愿代被告向原告履行债务”，但是执行依据首部中未列出张三，此时，该案债权人能否依据该调解书就另案处置张三财产时申请参与分配。这个问题的本质是执行案件当事人是通过首部列明的当事人确定，还是按照主文中的当事人确定。

关于这个问题理论上有两种不同的观点，一是首部说，即执行案件中的当事人按照执行依据首部列明的当事人确定，如果是首部中没有列出的当事人，不能成为执行案件中的当事人。二是主文说，即执行案件的当事人根据执行依据主文确定，即便在执行依据首部中没有列明，但是在主文中明确相关权利或义务的，就可以成为执行案件中的申请执行人或者被执行人。执行依据主文中出现首部中未列明的当事人，一般常见于调解书，案外人在调解过程中加入进来。对于以上两种观点，本书认为，应当采取主文说，按照执行依据主文的当事人确定执行当事人。一方面，从执行要件角度分析。根据《民事诉讼法解释》第461条第1款规定，当事人申请人民法院执行的生效法律文书应当具备下列条件：(1)权利义务主体明确；(2)给付内容明确。不难看出，权利义务明确、给付内容明确都是针对执行依据主文内容而言的，如果主文中权利义务主体不明确或者给付内容不清楚，则不符合立案执行条件，应当驳回执行申请。所以，重点审查主文中权利义务主体是否明确。如果主文中已经明确了当事人的权利和义务，则应当立案执行，并按照主文内容确定申请执行人和被执行人。另一方面，从诉讼经济原则分析，应当按照主文确定执行当事人。如前所述，实践中主文中出现首部中未列明当事人的，一般为调解书。在调解协议中约定案外人享有相关权利或承担相应义务，法院审查后通过调解书予以确认。虽然调解协议具有协议属性，但是经过法院确认后，就对协议内容赋予了强制执行力，以免当事人就协议约定的事项再行诉讼，如此不利于节约司法资源。正因如此，《最高人民法院关于人民法院民事调解工作若干问题的规定》第15条第1款规定，调解书确定的担保条款条件或者承担民事责任的条件成就时，当事人申请执行的，人民法院应当依法执行。通过赋予调解书执行力，实现诉讼经济的目的。

(三)给付内容应当明确

金钱给付债权的执行，核心就是给付内容，所以，给付内容具体、确定是申请执行的重要条件。参与分配亦是如此。在执行中，如果主文内容不明确，需要通过征求作出执行依据的审判庭意见等综合确定执行内容。《最高人民法院关于人民法院立案、审判与执行工作协调运行的意见》第15条第1款规定，"执行机构发现本院作出的生效法律文书执行内容不明确的，应书面征询审判部门的意见。审判部门应在15日内作出书面答复或者裁定予以补正。审判部门未及时答复或者不予答复的，执行机构可层报院长督促审判部门答复"。根据上述规定，主持分配法院发现参与分配债权人所持的执行依据主文内容不明，如果该债权人已经申请执行，则向执行法院了解是否已经查明主文的具体内容。如果未申请执行，主持分配法院则应当按照上述规定进行处理。

需要注意的是，判断执行依据是否具有给付内容，不能通过诉讼属性来判断，如认为是形成之诉或确认之诉就没有给付内容。一般情况下，通过诉的类型认定有无执行力的裁判逻辑并无不当。但实践中，确认判决或者形成判决也并非全部不具有执行内容。最高人民法院在对《民事诉讼法解释》第461条的解读中认为，确认之诉并非一概不承认其执行力，对执行内容可以判断的，无必要让权利人再提起诉讼，徒增其诉累。[①] 理论上有观点认为，从贯彻诉讼经济原则出发，只要判决具有给付内容，无论是何种属性的判决，均应具有一定的执行力，并非只有给付判决才具有执行力。[②] 所以，最高人民法院认为，具体执行内容应主要根据执行依据主文进行判断，必要时，应结合执行依据的其他部分，比如判决书的说理、当事人诉讼请求等内容综合判断。[③] 换言之，无论是何种性质的判决，也许判决主文中没有明确的给付表述，但如果诉讼请求具有请求给付的意思，或者虽然没有请求给付的意思，但是最终权利还是要通过给付方式实现，且权利义务主体明确、给付内容明确时，就可以申请参与分配。

（四）附条件、附期限的法律文书条件已经成就、期限已经届满

执行实践中，一些执行依据中的双方当事人互负义务，如常见"原告在完

---

① 参见最高人民法院修改后民事诉讼法贯彻实施工作领导小组编著：《最高人民法院民事诉讼法司法解释理解与适用（下）》，人民法院出版社2015年版，第1236页。

② 参见房绍坤：《论共有物分割判决的形成效力》，载《法学》2016年第11期。

③ 最高人民法院在2014年10月28日作出的〔2014〕执他字第35号函，该函认为，对于执行依据中具体执行内容的判断，应主要根据执行依据主文进行判断。必要时，应结合执行依据的其他部分，比如判决书的说理、当事人诉讼请求等内容综合判断。

成工程并验收合格后,被告支付工程款”的主文内容。在原告未完成工程时,能否申请执行?本书认为,执行依据确定双方互负义务的,一方当事人未履行义务,不能申请执行。在执行依据所附条件成就前,执行法院无法对被执行人采取执行措施,因为无具体执行内容,债务人反而要提前承受作为被执行人的不良影响,会对被执行人造成实质上的不公平。就参与分配而言,本书认为可以准许其参与分配,为其保留必要的份额。在条件成就时,将款项发放给债权人。参与分配的目的在于平等保护债权,在债权人已经取得执行依据时,且所附条件即将成就时,应当为债权人保留必要的份额,确保其债权实现。此时债务人的财产已经不足以清偿所有债务,如果不为其保留,将造成该债权无法实现,如此也不会损害其他债权人的权利,在条件不能成就时,则将相应款项再分配给各债权人。对于附期限的执行依据,因为期限一定会到来①,所以也应当允许债权人参与分配。

需要说明的是,对于执行依据,在参与分配中仅限于审查形式要件,对于是否超过申请执行时效,是否存在抵销等可以阻却执行的实体事由不能进行实质审查,而应当通过参与分配方案异议之诉审理,否则可能损害当事人的实体权利,有以执代审之嫌。

第二节　无执行依据的债权人

法律依据

《民事诉讼法解释》

第506条　被执行人为公民或者其他组织,在执行程序开始后,被执行人的其他已经取得执行依据的债权人发现被执行人的财产不能清偿所有债权的,可以向人民法院申请参与分配。

对人民法院查封、扣押、冻结的财产有优先权、担保物权的债权人,可以直接申请参与分配,主张优先受偿权。

① 参见翟远见:《〈民法典〉第160条(附期限法律行为)评注》,载《法学家》2020年第5期。

制度研究

1998年《执行规定》第93条规定，对人民法院查封、扣押或冻结的财产有优先权、担保物权的债权人，可以申请参加参与分配程序，主张优先受偿权。《民事诉讼法解释》第506条第2款也规定，对人民法院查封、扣押、冻结的财产有优先权、担保物权的债权人，可以直接申请参与分配，主张优先受偿权。上述两个条文虽然均是规定优先债权人可以参与分配，但是在表述上略有不同，1998年《执行规定》第93条，使用的是"参加"，而《民事诉讼法解释》第506条使用的是"申请"。根据最高人民法院执行局法官解读，1998年《执行规定》第93条之所以使用"参加"，是因为考虑提出参与分配申请的一般应当是无担保物权的金钱债权人，[①]即理论上一般认为，申请参与分配的应当是不具有优先受偿权的普通债权人，有优先受偿权的债权人参加到执行程序主张权利，不能称为"参与分配"。上述表述在理论上固然更为严谨，但是考虑到行文简洁，参与分配程序事实上需要同时处理优先债权与普通债权等因素，最终采用了《民事诉讼法解释》第506条第2款"申请"的表述。[②] 从上述解读中可以看出，最高人民法院并不认为担保物权等优先债权人进行参与分配程序属于参与分配。从参与分配的功能看，担保物权等优先债权人未取得执行依据进行参与分配程序，并不属于真正意义上的参与分配。参与分配是让多个债权人利用同一执行程序而享受法律上之平等保护。[③] 对担保物权等优先债权人而言，因我国司法拍卖采取涤除主义原则，在司法拍卖后存在于财产上的担保物权等优先权随之消灭。实践中，担保物权等优先债权人的债权到期后多通过诉讼取得执行依据并进入执行程序，没有取得执行依据的情形很多是债权没有到期。但是，法院强制拍卖使得债权提前到期，丧失继续收取利息等预期利益。[④] 所以，为了保护担保物权等优先债权人的权益，在拍卖财产后允

---

① 参见黄金龙：《〈关于人民法院执行工作若干问题的规定（试行）〉实用解析》，中国法制出版社2000年版，第290页。

② 参见最高人民法院修改后民事诉讼法贯彻实施工作领导小组编著：《最高人民法院民事诉讼法司法解释理解与适用（下）》，人民法院出版社2015年版，第1341页。

③ 参见杨与龄编著：《强制执行法论》，中国政法大学出版社2002年版，第255页。

④ 参见杨与龄编著：《强制执行法论》，中国政法大学出版社2002年版，第23页。

许其未取得执行依据仍可以参与分配。简言之，参与分配是对普通债权人的平等保护，对担保物权等优先债权人则是特殊保护。

实务操作

根据法律司法解释及地方高级人民法院的相关意见，没有取得执行依据可以申请参与分配的债权人种类有以下几种。

一、对查封财产享有优先受偿权的担保物权人

担保物权是为了确保债务履行而设立的物权，当债务人不履行债务时，债权人就担保财产依法享有优先受偿的权利，根据《民法典》物权编的规定，我国的担保物权包括抵押权、质权和留置权。[①] 所以，能够参与分配的担保物权人主要包括享有抵押权、质权和留置权的债权人。

一是抵押权人。《民法典》第394条第1款规定，为担保债务的履行，债务人或者第三人不转移财产的占有，将该财产抵押给债权人的，债务人不履行到期债务或者发生当事人约定的实现抵押权的情形，债权人有权就该财产优先受偿。根据抵押财产的不同，又分为不动产抵押权和动产抵押权，二者区分的重要意义在于抵押权成立方式不同，而抵押权是否成立也是参与分配审查的重点。根据《民法典》的规定，不动产抵押自登记时设立，如果未经登记不发生效力，动产抵押则自抵押合同成立时设立，未登记不得对抗善意第三人。

执行中，法院拍卖不动产时，因为不动产登记簿中会载明不动产抵押权情况，所以实践中，执行法院能够知道抵押权人的存在，在处置财产时会通知其参与分配，即便无法通知，也会为抵押权人留有相应的份额。如《江苏省高级人民法院关于正确理解和适用参与分配制度的指导意见》第13条规定，主持分配法院对已经设定权利负担的执行财产予以分配的，应通知其已知的对该财产享有优先权、担保物权的债权人参与分配。无法通知债权人的，应当预留其应分得财产份额。与不动产不同，法院在拍卖动产时，除了已经办理动产抵押登记的，执行法院一般难以知道抵押权的存在，需要抵押权人及时了解财产

---

① 参见黄薇主编：《中华人民共和国民法典释义及适用指南（上）》，中国民主法制出版社2020年版，第177页。

情况,在得知法院处置财产时主动参与分配。

二是质押权人。质权分为动产质权和权利质权。《民法典》第 425 条第 1 款规定,为担保债务的履行,债务人或者第三人将其动产出质给债权人占有的,债务人不履行到期债务或者发生当事人约定的实现质权的情形,债权人有权就该动产优先受偿。动产质权自出质人交付质押财产时设立。所以,质权设立后,质押财产由质押权人占有。在法院查封该财产时,质押权人应当知道查封情况,在处置财产时可以及时参与分配,主持分配法院也应当主动通知。

权利质押是以财产权进行质押。《民法典》第 441 条规定,以汇票、本票、支票、债券、存款单、仓单、提单出质的,质权自权利凭证交付质权人时设立;没有权利凭证的,质权自办理出质登记时设立。换言之,除了有权利凭证外,其他权利质押权是登记时设立。《民法典》第 443 ~ 445 条,分别规定了基金份额、股权、知识产权中的财产权、应收账款出质时以登记为质权生效要件。所以在执行法院处置上述财产时,应当查询有无质押权人,及时通知其参与分配。

三是留置权人。《民法典》第 447 条第 1 款规定,债务人不履行到期债务,债权人可以留置已经合法占有的债务人的动产,并有权就该动产优先受偿。与抵押权和质押权不同,留置权不是双方当事人提前约定设立的,而是根据法律规定设立的。在出现债务人不履行到期债务时,债权人留置已经合法占有债务人的财产,从而产生对该财产的优先受偿权。但是留置权人对留置财产丧失占有时,留置权消灭。① 所以,执行法院在查封、扣押财产时,应当在留置权人处采取查封、扣押措施,故知道留置权人的存在,应当通知其参与分配。

二、对查封财产享有优先权的债权人

对查封财产享有优先权的债权,主要包括《民办教育促进法》第 59 条第 1 款第 1、2 项规定的“应退受教育者学费、杂费和其他费用”“应发教职工的工资及应缴纳的社会保险费用”;《海商法》第 22 条规定的“船舶优先权”;《民用航空法》第 19 条第 1 款规定的“民用航空器优先权”和《民法典》第 807 条、

① 《民法典》第 457 条规定,留置权人对留置财产丧失占有或者留置权人接受债务人另行提供担保的,留置权消灭。

《最高人民法院关于审理建设工程施工合同纠纷案件适用法律问题的解释(一)》第35~37条规定的“建设工程价款优先受偿权”;《民法典担保制度解释》第50条规定的“建设用地使用权土地出让金”优先权等。[①] 优先权必须法定,当事人和执行人员不得随意设定优先权。执行实践中,常见的是建设工程价款优先受偿权人主张就法院拍卖的建设工程享有优先受偿权。对于是否允许建设工程价款优先受偿权人参与分配,在实践中审查标准不一,有的执行法院要求取得执行依据,在执行依据中明确优先受偿,才可以分配。这种审查固然严谨,但是与法律规定相冲突。实践中,如果有债权人主张建设工程价款优先受偿权,执行法院应当进行形式审查后将该债权人的债权纳入分配方案,如果被执行人或其他债权人对此有异议,应当通过分配方案异议之诉进行实体审查。

三、首先申请查封财产的债权人

实践中,对财产首先查封的债权人债权进行分配,目前已经达成共识。如《江苏省高级人民法院关于正确理解和适用参与分配制度的指导意见》第13条第1款第1项规定,启动参与分配程序,原则上依债权人申请,但有下列情形之一的,可依职权启动:对被执行人财产首先申请采取查封、扣押、冻结措施的债权人并非本案债权人的,应当通知该债权人参与分配。《浙江省高级人民法院关于多个债权人对同一被执行人申请执行和执行异议处理中若干疑难问题的解答》第6条第2款第1项中明确:在先查封为财产保全,所涉案件尚未审结,经协调由首先进入终局执行的法院处置财产并主持分配,在先查封的申请人要求参与分配的,主持分配的法院应当按照相关债权人诉讼或申请仲裁请求给付的债权数额确定其可分得的款项予以留存,待该债权人取得执行依据后支付。

允许首封债权人参与分配,主要出于以下考虑。根据《优先债权执行批复》第1条规定,执行过程中,应当由首先查封、扣押、冻结法院负责处分查封财产,明确了首先查封的案件具有财产处置权。但是,如果首先查封的案件系保全查封尚未进入执行程序不能处置财产,则已经取得执行依据进入执行程

---

① 参见刘颖:《民事执行中参与分配的主体资格研究》,载《北方法学》2021年第6期。

序的案件将无法启动处置程序，导致执行拖延。为了解决上述矛盾，《优先债权执行批复》中规定了已进入其他法院执行程序的债权对查封财产有顺位在先的担保物权、优先权，自首先查封之日起已超过60日，且首先查封法院就该查封财产尚未发布拍卖公告或者进入变卖程序的，优先债权执行法院可以要求将该查封财产移送执行。《保全规定》进一步将有权请求移送的主体由优先债权执行法院扩大到普通债权执行法院，该规定第21条明确，保全法院在首先采取查封、扣押、冻结措施后超过一年未对被保全财产进行处分的，除被保全财产系争议标的外，在先轮候查封、扣押、冻结的执行法院可以商请保全法院将被保全财产移送执行。按照上述规定，首封法院会将处置权移送给其他执行法院。但是，首封法院将处置权移送后，如不能获得分配，将失去查封财产保证债权实现的意义。首封法院系最先控制住财产的法院，为防止债务人转移财产，在保全财产方面具有重要的贡献。所以，应当允许首封债权人参与分配，为其预留相应的份额，以保证其相应的权利。再者，有观点认为首封法院将处置权移送给执行法院，可以理解为通过移送处置权方式借用执行法院的执行程序处置财产、分配变价款，首先查封的效力仍在首封法院。综上，即使首封债权人未取得执行依据，也应当允许其参与分配。

四、在处置案件查封之前的查封债权人

此种情形不再限于首先查封案件的债权，对于处置法院查封之前的债权均可以参与分配。如《重庆市高级人民法院关于执行工作适用法律若干问题的解答（一）》“五、参与分配有关问题”第5条第1款、第2款第1项规定，已经起诉或申请仲裁但尚未取得执行依据的普通债权人申请参与分配的，人民法院不予准许。但有以下情形之一的，主持分配的法院应当按照相关债权人诉讼或申请仲裁请求给付的债权数额确定其分得的款项予以提存，待该债权人取得执行依据后支付：在先查封为财产保全，所涉案件尚未审结，经协调由进入执行程序的人民法院处置财产并主持分配，在先查封的债权人要求参与分配的。该规定系在先查封的债权人均可以参与分配，不仅首封债权可以参与分配，在先的轮候查封债权也可以参与分配。[①] 上述规定不

① 参见刘颖：《民事执行中参与分配的主体资格研究》，载《北方法学》2021年第6期。

符合目前的司法解释规定的精神，但也不失为实践中的有益探索。从域外规定看，我国台湾地区和日本基于查封的效力，对保全查封的债权也允许参与分配。

五、职工债权人

《重庆市高级人民法院关于执行工作适用法律若干问题的解答（一）》“五、参与分配有关问题”第5条第2款第2项规定，“被执行人的职工主张支付被拖欠的工资和医疗、伤残补助、抚恤费用，应当划入职工个人账户的基本养老保险、基本医疗保险费用，以及法律、行政法规规定应当支付给职工的补偿金的”情形可以参与分配。《江苏省高级人民法院关于正确理解和适用参与分配制度的指导意见》第6条第1款第2～4项规定，未取得执行依据的普通债权人具有下列情形之一，提出参与分配申请的，应根据其在诉讼、仲裁或者公证程序中请求给付的债权数额预留相应的财产份额：债权人为职工，请求支付其被拖欠工资、医疗及伤残补助、抚恤费用、基本养老保险金、基本医疗保险费用，以及按照法律、行政法规规定应当支付给职工的补偿金的；受害人基于人身损害赔偿请求权主张赔偿的；债权人主张抚养费、扶养费、赡养费的。《浙江省高级人民法院关于多个债权人对同一被执行人申请执行和执行异议处理中若干疑难问题的解答》第6条第2款第2、3项中也明确，被执行人的职工主张支付被拖欠的工资和医疗、伤残补助、抚恤费用，应当划入职工个人账户的基本养老保险、基本医疗保险费用，以及法律、行政法规规定应当支付给职工的补偿金的；人身损害赔偿纠纷案件的受害人向被执行人主张赔偿金，不能实现将严重影响受害人生活的，这两种情况可以参与分配。

上述规定，对工资医疗、伤残补助、抚恤费等债权人允许未取得执行依据而参与分配，保留必要份额，系出于保障当事人的生存权、健康权以及保障老年人、未成年人等特殊主体的权利，作出的特别规定。实践中，在被执行人财产不足以清偿所有债权时，如果不在参与分配程序中对特殊债权予以分配，特殊债权将难有受偿可能。所以，实践中，对上述债权在参与分配时应当充分予以考虑。

审判前沿

沈某生股权转让纠纷执行监督案

【案例索引】

(2019)苏执监 268 号

【基本案情】

沈某生与蔡某学股权转让纠纷一案,(2011)吴江商初字第 0157 号民事判决生效后,债权人沈某生向江苏省苏州市吴江区人民法院(以下简称吴江法院)申请执行。2017 年 11 月 22 日,吴江法院作出(2016)苏 0509 执恢 689 号执行裁定,拍卖被执行人蔡某学名下房产。上述房产经拍卖所得款项为 4,800,000 元。此后,该院针对拍卖款在涉被执行人为蔡某学的系列案件中进行分配,于 2017 年 11 月 8 日制定了关于对被执行人为蔡某学系列执行案件的参与分配方案,方案主要内容为:4,800,000 元,扣除装修价值 240,000 元为 4,560,000 元,扣除优先支付款项 2,279,375.90 元,其中包括支付诉讼费、保全费 88,137 元、申请执行费 50,400 元、鉴定评估费 42,880 元、吴江市震洲喷气织造厂(以下简称震洲厂)偿还银行抵押贷款本息 1,822,125.80 元、被执行人依法承担税费 275,833.10 元,实际最终可分配财产为 2,280,624.10 元,由申请执行人沈某生、吴某平按照债权比例分配,受偿率为 18.50%。

沈某生对上述分配方案不服,提出执行异议称:在涉及被执行人蔡某学的系列执行案件中,震洲厂并非适格的参与分配的主体。震洲厂既不是取得了执行依据的债权人,又不是享有优先权的担保物权人,并无资格参与到本次执行分配之中。针对震洲厂主张的其为被执行人蔡某学偿还的贷款与本次执行分配并无关联,法院不能“以执代审”直接认定震洲厂享有所谓的优先权。请求停止对震洲厂的分配。

震洲厂辩称:首先,震洲厂依据吴江法院(2010)吴江执字第 2089 号民事裁定,认为其当然已经取得了对涉案房产的使用权、处分权及所有权;其次,震洲厂对涉案房产进行了装修并归还了银行的全部贷款,而银行的贷款本身在该房产上设定了抵押权，所以震洲厂归还银行贷款应当享有优先权利；最后，根据《异议复议规定》第 26 条第 3 款规定，震洲厂有排除沈某生执行异议的权利。

吴江法院查明，申请执行人沈某华与被执行人陈某林、蔡某学、吴江市新亚喷气织造有限公司（以下简称新亚织造公司）一案，吴江法院于 2010 年 12 月 6 日作出（2010）吴江执字第 2089 号民事裁定认为，震洲厂依股权转让协议接受了蔡某学、新亚织造公司的全部资产及个人资产，同时承接了他们所有的债务，故震洲厂理应承担清偿责任。据此，追加震洲厂为该案的被执行人，在执行案件依据的生效法律文书确定的义务范围内对申请执行人沈某华承担清偿责任。

沈某生申请恢复执行蔡某学一案中，震洲厂以涉案房产归其所有为由向吴江法院提出异议。2015 年 8 月 12 日，吴江法院作出（2015）吴江执异字第 0084 号执行裁定，驳回震洲厂的异议请求。后震洲厂提起执行异议之诉，吴江法院作出（2015）吴江民初字第 2219 号民事判决，驳回震洲厂的诉讼请求。震洲厂不服，向江苏省苏州市中级人民法院（以下简称苏州中院）提起上诉。2016 年 6 月 20 日，苏州中院作出（2016）苏 05 民终 2905 号民事判决，驳回上诉、维持原判。

2017 年 12 月 13 日，吴江法院作出（2017）苏 0509 执异 206 号执行裁定认为，申请参与分配，应当具备相应条件，或取得执行依据，或对法院处置的涉案财产享有优先权、担保物权。而本案中，一方面震洲厂并未举证证明已经取得了执行依据；另一方面，针对拍卖的涉案房产，其不享有优先权、担保物权。理由如下：（1）震洲厂主张其已经为涉案房产代偿的银行贷款及利息，基于该代偿行为而取得的追偿权，上面并未设立任何担保物权，应系普通债权，也不具有优先权；（2）震洲厂主张其系涉案房产的所有权人，针对该主张其已经于 2015 年提起执行异议，并在此后提起执行异议之诉并上诉，苏州中院于 2016 年 6 月 20 日作出（2016）苏 05 民终 2905 号民事判决已经维持原判，其主张并未成立，故其对涉案房产并不享有所有权；（3）震洲厂主张所有权系基于（2010）吴江执字第 2089 号民事裁定，但该民事裁定并没有确认震洲厂对涉案房产享有所有权，仅是确认双方转让合同的权利义务。而且,震洲厂主张该所有权也被法院裁定驳回。综上,震洲厂无权参与涉案房产拍卖款的受偿。据此,吴江法院于2017年11月8日作出将震洲厂作为涉案房产拍卖款的受偿对象的执行行为显然不妥,裁定撤销分配方案中扣除震洲厂代偿还银行贷款本息1,822,125.80元的行为。

震洲厂不服,向苏州中院申请复议称:吴江法院曾作出(2010)吴江执字第2089号民事裁定,该院认为震洲厂依股权转让协议接受了蔡某学、新亚织造公司的全部资产及个人资产,同时承接了他们所有的债务,故震洲厂理应承担清偿责任,并由此裁定追加震洲厂为被执行人。因此,震洲厂认为其当然已经取得了对涉案房产的使用权、处分权及所有权,并由此对涉案房产进行了装修并归还了银行的全部贷款,而银行的贷款本身在该房产上设定了抵押权,所以震洲厂归还银行贷款应当享有优先权利。

苏州中院另查明,吴江法院在执行沈某华与陈某林、蔡某学、新亚织造公司执行案件中,于2010年12月6日作出(2010)吴江执字第2089号民事裁定,查明蔡某学、任某岚(甲方)与震洲厂(乙方)签订了股权转让协议,甲方承诺将持有新亚织造公司及吴江新亚纺织有限公司(以下简称新亚纺织公司)的股权转让给乙方(或指定的人员),乙方承担双方确认的新亚织造公司及新亚纺织公司的全部债务。股权登记完成后,乙方便拥有新亚织造公司及新亚纺织公司、蔡某学的资产。

苏州中院在2016年6月20日作出的(2016)苏05民终2905号民事判决中查明:蔡某学名下的位于苏州市××区××镇××市场××商区××幢××号的房产(证号:02007708)已经于2004年4月20日抵押给中国银行股份有限公司吴江支行,自2011年4月26日被吴江法院多次查封。庭审中,震洲厂提供银行存折回单、银行贷款已还款明细清单、中国银行出具的贷款结清证明,证明震洲厂受让蔡某学、任某岚涉案房产之后,自2009年起该涉案房产的银行按揭贷款全部由震洲厂归还,并于2015年10月19日将全部贷款还清。

2018年9月30日,苏州中院作出(2018)苏05执复7号执行裁定认为,本案的争议焦点在于吴江法院作出的参与分配方案有无侵害到沈某生的受偿权利。依据执行法院及苏州中院在(2016)苏05民终2905号案件中查明的事实,震洲厂偿还了中国银行吴江支行抵押贷款本息1,822,125.80元。如震洲厂未偿还该笔借款,中国银行吴江支行抵押贷款本息1,822,125.80元将作为优先债权在涉案房产拍卖款中优先扣除并支付给中国银行吴江支行,本案所涉拍卖款4,800,000元,扣除装修价值240,000元为4,560,000元,扣除优先支付款项2,279,375.90元(其中包括支付诉讼费、保全费88,137元、申请执行费50,400元、鉴定评估费42,880元、中国银行吴江支行抵押贷款本息1,822,125.80元、被执行人依法承担税费275,833.10元),实际最终可分配财产为2,280,624.10元,由沈某生、吴某平按照债权比例分配,受偿率为18.50%。现震洲厂偿还了中国银行吴江支行抵押贷款本息,吴江法院作出的参与分配方案中沈某生的受偿率为18.50%,因此该分配方案并未造成沈某生受偿率发生变化,沈某生的受偿权并未因此受到影响。综上,吴江法院作出的参与分配方案未影响沈某生的受偿权,并无不当。裁定撤销吴江法院作出的(2017)苏0509执异206号执行裁定。

沈某生申诉称:苏州中院归纳的争议焦点错误,震洲厂不具有参与分配的事实理由及法律依据。首先,震洲厂为蔡某学所偿还的抵押贷款与本案无关,该代偿行为系因双方其他法律关系引起。其次,震洲厂没有申请参与分配的法律依据,并非适格的参与分配申请人。请求撤销苏州中院(2018)苏05执复7号执行裁定,维持吴江法院(2017)苏0509执异206号执行裁定。

江苏省高级人民法院另查明,2016年6月20日,苏州中院作出(2016)苏05民终2905号民事判决认为:苏州市××区××镇××市场××商区××幢××号房产现登记于蔡某学名下。本案中,按照股权转让协议书的约定,震洲厂是以承担新亚织造公司、新亚纺织公司全部债务为对价,受让蔡某学、任某岚持有的两公司股权及蔡某学的个人资产。虽然其中包含了蔡某学将其包括房产在内的个人资产转让给震洲厂的意思,但并未明确蔡某学名下苏州市××区××镇××市场××商区××幢××号房产具体的转让价格。蔡某学、任某岚2009年3月28日出具的声明书明确包括产权证号02007708号房在内的房产贷款由震洲厂归还，震洲厂指定的受让人王某在向原审法院起诉要求协助过户时也自述房产贷款由其归还，可见代蔡某学归还涉案房产贷款也应包括在震洲厂受让涉案房产的对价之内。虽然震洲厂在股权转让协议签订后代蔡某学支付了部分按揭贷款，但震洲厂并无充分证据证明其在法院查封前已结清了新亚织造公司、新亚纺织公司的全部债务，且当时涉案房产的按揭贷款也未还清，因此震洲厂并未能证明其已付清全部转让价款。而(2010)吴江执字第2089号民事裁定书追加震洲厂为被执行人是因为认定震洲厂依股权转让协议接受了蔡某学、新亚织造公司的全部资产及个人资产，同时承诺接受他们的全部债务。股权转让协议签订后新亚织造公司的股东也确实变更为震洲厂法定代表人王某云等人。震洲厂被追加为被执行人以及其后支付履行款2,559,490元并非完全因为其接收蔡某学名下苏州市××区××镇××市场××商区××幢××号房产而发生，震洲厂支付执行款的汇款凭证的用途也自述为“代新亚织造公司付款”，因此震洲厂主张其支付的2,559,490元证明其已为蔡某学在涉案房产上支付了足够的对价的观点依据不足，不予采信。综上，震洲厂未能证明其已付清全部转让价款，因此其不享有足以排除执行的权利，其要求停止对涉案房产的执行不予支持。

本案的争议焦点为：震洲厂对被执行人蔡某学名下的涉案房产拍卖款申请优先分配是否有事实法律依据。

江苏省高级人民法院认为：申请参与分配的主体主要包括被执行人的其他已经取得执行依据的债权人或对人民法院查封、扣押、冻结的财产享有优先权、担保物权的债权人。首先，震洲厂并非对蔡某学已经取得执行依据的债权人。吴江法院(2010)吴江执字第2089号民事裁定追加震洲厂为被执行人，该裁定并非震洲厂对蔡某学享有债权的执行依据。其次，优先权、担保物权属法定权利，震洲厂对涉案房产并不享有法定的优先权、担保物权。根据已发生法律效力的苏州中院(2016)苏05民终2905号民事判决的认定，震洲厂对被执行人蔡某学名下的涉案房产不享有排除执行的权利。虽然震洲厂在与蔡某学、任某岚签订股权转让协议后归还了涉案房产上的按揭贷款，但无法律规定在此情形下震洲厂即对涉案房产享有优先权、担保物权。综上,对被执行人蔡某学名下涉案房产拍卖款的分配,震洲厂就其偿还的贷款本息1,822,125.80元不具备上述规定的参与分配主体资格,不应准予其参与分配并优先受偿。苏州中院(2018)苏05执复7号执行裁定适用法律错误,应予撤销。综上所述,沈某生的申诉请求成立,江苏省高级人民法院予以支持。

【案例评析】

参与分配是强制执行中的特殊程序,原则上申请参与分配均应当取得执行依据,特殊情况下,出于保障优先债权人利益的考量,允许未取得执行依据的特殊债权人申请参与分配,而对于未取得执行依据的债权人申请参与分配应当慎之又慎,震洲厂尚未取得执行依据,也不享有法定的优先权、担保物权,不应当允许其通过参与分配程序优先受偿。如果允许震洲厂在参与分配程序中优先受偿,不仅有"以执代审"之嫌,同时侵害了其他普通债权人的合法权益。

第十一章　分配方案(分配表)

第一节　分配方案的构成要素

法律依据

《执行程序解释》

第17条　多个债权人对同一被执行人申请执行或者对执行财产申请参与分配的,执行法院应当制作财产分配方案,并送达各债权人和被执行人。债权人或者被执行人对分配方案有异议的,应当自收到分配方案之日起十五日内向执行法院提出书面异议。

制度研究

分配(表)方案是主持参与分配法院制作或者确认的确定各债权人就执行所获清偿金额的书面文件。[①] 分配方案的功能系在执行竞合中将各债权人受偿金额一并予以确定,并赋予其法律效力,以排斥个别清偿行为的法律效力。目前在我国,一般认为参与分配存在的意义部分在于弥补我国采取有限破产主义的缺陷,即仅就企业法人破产进行了法律制度设计,而没有个人或其他民商事主体的破产法律制度,故形象地称参与分配程序为“小破产程序”。参与分配程序与破产程序确实存在制度价值的趋同性,这主要体现在对责任财产不足以清偿全部债务(资不抵债)的民商事主体债权债务关系的一揽子解决。但区别也是明显的,简言之,破产程序终结后未获清偿部分的债权消

① 参见于喜富:《民事强制执行制度创新与争鸣》,人民法院出版社2003年版,第375页。

灭,而参与分配程序终结后未获清偿债权不消灭。因此,制作参与分配方案,一方面可以明确各债权人应获偿债权金额;另一方面确认分配后各债权人剩余未获偿债权金额。需要说明的是,参与分配程序终结后,各债权人未获偿债权的后续执行应由各自执行法院分别负责,参与分配程序只是一个临时性程序,主持参与分配的法院不因其主持参与分配而承担后续执行义务。

因《民事诉讼法》与《民事诉讼法解释》中均未对分配方案应当包括哪些内容作出明确规定,导致执行实践中分配方案五花八门,由此引发的争议和诉讼不仅普遍存在而且旷日持久,使得各债权人债权长期无法实现,对当事人的生活、经营等产生不利影响。

实务操作

一、分配方案的类型

一个具有法律效力的分配方案要具备实质要件和形式要件,实质要件即分配方案中的内容,形式要件即体现这些内容的形式外观。对于分配方案的形式类型,主要可以分为要素式分配方案书和表格式分配方案两种,当然也可以在分配方案书中附带分配表。在法院依职权依法确定各债权人受偿顺序及金额的情形下,如果法院采取分配方案书的形式制作分配方案,那么分配方案书中应当通过文字表述明确记载确定各债权人申请参与分配执行依据,申请时间,应获偿债权的金额,受偿顺序等关键内容,即相关要素;如果法院以制作分配表的形式明确分配方案,那么分配表(见表 11 - 1)应包含分配方案的实质内容,并由法院盖章。在当事人合意确定分配方案的情形下,法院应以裁定的方式确认分配方案的法律效力。

二、分配方案的内容

分配方案的内容应当包括主持参与分配的法院、执行人员、债务人名称、执行标的、待分配执行款金额、债权总额、申请参与分配的债权人名称、申请时间、债权性质、债权金额、清偿顺序、清偿比例、受偿金额等。根据《民事强制执行法(草案)》第 178 条第 2 款规定,分配方案应当记载:(1)当事人姓名或名称;(2)执行标的、待分配执行款金额;(3)债权总额、各债权的金额及申请分配的依据;(4)各债权的分配顺序及其依据;(5)各债权的应受分配金额;(6)其他应当载明的事项。

除了上述有关各债权人获偿金额分配安排的实体内容外,还应当在分配方案中对当事人的救济权利予以告知,即告知当事人有权对分配方案提出书面异议。赋予执行当事人以参与分配异议权的目的是防止分配错误或分配不当。在参与分配程序中,如债权人或债务人对参与分配方案提出异议,将导致主持参与分配法院对分配方案的修正,甚至引发参与分配异议之诉,从而将参与分配方案的最终确定交由法院审判作终局性裁决。

表 11-1　参与分配方案

×××人民法院
民事强制执行参与分配方案

单位:万元

债务人名称	甲							
执行标的	债务人甲向债权人 A、B、C、D、E 分别给付生效法律文书确定的债权金额							
待分配执行款金额	500							
债权人名称	债权金额	申请分配的依据	执行案件	债权性质	分配顺序	分配比例	分配金额	申请时间
A	200	(2021)京××民终××号判决书	(2022)京××执××号	优先债权(建设工程)	1	100%	200	2022 年××月××日
B	100	××公证字第××号执行证书	(2022)京××执××号	优先债权(抵押权)	2	100%	100	2022 年××月××日
C	150	(2021)津××民终××号调解书	(2022)津××执××号	普通债权	3	55.56%	111.112	2022 年××月××日

续表

债权人名称	债权金额	申请分配的依据	执行案件	债权性质	分配顺序	分配比例	分配金额	申请时间
D	80	(2020)浙××民终××号判决书	(2021)浙××执行××号	普通债权	3	29.63%	59.259	2022年××月××日
E	40	2022××仲字第××号裁决书	(2022)京××执××号	普通债权	3	14.81%	29.629	2022年××月××日
债权总额	570							

合议庭:审判长×××　审判员×××　审判员×××　书记员×××　20××年×月×日

第二节　分配方案的形成

法律依据

《民事诉讼法解释》

第509条　多个债权人对执行财产申请参与分配的,执行法院应当制作财产分配方案,并送达各债权人和被执行人。债权人或者被执行人对分配方案有异议的,应当自收到分配方案之日起十五日内向执行法院提出书面异议。

《民事强制执行法(草案)》

第180条　分配方案作出前,各债权人和被执行人就其债权金额、分配顺序、应受分配金额达成一致意见的,人民法院可以按照一致意见制作分配方案。

制度研究

执行实践中,参与分配程序系由法院主导实施的,主要体现在由法院制作分配方案,并在经当事人同意后按照分配方案进行案款清偿。传统上,亦将制作参与分配方案视为是法院的职权行为,需由法院依法秉持公正进行。但是,在由法院制作分配方案时,必须严格依法根据各债权人债权的数额、性质、占全部债权的比例、是否具有优先性等情况制作,常常因计算错误、计算标准不统一、笔误等问题导致部分债权人或被执行人不同意。此外,因法院制作分配方案缺少权利让渡的空间,使得分配方案缺乏灵活性,降低了分配方案获得各债权人与被执行人同意的概率。因此,有必要将民事实体法上的当事人意思自治原则与民事诉讼法上的当事人处分原则引入民事强制执行的参与分配程序中,以提升分配方案的灵活性,提高执行效率。

《民事强制执行法(草案)》第180条规定旨在以立法形式确立民事强制执行程序中各债权人与被执行人在处理多数债权债务关系上的自主权,意在将民事实体法上的意思自治原则与民事诉讼法上的处分原则贯穿于民事强制执行法参与分配制度之中,以期执行当事人之间通过协商确定各债权人可实现之债权,进而避免因部分债权人或被执行人不同意执行法院制作的分配方案而产生衍生诉讼,从而减少当事人的诉累,实现执行效率。

实务操作

一、法院依职权制作分配方案

制作分配方案实质是对多个债权人执行案款由一家法院在一个程序中集中进行处理,具有执行程序合并的特征。分配方案由主持分配的法院制作,确定主持清偿与分配的执行法院,应当考虑两个因素:一是方便执行当事人参加分配程序,二是有利于提高民事执行的效率与效益。① 鉴于此,参与分配的主持宜由在先采取查封、扣押、冻结措施的执行法院进行,在先查封为诉讼保全,且案件尚未审结的,应当由首先进入终局执行的执行法院主持。②

制作分配方案系执行法院职权行为,一般应以法律确定的分配顺序为确定分配方案的基本规范。因参与分配本系债务人全部财产不足以清偿全部债权,故一般来讲,执行法院应对债务人全部财产进行处置变价后再行制作分配

---

① 参见杨荣馨主编:《〈中华人民共和国强制执行法(专家建议稿)〉立法理由、立法例参考与立法意义》,厦门大学出版社2011年版,第487页。

② 参见董少谋:《民事强制执行法学》,法律出版社2011年版,第190页。

方案。参与分配主持法院因其他债权人申请参与分配而取得对其他法院所控制财产的处置权,唯此方能统一对各债权人债权进行集中清偿。

分配方案可以参与分配方案书的形式制作,亦可以分配表形式制作。而在合意确定分配方案情形下,主持参与分配的法院则需以裁定方式对各债权人经合意确定的分配方案赋予法律效力,故无须再由该主持法院确定分配方案,而只需根据分配方案加以实施执行。在无法合意确定分配方案情形下,主持参与分配法院应依法制作分配方案书或分配表。

二、债权人合意确定分配方案

参与分配以制作分配方案为核心程序。因存在多个债权人之金钱债权的竞争,故就金钱债务之分配应以一定标准进行。参与分配之标准以分配顺序与清偿比例为具体表现,债权性质不同会导致分配顺序的先后不同,债权金额的不同会产生清偿比例的大小不同。一般而言,各债权人参与分配的顺序、比例应以法定为必须。尽管参与分配总体以债权平等受偿为原则,但并不排斥一些具有特殊性的债权优先。比如,从保障人的生存权出发,性质上属于维持人基本生活、生存的债权优先受偿,这体现了价值衡量理论的精神。又如,从增加债权实现的可能性出发,有担保的债权优先受偿,这体现了在鼓励交易的同时保障交易安全性的导向。对于普通债权,则按照债权比例同时受偿,以实现实体法上的债权平等原则。总之,执行清偿之先后并不会否定债权平等的基本理念而有害公平,它与自愿清偿一样,不会因为清偿先后的问题而挑战债权平等。①

民法以意思自治为原则,尊重当事人对自己权利的处分,故在分配方案的制作上,亦可保持对当事人意思之尊重。因此,执行各债权人可经合意就分配方案达成一致意见,即合意的分配。

参与分配本质是对债权利益的分配,是国家司法机关通过强制力对民事主体私权的保障与处分,基于此,私法原则在这一程序上依然适用。私法规范是对民事主体行使私权进行规制的法律规范,为了给予民事主体更多的创造空间和行为自由,私法规范以补充民事主体行为意思的不足为特征。因此,民

① 参见葛行军、刘文涛:《关于执行财产分配的立法思考》,载《法学研究》2001 年第 2 期。

事法律规范体系以“有约定从约定”为立法基本逻辑。合意的分配,是在遵循这样的逻辑前提下才具有程序正当性。因此,执行法院在制作分配方案时,可以先由所有的债权人和债务人进行协商,意见一致的,按照一致意见制作分配方案;意见不一致的,由执行法院依职权按照法定清偿顺序制作分配方案。对于法定清偿顺序,《民事诉讼法解释》第508条规定,参与分配执行程序中,执行所得价款扣除执行费用,并清偿应当优先受偿的债权后,对于普通债权,原则上按照其占全部申请参与分配债权数额的比例受偿。而根据《民事强制执行法(草案)》第179条的规定,执行款的分配顺序为:(1)执行费用和共益债务;(2)维持债权人基本生活、医疗所必需的工资、劳动报酬、医疗费用等执行债权;(3)对执行标的享有优先受偿权的债权;(4)其他民事债权。显然,这个规定借鉴了我国的《企业破产法》。

在合意确定分配方案情形下,分配方案具有协议性质,故分配方案应明确债权人、债务人、各债权人债权金额(本金、利息、迟延利息)、清偿顺序、清偿金额等必要信息。因分配方案以尊重当事人意思为前提,故债权人可在分配方案中明确表示放弃有关权利,如优先权、部分债权等。合意的分配是当事人主义在民事强制执行程序中的体现,给予执行债权人在参与分配程序中以达成合意的方式再次处分自己实体权利的空间,是保留法律规范灵活性、伸缩性的重要方法。当事人根据案件实际情况,通过放弃部分实体权利以换取实现债权的效率,系以当事人自主意志为程序合法性前提。尽管在强制执行程序中,合意确定分配方案带有“功利主义”色彩,往往以牺牲个别或全部债权人部分债权利益为代价,但从经济理性人角度出发,牺牲债权利益的同时必定是为了换取程序简化与短时回款的“对价”,故这样的制度设计有着其独立的程序价值。

既然合意确定分配方案具有协议的性质,那么理论上讲该分配方案经各债权人与债务人签字确认后即对各方产生合同上的拘束力。但该经合意确定的分配方案因其未经法院判决而不产生终局判决的既判力,当然不属于执行依据,亦不产生强制执行力,故主持参与分配的执行法院不得径直依据该合意确定的分配方案实施分配。为使该合意确定的分配方案产生强制执行力,需由主持参与分配的法院对分配方案予以法律确认,进而赋予其强制执行效力。

审判前沿

缑某贤、高平市弘基房地产开发有限责任公司等合同纠纷执行监督案

【案例索引】

(2022)最高法执监215号

【基本案情】

缑某贤与高平市弘基房地产开发有限责任公司(以下简称弘基公司)合同纠纷一案,判决生效后,缑某贤向晋城中院申请执行。

执行中,晋城中院于2020年9月25日作出(2020)晋05执恢52号执行裁定,拍卖弘基公司名下的山西省××市××小区23号楼(以下简称23号楼)1号至10号商铺(含地下室)。经两次网络司法拍卖,均因无人竞买导致流拍。2020年12月7日,缑某贤向晋城中院提出以物抵债的申请,请求将上述10套房产以第二次流拍价格16,794,843.2元交付其抵偿相应债务。因案外人提出异议,晋城中院经审查,于2020年12月9日作出(2020)晋05执恢52号之一执行裁定,准许将案涉10套房产中的2号、3号、4号、6号、7号、8号、10号共7套商铺(含地下室)交付缑某贤抵偿10,961,133.2元债务。2021年1月18日,缑某贤向晋城中院提供担保,请求继续执行剩余3套房产,以第二次流拍价格抵偿其5,833,710元债务。同日,晋城中院作出(2020)晋05执恢52号之四执行裁定,将案涉10套房产中的1号、5号、9号商铺(含地下室)交付缑某贤抵偿5,833,710元债务。

2020年10月23日,河南源泰建筑有限公司(以下简称源泰公司)向晋城中院提出参与执行分配的申请,请求对上述拍卖、变卖所得参与分配。晋城中院认为,本案被执行人为企业法人,不能适用被执行人为公民或其他组织的参与分配制度,且无证据证明源泰公司对上述财产拥有优先受偿权,依法不符合参与分配的条件,遂于2020年12月14日向源泰公司发出通知,不予准许源泰公司的参与分配申请。

源泰公司不服,向晋城中院提出异议称,23号楼工程是源泰公司承建的,现该工程的发包方泽州县房地产综合开发总公司(以下简称房开总公司)和弘基公司尚欠源泰公司工程款5,921,025.64元,源泰公司对23号楼1号至10号商铺享有建设工程价款优先受偿权,故请求准许源泰公司对弘基公司所有的23号楼1号至10号全部商铺(含地下室)参与分配;确认源泰公司对弘基公司所有的23号楼1号至10号全部商铺(含地下室)在5,921,025.64元建设工程价款的范围内优先受偿,剩余的利息16,205,547.51元作为普通债权参与分配。

晋城中院认为,根据2020年《民事诉讼法解释》第511条①和第512条②的规定,多个债权人对执行财产申请参与分配的,执行法院应当制作财产分配方案,并送达各债权人和被执行人。债权人或者被执行人对分配方案有异议的,应当自收到分配方案之日起15日内向执行法院提出书面异议。债权人或者被执行人对分配方案提出书面异议的,执行法院应当通知未提出异议的债权人、被执行人。未提出异议的债权人、被执行人自收到通知之日起15日内未提出反对意见的,执行法院依异议人的意见对分配方案审查修正后进行分配;提出反对意见的,应当通知异议人。异议人可以自收到通知之日起15日内,以提出反对意见的债权人、被执行人为被告,向执行法院提起诉讼;异议人逾期未提起诉讼的,执行法院按照原分配方案进行分配。

本案中,源泰公司申请参与缑某贤与弘基公司合同纠纷执行一案的分配,2020年12月14日晋城中院不准许其参与分配,源泰公司以其在5,921,025.64元建设工程价款的范围内享有优先受偿权提出书面异议。按照前述规定,对该异议的处理,应先通知未提出异议的申请执行人和被执行人,若申请执行人和被执行人未提出反对意见,则对异议人进行分配;若提出反对意见,则自异议人收到反对意见的通知之日起15日内提起执行分配方案异议之诉予以救济。综上,源泰公司所提异议不符合执行异议的受理条件。2021年4月25日,晋城中院作出(2021)晋05执异3号执行裁定,驳回源泰公司的异议申请。

源泰公司向山西省高级人民法院申请复议,请求撤销晋城中院(2021)

① 现为第509条。

② 现为第510条。

晋05执异3号执行裁定及晋城中院于2020年12月14日作出的通知书,准许其对弘基公司所有的23号楼1号至10号全部商铺(含地下室)参与分配,并指令晋城中院作出分配方案。

山西省高级人民法院认为,《执行程序解释》第17条规定,多个债权人对同一被执行人申请执行或者对执行财产申请参与分配的,执行法院应当制作财产分配方案,并送达各债权人和被执行人。债权人或者被执行人对分配方案有异议的,应当自收到分配方案之日起15日内向执行法院提出书面异议。第18条规定,债权人或者被执行人对分配方案提出书面异议的,执行法院应当通知未提出异议的债权人或被执行人。未提出异议的债权人、被执行人收到通知之日起15日内未提出反对意见的,执行法院依异议人的意见对分配方案审查修正后进行分配;提出反对意见的,应当通知异议人。异议人可以自收到通知之日起15日内,以提出反对意见的债权人、被执行人为被告,向执行法院提起诉讼;异议人逾期未提起诉讼的,执行法院依原分配方案进行分配。诉讼期间进行分配的,执行法院应当将与争议债权数额相应的款项予以提存。

根据上述规定,有多个债权人对同一被执行人申请执行或者对执行财产申请参与分配的,执行法院可依照该规定制作分配方案;当事人对分配方案不服的,可以通过分配方案异议或异议之诉程序处理,并不区分被执行人是企业法人或者是自然人、其他组织。事实上,参与分配有广义和狭义两种概念,广义的参与分配,是指不管被执行人是否为企业法人,只要涉及多个债权人对其财产申请分配的,执行法院均应按《执行程序解释》第17条的规定启动分配程序;而狭义的参与分配,则特指被执行人为自然人或者其他组织时,在其财产不能清偿所有债权的情况下,按债权比例公平清偿的分配方式。2020年《民事诉讼法解释》第508条①的规定针对的正是狭义参与分配,但不能据此否定《执行程序解释》第17条规定的广义参与分配程序之适用,只是根据《民事诉讼法解释》的相关规定,被执行人为企业法人的,不得对其采取按债权比例清偿的狭义参与分配程序。本案

① 现为第506条。

中，源泰公司向晋城中院提出异议，实际是请求加入晋城中院(2020)晋05执恢52号执行案件程序，就案涉房产优先受偿。对于该请求依照《执行程序解释》第17条的规定，通过广义参与分配程序予以处理。但晋城中院却片面理解"参与分配"含义，直接以源泰公司不符合参与分配的情形，通知其不予准许参与分配是错误的，应当予以纠正。

源泰公司是对晋城中院作出不予准许其参与分配的通知这一执行行为提出异议，并不是对晋城中院作出的财产分配方案提出异议，晋城中院在执行异议程序中认定其是对财产分配方案提出异议，应当按照2020年《民事诉讼法解释》第511条①和第512条②的规定，通过分配方案异议和异议之诉解决，不属于执行异议受理条件，适用法律错误，应予纠正。

根据《最高人民法院关于建设工程价款优先受偿权问题的批复》第1条规定，人民法院在审理房地产纠纷案件和办理执行案件中，应当依照《合同法》第286条③的规定，认定建筑工程的承包人的优先受偿权优于抵押权和其他债权，因此可以认定源泰公司依据晋城中院(2013)晋市法民初字第13号民事判决确认的建筑工程价款具有优先受偿权。源泰公司据此主张优先受偿权，晋城中院应允许其加入执行程序，并将其债权作为优先受偿权列入分配方案。其他债权人认为其债权并无优先受偿权而对分配方案有异议的，应当依照《执行程序解释》第17条、第18条的规定通过分配方案异议和异议之诉解决。

2021年12月24日，山西省高级人民法院作出(2021)晋执复139号执行裁定：(1)撤销晋城中院(2021)晋05执异3号执行裁定；(2)撤销晋城中院于2020年12月14日向源泰公司作出的通知；(3)对源泰公司要求对案涉房产优先受偿的请求，作出分配方案并依法审查处理。

缑某贤向最高人民法院申诉，请求撤销山西省高级人民法院(2021)晋执复139号执行裁定，驳回源泰公司的异议申请。理由是：承包人的工程款债权并非当然享有建设工程价款优先受偿权，案涉工程于2011年10

① 现为第509条。

② 现为第510条。

③ 现为《民法典》第807条。

月1日竣工,没有证据证明源泰公司在2011年10月1日至2012年4月1日曾主张过建设工程价款优先受偿权,故自2012年4月2日起,源泰公司的建设工程价款优先受偿权已经消灭。(2021)晋执复139号执行裁定未对源泰公司建设工程价款优先受偿权的行使是否超出6个月的行使期间进行审查,直接认定源泰公司享有建设工程价款优先受偿权,并裁定源泰公司基于建设工程价款优先受偿权参与分配,明显属于适用法律错误。

源泰公司提交意见称,关于源泰公司是否丧失建设工程价款优先受偿权的问题,应当适用《最高人民法院关于审理建设工程施工合同纠纷案件适用法律问题的解释(一)》,且源泰公司在法定期限内向弘基公司及房开总公司主张了建设工程价款优先受偿权,虽然(2013)晋市法民初字第13号民事判决并未明确源泰公司的建设工程价款享有优先受偿权,但建设工程价款优先受偿权是一种法定优先权,无须另外予以明示,源泰公司对案涉拍卖房产当然享有建设工程价款优先受偿权。

最高人民法院经调阅相关案件卷宗查明事实如下:

源泰公司就其与房开总公司、弘基公司建筑工程施工合同纠纷向晋城中院提起诉讼,请求判令:房开总公司、弘基公司连带偿还所欠源泰公司的工程款共计16,931,113.64元,并承担从2011年10月3日起至还款之日止的同期银行贷款利息;诉讼费由房开总公司、弘基公司承担。

晋城中院审理查明,2005年3月10日,房开总公司、弘基公司签订合作协议,共同开发××小区经济适用住房以北51.73亩土地的商品房住宅小区。源泰公司经招投标程序,取得了23号楼的工程施工项目,于2007年8月10日与房开总公司签订了《建筑工程施工合同》。合同签订后,源泰公司于2009年3月1日开始施工,在施工期间,弘基公司又增加23号楼室外的化粪池、3号服务楼等附属工程。2011年10月1日23号楼及其附属工程竣工,并验收合格。其间,弘基公司已对该工程的住宅部分予以使用。此后,源泰公司多次要求弘基公司进行工程决算,弘基公司予以拒绝,源泰公司即于2013年2月2日向弘基公司项目负责人邮寄决算书及资料,被拒收,源泰公司于2013年2月25日提起诉讼,要求房开总公司、弘基公司支付工程欠款。

2013年6月17日，晋城中院作出（2013）晋市法民初字第13号民事判决，判令房开总公司、弘基公司连带偿还源泰公司工程款16,931,113.64元及利息。该判决已生效。

最高人民法院认为，本案争议的焦点是，源泰公司申请参与分配的请求是否应予支持。根据《执行程序解释》第17条的规定，有多个债权人对同一被执行人申请执行或者对执行财产申请参与分配的，执行法院可依照该规定制作分配方案，并不区分被执行人是自然人、法人或非法人组织。本案中，源泰公司对弘基公司的债权已经生效判决予以确认，其向晋城中院申请对弘基公司名下财产参与分配，有事实和法律依据。晋城中院以本案被执行人为法人为由，不予准许源泰公司参与分配的申请，异议审查中又以源泰公司应通过分配方案异议及异议之诉进行救济为由，驳回源泰公司的异议申请，适用法律均有不当，山西省高级人民法院对此予以纠正，符合法律规定。

对于源泰公司是否享有案涉房产建设工程价款优先受偿权，属于执行程序中制作分配方案时应予考虑的问题，且该问题涉及当事人的实体权利，不宜在异议、复议程序中予以确认。山西省高级人民法院对此作出认定，超出复议案件审查范围，本院予以纠正。但山西省高级人民法院要求晋城中院依源泰公司申请制作分配方案的结论正确。

晋城中院制作分配方案过程中，对源泰公司提出的建设工程价款优先受偿权的问题，应结合源泰公司主张建设工程价款时的诉讼请求、生效判决的内容以及源泰公司、缑某贤提交的相关证据等，综合考虑。综上，裁定驳回缑某贤的申诉请求。

【案例评析】

在符合参与分配程序适用条件时，制作参与分配方案是主持参与分配法院的法定职责，主持参与分配法院在制作参与分配方案时，应当对债权人是否享有申请参与分配的权利、债权人债权性质、债权数额等问题予以确认，形成参与分配方案。本案中，源泰公司在案涉房产抵债前向执行法院提出参与分配申请并主张建设工程价款优先受偿权，根据《执行程序解释》第17条规定，执行法院应当制作财产分配方案，并不区分被执行人是否为自然人或其他组织。同时,根据参与分配方案应当具备的各项要素,主持参与分配法院在制作参与分配方案时,应当结合各项材料综合认定各债权人申请参与分配的资格、债权性质、分配顺位、债权数额等问题。

第三节　分配方案的通知与送达

法律依据

《民事诉讼法解释》

第509条　多个债权人对执行财产申请参与分配的,执行法院应当制作财产分配方案,并送达各债权人和被执行人。债权人或者被执行人对分配方案有异议的,应当自收到分配方案之日起十五日内向执行法院提出书面异议。

制度研究

根据《民事诉讼法解释》第509条的规定,主持参与分配法院依法制作分配方案后,需要送达各债权人和被执行人,分配方案裁定或分配表须经送达发生法律效力。送达分配方案的目的是告知各债权人可分得的债权金额,如有债权人对分配方案持不同意见,其有对分配方案提出异议的权利,但需在收到分配方案之日起15日内提出。债权人和被执行人在收到分配方案之日起15日内没有提出异议的,人民法院可以执行此分配方案。

实务操作

一、分配方案的送达

在合意确定分配方案情形下,主持参与分配法院就确定分配方案效力所作裁定一经作出即发生法律效力。而在由主持参与分配法院依法制作参与分配方案的情形下,分配方案裁定或分配表须经送达方生法律效力。

为了提高执行效率,分配方案应在一定的期日内制作完成。《民事强制执行法(草案)》第178条第2款同时规定了制作分配方案的期日,根据该条款规定,制作分配方案应当在执行款金额确定之日起15日内作出。同时,主持参与分配的法院亦应在该期日内完成对各债权人和被执行人的送达。送达分配方案的目的是告知各债权人可分得的债权金额,如有债权人对分配方案持不同意见,其有对分配方案提出异议的权利。

二、分配方案的修正

分配方案的修正系指根据个别对原分配方案持有异议之债权人的意见作出的对原分配方案的调整。《民事强制执行法(草案)》第182条规定,债权人或者被执行人对分配方案提出书面异议的,主持分配的法院应当通知未提出异议的债权人、被执行人。未提出异议的债权人、被执行人在收到通知之日起15日内未提出反对意见的,主持分配的人民法院依异议人的意见对分配方案审查修正后进行分配;提出反对意见的,应当通知异议人。异议人可以在收到通知之日起15日内,以提出反对意见的债权人、被执行人为被告,向主持分配的人民法院提起分配方案异议之诉,请求变更分配方案;异议人逾期未提起该诉讼的,主持分配的人民法院按照原分配方案进行分配。分配方案异议之诉审理期间,没有争议的执行款应当及时发放。《执行程序解释》与《民事诉讼法解释》中均有类似规定。是否根据异议人的异议对原分配方案进行修正,取决于未提出异议的债权人或被执行人对异议人异议内容的意见,如果未提出异议的债权人或被执行人反对异议人的异议,则不得对原分配方案进行修正。是否按照原分配方案执行,取决于异议人是否在法定期限内对提出反对意见的债权人或被执行人提起诉讼。学理上称该诉讼为分配方案异议之诉。对原分配方案的修正依然属于执行程序的一部分,由主持参与分配的法院进行。而参与分配异议之诉则属于民事诉讼程序,需由执行法院适用民事诉讼程序进行实体审理,且应进行实质审查。

第十二章　债权清偿顺位

第一节　不同位阶债权的清偿顺序

法律依据

《民事诉讼法解释》

第 508 条　参与分配执行中，执行所得价款扣除执行费用，并清偿应当优先受偿的债权后，对于普通债权，原则上按照其占全部申请参与分配债权数额的比例清偿。清偿后的剩余债务，被执行人应当继续清偿。债权人发现被执行人有其他财产的，可以随时请求人民法院执行。

第 514 条　当事人不同意移送破产或者被执行人住所地人民法院不受理破产案件的，执行法院就执行变价所得财产，在扣除执行费用及清偿优先受偿的债权后，对于普通债权，按照财产保全和执行中查封、扣押、冻结财产的先后顺序清偿。

《执行规定》

55. 多份生效法律文书确定金钱给付内容的多个债权人分别对同一被执行人申请执行，各债权人对执行标的物均无担保物权的，按照执行法院采取执行措施的先后顺序清偿。

多个债权人的债权种类不同的，基于所有权和担保物权而享有的债权，优先于金钱债权清偿。有多个担保物权的，按照各担保物权成立的先后顺序清偿。

一份生效法律文书确定金钱给付内容的多个债权人对同一被执行人申请执行，执行的财产不足清偿全部债务的，各债权人对执行标的物均无担保物权的，按照各债权比例清偿。

制度研究

关于狭义参与分配程序中,享有优先权的债权和普通债权清偿顺序的规定,即清偿应当优先受偿的债权后,普通债权原则上按照其占全部申请参与分配债权数额的比例清偿。广义参与分配程序中,对没有进入破产程序的被执行企业法人,享有优先权的债权和普通债权清偿顺序,在扣除执行费用及清偿优先受偿的债权后,普通债权按照财产保全和执行中查封、扣押、冻结财产的先后顺序清偿。

一、执行费用

基于债务人资不抵债的适用前提,参与分配程序被作为“小破产程序”,其债权清偿顺位和破产法的规定类似,破产法规定破产财产需要优先清偿破产费用和共益债务,而参与分配程序则需要先清偿执行费用。关于执行费用具体包括哪些内容,法律及司法解释并无明确规定。地方高级人民法院出台的指导意见中有相关规定,如《江苏省高级人民法院关于正确理解和适用参与分配制度的指导意见》第 9 条规定:“执行财产在扣除下列相关费用后予以分配:

“(1)首查封案件保全费、主持分配案件申请执行费、评估费、审计费、鉴定费、公告费、保管费、悬赏费、拍卖辅助费等应由被执行人承担的必要费用以及相关债权人为处置待分配财产垫付的必要费用;

“(2)执行财产为国有划拨土地使用权,依法应缴纳的土地使用权出让金;

“(3)根据相关法律、行政法规规定,办理物权变更登记时应由被执行人负担的税费,但已明确由买受人负担的除外;

“(4)其他依法应当扣除的必要费用。”

二、优先债权

《民事诉讼法解释》第 506 条第 2 款源自 2008 年《执行规定》第 93 条:“对人民法院查封、扣押或冻结的财产有优先权、担保物权的债权人,可以申请参加参与分配程序,主张优先受偿权。”对比《民诉意见》第 297 条,《民事诉讼法解释》第 506 条第 2 款的意义是在于《民诉意见》第 297 条在参与分配中没有区分一般债权与享有优先权的债权，对于享有担保物权或者有其他优先权的债权人的程序和实体权利没有单独规定，实践中容易发生误解。按照《民事诉讼法解释》第506条第2款的规定，有优先权、担保物权的债权人不必取得执行依据，就可以申请参与分配。

三、普通债权

根据《民事诉讼法解释》第508条的规定，狭义参与分配程序中，执行所得价款扣除执行费用，并清偿应当优先受偿的债权后，对于普通债权，原则上按照其占全部申请参与分配债权数额的比例清偿。

实务操作

一、优先债权相对于普通债权的优先受偿

多个债权的清偿有优先主义、平等主义两种不同方案。由于清偿顺序的不同，自然就会出现优先受偿的债权与其他普通债权的关系问题。[①] 相较于确定多个债权整体上如何清偿的清偿顺序，这一问题是从个别债权是如何清偿的角度出发而展开的。

在不同场合，优先债权的范围不同：

1. 对于广义的执行竞合，即多份生效法律文书确定的多个金钱债权之间，享有担保物权的债权优先受偿，而其他普通债权就自身性质而言，均无绝对优先受偿的地位，按照执行法院采取执行措施的先后顺序受偿。

2. 对于狭义的执行竞合，即不同种类的多个债权之间，首先是对标的物享有担保物权的债权（有多个担保物权的，各担保物权按成立的先后顺序受偿）优先受偿；其次是基于所有权而享有的债权，即请求转移标的物所有权的请求权受偿；再次是请求交付标的物的债权受偿；最后才是一般金钱债权受偿。

3. 对于广义的执行竞合，如果符合参与分配的条件，有优先权、担保物权的债权人优先受偿，其他债权按其占全部申请参与分配债权数额的比例受偿。在这里，优先权和担保物权显然不是同一概念，优先权概念源于2008年《执行

① 优先债权泛指因各种原因可以优先受偿的债权。相对应地，不能优先受偿的债权，本文称之为普通债权。

规定》第93条,司法解释起草人指出"优先权"是指船舶优先权、建筑工程价款优先受偿权等法定优先权。[①] 有的地方法院文件用列举式的方法,总结了"优先权"的范围:[②]

(1)《海商法》第21条中的"船舶优先权";(2)《民用航空法》第18条中的"民用航空器优先权";(3)《民法典》第807条中的"建设工程价款优先受偿权";(4)《民法典担保制度解释》第50条中的"建设土地使用权出让金优先权";(5)《税收征收管理法》第45条中的"税收优先权";(6)《民办教育促进法》第59条中的"应退受教育者学费、杂费和其他费用优先权"。

二、确定债权清偿顺序的方式

执行中,关于多个债权孰先孰后受偿是争议较多的问题,有必要采用明确债权的受偿顺序,并给予当事人适当的救济权利。

《执行程序解释》第17条规定:"多个债权人对同一被执行人申请执行或者对执行财产申请参与分配的,执行法院应当制作财产分配方案,并送达各债权人和被执行人。债权人或者被执行人对分配方案有异议的,应当自收到分配方案之日起十五日内向执行法院提出书面异议。"

该条将"多个债权人对同一被执行人申请执行"与"参与分配"并列为制作分配方案的条件,所以应该通过制作分配方案明确广义执行竞合的场合(包括参与分配),多个金钱债权的受偿顺序或者比例。而制作分配方案之后,相关债权人有权提出异议及异议之诉。

《民事诉讼法解释》第509条删除了"多个债权人对同一被执行人申请执行"这一制作分配方案的条件,改为"多个债权人对执行财产申请参与分配的,执行法院应当制作财产分配方案"。最高人民法院出版物认为,如果仅仅是多个债权人对同一被执行人申请执行的情况下,执行法院不一定要制作分配方案。[③] 除了参与分配,多个债权人对同一被执行人申请执行时是否要制

---

① 参见人民法院出版社编:《司法解释理解与适用全集·执行卷1》,人民法院出版社2018年版,第222页。

② 此处的列举可能无法穷尽所有的法定优先权,仅为读者理解"优先权"的含义提供一个参考。

③ 参见最高人民法院修改后民事诉讼法贯彻实施工作领导小组编著:《最高人民法院民事诉讼法司法解释理解与适用(下)》,人民法院出版社2015年版,第1346页。

作分配方案,实践中做法不同。本书认为,不构成参与分配也要制作分配方案,就意味着债权人有诉讼救济的途径,对执行效率影响较大。

审判前沿

广州广日电气设备有限公司、海南盛秦农业开发有限公司等借款合同纠纷执行复议案

【案例索引】

(2020)最高法执复160号

【基本案情】

海南高院在执行海南盛秦农业开发有限公司(以下简称盛秦公司)与海南中东集团有限公司(以下简称中东公司)、钟某强、钟某娣、钟某军、三亚智力大酒店有限公司、三亚福利旅业有限公司、三亚环球智力开发有限公司、三亚智力粤菜皇宫金融借款合同纠纷一案中,广州广日电气设备有限公司(以下简称广日公司)向该院提出书面异议。

广日公司称海南高院以案涉两宗土地的价格无法评估、无法确定其价格为由,依照盛秦公司的申请,作出(2018)琼执恢8号执行裁定(以下简称8号裁定),将中东公司名下三土房(2012)字第004407号土地房屋权证项下的32,790.05平方米土地使用权交付盛秦公司抵偿中东公司所欠盛秦公司的债务,造成中东公司没有财产可供执行,广日公司债权无法实现。案涉财产未经合法评估,未经公开程序拍卖,直接裁定以物抵债,违反了《最高人民法院关于人民法院民事执行中拍卖、变卖财产的规定》第2条的规定,程序违法,应予撤销。广日公司、盛秦公司对中东公司的债权均为普通金钱给付债权,法律地位、受偿顺序均平等,海南高院8号裁定将土地抵债,导致其他债权人无法实现债权,违反2008年《执行规定》第90条的规定,侵害了广日公司的合法权益。中东公司明知广日公司享有真实合法债权,却故意隐瞒真实情况,擅自将案涉财产以和解方式给另案债务人,损害了广日公司的合法权益。8号裁定违反了2015年《民事诉讼法解释》第491条的规定,应予撤销。

盛秦公司称海南高院8号裁定是法院执行行为的合法体现，程序合法，没有违反法律规定。中东公司的异议理由缺乏事实根据和法律依据。盛秦公司对中东公司享有的债权为抵押担保债权，是优先债权，并非普通金钱债权。被执行人尚有财产可供执行，8号裁定没有造成被执行人无财产可供执行。盛秦公司为了盘活中东公司名下的土地资产，已代中东公司偿还原附着在土地上的债务9380万元及工程款，并向国土部门缴纳土地增容费约1.9亿元，有利于中东公司摆脱困境，增强其偿债能力。盛秦公司已与广日公司进行积极协商，愿意代为履行被执行人的债务。被执行人和广日公司已经在复议过程中达成执行和解，且不解除对盛秦公司财产的查封，广日公司的债权可以通过多种方式实现。

海南高院查明，三亚农村商业银行股份有限公司、万宁市农村信用合作联社、定安县农村信用合作联社、东方市农村信用合作联社、乐东黎族自治县农村信用合作联社、儋州市农村信用合作联社（以下简称三亚农商行等六公司）诉中东公司、三亚智力大酒店有限公司、三亚福利旅业有限公司、三亚环球智力开发有限公司、三亚智力粤菜皇宫、钟某强、钟某军、钟某娣金融借款合同纠纷一案，该院于2015年12月22日作出（2015）琼民一初字第25号民事判决，其中判决内容第3项确定：三亚农商行等六公司在中东公司不按期支付判决第一项债务时，有权以中东公司提供的抵押物［即中东公司名下位于三亚市河东区××路，土地房屋权证号为三土房（2012）字第004407号，土地面积为32,790.05平方米的土地使用权（以下简称07号土地使用权）和位于三亚市河东区××路，土地房屋权证号为三土房（2012）字第004406号、土地面积为8268.9平方米的土地使用权（以下简称06号土地使用权）］折价或者以拍卖、变卖该抵押物的价款优先受偿。

最高人民法院于2016年6月20日作出（2016）最高法民终219号民事判决，维持原判。

执行过程中，盛秦公司于2017年3月13日向海南高院申请变更其为本案申请执行人，海南高院于2017年3月21日作出（2016）琼执12号之一执行裁定，变更盛秦公司为本案申请执行人。2018年3月13日，海南高院根据盛秦公司的申请，委托海南政和资产评估土地房地产估价有限公司对该院查封的中东公司名下07号土地使用权、06号土地使用权进行价格评估。2018年4月19日，海南政和资产评估土地房地产估价有限公司以影响宗地及现状鉴定评估的问题较多（如保障房项目，政府其他项目征用鉴定宗地部分地块，地面已有部分停建工程和在建工程，也无资料确定宗地实际权属面积、规划指标、工程进度等），无法取得评估所需基本资料，评估条件受限，鉴定项目已无法进行为由，将两宗土地的价格评估委托退回海南高院。由于这两宗土地的价格无法评估，无法确定其价格，无法依据评估价格进行拍卖、变卖，盛秦公司向海南高院申请，征得中东公司的同意，由中东公司以07号土地使用权抵偿最高人民法院（2016）最高法民终219号民事判决确定的其所欠盛秦公司的债务。经查询，除本案查封外，07号土地使用权无其他抵押、查封的情形存在，依照2015年《民事诉讼法解释》第492条之规定，海南高院裁定将中东公司名下07号土地使用权交付盛秦公司，抵偿最高人民法院（2016）最高法民终219号民事判决以及海南高院（2016）琼执12号之一执行裁定确定的中东公司所欠盛秦公司的债务，解除对中东公司07号土地使用权及06号土地使用权的查封。后来，当事人将案涉土地的不动产权证书变更登记在盛秦公司名下，建设工程规划许可证、建筑工程施工许可证变更登记在中东公司、盛秦公司名下，建设单位由中东公司变更为中东公司、盛秦公司，项目名称由"中东时代公馆项目Ⅱ区"变更为"三亚景园城"，盛秦公司取得了商品房预售许可证。

另查明，广日公司与中东公司建设工程施工合同纠纷一案，当事人向中国广州仲裁委员会申请仲裁。中国广州仲裁委员会于2017年9月6日作出（2017）穗仲案字第11272号仲裁调解书。因中东公司未履行该生效调解书确定的义务，广日公司向海南省三亚市中级人民法院（以下简称三亚中院）申请强制执行，该院于2018年1月15日立案执行，其间，广日公司申请查封中东公司名下07号土地使用权、06号土地使用权，以及土地房屋权证号为三土房（2013）字第06558号的4123.84平方米土地使用权。2018年7月2日，三亚中院作出（2018）琼02执15号执行裁定，认为海南高院已将中东公司名下的07号土地使用权裁定过户至盛秦公司名下,依法不属于中东公司的财产,广日公司请求查封07号土地使用权,没有法律依据。裁定轮候查封了中东公司名下06号土地使用权和土地房屋权证号为三土房(2013)字第06558号的4123.84平方米土地使用权。

海南高院认为,争议焦点是:本案在执行过程中裁定将案涉土地抵债给盛秦公司是否正确。

首先,根据2008年《执行规定》第88条的规定,本案中,盛秦公司、广日公司分别为两份不同的生效法律文书确定的金钱债务,债务人均包括中东公司,依照上述规定,对案涉土地有抵押权的盛秦公司应优先受偿。经查,海南高院裁定抵债之前,因盛秦公司对案涉土地享有优先受偿权,经向土地管理部门查询,07号土地使用权除本案抵押、查封外,没有其他抵押、查封等涉及第三方权利的情况,而广日公司与盛秦公司并非同一份生效法律文书确定的债权,广日公司既不是优先受偿人,也不符合按债权比例受偿的法定情形。因此,盛秦公司依法享有用案涉土地清偿全部债务的权利。

其次,没有证据证明案涉土地抵偿债务明显低于市场价。本案执行依据确定的债权为499,987,107.28元及其利息,截至裁定抵债之日,债权数额依法应加上迟延履行期间的债务利息。盛秦公司与三亚农商行等六公司签订《债权转让协议》受让本案债权,转让价款为7亿元。而案涉土地的价值,在评估公司无法评估退回委托的情况下,以政府公布的当时土地基准价格520万元/亩价格计算,07号土地使用权价值约为2.5576亿元;从中东公司为确定房地产抵押贷款提供参考而委托评估的结果来看,07号土地使用权价值约为681,114,919元。海南高院裁定按申请执行人与被执行人达成的和解协议以07号土地使用权抵偿全部债务(抵债后即解除了06号土地使用权的查封),没有证据证明抵债价格明显偏低。综上,广日公司提出将案涉土地抵债给盛秦公司,损害其合法权益的意见,没有事实和法律依据,海南高院裁定以案涉土地抵偿中东公司所欠盛秦公司的本案全部债务,并不损害其他债权人合法权益和社会公共利益,符合2015年《民事诉讼法解释》第492条的规定,予以维持。

综上，海南高院于2020年7月10日作出100号裁定，裁定驳回广日公司的异议请求。

广日公司不服海南高院异议裁定，向最高人民法院申请复议称，海南高院100号裁定认定事实错误。（1）盛秦公司提交的《债权转让协议》可以证实，案涉07号土地使用权并非无法评估、拍卖，早在2017年2月，盛秦公司就与中东公司串通，阻碍法院评估、拍卖，损害广日公司及其他债权人利益。（2）2018年6月29日，广日公司向三亚中院申请查封07号土地使用权时，该土地使用权无查封、抵押信息，且登记在中东公司名下，仍属于中东公司的财产。海南高院100号裁定认定07号土地使用权抵债价格未低于市场价格是错误的。根据盛秦公司在三亚中院（2019）琼02执异43号案件中提交的提供担保解除保全申请书附件“三亚市发展和改革委员会关于三亚·景园城项目商品住宅销售价格备案的通知”，住宅备案价为33,900元/平方米，商业备案价为59,500元/平方米，项目总建筑面积为156,713.42平方米，扣除各项建筑成本等，土地使用权价值约23.5亿元。海南高院8号裁定违法，损害广日公司的合法权益，应予撤销。盛秦公司、中东公司向法院提交付款担保函、还款计划书、《执行和解协议》，但拒不按承诺和约定履行，造成广日公司债权未能实现。广日公司向三亚中院申请追加盛秦公司为被执行人，但被该院裁定驳回，广日公司向海南高院申请复议，复议案件正在审查期间，案号为（2020）琼执复11号。因此，应撤销海南高院100号裁定和8号裁定。

盛秦公司提交意见称：海南高院100号裁定认定事实正确。盛秦公司在主观上不存在恶意阻碍评估、拍卖的意愿，客观上并未实施该行为。且海南高院已裁定追加盛秦公司为被执行人，在承诺范围内承担责任，广日公司的债权实现得到了保障。广日公司主张07号土地使用权价值远超23亿元，无事实和法律依据。盛秦公司对07号上地使用权享有抵押权，可优先用于清偿全部债务，且在海南高院裁定以物抵债前，除本案抵押、查封外，07号土地使用权无其他抵押、查封等涉及第三方权利的情形存在，中东公司亦有其他财产可供执行，广日公司认为海南高院8号裁定错误，无事实和法律依据。故请求驳回广日公司的复议申请。

最高人民法院查明,2015年12月22日,海南高院作出(2015)琼民一初字第25号民事判决,其中判决主文第1项明确,三亚农商行等六公司与中东公司签订的《固定资产社团借款合同》于2015年3月30日到期,限中东公司于判决生效之日起10日内向三亚农商行等六公司偿还借款本金499,987,107.28元及至实际清偿日止的利息(利息包括截至2015年6月21日的26,391,434.09元利息及自2015年6月22日起至实际清偿日的利息)。2017年2月23日,盛秦公司与三亚农商行等六公司签订《债权转让协议》,约定盛秦公司以7亿元的价格受让三亚农商行等六公司对中东公司享有的债权(债权本金499,987,107.28元)及三亚农商行等六公司对海南中广农业科技开发有限公司享有的债权(债权本金5000万元)。2017年9月6日,中国广州仲裁委员会作出(2017)穗仲案字第11272号仲裁调解书,确认中东公司于2017年12月25日前向广日公司支付12,174.44万元款项及未按约付款所应承担的责任等。2018年6月19日,海南高院作出8号裁定,裁定将07号土地使用权以物抵债给盛秦公司。2018年9月12日,盛秦公司、中东公司向广日公司出具付款担保函,载明盛秦公司同意代中东公司向广日公司清偿(2017)穗仲案字第11272号仲裁调解书确认的欠款8177.7827万元(含工程款8074.44万元及仲裁费1033,427元)。2018年9月20日和2019年1月4日,盛秦公司、中东公司再次向广日公司出具两份付款担保函,进一步明确8177.7827万元款项的分期付款时间及金额等事项。2020年8月6日,根据盛秦公司、中东公司向广日公司出具的付款担保函,海南高院作出(2020)琼执复11号执行裁定,裁定撤销三亚中院异议裁定,追加盛秦公司为广日公司申请执行中东公司一案的被执行人,并在盛秦公司承诺的范围内对广日公司清偿该案债务。在向海南高院申请该案复议时,广日公司于申请事由中表示,盛秦公司已实际履行付款担保函部分义务,直接向广日公司偿还700万元,并通过第三人向广日公司偿还1130万元,合计偿还1830万元欠款。

最高人民法院认为,本案的争议焦点是:海南高院裁定将07号土地使用权抵债给盛秦公司是否正确。此问题的核心在于,该行为是否损害其他债权人合法权益和社会公共利益。分析如下:

第一,关于盛秦公司对07号土地使用权是否享有优先受偿权的问题。本案据以执行的海南高院(2015)琼民一初字第25号民事判决,明确判决三亚农商行等六公司在中东公司不按期支付该判决主文第1项确定的债务时,有权以中东公司提供的抵押物,即07号土地使用权和06号土地使用权折价或者拍卖、变卖所得价款优先受偿,三亚农商行等六公司对07号土地使用权和06号土地使用权依法享有担保物权。作为三亚农商行等六公司对中东公司前述债权的合法受让人,盛秦公司对07号土地使用权和06号土地使用权亦享有担保物权。而且,在8号裁定作出前,海南高院已向土地管理部门查询,确认除本案抵押和查封外,07号土地使用权并无其他抵押和查封等涉及第三方权利的情况存在。结合2008年《执行规定》第88条第2款关于"多个债权人的债权种类不同的,基于所有权和担保物权而享有的债权,优先于金钱债权受偿。有多个担保物权的,按照各担保物权成立的先后顺序清偿"的规定,相较于广日公司对中东公司享有的金钱债权而言,盛秦公司对07号土地使用权享有顺位在先的优先受偿权,有权以该土地使用权清偿中东公司所欠债务。

第二,关于07号土地使用权抵债价格是否过低的问题。从本案已查明的事实看,因受客观条件等多方面因素限制,评估机构无法继续对07号土地使用权价值进行评估,故该土地使用权实际价值为多少,本案现无法作出准确判断。参考当时当地政府公布的基准地价,07号土地使用权的价值约为2.5576亿元。参考中东公司为确定房地产抵押贷款提供参考而委托评估的结果,07号土地使用权的价值约为681,114,919元。结合该两组数据与盛秦公司对中东公司享有的债权数额[借款本金499,987,107.28元及至实际清偿日止的利息(利息包括截至2015年6月21日的26,391,434.09元利息及自2015年6月22日起至实际清偿日的利息)],在无其他证据证明的情况下,本案尚无法得出07号上地使用权抵债价格过低的结论。海南高院通过数据比对,结合本案无证据证明07号土地使用权抵债价格过低等实际情况,综合判断该土地使用权抵债价格并未明显低于市场价格,有其合理性。至于广日公司提出的以商品房备案价格计算出的07号土地使用权价值问题,因土地使用权价值与商品房备案或者销售价格属不同概念,二者虽有一定关联,但不可混同,以此推算出的土地使用权价值并不能当然准确反映该土地使用权的实际价值,亦不可作为认定抵债价格高低或者是否损害其他债权人合法权益和社会公共利益的评判依据。

第三,从另案即广日公司申请执行中东公司建设工程施工合同纠纷一案的执行情况看,在海南高院作出8号裁定,裁定将07号土地使用权抵债给盛秦公司,用以清偿中东公司欠付盛秦公司的债务后,盛秦公司和中东公司向广日公司出具了付款担保函,明确盛秦公司同意代中东公司向广日公司清偿(2017)穗仲案字第11272号仲裁调解书确认的欠款8177.7827万元(含工程款8074.44万元及仲裁费1033,427元),海南高院亦据此于2020年8月6日作出(2020)琼执复11号执行裁定,裁定撤销三亚中院不予追加盛秦公司为广日公司申请执行中东公司建设工程施工合同纠纷一案被执行人的异议裁定,追加盛秦公司为该案的被执行人,并明确盛秦公司在其承诺的范围内对广日公司清偿该案债务。且广日公司也在该案申请复议事由中表示盛秦公司已实际履行付款担保函部分义务,直接和间接向其付款合计1830万元。承前所述,因盛秦公司对07号土地使用权享有优先受偿权,且现无法对该土地使用权实际价值作出准确判断,故将该土地使用权抵债给盛秦公司,并无充分有效证据证明其会当然损害包括广日公司在内的其他债权人合法权益和社会公共利益。而且,从广日公司合法权益保护的角度看,在海南高院已将盛秦公司裁定追加为广日公司申请执行中东公司建设工程施工合同纠纷一案被执行人,并明确盛秦公司在其承诺的范围内对广日公司清偿该案债务的情况下,盛秦公司通过8号裁定以物抵债的07号土地使用权,实际成了盛秦公司作为被执行人向广日公司履行义务部分的责任财产,成为广日公司债权得以实现的一种保障。特别是在目前盛秦公司通过与中东公司共同开发07号土地使用权所涉项目,且已进行工程建设并取得商品房预售许可证的情况下,07号土地使用权所涉房产亦成为盛秦公司作为被执行人向广日公司履行义务部分的责任财产,为广日公司债权的实现提供了更为有利的保障。由此,广日公司关于海南高院裁定将07号土地使用权抵债给盛秦公司,损害其合法权益的主张，理据不足，不能成立。

同时，2015年《民事诉讼法解释》第491条规定："经申请执行人和被执行人同意，且不损害其他债权人合法权益和社会公共利益的，人民法院可以不经拍卖、变卖，直接将被执行人的财产作价交申请执行人抵偿债务。对剩余债务，被执行人应当继续清偿。"第492条规定："被执行人的财产无法拍卖或者变卖的，经申请执行人同意，且不损害其他债权人合法权益和社会公共利益的，人民法院可以将该项财产作价后交付申请执行人抵偿债务，或者交付申请执行人管理；申请执行人拒绝接收或者管理的，退回被执行人。"本案中，海南高院作出8号裁定，系经盛秦公司申请，并已征得中东公司同意，且如前所述，并未损害其他债权人合法权益和社会公共利益。因此，8号裁定有充分法律依据，处理结果并无不当。

裁定驳回广日公司的复议申请，维持海南高院(2020)琼执异100号异议裁定。

【案例评析】

被执行人中东公司是企业法人。申请执行人盛秦公司是三亚农商行等六公司对中东公司债权的合法受让人，对07号土地使用权和06号土地使用权享有担保物权。异议人广日公司也是中东公司的债权人，但是对中东公司07号土地使用权和06号土地使用权，不享有担保物权。广日公司申请查封中东公司名下07号土地使用权，而法院认为，由于无法评估，无法进行变价处置，07号土地使用权已经以物抵债，被裁定过户至盛秦公司名下，依法不属于中东公司的财产，故不再查封。

盛秦公司享有担保物权的债权应该优先受偿，但是优先受偿的一般方式是将担保物变价处置后，就变价款优先受偿。如果变价款还有剩余，那么一般债权人可以继续受偿。但是，本案的特殊之处就在于，07号土地使用权是在无法评估定价和拍卖的情况下，直接以物抵债抵偿给了盛秦公司。在其他的案例中，抵押物无法变价处置时，如果抵押权人想接受抵押物抵债，其债权金额小于抵押物价值的，应该补交差价，这样其他的一般债权人就有部分受偿的机会。但本案中，盛秦公司完全接受了抵押物，债权全部优先受偿，抵押物没有变现，没有剩余变价款，作为中东公司的一般债权人,广日公司认为其失去了通过变价款受偿的机会。所以,广日公司提出异议的主要主张是07号土地使用权未经评估和拍卖,直接裁定以物抵债,债权的清偿顺序违反了相关规定。

广日公司认为盛秦公司和其一样,都是中东公司的普通债权人,法律地位、受偿顺序均平等,应该按照2008年《执行规定》第90条①的规定来清偿的主张,但法院做法其实并不符合第90条的规定。第90条指的是被执行人为公民或其他组织,无法清偿全部债务时,其他债权人可以申请参与分配。在参与分配中享有优先权的债权先受偿之后,普通债权按比例受偿。但中东公司是企业法人,并不符合适用参与分配的先决条件,并且盛秦公司确实是享有担保物权的债权人,可以首先受偿。只是盛秦公司受偿的方式较为特殊。而最高人民法院认为,盛秦公司优先受偿是符合2008年《执行规定》第88条②规定的,享有担保物权的债权应该优先受偿。对于抵债中无法确定评估价的问题,最高人民法院也结合实际情况进行了论述,认为不存在07号土地使用权地产的债权金额明显低于市场价格,抵债价格过低的问题。

本案虽然不属于适用参与分配确定债权清偿方案的案例,但是十分明显地反映出了执行实践中广义的执行竞合普遍存在,即便存在很明确的享有优先权的债权优先受偿的原则,也可能会因为清偿的方式而出现债权受偿的争议。所以,如何理解广义、狭义执行竞合的含义,以及不同场合中债权清偿的不同顺序,何时可以适用平等主义的规则,对于处理同一债务人有多个债权人的复杂纠纷十分关键。

① 现已删除。

② 现为第55条。

第二节　首封普通债权的特别保护

法律依据

《最高人民法院关于首先查封法院与优先债权执行法院处分查封财产有关问题的批复》

第 3 条　财产移送执行后，优先债权执行法院在处分或继续查封该财产时，可以持首先查封法院移送执行函办理相关手续。

优先债权执行法院对移送的财产变价后，应当按照法律规定的清偿顺序分配，并将相关情况告知首先查封法院。

首先查封债权尚未经生效法律文书确认的，应当按照首先查封债权的清偿顺位，预留相应份额。

制度研究

《民事诉讼法解释》第 508 条是对 1992 年《民诉意见》第 299 条以及 2008 年《执行规定》第 94、95 条的继承，并对其进行了适当修改。《民事诉讼法解释》第 508 条将 1992 年《民诉意见》第 299 条中“被执行人的财产参照民事诉讼法第二百零四条规定的顺序清偿”的规定删除，因为该破产还债程序已经被废除。《民事诉讼法解释》第 508 条比 1992 年《民诉意见》第 94 条多规定了先扣除执行费用，然后将 1992 年《民诉意见》第 94 条中享有优先权、担保权的债权人优先受偿简化为先清偿应当优先受偿的债权。同时，《民事诉讼法解释》第 508 条也吸收 1992 年《民诉意见》第 95 条的规定。《民事诉讼法解释》第 508 条已经完全囊括了 1992 年《民诉意见》第 94、95 条的内容，所以《民诉意见》在 2020 年年底的修正中，将第 94、95 条删除。

而《民事诉讼法解释》第 508 条还有一处并不十分明确的修改，即将 1992 年《民诉意见》第 299 条中的“按照比例分配”修改为“原则上按照其占全部申请参与分配债权数额的比例受偿”，对这一修改的理由和说明，最高人民法院指出，就普通债权的清偿原则问题，实践中的多数意见是应对首先申请查封财产的债权予以适当优待，以实现财产保全制度的目的，同时缓解执行程序中财产查找的困难。关于优待的具体方式，《民事诉讼法解释》第 508 条最初设计的方案是对首先申请查封财产的债权优先受偿 20%，剩余债权按照普通债权平等受偿。在讨论过程中，有意见认为“20% 的优先受偿”没有法律依据，可以考虑适当优先满足其为查封而支出的必要费用。还有观点认为，优待首先查封的债权并不合适，还是应该坚持平等受偿的原则，理由在于：第一，缺乏法律依据。这样规定实质上是创设了一个法定优先权。在缺乏法律基础的情况下，司法解释创设法定优先权的合法性存疑。第二，违反了参与分配的制度精神。参与分配制度是为了实现破产制度的功能，而破产制度坚持平等受偿的原则。第三，会带来其他问题。实践中，有些查封是法院的职权行为，难以确定谁是首先查封的债权人。如果优待首先查封债权，可能会引发道德风险。考虑到《民事诉讼法解释》的基础性地位，第 508 条只规定了“原则上按照其占全部申请参与分配债权数额的比例受偿”，至于是否优待、如何优待首先查封债权等具体问题，则留给了参与分配的专门司法解释去解决。①

最高人民法院的说明，详细解释了制定《民事诉讼法解释》时没有确定优待首先查封债权的原委，但遗憾的是，关于参与分配的专门司法解释一直没有出台，《民事诉讼法解释》第 508 条中确定的“原则上按照其占全部申请参与分配债权数额的比例受偿”没有后续的细化规则，造成实践中各地法院适用尺度不一。

一、优待首先查封普通债权分配份额的意见

对于适当优待首封债权，实践中有共识，但究竟如何优待，各地的认识不完全一致。

（一）《浙江省高级人民法院执行局关于多个债权人对同一被执行人申请执行和执行异议处理中若干疑难问题的解答》（2012）

该解答第 13 条指出，《浙江省高级人民法院关于在立案和审判中兼顾案件执行问题座谈会纪要》（浙高法〔2009〕116 号）第 3 条第 4 项规定首先申请

① 参见最高人民法院修改后民事诉讼法贯彻实施工作领导小组编著：《最高人民法院民事诉讼法司法解释理解与适用（下）》，人民法院出版社 2015 年版，第 1345 页。

财产保全并成功保全债务人财产的债权人在参与该财产变价所得价款的分配时，可适当多分，但最高不得超过20%（1∶1.2的系数）。

如甲、乙、丙均申请执行丁，申请执行标的额分别为200万元、300万元和100万元，符合参与分配条件。在诉讼中，甲首先申请财产保全并成功保全丁的全部财产，后拍卖得款300万元。主持分配的法院决定给甲多分20%（增加0.2的系数）。分配时，先计算出乙、丙的受偿比例（以A指代），确定系数1，再乘以（1+20%）得出甲的受偿比例。乙、丙受偿比例的计算方法为：甲债权200万元×A×（1+20%）+（乙债权300万元+丙债权100万元）×A=可分配金额300万元，由此计算出A=46.875%。则甲的受偿比例为46.875%×1.2=56.25%。

需要注意的是，当首先申请财产保全并成功保全债务人财产的债权人的申请执行标的额远大于可分配金额，或者其他债权人的受偿比例已经较高（达到83.34%以上）时，奖励的系数应视情降低，以免出现首先申请财产保全并成功保全债务人财产的债权人分走全部款项或超额受偿的情况。

该解答是对首封债权予以多分20%的优待并且以计算实例来说明如何适用。同时，浙江省高级人民法院也指出要根据实际情况适时调整，优待首封债权的比例（系数），避免出现，首封债权人分走全部款项或超额受偿的情况。

（二）《北京市高、中级法院执行局（庭）长座谈会（第五次会议）纪要——关于案款分配及参与分配若干问题的意见》（2013）

该纪要第15条中指出，按照2008年《执行规定》第94条的规定，享有担保物权和法律规定的其他优先受偿权的债权，其受偿顺位按照本纪要第5条第1～4项的相关规定办理。享有担保物权和法律规定的其他优先受偿权的债权受偿完毕后，案款有剩余的，各普通债权按比例受偿。

参与分配程序中，若执行标的物为诉讼前、诉讼中、仲裁前或仲裁中依债权人申请所保全的财产，在清偿对该标的物享有担保物权和法律规定的其他优先受偿权的债权后，对该债权人因申请财产保全所支出的成本及其损失，视具体情况优先予以适当补偿，但补偿额度不得超过其未受偿债权金额的20%；其剩余债权作为普通债权受偿。

该纪要并未对首封债权予以优待，而是对诉讼前、诉讼中、仲裁前或仲裁中采取保全措施的债权优先予以适当补偿，但补偿额度不得超过其未受偿债权金额的20%。当然,如果保全债权就是首封债权,那么也就等同于对首封债权予以不超过未受偿金额20%的优待。

(三)《重庆市高级人民法院关于执行工作适用法律若干问题的解答(一)》(2016)

该解答第5条第7款指出,参与分配程序中,执行所得价款扣除执行费用,并清偿应当优先受偿的债权后,普通债权原则上按照其占全部申请参与分配债权数额的比例受偿。

但有以下情形之一的普通债权,人民法院应根据案件具体情况,在保证参与分配债权都有受偿的前提下,可适当予以多分,多分部分的金额不得超过待分配财产的20%且不高于该债权总额,未受偿部分的债权按普通债权比例受偿。

1. 依债权人提供的财产线索,首先申请查封、扣押、冻结并有效采取措施的债权,但人民法院依职权查封的除外;

2. 依债权人申请采取追加被执行人、行使撤销权、悬赏执行、司法审计等行为而发现被执行人财产的债权。

该解答对首封债权及对发现被执行人财产有贡献的债权予以优待,在保证参与分配债权都有受偿的前提下,可适当予以多分,多分部分的金额不得超过待分配财产的20%且不高于该债权总额。

(四)《福州市中级人民法院关于参与分配具体适用的指导意见(试行)》(2017)

该指导意见第9条指出,被执行人的财产无法清偿所有债务时,对首先采取财产诉讼保全措施的债权人,可以适当提高执行款分配比例。其债权额高于保全财产价额的,则在其债权额的范围内,提高比例幅度为保全财产价额的15%~20%;其债权额低于保全财产价额的,则在保全财产范围内,提高比例幅度为其债权额的15%~20%。

福州市中级人民法院区分首封债权金额与保全财产价值的高低,分别按照保全财产价值或债权金额的15%~20%对首封债权予以优待。

(五)《北京市法院执行案件办理规范》(2017)

《民事诉讼法解释》于2015年实施后,北京市高级人民法院发布了新版的案件办理规范,修改了《北京市高、中级法院执行局(庭)长座谈会(第五次会议)纪要——关于案款分配及参与分配若干问题的意见》第 15 条第 2 款的观点。

该规范第 581 条“清偿顺序的一般原则”中指出,参与分配程序中,执行所得价款扣除执行费用,并清偿应当优先受偿的债权后,对于普通债权,原则上按照其占全部申请参与分配债权数额的比例受偿。这一条注释指出,参与分配程序中,执行标的物为诉讼前、诉讼中、仲裁前或仲裁中依债权人申请所保全的财产,在清偿对该标的物享有担保物权和法律规定的其他优先受偿权的债权后,对该债权人因申请财产保全所支出的成本及其损失,视具体情况优先予以适当补偿。

可见,该规范删除了《北京市高、中级法院执行局(庭)长座谈会(第五次会议)纪要——关于案款分配及参与分配若干问题的意见》第 15 条第 2 款中“补偿额度不得超过其未受偿债权金额的 20%”的具体内容,仅保留了“视具体情况优先予以适当补偿”的原则,从而与 2015 年《民事诉讼法解释》第 510 条的观点保持一致。

(六)《江苏省高级人民法院关于正确理解和适用参与分配制度的指导意见》(2020)

该指导意见第 10 条指出,执行财产在扣除上述费用后仍有剩余的,按照以下顺序依次予以分配:

(1)享有优先权、担保物权的债权依法定顺序予以受偿;

(2)普通债权人的债权原则上按照其纳入分配程序的债权金额占全部纳入分配范围的债权总额的比例受偿。

对下列债权人可适当提高分配比例:

(1)分配财产系根据其提供线索查控所得;

(2)分配财产系其首先申请查控所得;

(3)分配财产系其行使撤销权诉讼、执行异议之诉或者通过司法审计、悬赏执行等方式查控所得。

上述债权人的分配比例,应考虑所涉债权及分配财产数额大小等因素,原则上不超过其按债权比例分配时应分得款项的 20%。

该指导意见认为,首封债权可以适当提高分配比例,原则上不超过其按债权比例分配时应分得款项的 20%。并且,江苏省高级人民法院还认为,除了首封债权,分配财产系根据其提供线索查控所得、分配财产系其首先申请查控所得和分配财产系其行使撤销权诉讼、执行异议之诉或者通过司法审计、悬赏执行等方式查控所得的债权人,在分配时也可以和首封债权人一样适当得到优待。

(七)各地法院意见的综合比较

上述地方法院的意见中,《浙江省高级人民法院执行局关于多个债权人对同一被执行人申请执行和执行异议处理中若干疑难问题的解答》《北京市高、中级法院执行局(庭)长座谈会(第五次会议)纪要——关于案款分配及参与分配若干问题的意见》形成于《民事诉讼法解释》2015 年实施之前,《重庆市高级人民法院关于执行工作适用法律若干问题的解答(一)》《福州市中级人民法院关于参与分配具体适用的指导意见(试行)》《北京市法院执行案件办理规范》《江苏省高级人民法院关于正确理解和适用参与分配制度的指导意见》形成于《民事诉讼法解释》实施之后。

上述法院的文件都是将优待首封债权的比例上限确定在 20% 。一方面是实践中优待首封债权人做法的体现,最高人民法院最初方案设定 20% 比例的来源。另一方面也说明最高人民法院确定原则后,部分地方法院也还是秉持优待首封债权的观点,有各自的具体方案。

在具体适用上,《浙江省高级人民法院执行局关于多个债权人对同一被执行人申请执行和执行异议处理中若干疑难问题的解答》的方法是先计算出没有优待的情况下,各个债权人债权可以获得清偿的比例,然后在此基础上再给首封债权多分 20% ,相当于是在平等分配的基础上多分 20% 。

《北京市高、中级法院执行局(庭)长座谈会(第五次会议)纪要——关于案款分配及参与分配若干问题的意见》的方法是对已经采取保全措施的债权予以适当补偿,但补偿额度不得超过其未受偿债权金额的 20% ,并未明确可以直接对首封债权予以适当补偿。而这种观点此后又被《北京市法院执行案件办理规范》取消,后者仅保留了对保全债权予以适当补偿的原则,没有明确具体比例。

《重庆市高级人民法院关于执行工作适用法律若干问题的解答》的观点一是要保障参与分配债权都有受偿,二是适当多分部分的金额不得超过待分配财产的 20% 。只明确了比例,没有具体的计算方式。而多分的上限是待分配财产的20%，这可能会比浙江省高级人民法院、江苏省高级人民法院计算优待方式的力度更大，受优待人可能会分得更多。

《江苏省高级人民法院关于正确理解和适用参与分配制度的指导意见》指出，首封债权适当多分的上限是按债权比例分配时应分得款项的20%。这一逻辑和浙江省高级人民法院的计算方式类似，都是先确定按比例分配情况下可以分得款项或受偿比例，然后再视情况最多增加20%。

《福州市中级人民法院关于参与分配具体适用的指导意见》提出的方法是区分首封债权金额与保全财产价值的高低，分别以保全财产价值或债权金额为基数计算15%～20%，以保障公平。

相对而言，浙江省高级人民法院的计算方式比较明确，江苏省高级人民法院虽然没有列举计算方式，但是逻辑和浙江省高级人民法院一样。重庆市高级人民法院没有明确计算方式，但是可能给受优待人分得更多。福州市中级人民法院的方式更为细致，考虑了首封债权金额和可分配财产价值之间的关系，区分不同情况调整计算基数。北京市法院已经取消了优待的具体比例，仅保留原则。

实践中，对于首封债权是否能够优待，如果可以优待，多分的比例、具体的计算方式就需要根据各地法院的意见和实操来确定。

二、首先查封普通债权分配份额的预留

除了在分配时通过提高清偿比例或金额来优待首封债权，在处理首封债权人申请参与分配的问题上，还有一个需要考虑的问题就是首封债权分配份额的预留。

（一）司法解释及最高人民法院执行局的意见

如债权人通过保全程序首先查封了债务人的财产，按照《民事诉讼法解释》第506条第1款的规定，债权人需要取得执行依据才能申请参与分配。一直以来，司法解释都是规定由首封、扣押或冻结的法院主持参与分配，实践中会出现某一债权人通过保全程序首先查封债务人财产后，如果其他债权人比首封债权人先取得执行依据，其他债权人也必须等首封债权人的案件审结，进入执行程序后，才能进行参与分配，有的可能等待时间较长。这在一定程度上也是对首封债权的特殊保护，但是不利于其他债权人及时受偿。

《最高人民法院优先债权执行批复》于2016年4月14日施行，这一批复对首封债权法院将首封财产的处置权移送至优先债权执行法院，以便后者及时处置财产进行了规定。该批复第3条还规定，财产移送执行后，优先债权执行法院在处分或继续查封该财产时，可以持首先查封法院移送执行函办理相关手续。优先债权执行法院对移送的财产变价后，应当按照法律规定的清偿顺序分配，并将相关情况告知首封债权法院。首封债权尚未经生效法律文书确认的，应当按照首封债权的清偿顺位，预留相应份额。第3条基于保护首封债权的一贯思路，规定为尚未取得执行依据的首封债权预留出相应份额，待首封债权确定的数额确定后，再作出相应处理。并且，第3条中的“分配”是在广义上使用的，并非狭义的“参与分配”概念，不仅包括狭义的参与分配，也涵盖多个债权人对于同一债务人申请执行而不符合参与分配条件的情形。在一个执行程序中同时实现一个优先债权与一个普通债权的情形，也属于该条所规定的“分配”。[①] 所以，按此规定，在移送处置权的场合，无论是否涉及参与分配，优先债权执行法院都要为处置移送财产时还没有取得执行依据的首封债权预留份额。该批复的这一规定虽然明确了应为首封债权人预留份额，但是没有指出具体的操作方法，如预留多少，将来如何具体分配等，具体操作时要结合案情具体确定。

2016年12月1日开始施行的《保全规定》也对首先查封债务人财产的保全法院移送处置权进行了规定。该司法解释第21条第1款规定，保全法院在首先采取查封、扣押、冻结措施后超过一年未对被保全财产进行处分的，除被保全财产系争议标的外，在先轮候查封、扣押、冻结的执行法院可以商请保全法院将被保全财产移送执行。但司法解释另有特别规定的，适用其规定。通过保全程序进行首封的，也会出现把首封财产处置权移送给其他执行法院的情况，此时也应该参照《优先债权执行批复》第3条第3款的规定，为还没有取得执行依据的首封债权人预留份额。

最高人民法院执行局在2018年1月出版的《人民法院执行办案指引》中

---

① 参见刘贵祥、赵晋山、葛洪涛：《〈关于首先查封法院与优先债权执行法院处分查封财产有关问题的批复〉的理解与适用》，载江必新、刘贵祥主编，最高人民法院执行局编：《执行工作指导》总第58辑，国家行政学院出版社2016年版。

就此也提出了意见，该指引第132条（首封债权的清偿顺位及其份额预留）指出，在主持分配法院对查封财产的处置权是商请首封法院移送的情形下，首封债权的清偿顺位不因财产移送执行而改变。如首封法院的债权尚未经生效法律文书确认的，主持分配法院制作分配方案时应按照首封债权的清偿顺位预留相应的份额。[1]

（二）各地法院的意见

除了《优先债权执行批复》的规定和最高人民法院执行局的上述意见外，各地法院就此也有各自的意见。

1.《北京市法院执行案件办理规范》（2017）

该规范第581条的注释中指出，参与分配程序中，执行标的物为诉讼前、诉讼中、仲裁前或仲裁中依债权人申请所保全的财产，在清偿对该标的物享有担保物权和法律规定的其他优先受偿权的债权后，对该债权人因申请财产保全所支出的成本及其损失，视具体情况优先予以适当补偿。

北京市高级人民法院对于保全债权人没有明确应为其保留分配份额，而只是确定对其申请保全所支出的成本、损失，予以适当补偿。同样地，北京市高级人民法院也没有明确具体操作方式。

2.《江苏省高级人民法院关于正确理解和适用参与分配制度的指导意见》（2020）

该指导意见第6条指出，未取得执行依据的普通债权人具有下列情形之一，提出参与分配申请的，应根据其在诉讼、仲裁或者公证程序中请求给付的债权数额预留相应的财产份额：

（1）债权人对执行财产首先申请采取查封、扣押、冻结措施的；

（2）债权人为职工，请求支付其被拖欠工资、医疗及伤残补助、抚恤费用、基本养老保险金、基本医疗保险费用，以及按照法律、行政法规规定应当支付给职工的补偿金的；

（3）受害人基于人身损害赔偿请求权主张赔偿的；

---

① 参见最高人民法院执行局：《人民法院执行办案指引》，人民法院出版社2018年版，第103页。

(4)债权人主张抚养费、扶养费、赡养费的;

(5)人民调解协议的债权人已申请司法确认的;

(6)符合法律或司法解释规定的其他情形。

职工作为债权人以被执行人拖欠其工资为由申请参与分配的,按照债务人的普通职工正常应当支付的平均工资计算为其预留款项,但工资债权超过12个月的除外。

上述债权人请求给付的债权数额未获执行依据支持或者执行依据支持的债权数额低于预留财产份额的,预留的财产份额或者超出部分应再次进行分配。预留财产份额低于或者等于债权人按其执行依据载明的债权数额计算后应当获得的财产份额的,按照预留财产份额予以发放。

江苏省高级人民法院明确,应当为没有取得执行依据的保全债权人根据其在诉讼、仲裁或者公证程序中请求给付的债权数额预留相应的财产份额。江苏省高级人民法院的这一意见更为具体,在实践中更具备参考价值。

实务操作

关于优待首封债权和为首封债权预留份额,目前的法律和司法解释没有明确规定,只有各级法院的意见观点和实操经验,因此,关于首封债权的特殊保护,需要结合各地法院的观点和实践来具体分析。如果就此问题产生争议,在法院制作了分配方案的场合,当事人可以通过分配方案异议及异议之诉来寻求救济。

还需要注意的是,《民事强制执行法(草案)》第179条提出,执行款清偿执行费用、共益债务、维持债权人基本生活、医疗所必需的工资、劳动报酬、医疗费用等债权、对执行标的享有优先受偿权的债权之后,对于其他民事债权,按照查封的先后顺序受偿。《民事强制执行法(草案)》中并无参与分配的概念,而是提出了分配程序的概念。《民事强制执行法(草案)》目前并未涉及对首封债权予以优待和为首封债权预留分配份额的问题。

审判前沿

陈某星、福建长城制冷有限公司等执行分配方案异议之诉二审案

【案例索引】

(2020)闽民终1857号

【基本案情】

上诉人陈某星因与被上诉人福建长城制冷有限公司(以下简称长城公司)、湖北省农业产业信用担保股份有限公司(以下简称湖北公司)执行分配方案异议之诉一案,不服福州市中级人民法院(2020)闽01民初671号民事判决,向福建省高级人民法院提起上诉。

陈某星上诉请求:撤销原审判决,依法改判或发回重审。事实和理由:(1)原审未考虑陈某星对本案所作的贡献程度,(2016)闽01执400号之十执行财产分配方案显失公平。陈某星早在2015年案件诉讼过程中即向福州市中级人民法院提出诉讼财产保全申请,福州市中级人民法院根据陈某星的申请于2015年10月14日首先保全查封了被执行人卓某新名下位于北京市朝阳区的房产。在诉讼保全过程中,陈某星不仅提供了等额的财产作为担保,而且在被执行人卓某新、案外人闰某石提起的数个执行异议、执行异议之诉中积极主张权利,积极排除执行障碍,为涉案财产最终得以拍卖执行付出了巨大的努力,有效维护了各债权人的合法权益。一审对此未予考虑,将极大打击首封债权人的积极主动性,与国家提倡的解决执行难问题背道而驰。(2)《福州市中级人民法院关于参与分配具体适用的指导意见(试行)》是福州市中级人民法院根据执行工作的实际情况,综合考虑首先采取财产诉讼保全措施的债权人为相关财产得以顺利执行所付出的成本、为各债权人的债权得以受偿所作出的贡献等因素而制定的,并不违反2015年《民事诉讼法解释》第510条的原则性规定。该指导意见的出台也为福州地区的执行工作产生了积极的影响。且目前全国各地法院均出台了类似参与分配的指导意见,对于首先采取保全措施的申请人,提高其分配受偿比例,有利于激励申请执行人积极参与对被执行人财产的查控工作。一审未予支持前述指导意见关于对首封权人提高15%~20%受偿

比例的做法是错误的。(3)原审违背了类案检索指导意见。针对该指导意见,福州市中级人民法院在审理的其他同类案件中均给予了支持并认可的。一审未依据《类案检索意见》的规定,统一度量裁判尺度,同类不同判,有违司法公信力。

长城公司答辩称:(1)法律法规并无明确规定对首先采取财产诉讼保全措施的债权人,应当或者可以适当提高执行款分配比例,更没有明确规定应当或者可以优先分配一部分比例。陈某星主张根据《福州市中级人民法院关于参与分配具体适用的指导意见》,但该指导意见不是法律法规,且与最高人民法院相关规定冲突,不能直接适用。且上述规定仅仅是可以适当提高,而不是应当提高。(2)根据2008年《执行规定》第88条第3款"一份生效法律文书确定金钱给付内容的多个债权人对同一被执行人申请执行,执行的财产不足清偿全部债务的,各债权人对执行标的物均无担保物权的,按照各债权比例受偿"和2015年《民事诉讼法解释》第510条"参与分配执行中,执行所得价款扣除执行费用,并清偿应当优先受偿的债权后,对于普通债权,原则上按照其占全部申请参与分配债权数额的比例受偿。清偿后的剩余债务,被执行人应当继续清偿。债权人发现被执行人有其他财产的,可以随时请求人民法院执行"的规定,强调在对享有优先受偿权、担保权的债权人依照法律规定的顺序优先受偿后,按照各个案件的债权额的比例进行分配。而陈某星仅仅是普通债权人,应按照各个案件的债权额的比例进行分配。(3)陈某星多次提出各种异议和评估程序,导致司法资源的严重浪费,拖延执行进程,严重耽误了处理财产的最佳时机,其主要目的是损害其他债权人利益,提高自己的清偿比例份额,其行为不但不应予以支持,还应该降低其受偿比例。且陈某星对其他案件提出的异议行为和评估程序中,没有任何证据证明其付出了巨大的代理诉讼成本,也没有相关材料予以说明。(4)在福州市中级人民法院(2016)闽01执400号之十执行财产分配方案中写明陈某星已经受偿了4,449,972.21元,但从(2016)闽01执400号执行财产分配方案中陈某星已经受偿的金额为2,189,744.64元。说明陈某星在2017年至2020年2月26日私下得到债务人的财产价值达2,260,227.57元,属于个别清偿行为,严重损害其他债权人的合法权益,应将该财产按照比例分配给其他债权人,并取消陈某星本次和今后的受偿资格。(5)陈某星根本没有足够的收入来源支撑其对卓某新千万元的借款,其债权存在虚假嫌疑,应责令其提供债权合法性的证明材料。(6)本案中无法体现陈某星为执行本案标的实际支出多少费用、精力、时间。一方面无实际票据予以证明,另一方面陈某星所称的执行异议基本是作为被异议一方或者作为被告被动加入各类程序中,不存在主动花费了时间和精力。综上,请求驳回陈某星的上诉。

湖北公司答辩称:(1)一审判决及(2016)闽01执400号之十执行财产分配方案均不存在显失公平的情形。对于参与分配执行案件中的普通债权,原则上按照其占全部申请参与分配债权数额的比例进行受偿。陈某星作为首先采取诉讼保全措施的债权人、查封人,并不是享有担保物权和法律规定的其他优先受偿权的债权人,法律并没有赋予其任何优先权,其受偿顺序不能先于其他债权人,应当同其他债权人一起按照债权比例分配执行款。(2)《福州市中级人民法院关于参与分配具体适用的指导意见(试行)》第9条并非强制性规定,且福州市中级人民法院已经对陈某星优先进行了受偿,一审判决结果并无不当。第一,《福州市中级人民法院关于参与分配具体适用的指导意见(试行)》性质上为地方法院的指导意见,效力上低于最高人民法院的司法解释,且该指导意见第9条规定的是"可以提高"而非"应当提高",本案应依据《民事诉讼法解释》的规定按比例进行分配。第二,福州市中级人民法院已充分考虑了陈某星首先查封的事实,在(2016)闽01执400号的执行财产分配方案中向其优先分配了款项的10%即414,503.12元,并在本次(2016)闽01执400号之十的执行财产分配方案中先行支付了陈某星垫付的评估费用,并再次优先向陈某星分配了181,748.43元,陈某星的成本及付出已得到充分补偿,不应当再对其提高分配比例。(3)陈某星一再滥用司法程序要求提高其分配比例,严重拖延了本案的进度,损害了其他债权人的合法权益,导致司法资源的浪费。(2016)闽01执400号之十的执行财产分配方案已提高了陈某星的执行分配比例,致使其他债权人分配额减少,其他12份债权的分配比例约为1.226%,如陈某星的分配比例提高到20%,那么陈某星的分配比例比其他债权高出20倍以上,将导致分配方案显失公平。综上,请求驳回陈某星的上诉。

陈某星向一审法院起诉请求:第一,撤销福州市中级人民法院作出的(2016)闽01执400号之十执行财产分配方案并依法重新制作执行分配方案,依法判令陈某星提高分配受偿比例至异议财产成交价格的20%,即提高分配首先采取诉讼保全案件债权人陈某星分配款1,488,000元,剩余财产按债权比例分配。第二,本案的诉讼费用由长城公司和湖北公司承担。

一审法院认定事实:陈某星与卓某新、李某岚、武汉大地林肯置业发展有限公司、武汉飘飘食品集团有限公司民间借贷纠纷一案,依据福州市中级人民法院(2015)榕民初字第1523号民事判决,判决确认债权金额为15,203,930元及利息,已受偿款项为4,449,972.21元,未受偿金额为28,206,146元。在上述案件中,福州市中级人民法院依法查封卓某新名下坐落于北京市朝阳区的房产并通过公开拍卖,获得7,440,000元拍卖款。陈某星垫付上述房产评估费18,522元。福州市中级人民法院(2016)闽01执400号之十执行财产分配方案,在扣除案件受理费、执行费、财产保全费后,对首先查封的债权人陈某星适当优先分配181,748.43元后,各债权人未实现债权按1.266%比例进行分配。陈某星受偿金额为540,602.43元。陈某星对此受偿金额不服,遂向福州市中级人民法院提起诉讼。

一审认为:福州市中级人民法院作出的(2016)闽01执400号之十执行财产分配方案,符合相关法律规定,充分保障了各方当事人的诉讼权利,并无不当。在(2016)闽01执400号之十执行财产分配方案中,福州市中级人民法院已就陈某星首先查封的事实予以优先分配181,748.43元,现陈某星仍要求依据《福州市中级人民法院关于参与分配具体适用的指导意见(试行)》第9条提高受偿比例,没有事实和法律依据,不予支持,判决驳回陈某星的诉讼请求。

福建省高级人民法院二审期间,当事人未提交新证据。福建省高级人民法院对一审查明的事实予以确认。

福建省高级人民法院认为,福州市中级人民法院作出的(2016)闽01

执400号之十执行财产分配方案，符合相关法律规定，充分保障了各方当事人的诉讼权利。在该执行财产分配方案中，福州市中级人民法院已考虑陈某星首先查封的事实，对陈某星优先分配181,748.43元，现陈某星主张依照《福州市中级人民法院关于参与分配具体适用的指导意见(试行)》第9条的规定，将其受偿比例提高至20%，该主张缺乏事实和法律依据，原审依法驳回陈某星的诉讼请求，并无不当。

【案例评析】

本案就是首封债权人是否应该获得优待，是否应适当多分的争议，并且首封债权人主张的依据就是《福州市中级人民法院关于参与分配具体适用的指导意见(试行)》。而一、二审法院均认为，福州市中级人民法院已考虑陈某星首先查封的事实，对陈某星优先分配181,748.43元，现陈某星主张依照《福州市中级人民法院关于参与分配具体适用的指导意见(试行)》第9条的规定，应对其提高受偿比例至20%，缺乏事实和法律依据。

具体而言，法院认为已经对首封债权人予以优待，不支持首封债权人提高分配比例至处置房产成交价格20%的诉讼请求。

《福州市中级人民法院关于参与分配具体适用的指导意见(试行)》第9条规定，被执行人的财产无法清偿所有债务时，对首先采取财产诉讼保全措施的债权人，可以适当提高执行款分配比例。通过本案可知，在关于优待首封债权人的统一规则出台之前，对首封债权人是否优待，如何优待，要结合案件情况具体分析。法院“可以”而不是“应当”将首封债权人的受偿提高到固定比例。这也符合2015年《民事诉讼法解释》第510条确定的“原则上按照其占全部申请参与分配债权数额的比例受偿”的精神。在实践中，可能出现对被执行人财产进行多次参与分配的情况，在多次分配之间以及同一次分配之中，如何优待首封债权人，优待的具体金额如何计算，也需要各地法院的意见和案情具体分析。

第十三章　税收优先权与参与分配

第一节　税收债权分类

法律依据

《税收征收管理法》

第45条　税务机关征收税款，税收优先于无担保债权，法律另有规定的除外；纳税人欠缴的税款发生在纳税人以其财产设定抵押、质押或者纳税人的财产被留置之前的，税收应当先于抵押权、质权、留置权执行。

纳税人欠缴税款，同时又被行政机关决定处以罚款、没收违法所得的，税收优先于罚款、没收违法所得。

税务机关应当对纳税人欠缴税款的情况定期予以公告。

制度研究

2001年《税收征收管理法》第45条首次在立法上确立了税收优先权制度，明确税收优先于无担保债权和设立在欠缴税款发生后的抵押、质押等担保债权，此后几次修改均保留了该条文。但《税收征收管理法》第45条系实体法规定，税收优先权在程序上如何实现缺乏相关规定。《税收征收管理法》中设立的优先权是否仅限制在税收行政征收程序中实现，能否在民事强制执行程序中实现并无规定。从立法体系的角度，税收优先权规定在《税收征收管理法》中，税务机关在税款征收程序中运用自身强制力征收税款实现优先权并无争议，由于与民事执行相关的法律以及司法解释没有关于税收优先权可在执行程序中优先实现的规定，税收优先权能否在民事强制执行程序中实现争议很大。

实务操作

以应税时间划分，被执行人应纳税款主要可以分为民事执行变价中的应纳税款和民事执行分配前的欠缴税款两种。

一、历史欠税

被执行人的历史欠税可以分为以下几类：(1)被执行人欠缴的税款发生在被执行人以其财产设定抵押、质押或者纳税人的财产被留置之前，且税务机关已对被执行人欠缴税款的情况予以公告。(2)被执行人欠缴的税款发生在被执行人以其财产设定抵押、质押或者纳税人的财产被留置之后，且税务机关已对被执行人欠缴税款的情况予以公告。(3)被执行人欠缴的税款发生在被执行人以其财产设定抵押、质押或者纳税人的财产被留置之前，但税务机关未对被执行人欠缴税款的情况予以公告。(4)被执行人欠缴的税款发生在被执行人以其财产设定抵押、质押或者纳税人的财产被留置之后，但税务机关未对被执行人欠缴税款的情况予以公告。

二、变价税款

变价税款是指在民事执行中变现被执行财产而产生的税款，这些税款因强制变现而产生，如拍卖不动产时依照《土地增值税暂行条例》第 10 条的规定，应当由被执行人自拍卖成交(转让房地产合同签订)之日起 7 日内申报，并在税务机关核定的期限内缴纳的土地增值税，又如依照《房产税暂行条例》第 7 条采取按年征收、分期缴纳的房产税。纳税期限由省、自治区、直辖市人民政府规定。[①] 根据《执行规定》第 34 条第 2 款“委托拍卖、组织变卖被执行人财产所发生的实际费用，从所得价款中优先扣除”的规定，变价税款能够被囊括在拍卖、变卖被执行人财产发生的实际费用之内，应当从变价款中优先扣除，因此税收优先权能否在参与分配程序中实现的问题主要关乎历史欠税部分。

---

① 参见金殿军：《税收优先权在民事执行中的实现路径》，载《人民法院报》2021 年 9 月 8 日，第 7 版。

审判前沿

长沙银行股份有限公司、广州昌跃物业管理有限公司长沙分公司等借款合同纠纷执行复议案

【案例索引】

(2021)湘执复188号

【基本案情】

长沙银行股份有限公司与陈某芬金融借款合同纠纷一案,长沙仲裁委员会于2019年12月2日作出(2019)长仲裁字第1724号仲裁裁决,陈某芬未按生效仲裁裁决履行义务,长沙银行股份有限公司向岳阳市中级人民法院(以下简称岳阳中院)申请强制执行上述仲裁裁决。2021年2月19日,岳阳中院作出(2020)湘06执169号之二执行裁定,变卖被执行人陈某芬所有的坐落长沙市不动产。2021年3月3日,岳阳中院在淘宝网司法拍卖网络平台上发布了公告,公告载明:变卖成交以及买受人付清全部变卖价款后,凭法院出具的执行裁定书、协助执行通知书及变卖成交确认书自行到相关部门办理标的物权属变更手续。办理过程中所涉及的买卖双方需承担和需补交的一切税、费(包括但不限于所得税、营业税及附加、土地增值税、契税、过户手续费、印花税、办证费、价调基金、水利防洪基金、出让金等不动产及土地交易中规定缴纳的各项税费、基金)以及有可能存在的水电气、物业等欠费,依照相关法律、行政法规的规定,由相应主体承担。没有规定或者规定不明的,执行法院可以根据法律原则和案件实际情况予以酌情确定相应的负担主体、数额。2021年3月24日,竞买人李某以人民币1,558,000元最高价竞得上述房屋。为了尽快办理过户手续,李某于2021年5月18日代陈某芬缴纳个人所得税46,740元,税务机关开具了税收完税证明。

2021年4月26日,岳阳中院作出(2020)湘06执169号执行财产分配方案,对拍卖被执行人陈某芬案涉房屋所得拍卖价款1,558,000元进行了分配,主要内容为:第一,扣除执行费2304元后,长沙银行股份有限公司汇丰支行优先受偿 1,295,480.87 元;第二,长沙银行股份有限公司受偿 160,227.13 元;第三,深圳市世联小额贷款有限公司受偿 80,100 元;第四,昌跃物业公司受偿 19,888 元。竞买人李某对此不服,向岳阳中院提出书面执行异议。岳阳中院审查认为,(2020)湘 06 执 169 号执行财产分配方案未考虑被执行人陈某芬应缴纳的税款应当从拍卖执行款中剔除的情况下进行分配,违反了法律规定,应予撤销。于 2021 年 9 月 7 日作出(2021)湘 06 执异 36 号执行裁定,撤销(2020)湘 06 执 169 号执行财产分配方案。长沙银行股份有限公司、昌跃物业公司不服岳阳中院 2021 年 9 月 7 日作出的(2021)湘 06 执异 36 号执行裁定,向湖南高院申请复议。湖南高院作出(2021)湘执复 188 号复议裁定,驳回复议申请,维持(2021)湘 06 执异 36 号执行裁定。

【案例评析】

因变现被执行财产产生的税款属于拍卖、变卖被执行人财产发生的实际费用,应当从变价款中优先扣除,肯定了变价产生的税款应从变价款中优先扣除的观点。

第二节　税收债权的实现程序

法律依据

《税收征收管理法》

第 40 条　从事生产、经营的纳税人、扣缴义务人未按照规定的期限缴纳或者解缴税款,纳税担保人未按照规定的期限缴纳所担保的税款,由税务机关责令限期缴纳,逾期仍未缴纳的,经县以上税务局(分局)局长批准,税务机关可以采取下列强制执行措施:

(一)书面通知其开户银行或者其他金融机构从其存款中扣缴税款;

(二)扣押、查封、依法拍卖或者变卖其价值相当于应纳税款的商品、货物或者其他财产,以拍卖或者变卖所得抵缴税款。

税务机关采取强制执行措施时，对前款所列纳税人、扣缴义务人、纳税担保人未缴纳的滞纳金同时强制执行。

个人及其所扶养家属维持生活必需的住房和用品，不在强制执行措施的范围之内。

《企业破产法》

第113条 破产财产在优先清偿破产费用和共益债务后，依照下列顺序清偿：

（一）破产人所欠职工的工资和医疗、伤残补助、抚恤费用，所欠的应当划入职工个人账户的基本养老保险、基本医疗保险费用，以及法律、行政法规规定应当支付给职工的补偿金；

（二）破产人欠缴的除前项规定以外的社会保险费用和破产人所欠税款；

（三）普通破产债权。

破产财产不足以清偿同一顺序的清偿要求的，按照比例分配。

破产企业的董事、监事和高级管理人员的工资按照该企业职工的平均工资计算。

制度研究

税收优先权能否被囊括进“对人民法院查封、扣押、冻结的财产有优先权、担保物权”的射程范围，该优先债权人是否包括税务机关，这些问题值得探析。

有观点认为税收优先权不宜在民事强制执行程序中实现，当税务机关主动放弃了法律赋予的强制力，像其他债权人一样向法院主张权利时，“司法赋能”反而降低了税收基于国家强制力而自带的优越性，从而蜕化为民法上的税收之债，因此，保障税收的强制手段不应是借助人民法院的民事强制执行，而应回归到税收强制执行的常态化。[①] 另有观点认为，税收优先权在民事强制执行程序中实现并不违反法律规定，民事诉讼法及相关司法解释并未禁止

① 参见林南南、刘伟光：《在民事强制执行程序中对“税收优先”排除规则之构建——以〈税收征管法〉第45条的“但书”为突破》，审判体系和审判能力现代化与行政法律适用问题研究——全国法院第32届学术讨论会会议论文。

税收优先权在民事强制程序中实现，在《税收征收管理法》第45条第1款明确规定税收优先权的情况下，应当尊重税务机关作为债权人申请参与分配的权利。

实务操作

一、行政程序

根据《税收征收管理法》第40条的规定，从事生产、经营的纳税人、扣缴义务人未按照规定的期限缴纳或者解缴税款，经税务机关责令限期缴纳后逾期仍未缴纳的，经县以上税务局（分局）局长批准，税务机关可以采取扣缴存款、扣押、查封、依法拍卖或者变卖其价值相当于应纳税款的商品、货物或者其他财产的强制执行措施。基于税收之公益性，法律赋予税务机关强制力，税务机关积极通过自身强制力实现税收债权是法律规定的原意。

二、破产程序

《企业破产法》第109条和第113条规定了破产程序中的债权清偿顺位，第109条规定："对破产人的特定财产享有担保权的权利人，对该特定财产享有优先受偿的权利。"第113条规定："破产财产在优先清偿破产费用和共益债务后，依照下列顺序清偿：（一）破产人所欠职工的工资和医疗、伤残补助、抚恤费用，所欠的应当划入职工个人账户的基本养老保险、基本医疗保险费用，以及法律、行政法规规定应当支付给职工的补偿金；（二）破产人欠缴的除前项规定以外的社会保险费用和破产人所欠税款；（三）普通破产债权。破产财产不足以清偿同一顺序的清偿要求的，按照比例分配。破产企业的董事、监事和高级管理人员的工资按照该企业职工的平均工资计算。"根据该规定，在破产程序中，担保权具有绝对优先地位，无论担保权设立在税款发生之前还是之后，担保权均优先于税收债权实现。但根据《税收征收管理法》第45条第1款的规定，纳税人欠缴的税款发生在纳税人以其财产设定抵押、质押或者纳税人的财产被留置之前的，税收应当先于抵押权、质权、留置权执行。由于《企业破产法》和《税收征收管理法》的冲突规定，税收债权和欠缴税款后设立的担保物权在破产程序中的清偿顺位应如何确定争议颇大,难有定论。

有观点认为基于税收债权的公益性,应当适用《税收征收管理法》,认定税收债权优先于欠缴税款后设立的担保物权获偿。另有观点认为基于特殊法优先于一般法适用的原则,应当适用《企业破产法》,肯定担保物权的优先性。本书认可在破产程序中应当适用《企业破产法》确定税收债权和欠缴税款后设立的担保物权的清偿顺位。虽然《税收征管法》与《企业破产法》两部法律位阶相同,但《税收征管法》适用于企业正常经营的情形,破产属于企业经营的特殊情形,在破产程序中,应当适用《企业破产法》。2019 年 12 月发布的《国家税务总局关于税收征管若干事项的公告》亦认可该种观点,第 4 条第 3 款规定"企业所欠税款、滞纳金、因特别纳税调整产生的利息,税务机关按照企业破产法相关规定进行申报……",破解了破产程序中税收优先权的法律适用难题。

三、参与分配程序

《税收征收管理法》第 45 条第 1 款规定税收优先于无担保债权及在欠缴税款发生后设立的担保权,该税收优先权在民事强制执行程序中能否实现、如何实现法律司法解释并无规定,税务机关能否依据《税收征收管理法》第 45 条第 1 款在强制执行程序中主张税收优先权存有争议。考虑税务机关能否在参与分配程序中实现税收优先权,应当从税务机关是否享有申请参与分配的主体资格和税务机关在参与分配程序中主张税收优先权能否得到支持两个角度论述。

1. 税务机关是否享有申请参与分配的主体资格

根据《民事诉讼法解释》第 506 条"被执行人为公民或者其他组织,在执行程序开始后,被执行人的其他已经取得执行依据的债权人发现被执行人的财产不能清偿所有债权的,可以向人民法院申请参与分配。对人民法院查封、扣押、冻结的财产有优先权、担保物权的债权人,可以直接申请参与分配,主张优先受偿权"的规定,在公民或者其他组织作为被执行人且财产不能清偿所有债权时,两类主体可以向人民法院申请参与分配,一类是已经取得执行依据的债权人;另一类是对人民法院查封、扣押、冻结的财产有优先权、担保物权的债权人。税务机关是否在这两类主体的语义之内值得探析,税务处理决定书能否被囊括在执行依据之中，或者税务机关能否以《税收征收管理法》第 45 条第 1 款规定的税收优先权包罗至对人民法院查封、扣押、冻结的财产有优先权、担保物权的债权人之中，即税务机关是否享有参与分配的权利，如认定税务机关是申请参与分配的适格主体，那么税务机关应属法律规定的哪类债权人应予剖析。

税务机关能够通过行使税收强制执行权实现税收优先权，即法律已对税务机关实现税收债权规定了他种实现程序，民事强制执行程序并非税务机关实现税收债权的唯一途径。因此，必须承认，相较于其他债权人，税务机关实现债权的路径更多、概率更高。有法院据此否定税务机关作为债权人通过民事强制执行程序获偿的主体资格，如(2023)鲁 11 执复 3 号案中，山东省日照市中级人民法院认为人民法院民事执行程序与行政执法程序不同，税务局作为地方税款征收管理的行政执法主体，不属于在民事执行程序中享有债权的民事主体。税务机关作为债权人，仅以此为由一刀切地将税务机关排除在参与分配程序之外欠缺合理性。本书认为，在税务机关能够将税务处理决定书作为执行依据且将税收征管权利用尽时，应当肯定税务机关作为债权人申请参与分配的主体资格，(2020)苏 01 执异 23 号一案亦持此种观点。

在法律已对税收优先权的实现规定特有程序的基础上，税务机关应当积极行使税收强制执行权以实现税收优先权，不应肆意挤占其他无公权力债权人之债权实现空间。参与分配程序本就是在债务人财产无法清偿所有债权人时才适用的程序，如果允许税务机关径行通过参与分配程序实现税收的“超级”优先权，无疑会大大降低其他债权人的受偿比例，甚至在税收债权较大时客观上会出现剥夺其他债权人受偿可能性，侵害其他积极通过参与分配程序主张债权的债权人权益，一定程度上也会助长税务机关消极行使税收强制执行权、搭乘民事债权人便车的不正之风，因此有必要为税务机关通过参与分配程序受偿设定限制，即只有在税务机关用尽税收征管权后仍无法实现税收债权时，才能认定税务机关享有申请参与分配的权利。

综上，在满足以下条件时，应当允许税务机关作为民事债权人申请参与分配：(1)主体条件。被执行人是公民或者其他组织，并且全部财产不足以清偿所有债权。如果被执行人是企业法人，应当适用破产程序。(2)申请期间。必须在执行程序开始后，执行终结前申请。(3)执行依据。税务机关必须提供税务处理决定书等生效法律文书，以确定税款债权。(4)用尽税收征管权。即税务机关负有证明基于其自身强制执法权，无法通过执行纳税义务人其他财产实现税收债权的责任。

2. 税务机关在参与分配程序中主张税收优先权能否得到支持

从法律依据的角度，法律及司法解释并无税收优先权在民事强制执行程序中实现的规定，另外，参与分配程序区别于破产程序，亦无法参照适用《企业破产法》的相关规定。司法实践中，肯定观点认为能够在民事强制执行程序中直接适用《税收征收管理法》第45条第1款关于税收优先权的规定，如(2022)鄂执复241号案中，湖北省高级人民法院根据《税收征收管理法》第45条第1款对税收优先权和第5条第3款对有关部门和单位的协助义务的规定，认为执行款不足以缴纳税款和清偿全部债务时，应优先缴纳国家税款，持税收优先权可在民事强制执行程序中优先实现的观点。否定观点认为因民事执行方面的法律以及司法解释没有关于税收优先权可在执行程序中参加案款分配并优先实现的规定，不能支持税务机关在参与分配程序中对于税收优先权的主张，如(2021)粤执复302号案中，广东省高级人民法院认为征收税款的行政行为与民事执行行为分属不同的程序，现行法律法规中，唯有破产法对税务机关在民事诉讼程序中享有税收优先权作出相关规定，民事执行方面的法律以及司法解释没有关于税收优先权可在执行中参加案款分配并优先实现的规定。本书认可肯定观点，税务机关用尽税收征管权后蜕化为民事债权人，在民事强制执行程序对于税收债权清偿顺位没有特殊规定的情形下，应当适用《税收征收管理法》第45条第1款之规定。

从利益衡平的角度，基于税收的公益性，法律赋予税收债权以法定优先权之地位。税收优先权能否在民事强制执行程序中实现的背后是公法与私法之间的冲突，同时也是公共利益与个人利益的平衡。[①] 诚然，税收债权代表公共利益不可否认，但公共利益是否在任何程序中都无条件地高于私人利益有待商榷。有观点认为对于因占有、使用案涉不动产而欠缴的房产税、城镇土地使用税等部分的优先权应予支持，如(2020)浙07执复139号一案中，浙江省金华市中级人民法院认为人民法院在分配执行款项时，应当依法保护税费债权，

① 参见黄敏佳、贾璐:《税收优先权的适用困境与完善路径》，载《北方经贸》2023年第3期。

如有确切证据证明被执行人另有其他财产可供执行，人民法院对税务机关的受偿申请可不予支持，但因占有、使用案涉不动产而欠缴的房产税、城镇土地使用税等不动产过户应清缴的税费及滞纳金，对税务机关的申请应予支持。从法律依据的视角，因占有、使用案涉不动产而欠缴的房产税等税费的优先和对人民法院查封、扣押、冻结的财产有优先权、担保物权的债权人的优先有相似之处，该裁判观点有其合理之处，但从税务机关提交的整体税款申请中分离出因占有、使用案涉不动产而欠缴税费的部分的过程有违背审执分离原则之嫌。

从公示公信的角度出发，税务机关应提前向社会发布欠税公告。一方面，税务机关负有发布欠税公告的法定义务；另一方面，税务机关可以通过发布欠税公告的形式增强税收债权的公信力。欠税公告与民法中公示公信原则高度耦合，征税机关应提前向社会发布欠税公告，从而使税收优先权具备法定优先的优势。[①] 充满公法意义的税收优先权得以在民事参与分配程序中实现，除税务机关用尽税收征管权蜕化为民事债权人要件外，还需通过欠税公告的公示性给予其他债权人合理预期，以补足通过参与分配程序实现税收优先权的合理性。

审判前沿

中车时代电动汽车股份有限公司系统分公司、湖北新楚风汽车股份有限公司等票据纠纷执行复议案

【案例索引】

(2022)鄂执复241号

【基本案情】

中车时代电动汽车股份有限公司系统分公司(以下简称中车公司系统分公司)诉湖北新楚风汽车股份有限公司(以下简称新楚风公司)、天津德力公司、武汉力行公司票据追索权纠纷一案，武汉市中级人民法院(以下简称武汉中院)于2020年9月12日作出(2020)鄂01民初282号民事判决，判令："一、被告新楚风公司于本判决生效之日起十日内向原告中车公司系统分公司支付汇票金额4000万元；二、被告新楚风公司于本判决生

① 参见黄敏佳、贾璐：《税收优先权的适用困境与完善路径》，载《北方经贸》2023年第3期。

效之日起十日内向原告中车公司系统分公司支付本判决第一项汇票金额的利息(利息分别计算:1. 以1000万元为基数,自2019年8月13日起至2019年8月19日止,按照中国人民银行同期同类贷款利率计算;自2019年8月20日起至清偿之日止按照同期全国银行间同业拆借中心公布的贷款市场报价利率计算;2. 以1000万元为基数,自2019年9月13日起至清偿之日止按照同期全国银行间同业拆借中心公布的贷款市场报价利率计算;3. 以2000万元为基数,自2019年10月13日起至清偿之日止按照同期全国银行间同业拆借中心公布的贷款市场报价利率计算);三、被告天津德力公司、武汉力行公司对本判决第一、二项债务共同向原告中车公司系统分公司承担连带责任。被告天津德力公司、武汉力行公司承担连带责任后,有权向被告新楚风公司追偿。如果被告未按本判决指定的期间履行给付金钱义务,应当依照《民事诉讼法》第253条[①]之规定,加倍支付迟延履行期间的债务利息。"因义务人未履行上述生效法律文书确定的义务,中车公司系统分公司向武汉中院申请强制执行,武汉中院于2021年3月23日依法立案执行,案号分别为(2021)鄂01执1088号、(2021)鄂01执1089号。

武汉中院于2022年1月24日对中车公司系统分公司作出(2021)鄂01执1088和(2021)鄂01执1089号通知书,载明执行过程中,武汉中院通过执行网络查控系统冻结武汉力行公司在中国建设银行账户内存款人民币45,112,400元(轮候冻结)。后查明该账户在先冻结法院解除冻结,武汉中院于2021年12月20日作出(2021)鄂01执1088和(2021)鄂01执1089号之四执行裁定书,裁定扣划上述银行账户内存款,实际扣划金额人民币1,093,916.03元。东湖开发区税务局于2021年12月2日向武汉中院邮寄关于请求协助武汉力行公司欠缴税款入库的函,载明截至2021年11月30日,武汉力行公司欠缴2019年12月至2021年3月税款1,191,650.55元。因该公司账户被武汉中院冻结,该局无法强制扣缴税款。请求武汉中院协助该局完成强制扣缴程序,将上述银行账号解缴税款入国库。武汉中院经审查后认为,依据《税收征收管理法》第45条第1款

① 现为第264条。

后半句的规定,税务机关征收税款,税收优先于无担保债权,法律另有规定的除外,故武汉中院对该扣划款项不予发还中车公司系统分公司。

武汉中院认为,《税收征收管理法》第45条第1款规定税款优先于无担保债权。武汉中院裁定扣划的武汉力行公司的银行存款,并不属于武汉力行公司对中车公司系统分公司涉案债权担保的款项,因此,根据上述规定,中车公司系统分公司对武汉力行公司案涉债权的受偿顺序应当在国家税款之后,在与税款征收产生冲突时应优先缴纳国家税款。《税收征收管理法》第5条第3款规定:"各有关部门和单位应当支持、协助税务机关依法执行职务。"本案中,东湖开发区税务局向武汉中院发出关于请求协助武汉力行公司欠缴税款入库的函前,已向武汉力行公司送达武东新税四通(2021)181号税务事项通知书,责令该公司限期缴纳所欠税款。东湖开发区税务局以书面协助划拨税款函的形式,请求武汉中院协助该局完成强制扣缴程序,符合法律规定,亦符合法律确定的义务。中车公司系统分公司对武汉中院协助执行行为有异议,实际上是对税务机关的税款征收行为有异议,可依《税收征收管理法》第88条的规定进行救济。综上,武汉中院依照2021年《民事诉讼法》第232条和《异议复议规定》第17条第1项规定,裁定驳回中车公司系统分公司异议请求。

中车公司系统分公司向湖北省高级人民法院(以下简称湖北高院)申请复议,请求撤销武汉中院(2022)鄂01执异324号执行裁定、(2021)鄂01执1088及(2021)鄂01执1089号通知书,驳回东湖开发区税务局对武汉力行公司银行存款1,093,916.03元的优先权,将武汉力行公司银行存款1,093,916.03元发还给中车公司系统分公司。

湖北高院认为,本案的焦点问题为武汉中院在执行程序中将武汉力行公司所欠的税款优先从执行款项中扣划是否符合法律规定。《税收征收管理法》第4条第3款规定:"纳税人、扣缴义务人必须依照法律、行政法规的规定缴纳税款、代扣代缴、代收代缴税款。"第5条第3款规定:"各有关部门和单位应当支持、协助税务机关依法执行职务。"第45条第1款规定:"税务机关征收税款,税收优先于无担保债权,法律另有规定的除外……"本案中,中车公司系统分公司对武汉力行公司的债权为一般债权,在执行款不足以缴纳税款和清偿全部债务时,应优先缴纳国家税款。东湖开发区税务局向武汉中院发函请求协助强制扣缴武汉力行公司所欠税款后，武汉中院在执行中予以协助扣划并无不当。中车公司系统分公司请求将款项全部发还该公司的复议理由不成立。

【案例评析】

武汉中院和湖北高院均根据《税收征收管理法》第45条第1款对税收优先权和第5条第3款对有关部门和单位的协助义务的规定，持税收优先权可在民事强制执行程序中优先实现的观点。刨除税务机关是否具有申请参与分配主体资格的分析，在民事强制执行程序中适用《税收征收管理法》的相关规定固然保障了具有公法属性的税收债权，却侵害了在民事强制执行程序中积极查找财产、主张权利的民事债权人的权益，基于公平保护公法债权和私益债权之考量，《税收征收管理法》在民事强制执行中的适用应当有所限制。

国家税务总局海口市税务局、钟某标等借款合同纠纷执行复议案

【案例索引】

(2021)粤执复302号

【基本案情】

揭阳市中级人民法院(以下简称揭阳中院)在执行申请执行人钟某标与被执行人海南钱江投资有限公司(以下简称钱江公司)借款合同纠纷一案中，于2019年10月14日作出(2018)粤52执293号之二执行裁定:(1)将被执行人钱江公司名下所有的房地产及地上1—4层商场作价287,140,648元，交付申请执行人钟某标抵偿(2018)粤52民初15号民事判决项下债务。钱江公司名下所有的上述财产所有权，自本裁定送达申请执行人钟某标时起转移。(2)申请执行人钟某标可持本裁定书到登记机构办理相关产权过户登记手续。2019年11月13日，揭阳中院作出(2018)粤52执293号之三执行裁定:终结本次执行程序。

揭阳中院认为，2017年《民事诉讼法》第225条规定，当事人、利害关系人认为执行行为违反法律规定的，可以向负责执行的人民法院提出书面异议,该规定明确了提出执行行为异议的主体为当事人和利害关系人。海口市税务局以该院处置涉案标的物××大厦××至××层时应当优先清偿钱江公司所欠税款为由,认为该院2019年10月14日作出的(2018)粤52执293号之二以物抵债执行裁定书和2019年11月13日作出的(2018)粤52执293号之三终结本次执行裁定书违反法律规定提出异议,但其作为国家税款征收管理的行政执法主体,不属于法律规定的当事人、利害关系人,无权就揭阳中院实施的执行行为提出异议。依照2017年《民事诉讼法》第225条和2015年《异议复议规定》第16条、第17条第1项之规定,揭阳中院于2021年2月1日作出(2021)粤52执异1号执行裁定:驳回国家税务总局海口市税务局的异议。

海口市税务局不服,向广东省高级人民法院申请复议,请求确认其对海口市××大厦××层享有税收优先权。另提出:海口市税务局是本案适格的利害关系人。2017年《民事诉讼法》原第225条①对利害关系人的内涵和外延并未明确排除国家行政机关。根据《异议复议规定》第5条规定,只要符合该规定的五个情形之一当事人以外的自然人、法人和非法人组织均可作为利害关系人提出执行行为异议。海口市税务局是国家税款征收管理的行政执法主体,根据《税收征收管理法》等相关规定依法履行国家税收职责,对税收行政相关人欠缴的税款,有权通过法律赋予的各项权利进行追缴和主张,以保障国家税收。因此揭阳中院以海口市税务局不是利害关系人为由驳回异议申请的处理不妥。

揭阳中院裁定以物抵债处置被执行人钱江公司名下××大厦的行为,旨在履行法院强制执行的职责,保障申请执行人的合法债权得到清偿。《行政强制法》第34条规定,行政机关依法作出行政决定后,当事人在行政机关决定的期限内不履行义务的,具有行政强制执行权的行政机关可依法强制执行。海口市税务局本身具有税收强制执行权,对于拖欠税款的企业,海口市税务局完全可以行使行政强制执行权,采取强制措施履行其行政管理的职责。海口市税务局称钱江公司在2015年度尚欠缴税

① 现为第236条。

13,562,798.48元,该税款属于企业的历史欠税,并非因本案执行行为产生的税费,与本案执行行为没有牵连关系。而执行异议是在司法执行过程中,为了救济当事人、利害关系人及案外人的权利,解决执行过程中发生的程序和实体争议而设置的程序。故揭阳中院异议裁定认为海口市税务局不属于法律规定的当事人、利害关系人,无权就揭阳中院实施的执行行为提出异议,据此驳回海口市税务局的异议申请,所作处理正确,并无不当。

另外,《税收征收管理法》第45条第1款规定:"税务机关征收税款,税收优先于无担保债权,法律另有规定的除外;纳税人欠缴的税款发生在纳税人以其财产设定抵押、质押或者纳税人的财产被留置之前的,税收应当先于抵押权、质权、留置权执行。"虽然海口市税务局具有征收税款的职责,但征收税款的行政行为与民事执行行为分属不同的程序。现行法律法规中,唯有破产法对税务机关在民事诉讼程序中享有税收优先权作出相关规定,民事执行方面的法律以及司法解释没有关于税收优先权可在执行程序中参加案款分配并优先实现的规定。因此,海口市税务局以钱江公司欠有税款且税款具有优先权为由,请求揭阳中院确认其对案涉财产享有税收优先权的复议理由,不能成立。

【案例评析】

广东省高级人民法院认为征收税款的行政行为与民事执行行为分属不同的程序,由于民事执行方面的法律以及司法解释没有关于税收优先权可在执行程序中参与分配并优先实现的规定,从法律依据的角度否定了税务机关作为当事人、利害关系人就法院实施的执行行为提出异议的权利。虽然税务机关享有税收征管权,但囿于客观条件,相较于人民法院积年累月建立起的完善的网络查控系统,税务机关的强制力远远不足,该种一刀切的划分标准固然清晰高效,但对于税收债权实现的保障稍显不足。

第十四章　参与分配程序中的权利救济

第一节　分配方案异议

法律依据

《民事诉讼法解释》

第509条　多个债权人对执行财产申请参与分配的，执行法院应当制作财产分配方案，并送达各债权人和被执行人。债权人或者被执行人对分配方案有异议的，应当自收到分配方案之日起十五日内向执行法院提出书面异议。

第510条　债权人或者被执行人对分配方案提出书面异议的，执行法院应当通知未提出异议的债权人、被执行人。

未提出异议的债权人、被执行人自收到通知之日起十五日内未提出反对意见的，执行法院依异议人的意见对分配方案审查修正后进行分配；提出反对意见的，应当通知异议人。异议人可以自收到通知之日起十五日内，以提出反对意见的债权人、被执行人为被告，向执行法院提起诉讼；异议人逾期未提起诉讼的，执行法院按照原分配方案进行分配。

诉讼期间进行分配的，执行法院应当提存与争议债权数额相应的款项。

制度研究

参与分配程序中，债权人或者被执行人在法定期限内对分配方案提出书面异议是启动分配方案异议之诉的必要条件，未在法定期限内对分配方案提出异议的，执行法院即可按照原分配方案进行分配，丧失分配方案异议之诉程序适用的可能性。

一、立法沿革

《执行规定》第九部分规定了多个债权人对一个债务人申请执行和参与分配,但其中并未涉及分配方案异议,2007 年《民事诉讼法》修正后,为了贯彻民事诉讼法保障当事人救济权利原则,2008 年《执行程序解释》第 25 条规定,多个债权人对同一被执行人申请执行或者对执行财产申请参与分配的,执行法院应当制作财产分配方案,并送达各债权人和被执行人。债权人或者被执行人对分配方案有异议的,应当自收到分配方案之日起 15 日内向执行法院提出书面异议。该制度设立后,关于分配方案异议及异议之诉的案件逐渐增多,审判实践中面临着如何适用该制度的难题。

在《民事诉讼法解释》修正过程中,为了进一步引起社会重视,审判庭的同志建议增加上述第 25 条和分配方案异议之诉的规定。考虑到《民事诉讼法解释》的基础性地位,将执行程序中基础性的制度纳入规定有助于审判与执行的衔接,最后该意见被采纳。同时删除了 2008 年《执行程序解释》第 25 条中“多个债权人对同一被执行人申请执行”这一情形,因为如果被执行人的财产足以清偿所有债权,执行法院并不需要制作分配方案,只需要按照查封的先后顺序作出案款分配,只有多个债权人对执行财产申请参与分配的,执行法院才应当制作财产分配方案。

二、域外考察

(一)我国台湾地区“强制执行法”

我国台湾地区“强制执行法”第 39 条规定,债权人或债务人对于分配表所载各债权人之债权或分配金额有不同意见者,应于分配期日一日前,向执行法院提出书状,声明异议。前项书状,应记载异议人认为原分配表之不当及应如何变更之声明。关于有权提出异议的主体,我国台湾地区“强制执行法”的规定和大陆相同,均明确有权提出异议的当事人为债权人或者债务人,但对异议事项和异议书状的内容做了限定,债权人或者债务人提出异议的范围限于对分配表所载各债权人之债权或分配金额有异议,其提出异议书状中必须包含其所认为原分配表中不当之处及如何变更的内容,提出异议的期限为分配期日一日前。我国台湾地区“强制执行法”第 40、41 条规定了分配表异议的处理和分配表异议之诉,其规定较大陆有以下明显不同:首先,执行法院对于分配表异议有审查权,其认为异议正当,而到场之债务人及有利害关系之其他债权人不为反对之陈述或同意者,应即更正分配表而为分配。其次,执行法院在审查分配表异议过程中,应区分到场及未到场债务人和债权人。再次,异议人已依同一事由就有争执之债权先行提起其他诉讼的,不得再提出分配表异议之诉,执行法院应依该确定判决实行分配。最后,异议人应于分配期日起10日内向执行法院提起分配表异议之诉。

(二)《日本强制执行法》

根据《日本强制执行法》第89条的规定:(1)对记载于分配表中的各债权人的债权或者分配的数额不服的债权人及债务人,在分配日期内,可以进行异议申诉(以下称为分配异议的请求)。(2)执行法院必须限于没有分配异议之请求的部分来实施分配。日本的规定与我国台湾地区的规定类似,异议的主体为债权人及债务人,异议的事项为分配表中的各债权人的债权或者分配的数额,提出异议的期限为分配日期内。但对当事人没有争议的部分债权,执行法院可以直接实施分配。

根据《日本强制执行法》第90条的规定,首先,提起分配异议请求的债权人及债务人可以提起分配异议的诉讼,明确了原告的主体资格。其次,分配异议诉讼由执行法院专属管辖。再次,原告违反出庭义务的,即在最初的口头辩论日期未出庭的,除有特别事由外执行法院不得进行实质审理,必须判决驳回诉讼请求。最后,分配异议诉讼的目的是变更分配表或者制作新的分配表,必须撤销原分配表,且提起分配异议请求的债权人及债务人应自分配日起一周以内提起分配异议诉讼。

实务操作

按照《民事诉讼法解释》第509条的规定,债权人或者被执行人均有权对分配方案提出异议。法院在具体适用过程中,应注意区分执行行为异议和分配方案异议。

一、分配方案异议的识别

《民事诉讼法解释》第510条虽然规定了分配方案异议,但对于分配方案异议的特征、类别等未作明确规定,结合《北京市高、中级法院执行局(庭)长座谈会(第五次会议)纪要——关于案款分配及参与分配若干问题的意见》第25条"案款分配或参与分配程序中,债权人或者被执行人提出的以下异议,适用《最高人民法院关于适用〈中华人民共和国民事诉讼法〉执行程序若干问题的解释》第25条、第26条的规定进行处理:(1)执行依据确定的债权是否已经履行或部分履行及履行的数额,以及该债权是否已经超过申请执行时效;(2)执行依据确定的建设工程价款是否享有优先受偿权及优先受偿的款项范围;(3)担保物权人以及其他有权请求实现担保物权的人申请执行法院作出的拍卖、变卖担保财产的裁定,该裁定未明确债权数额,当事人对分配方案中确定的债权数额提出异议的;(4)其他应当通过参与分配异议及参与分配异议之诉处理的情形。参与分配异议及参与分配异议之诉的审查和审理期间,主持分配的法院对争议债权的相应款项可依法予以提存"和执行异议的相关规定,识别分配方案异议可参考遵循如下规则。

(一)异议提出主体

《民事诉讼法解释》第509条规定,债权人或者被执行人对分配方案有异议的,应当自收到分配方案之日起15日内向执行法院提出书面异议。按照该规定,有权提出异议的主体为债权人或者被执行人,因分配方案涉及的具体分配内容直接关乎债权人所获清偿的比例,和债权人利益息息相关,债权人当然可以对分配方案提出异议;同时,分配方案涉及的债权数额亦会影响被执行人利益,应当赋予被执行人提出分配方案异议的权利。

有权提出分配方案异议的主体系对分配方案内容有直接利害关系的执行当事人,法律及司法解释并未赋予利害关系人及案外人提出分配方案异议的权利,如利害关系人及案外人因执行法院制作分配方案而受到利益损害,可以按照《民事诉讼法》第236条和第238条的规定,提出执行行为异议或者案外人异议从而得到救济。

(二)异议提出期间

根据《民事诉讼法解释》第509条的规定,债权人或者被执行人应当自收到分配方案之日起15日内向执行法院提出书面异议,未在法定期限内对分配方案提出异议的,执行法院即可按照原分配方案进行分配,丧失分配方案异议之诉程序适用可能性。

(三)异议事由

有权主体在异议期间内提出的哪些异议属于分配方案异议,应按照分配方案异议的规定予以审查,考虑分配方案异议将引发分配方案异议之诉以及《北京市高、中级法院执行局(庭)长座谈会(第五次会议)纪要——关于案款分配及参与分配若干问题的意见》第25条列举的分配方案异议的类型,分配异议属实体异议,包括以下内容:(1)对参与分配资格的异议。对参与分配资格的异议可能包括债权已过执行时效、已清偿、未经生效法律文书确认等情形。(2)对参与分配债权额的异议。对参与分配债权额的异议可能包括债权已部分受偿、生效法律文书未明确债权额等情形。(3)对清偿顺位的异议。对清偿顺位的异议可能包括债权人主张自己享有优先权,或者其他债权人主张某些债权不享有优先权等异议。

二、分配方案异议的处理

根据《民事诉讼法解释》第510条第1、2款之规定,对于债权人或者被执行人对分配方案提出的书面异议,执行法院应当通知未提出异议的债权人、被执行人。未提出异议的债权人、被执行人自收到通知之日起15日内未提出反对意见的,执行法院依异议人的意见对分配方案审查修正后进行分配;提出反对意见的,应当通知异议人。异议人可以自收到通知之日起15日内,以提出反对意见的债权人、被执行人为被告,向执行法院提起诉讼;异议人逾期未提起诉讼的,执行法院按照原分配方案进行分配。

按照该规定,执行法院对分配方案异议似乎并不需要进行审查,只要债权人或者被执行人提出书面异议,执行法院就应当通知未提出异议的债权人、被执行人,并根据未提出异议的债权人、被执行人是否提出反对意见决定对分配方案审查修正后进行分配或者通知异议人提起分配方案异议之诉。

尽管上述规定严格贯彻了"审执分离"原则,同时也符合一般法理。但执行法院作为分配方案的制作机关,不能无视债权人或者被执行人提出的异议内容和理由,一律不进行审查,而应当对异议进行形式上的审查,审查其是否符合分配方案异议的要件,并按照执行行为异议和分配方案异议给予其不同的救济途径,执行行为异议执行法院应当予以审查并赋予其复议的权利,分配方案异议则按照本法的规定处理。同时对于债权人或者被执行人提出的符合分配方案异议要件,但存在材料不齐备等瑕疵的,执行法院应当通知债权人或者被执行人补正后按照分配方案异议处理,执行法院因工作失误或计算错误导致分配顺位及分配数额确定错误的,债权人或者被执行人对此提出异议的,执行法院依法予以纠正就可以,不需要再按照分配异议之诉处理。

调解作为我国民事诉讼中特有的纠纷解决机制,是中国法治文化和长期司法实践的结晶,在及时化解纠纷、节约司法资源方面发挥了重要作用。执行法院在分配方案异议处理过程中,也要发挥调解的重要作用,执行是一种与司法行为密切联系的司法强制行为,追求效率是执行的最高追求,[①]为了避免对非实质性的异议进行分配方案异议之诉,尽快实现债权人的债权,执行法院应当在保障当事人权益的情况下,多做当事人之间的调解工作,引导当事人之间就分配方案达成一致意见。

分配方案异议的处理过程中,执行法院要做好通知(送达)工作。首先,债权人或者被执行人对分配方案提出书面异议的,应当将分配方案所列的债权人及被执行人准备好的书面异议,由执行法院送达未提出异议的债权人、被执行人;其次,债权人或者被执行人提出反对意见的,也应当准备好书面意见,由执行法院送达异议人。此处的送达,应当准用《民事诉讼法》有关送达的规定,既可以直接送达,也可以邮寄送达或者电子送达。

债权人或者被执行人对分配方案超期提出异议的法律后果。对分配方案提出异议的前提是人民法院已经制作好分配方案并向债权人和被执行人送达,且债权人或者被执行人应当自收到分配方案之日起 15 日内向执行法院提出异议。如果债权人或者被执行人对分配方案有合法的异议理由,但其未在法定期间内提出,执行法院按照分配方案实施分配后,能否依不当得利主张执行法院的分配不合法,并请求已受分配的债权人返还分配所得,有三种学说:肯定说认为,被执行人或者债权人未对分配方案提出异议,仅仅是同意依分配方案进行分配,并非承认受分配之债权人有实体法上之权利,亦未放弃不当得利返还请求权。否定说认为,被执行人或者债权人未利用法律赋予的提出异议的机会,应当视为同意该分配方案。债权人依据分配方案取得的金额,有"法律上之原因",未提出异议的被执行人或者债权人不得事后依据不当得利

① 参见江必新主编:《强制执行法理论与实务》,中国法制出版社 2014 年版,第 69 页。

请求返还。折中说认为，应当区分优先债权或一般债权来确定是否可依不当得利请求返还，有优先受偿权的债权即使未依法提出异议，也可于事后请求返还不当得利；一般债权应当通过分配方案异议及分配方案异议之诉来解决争议，不能于事后请求返还不当得利。[①] 学界以肯定说为通说，[②]理由为，既然法律并未规定当事人未提出异议即生失效之效果，故其未提出异议，虽然不能阻止执行法院依原方案进行分配，但并不丧失不当得利返还请求权。尤其债务人未提异议之情形，若受分配之债权人超出其原应有之债权额而受领分配，则债务人对于超出执行名义之债权额，自然可以请求返还不当得利。[③]

审判前沿

鑫德亿公司与王某瑛等分配方案异议案

【案例索引】

(2022)豫01民初488号

(2022)豫执复443号

【基本案情】

鑫德亿公司申请执行刘某文、乔某永委托合同纠纷一案中，郑州市中级人民法院(以下简称郑州中院)裁定对刘某文名下房产、乔某永名下房产进行拍卖。该院于2022年4月21日作出房产拍卖款分配通知书，告知鑫德亿公司：王某瑛就乔某永名下房产拍卖款申请分配，主张扣除应发给抵押银行款项后的一半份额；郭某芝就刘某文名下房产拍卖款申请分配，主张拍卖款的一半份额。郑州中院同意王某瑛、郭某芝的申请。

鑫德亿公司提出异议，请求撤销郑州中院房产拍卖款分配通知书及该通知书中的拍卖款分配方案。郑州中院认为该案不符合执行异议受理条件，于2022年7月11日作出执行异议裁定，驳回鑫德亿公司的异议申请。

---

① 参见杨与龄编著：《强制执行法论》，中国政法大学出版社2002年版，第300页。

② 参见张登科：《强制执行法》，台北，三民书局2010年版，第519页；杨与龄编著：《强制执行法论》，中国政法大学出版社2002年版，第300页。

③ 参见江必新主编：《强制执行法理论与实务》，中国法制出版社2014年版，第718页。

鑫德亿公司不服,认为法院应当受理申请人的异议申请,王某瑛、郭某芝无权申请参与分配且该分配方案严重不公,向河南省高级人民法院(以下简称河南高院)申请复议。

河南高院经审查认为,根据《民事诉讼法解释》第510条第1、2款的规定,债权人或者被执行人对分配方案提出书面异议的,执行法院应当通知未提出异议的债权人、被执行人。未提出异议的债权人、被执行人自收到通知之日起15日内未提出反对意见的,执行法院依异议人的意见对分配方案审查修正后进行分配;提出反对意见的,应当通知异议人。异议人可以自收到通知之日起15日内,以提出反对意见的债权人、被执行人为被告,向执行法院提起诉讼;异议人逾期未提起诉讼的,执行法院按照原分配方案进行分配。本案中,鑫德亿公司对分配方案提出异议,应由郑州中院执行实施机构通知未提出异议的债权人、被执行人,其后根据未提出异议的债权人、被执行人是否提出反对意见决定是直接分配还是告知鑫德亿公司提起执行分配方案异议之诉。郑州中院驳回鑫德亿公司的异议申请并无不当。河南高院作出执行裁定,驳回鑫德亿公司的复议申请,维持郑州中院异议裁定。

【案例评析】

分配方案异议,是指债权人或者被执行人不同意执行法院制作的财产分配方案,请求执行法院进行更正的异议。分配方案异议和执行行为异议在享有异议权的主体、异议提出期限、执行法院审查标准、异议性质及救济途径方面均有区别。

本案中,郑州中院作出房产拍卖款分配通知书并在该通知书中对拍卖款进行分配,作为债权人的鑫德亿公司对此提出异议,属于典型的分配方案异议,区别于当事人提出的执行行为异议,不应当通过异议复议程序进行审查,应由郑州中院执行实施机构通知未提出异议的债权人及被执行人,未提出异议的债权人及被执行人自收到通知之日起15日内未提出反对意见的,郑州中院依异议人的意见对分配方案审查修正后可直接进行分配;未提出异议的债权人及被执行人自收到通知之日起15日内提出反对意见的,郑州中院应当通知鑫德亿公司,鑫德亿公司可以自收到通知之日起15日内,以提出反对意见的债权人、被执行人为被告,向郑州中院提起执行分配方案异议之诉。如果鑫德亿公司逾期未提起诉讼的,郑州中院按照原分配方案进行分配。

第二节 执行行为异议

法律依据

《民事诉讼法》

第236条 当事人、利害关系人认为执行行为违反法律规定的,可以向负责执行的人民法院提出书面异议。当事人、利害关系人提出书面异议的,人民法院应当自收到书面异议之日起十五日内审查,理由成立的,裁定撤销或者改正;理由不成立的,裁定驳回。当事人、利害关系人对裁定不服的,可以自裁定送达之日起十日内向上一级人民法院申请复议。

《异议复议规定》

第7条 当事人、利害关系人认为执行过程中或者执行保全、先予执行裁定过程中的下列行为违法提出异议的,人民法院应当依照民事诉讼法第二百二十五条规定进行审查:

(一)查封、扣押、冻结、拍卖、变卖、以物抵债、暂缓执行、中止执行、终结执行等执行措施;

(二)执行的期间、顺序等应当遵守的法定程序;

(三)人民法院作出的侵害当事人、利害关系人合法权益的其他行为。

被执行人以债权消灭、丧失强制执行效力等执行依据生效之后的实体事由提出排除执行异议的,人民法院应当参照民事诉讼法第二百二十五条规定进行审查。

除本规定第十九条规定的情形外,被执行人以执行依据生效之前的实体事由提出排除执行异议的,人民法院应当告知其依法申请再审或者通过其他程序解决。

制度研究

执行异议是指当事人或者利害关系人认为执行法院的执行行为侵犯其合法权益，请求法院予以纠正的法律制度，执行异议包括执行行为异议和案外人异议，执行行为异议是指当事人、利害关系人认为人民法院的执行行为违反法律规定，向执行法院提出的书面异议。

分配方案异议是指债权人或者被执行人自收到分配方案之日起15日内向执行法院提出的书面异议，前者的异议对象为人民法院的执行行为，后者的异议对象为分配方案。但根据《异议复议规定》第7条锚定的执行行为的内涵和外延，法院制作分配方案的行为亦属于执行行为，可能侵害当事人合法权益，当事人有权对其提出执行行为异议。对于分配方案中的参与分配债权数额、清偿顺位、受偿比例等影响当事人实体权利的内容，基于审执分离原则，执行法院不对其作实质审查，对于债权人或者被执行人对分配方案提出的书面异议，执行法院应当通知未提出异议的债权人、被执行人。未提出异议的债权人、被执行人自收到通知之日起15日内未提出反对意见的，执行法院依异议人的意见对分配方案审查修正后进行分配；提出反对意见的，应当通知异议人。异议人可以自收到通知之日起15日内，以提出反对意见的债权人、被执行人为被告，向执行法院提起诉讼；异议人逾期未提起诉讼的，执行法院按照原分配方案进行分配。因此，在满足分配方案异议主体和期限条件的基础上，区分参与分配程序中的执行行为异议和分配方案异议，应当以异议内容是否涉实体争议为判断标准，对于参与分配程序的适用、分配方案送达等程序异议，即使符合分配方案异议主体和期限条件，也应当认定为执行行为异议，按照《民事诉讼法》第236条的规定处理。

实务操作

在执行分配中，为保护当事人、利害关系人或案外人的合法权益免遭执行行为违法或不当侵害，民事诉讼法及其司法解释分别从程序和实体两方面提供了救济途径，即执行行为异议和执行分配方案异议之诉。[①]

---

① 参见刘干、朱丽雯：《执行行为异议与执行分配方案异议之甄别》，载《人民法院报》2014年12月25日，第6版。

一、执行行为异议的识别

参与分配程序中的执行行为异议是指当事人、利害关系人认为人民法院的执行行为违反法律规定，如对于分配资格的认定、可供分配金额的确定、分配方案的送达、异议通知、权利告知、款项提存等程序性事项向执行法院提出的书面异议。

二、执行行为异议的处理

根据《民事诉讼法》第 236 条的规定，对于当事人、利害关系人提出的执行异议，人民法院应当自收到书面异议之日起 15 日内审查，理由成立的，裁定撤销或者改正；理由不成立的，裁定驳回。当事人、利害关系人对裁定不服的，可以自裁定送达之日起 10 日内向上一级人民法院申请复议。执行异议遵循异议—复议的审查程序，不能引发提起分配方案异议之诉的法律后果。

如果在参与分配程序中，当事人以分配方案异议之名提出有关程序性的异议，法院是应当按照分配方案异议的审查规则处理，还是按照其实质内容按照执行异议的审查规则处理，法律及司法解释并无明确规定。但考虑法律及司法解释设置执行行为异议和分配方案异议之立法目的，兼顾执行效率与公平原则，确属程序性异议的，人民法院应当按照执行异议的审查程序处理，不宜将过多的程序性争议引入分配方案异议之诉中，浪费司法资源，拖慢分配进程。

三、执行行为异议和分配方案异议的区别

对比执行行为异议和分配方案异议这两种机制，尽管构造、原理等均不相同，但因救济功能的相似之处，所以司法实践中时有混淆，造成法律适用困惑，凡当事人在执行分配中提出异议，执行法院往往都会导入诉讼，理由是执行分配方案异议之诉属于执行行为异议的一种特殊情形，遂根据“特殊优于一般”的原则，走诉讼程序当然是解决此类纠纷的首选方案，然而事实上，执行行为异议与执行分配方案异议之诉具有本质差异。[①] 将所有冠以分配方案异议之

① 参见刘干、朱丽雯：《执行行为异议与执行分配方案异议之甄别》，载《人民法院报》2014 年 12 月 25 日，第 6 版。

名的异议引入分配方案异议之诉也并不适宜，因此，有必要区分执行行为异议和分配方案异议。

分配方案异议，是指债权人或者被执行人不同意执行法院制作的财产分配方案，请求执行法院进行更正的异议。在参与分配程序中，执行法院需要对是否参与分配作出决定、对债权是否符合参与分配条件作出认定、对债权受偿顺位及分配数额等作出决定，从实质上看，执行法院作出的认定和决定也属于执行行为，分配方案异议和《民事诉讼法》第 236 条规定的执行行为异议产生了竞合，在司法实践中应当予以区分。

分配方案异议和执行行为异议主要有以下四点不同：

(1)提出异议的主体不同。提出执行行为异议的主体为当事人及利害关系人；提出分配方案异议的主体为债权人或者被执行人，利害关系人无权提出分配方案异议。

(2)执行法院是否予以审查不同。异议人提出执行行为异议的，执行法院应当予以审查并在 15 日内作出异议裁定；债权人或者被执行人提出分配方案异议的，执行法院并不审查，而是通知未提出异议的债权人和被执行人，根据他们是否对异议提出反对意见，决定对分配方案进行修正或者通知异议人提出分配方案异议之诉。

(3)异议性质不同。执行是指国家机关依债权人的申请，以生效法律文书为依据，运用国家强制力，强制债务人履行义务，以实现债权人权利的活动。[①] 法院的执行行为由《民事诉讼法》等程序法予以调整，执行行为异议亦属于程序性异议。而分配方案异议涉及分配的债权总额、分配数额、分配顺序等，属于实体性异议。

(4)救济途径不同。执行行为异议中，异议人对执行法院作出的异议裁定不服的，可以向上一级人民法院申请复议；分配方案异议中，未提出异议的债权人、被执行人对异议人的异议提出反对意见的，异议人应以提出反对意见的债权人、被执行人为被告，向执行法院提起诉讼。

基于程序价值取向的视角，执行行为异议因其属于程序性异议更加侧重

---

① 参见江必新主编：《强制执行法理论与实务》，中国法制出版社 2014 年版，第 3 页。

效率，分配方案异议作为实体性异议则更加侧重公正，在参与分配程序中，执行法院应当区分执行行为异议和分配方案异议，并给予不同的救济途径，更好地实现分配方案异议设立之初的目的。

对于执行法院作出的是否适用参与分配程序的行为、参与分配的债权人是否适格的认定、申请参与分配是否逾期的认定、分配方案的送达、异议的送达等相对容易确定或涉及程序方面的事项所提出的异议，人民法院应当按照《民事诉讼法》第236条规定的执行异议处理，以效率为主兼顾公平。

对于分配方案中可供分配的总债权数额、债权人参与分配的债权是否已获清偿或超过申请执行时效期间、优先权人应优先受偿的债权数额、债权受偿顺序及数额等相对难以确定和涉及重大实体利益的事项所提出的异议，按照《民事诉讼法解释》第509条和第510条的规定处理，充分保障异议人的程序和实体权利。需要注意的是，对于债权人或者被执行人提出的符合分配方案异议要件，但存在材料不齐备等瑕疵的，执行法院应当通知债权人或者被执行人补正后按照分配方案异议处理；执行法院因工作失误或计算错误导致分配顺位及分配数额确定错误的，债权人或者被执行人对此提出异议的，执行法院可依法予以纠正，无须按照分配异议之诉处理。

审判前沿

陈某安、陈某红合同纠纷执行审查案

【案例索引】

（2018）粤1973执异117号

【基本案情】

广东省东莞市中级人民法院（2016）粤19民终7530号民事判决书判令陈某红应向陈某安偿还借款本金31,902.24元及利息。

因陈某红未按照上述民事判决书履行法律义务，陈某安于2017年5月5日向东莞市第三人民法院申请执行，东莞市第三人民法院以（2017）粤1973执4678号案受理。该案经查陈某红无可供执行财产，东莞市第三人民法院于2017年10月25日裁定终结该案的本次执行程序。2018年5月17日,陈某安依据上述民事判决书向东莞市第三人民法院申请恢复执行,东莞市第三人民法院以(2018)粤1973执恢2637号案受理。

另查明,广东省东莞市中级人民法院作出的已生效的(2016)粤19民终7532号民事判决书判令陈某红、陈某娣应向陈某安偿还借款本金66,073.71元及利息。

因陈某红、陈某娣未按照上述民事判决书履行法律义务,陈某安于2017年5月5日向东莞市第三人民法院申请执行,法院以(2017)粤1973执4680号案受理。在该案的执行过程中,法院依法拍卖登记在陈某娣名下的位于广东省东莞市的房产,抵押权人为中国建设银行股份有限公司东莞市分行,该房产由买受人唐某然以最高价161万元竞得。东莞市第三人民法院现就该拍卖款作出执行款分配方案,该方案将陈某安在(2017)粤1973执4680号案中的债权参与分配,未将陈某安在(2018)粤1973执恢2637号案中的债权参与分配。

2018年5月22日,陈某安不服上述分配方案,提出陈某红、陈某娣是夫妻关系,案涉房产虽然登记在陈某娣名下,但该房产系其夫妻婚后购买,属于夫妻共同财产,所得拍卖款应为其夫妻共有。因此,(2018)粤1973执恢2637号案的被执行人虽然仅为陈某红,但陈某安系参与分配的适格债权人。综上,异议人陈某安请求法院将(2018)粤1973执恢2637号案的债权参与到(2017)粤1973执4680号案的分配方案中进行分配。异议人为证明其主张,提供房产登记信息查询结果、婚姻登记审查处理表、执行裁定书、执行款分配方案等证据材料予以佐证。

东莞市第三人民法院认为,债权人或被执行人在参与执行分配程序中提起的分配方案异议,存在程序性异议与实体性异议的区别,不同的异议需作不同处理。当事人就是否适用参与分配程序的决定、申请参与分配的债权人是否适格的认定、债权人申请参与分配是否逾期的认定等相对确定的程序性事项提起的异议,应当按照执行行为异议处理;当事人就分配方案所列债权是否存在、是否应优先受偿、债权的分配数额等涉及重大实体利益的事项提起的异议,应当按照执行分配方案异议之诉处理。本案中,异议人要求将(2018)粤1973执恢2637号案的债权列入分配方案,其请求实质上就是针对法院对其作为(2018)粤1973执恢2637号案的债权人申请参与分配是否适格的认定问题,该请求属于程序性异议。因此,适用执行行为异议审查。

针对异议人的异议请求,法院分析如下:

首先,陈某娣系案涉分配款的权利人。据以分配的款项来源于房屋拍卖款。根据2015年《异议复议规定》第25条第1款第1项前半句的规定,已登记的不动产,按照不动产登记簿判断权利人。本案中,案涉房产仅登记在陈某娣一人名下,由此认定陈某娣为案涉房产的权利人,陈某红并非案涉房产的权利人。据此,既然案涉分配款来源于陈某娣名下的房产拍卖款,那么陈某娣应为该分配款的权利人,陈某红对该分配款则不享有权利。

其次,异议人并非参与分配的适格债权人。本案中,异议人依据其在(2018)粤1973执恢2637号案中享有的债权申请参与分配,该案中,异议人仅对陈某红享有债权,对陈某娣不享有债权。既然陈某娣为案涉分配款的权利人,那么异议人不能依据上述债权主张参与分配(2017)粤1973执4680号案中属于陈某娣所有的分配款。

综上所述,东莞市第三人民法院认定异议人并非参与分配(2017)粤1973执4680号案拍卖款的适格债权人,异议人的异议不成立,裁定驳回异议人的异议。

【案例评析】

根据债权人或被执行人在参与执行分配程序中提起的分配方案异议的内容,参与分配中的异议分为执行行为异议和分配方案异议,对两种异议适用不同的审查程序,因此执行法院需要首先审查异议的类型,以便依法适用异议审查程序。针对当事人就是否适用参与分配程序的决定、申请参与分配的债权人是否适格的认定、债权人申请参与分配是否逾期的认定等相对确定的程序性事项提起的异议,执行法院应当按照执行行为异议处理;而当事人就分配方案所列债权是否存在、是否应优先受偿、债权的分配数额等涉及重大实体利益的事项提起的异议,应当按照分配方案异议处理，允许异议人以提出反对意见的债权人、被执行人为被告，向执行法院提起分配方案异议之诉，通过审判程序审查处理实体争议。

需要注意的是，本案中执行法院仅以案涉房产登记在夫妻一方名下为由认定登记人为案涉房产的唯一权利人，登记人配偶并非案涉房产的权利人有欠妥之处，案涉房产系婚后购买的房产，属于夫妻共同财产，对被执行人与其他人共有的财产，人民法院可以查封、扣押、冻结，并及时通知共有人，登记在被执行人配偶名下的房产不能被豁免执行，应当尽力保障债权人之债权实现。

第十五章　分配方案异议之诉

第一节　分配方案异议之诉的性质

法律依据

《民事诉讼法解释》

第510条　债权人或者被执行人对分配方案提出书面异议的，执行法院应当通知未提出异议的债权人、被执行人。

未提出异议的债权人、被执行人自收到通知之日起十五日内未提出反对意见的，执行法院依异议人的意见对分配方案审查修正后进行分配；提出反对意见的，应当通知异议人。异议人可以自收到通知之日起十五日内，以提出反对意见的债权人、被执行人为被告，向执行法院提起诉讼；异议人逾期未提起诉讼的，执行法院按照原分配方案进行分配。

诉讼期间进行分配的，执行法院应当提存与争议债权数额相应的款项。

制度研究

分配方案异议之诉是指在参与分配程序中，参与分配主体对债权数额产生实质性争议，为请求撤销或变更分配方案而提起的诉讼。关于参与分配异议之诉的性质，有以下几种学说。

（1）形成之诉说

该学说认为，分配方案异议之诉是原告请求法院变更或重新制作分配方案，形成对自己有利的分配方案诉讼，诉讼标的为执行程序中的异议权，异议权属于程序上的形成权，该诉为形成之诉。菊井维大、宫脇幸彦、松本博之等日本学者主张此学说，我国台湾地区学者陈世宗、吴鹤亭、张登科等亦主张此学说。形成之诉说为德国、日本以及我国台湾地区之通说。

(2)确认之诉说

该学说认为，该诉是请求法院确认自己债权债务在分配方案中所占的数额和顺位的诉讼，目的在于解决分配方案所载内容的争议，确认分配方案所载分配额或者优先受偿顺序。但债权人之间关于债权存在与否的争议，不属于该诉的审理范围。

(3)救济之诉说

该学说认为，该诉的目的是请求确认债权和变更分配方案，具有确认之诉与形成之诉的双重属性，是特殊的救济之诉。日本学者三月章、石川明以及我国台湾地区杨与龄主张此学说。①

(4)命令之诉说

该学说认为，法院针对原告所作的胜诉判决是命令执行机关更正分配方案或重新制作分配方案，称之为命令之诉更为恰当。该诉与单纯的排除强制执行的执行异议之诉显有不同。②

(5)新形成之诉说

该学说是为了克服形成之诉的缺陷，防止当事人以同一事实理由另行起诉。此学说以新诉讼标的理论与"争点效"理论为基础，主张异议权之基础实体权利为判决的先决问题，法院对于该争点作出的判断产生通用力，直接约束其他法院的判断，当事人也不能提出违反该判断的主张。③

本书认为，分配方案异议之诉在性质上应属于形成之诉，理由在于：首先，分配方案异议之诉提起的前提是存在分配方案，而分配方案是执行法院作出用以确定各债权人就执行所得应收清偿的份额，具有确定当事人之间权利义务关系的效力。分配方案异议之诉是对分配方案中有争议部分所涉及的权利义务关系进行审理，通过判决使原分配方案已经确定的当事人之间的权利义务关系发生变动。其次，新形成之诉说也克服了形成之诉的缺陷，防止当事人

---

① 参见杨与龄编著：《强制执行法论》，中国政法大学出版社 2002 年版，第 302 页。

② 参见杨与龄编著：《强制执行法论》，中国政法大学出版社 2002 年版，第 302 页。

③ 参见杨与龄编著：《强制执行法论》，中国政法大学出版社 2002 年版，第 302 页。

以同一事实理由另行起诉。

第二节　提起分配方案异议之诉的基本流程

一、分配方案异议之诉的主体

1. 原告

根据《民事诉讼法解释》第 510 条第 2 款的规定，分配方案异议之诉的原告为对分配方案提出书面异议的债权人或者被执行人。因为分配方案涉及各债权所能获得清偿的数额，直接关系债权人利益，债权人当然可以对分配方案提出异议进而提出分配方案异议之诉。同时分配方案作出的正确与否，直接关系债权债务关系的消灭，被执行人与之息息相关，应当允许被执行人提出分配方案异议及分配方案异议之诉。需要注意的是，在刑事裁判涉财产部分执行中，当事人、利害关系人向执行法院提出执行异议被驳回后，其救济途径应是向上一级法院申请复议，无权提起执行异议之诉，刑事案件的被害人不享有对退赔分配方案提起分配方案异议之诉的权利。

2. 被告

根据《民事诉讼法解释》第 510 条第 2 款的规定，分配方案异议之诉的被告为对异议人的异议提出反对意见的债权人或者被执行人。若债权人和被执行人都对异议人的异议提出反对意见，不论反对意见是否相同，均应列为共同被告。

3. 第三人

根据《民事诉讼法》第 59 条第 1、2 款的规定，对当事人双方的诉讼标的，第三人认为有独立请求权的，有权提起诉讼。对当事人双方的诉讼标的，第三人虽然没有独立请求权，但案件处理结果同他有法律上的利害关系的，可以申请参加诉讼，或者由人民法院通知他参加诉讼。人民法院判决承担民事责任的第三人，有当事人的诉讼权利义务。具体到分配方案异议之诉中，因为分配方案异议之诉的原告不仅需要提出书面异议，还要求在收到通知 15 日内提起诉讼，分配方案异议之诉被法院受理后，本案诉讼原告以外的债权人或者被执行人因为不符合上述提起分配方案异议之诉的条件，不可能作为有独立请求权的第三人参加诉讼。同时由于分配方案中可分配的债权数额是固定的，原被告债权人分配数额的变动必然引起分配方案上全体债权人分配数额的变动，未提出反对意见的债权人或者被执行人与该诉的处理结果存在《民事诉讼法》第 59 条第 2 款所规定的“法律上的利害关系”，该债权人或者被执行人可以作为无独立请求权的第三人参加分配方案异议之诉。这样既可以维护未提出反对意见的债权人或者被执行人的合法权益，又有助于法院查明案件事实。

二、分配方案异议之诉的起诉条件

根据《民事诉讼法解释》第 510 条第 1、2 款的规定，提起分配方案异议之诉必须符合以下条件：第一，原告为对分配方案提出书面异议的债权人或者被执行人；第二，被告为对异议人的异议提出反对意见的债权人或者被执行人；第三，原告应当在收到通知之日起 15 日内提出；第四，诉讼由执行法院专属管辖；第五，原告在诉状中应当明确要求变更的分配数额，有具体的诉讼请求和理由。执行法院立案后，应当根据《民事诉讼法解释》相关规定审查是否符合上述起诉条件，若不符合则裁定驳回起诉。

另外，对于分配方案异议之诉案件所依赖的执行实施具体情况，执行法院掌握得更多，基于提升审判质效、快速解决纠纷的考量，《民事诉讼法解释》第 510 条第 2 款明确规定，分配方案异议之诉由执行法院专属管辖。

被执行人为企业法人时，债权人是否有权提起分配方案异议之诉，实践中存有争议。有观点认为，参与分配程序适用于被执行人为公民或者其他组织的情况，被执行人为企业法人时不适用参与分配程序，企业法人作为被执行人时对案涉执行案款分配方案提出异议之诉，不符合法律规定执行分配方案异议之诉的受理条件，驳回起诉并无不当，最高人民法院在（2020）最高法民申 2511 号一案中持此观点。另有观点认为，法律及司法解释并未限制被执行人为企业法人时申请执行人提起执行分配方案异议之诉的诉权，债权人有权就执行分配方案提起异议之诉的权利，以维护其合法权益，最高人民法院在（2019）最高法民再 146 号一案中持此观点。本书认可第二种观点，参与分配程序并非局限于公民和非法人组织作为被执行人的情形，广义的参与分配已将企业法人作为被执行人囊括在内，既然企业法人能够适用参与分配程序，当然也应该赋予债权人和债务人对分配方案提出分配方案异议的权利，排除债权人和债务人对企业法人作为被执行人时的分配方案异议权有失公平。

三、分配方案异议之诉的诉讼请求

诉讼请求是当事人向法院提出，请求法院予以保护的具体民事权益。在形成之诉中，其诉讼请求是变动某种法律关系，分配方案异议之诉作为形成之诉的一种，其诉讼请求为变更分配方案中有争议部分所涉及的实体权利义务关系，①原告在诉状中应当提出明确的分配方案修正意见，原告不能提出明确的修正分配意见，人民法院应认定其诉讼请求不符合起诉条件，驳回起诉。对于分配方案中双方当事人没有争议的部分，法院不进行审理。根据《民事诉讼法解释》第 510 条第 3 款，诉讼期间进行分配的，执行法院应当提存与争议债权数额相应的款项。执行法院对争议债权数额之外的款项，应当进行分配。

审判前沿

重庆中集物流有限公司、重庆三峡融资担保集团股份有限公司执行分配方案异议之诉案

【案例索引】

(2019)最高法民再 146 号

【基本案情】

再审申请人重庆中集物流有限公司(以下简称中集物流公司)因与被申请人重庆三峡融资担保集团股份有限公司(原重庆三峡担保集团股份有限公司，以下简称三峡担保公司)、重庆进出口融资担保有限公司(以下简称进出口担保公司)、一审被告重庆仁寿有色金属公司(以下简称仁寿公司)、孙某寿、欧某梅执行分配方案异议之诉一案，不服重庆市高级人民法院(2017)渝民终 208 号民事裁定，向最高人民法院申请再审。最高人民法院于 2018 年 11 月 21 日作出(2018)最高法民申 1180 号民事裁定提

① 参见刘颖：《分配方案异议之诉研究》，载《当代法学》2019 年第 1 期。

审本案。

中集物流公司再审请求：第一，撤销重庆市高级人民法院（2017）渝民终208号民事裁定书第2项；第二，支持中集物流公司的一审诉讼请求；第三，两审的诉讼费用由被申请人承担。其所持事实和理由：第一，二审裁定被执行人为企业法人时，不适用执行分配方案异议之诉错误。2008年《执行程序解释》中有关执行分配方案异议之诉的规定，并未区分被执行人是否为公民、其他组织或企业法人。重庆市高级人民法院发布的相关意见亦未对被执行人进行区分。而广东省高级人民法院发布的参考意见中明确被执行人为企业法人的，当事人可以提出分配方案异议、提起分配方案异议之诉。第二，2015年《民事诉讼法解释》并未规定被执行企业法人符合破产条件时，执行法院对执行当事人应当履行释明义务，启动破产程序。最高人民法院《执转破意见》第4条虽然规定了执行法院在移送破产审查时的告知和征询工作，但案涉执行清偿方案在该意见颁布之前作出，不受其拘束。并且征询和询问不同于法官释明，就算未进行征询和询问，也属于程序瑕疵，不等同于程序违法。第三，二审裁定认为2015年《民事诉讼法解释》第516条对当事人不同意移送破产或者被执行人住所地人民法院不受理破产案件的情形下的清偿顺序作出了规定，为当事人提供了不同于执行分配方案异议之诉的救济渠道，执行法院应据此办理当事人在执行程序中的争议。本案申请人的诉请均属于执行中的实体问题，如按二审裁定，则执行局必须对当事人的实体权利作出裁判，但同时，二审裁定又认为当事人不能提起执行异议以及执行分配方案异议之诉。而执行当事人除此之外并无其他救济途径。第四，申请人应分取第5栋厂房占有和分摊土地的拍卖价款。三峡担保公司办理抵押的是4栋房产，而非土地使用权，应适用地随房走的原则。4栋房产的房地产权证未对其共同共有的土地使用权进行分割。在三峡担保公司办理抵押登记前，第5栋厂房已经办理初始登记，获取了相应的土地，亦共有该土地使用权。根据原《物权法》第30条的规定，对第5栋厂房的物权在其2011年7月建成时即设立，其占有的土地使用权自此便固化，前4栋房产的抵押并不意味第5栋厂房占有的土地也一并抵押。第五，申请人对349.065吨废铝享有留置权和拍卖价款的优先受偿权。申请人有监管日志、假期排班表、调查笔录以及证人证言等证据，证明申请人一直派员对质押物进行监管至2015年4月24日将废铝移交执行局。同时，根据《民事诉讼法解释》的相关规定以及重庆市高级人民法院的有关指导意见，申请人有权在本次执行分配程序中主张留置权，一审法院应当受理并进行审查，一审判决适用法律错误。进出口担保公司申请办理动产抵押登记时，该动产尚处于华夏银行动产抵押登记书记载的有效抵押期之内，进出口担保公司就同一标的物办理抵押具有主观恶意，该浮动抵押行为不能受到保护或保护程度应低于申请人。

三峡担保公司辩称，中集物流公司的再审请求、事实和理由不符合2012年《民事诉讼法》第200条的规定，依法应予驳回。第一，本案一、二审查明事实清楚，且有充分的证据予以证明。三峡担保公司与仁寿公司分别于2012年7月13日、2012年7月16日签订合同约定仁寿公司以建筑面积5353.5平方米及27,263.9平方米土地使用权设定抵押权作为仁寿公司向三峡担保公司履行债务的担保。2012年7月16日三峡担保公司就上述约定办理了抵押登记。第二，本案一审判决、案涉执行清偿方案关于三峡担保公司就抵押权优先受偿的法律适用正确，应当予以维持。第三，中集物流公司再审请求对仁寿公司27,263.9平方米土地使用权拍卖价款中的661.80万元优先于三峡担保公司受偿无任何法律依据。依据原《物权法》第199条，三峡担保公司抵押登记先于中集物流公司抵押，三峡担保公司对全部土地拍卖所得价款第一顺位受偿。依据原《物权法》第200条，一审判决及案涉执行清偿方案合理、合法维护了中集物流公司的权利。一审判决及案涉执行清偿方案符合最高人民法院的裁判精神。

进出口担保公司辩称：第一，中集物流公司对进出口担保公司已结晶的铝渣不享有留置权。中集物流公司对本案讼争铝渣没有履行监管义务，且无须中集物流公司监管。中集物流公司所谓“监管费”由被执行人结清。第二，进出口担保公司抵押权优先于中集物流公司受让华夏银行债权而享有的抵押权。中集物流公司对案涉铝渣不享有优于进出口担保公司的优先受偿权利。第三，中集物流公司申请提存案款没有法律依据。请求法院尽快审理并依法判决。

仁寿公司、孙某寿、欧某梅共同陈述称，请求法院依法判决。

最高人民法院再审认为，2015 年《民事诉讼法解释》第 513 条[①]并未限制被执行人为企业法人时申请执行人提起执行分配方案异议之诉的诉权，对于执行法院作出的执行分配方案，债权人有异议时应当赋予其提起异议之诉的权利，以维护其合法权益。本案被执行人仁寿公司为企业法人，中集物流公司作为债权人有权提起债权分配方案异议之诉。重庆市高级人民法院认为"被执行人为企业法人时不适用执行分配方案异议之诉"没有法律依据，以此为由裁定驳回中集物流公司的起诉，适用法律错误，应当予以纠正。鉴于重庆市第一中级人民法院已经对本案作出一审判决，重庆市高级人民法院应当就中集物流公司的上诉请求依法继续进行二审审理。

【案例评析】

企业法人作为被执行人，财产不足以清偿所有债务时，可以适用广义参与分配程序，对于普通债权按照采取强制措施的先后顺序清偿。法律及司法解释并未完全将企业法人排除在参与分配程序之外，企业法人既然可以适用参与分配程序，当然也可以适用参与分配异议和异议之诉的救济程序，被执行人为企业法人时不适用执行分配方案异议之诉之说侵害债权人和债务人的异议权，没有法律依据。

第三节　分配方案异议之诉审理范围

分配方案异议之诉作为执行救济的一种方法，以当事人之间就分配方案内容的争议为审理对象，作为执行依据的生效判决是否存在错误，不属于分配方案异议之诉的审理范围，最高人民法院在(2022)最高法民再 123 号一案中亦持此观点。在分配方案异议之诉中，法院主要对分配方案是否公平合理合法、债权是否存在、受偿比例和顺序等问题进行审查，作为执行依据的人民法院生效判决书、调解书是否有误不属于分配方案异议之诉案件中人民法院的

---

① 现为第 511 条。

审查范围。分配方案异议之诉的审理范围系分配方案在各债权之间实体法关系方面之判断的正确性，即方案中各债权的清偿顺位、分配比例等问题，重点是各债权之间的相互关系，并非对原审中当事人之间基础法律关系的确认。

从救济体系设置的角度，分配方案异议之诉系为保障分配方案之合理合法，维护各债权人平等受偿之权利。对于普通债权人来说，取得执行依据是参与分配的前置条件，债权人依据生效判决申请参与分配，执行机构依据裁判内容做出分配方案，即分配方案中的部分内容系生效判决内容的延伸，债权人或债务人对该部分内容的异议，实质上系对生效法律文书的异议，即使生效法律文书确有错误，当事人也应该根据法律规定通过审判监督程序申请救济，通过分配方案异议之诉实质改变生效法律文书的内容系对法律的误读误用，应予纠正。

从既判力的角度出发，当事人应受生效法律文书裁判的约束，法律文书一经生效，当事人无权提出与之矛盾的主张，人民法院亦不得作出与之相矛盾的裁判。在分配方案异议之诉程序中，执行法院无权审理作为执行依据的生效判决是否存在错误，更遑论通过分配方案异议之诉判决对生效判决“实质改判”。

审判前沿

中国光大银行股份有限公司石家庄分行、安某敏执行分配方案异议之诉民事再审案

【案例索引】

(2022)最高法民再123号

【基本案情】

再审申请人中国光大银行股份有限公司石家庄分行(以下简称光大银行)因与被申请人安某敏执行分配方案异议之诉一案，不服河北省高级人民法院(以下简称二审法院)(2020)冀民终657号民事判决，向最高人民法院申请再审。最高人民法院于2021年9月16日作出(2021)最高法民申3658号民事裁定，提审本案。

光大银行向河北省保定市中级人民法院(以下简称一审法院)起诉请求:(1)在(2017)冀06执222号之二执行财产分配方案中光大银行优先受偿的范围及数额增加利息(包括法定利息即迟延履行期间的债务利息暂计251,713.85元、约定利息、复利及罚息暂计716,857.47元等,且均应计算至实际清偿之日)以及实现债权所发生的所有必要费用(包括但不限于诉讼费12,792元、律师费等);(2)案件受理费及其他诉讼费用由安某敏承担(暂计981,363.32元)。一审法院认定以下事实:

2015年3月17日,光大银行与刘某佳签订《个人贷款授信额度合同》,约定授信额度218万元,授信期限36个月。2015年3月31日,双方签订《个人贷款合同》,刘某佳向光大银行贷款218万元,贷款期限为12个月,首期执行年利率6.955%,逾期还款上浮30%计收罚息,并有权对逾期利息计收复利。刘某佳以其名下位于石家庄市桥西区房产(以下简称案涉房产)为上述借款提供抵押担保,并办理了抵押登记手续,抵押方式为最高额抵押,被担保主债权数额即最高债权数额为218万元。因刘某佳未能按期偿还债务,光大银行起诉至河北省石家庄市桥西区人民法院(以下简称桥西区法院),桥西区法院于2017年5月26日作出(2017)冀0104民初3007号民事判决(以下简称3007号判决),判决刘某佳偿还光大银行借款本金2,172,756.56元及相应的利息、罚息及复利,刘某佳到期不履行义务,光大银行有权以刘某佳名下案涉房产折价或以拍卖、变卖该房产的价款优先受偿。

该判决生效后光大银行向人民法院申请执行。在审理安某敏与刘某峰、郭某清、刘某佳、刘某微、刘某娜、石家庄娜微佳投资咨询有限公司借款合同纠纷一案中,石家庄市中级人民法院于2016年2月5日通过(2016)冀01财保10号民事裁定书查封了刘某佳名下案涉房产。该案进入执行程序后,二审法院于2017年6月23日通过(2017)冀执监191号执行裁定书裁定该案由保定市中级人民法院执行。保定市中级人民法院对刘某佳名下案涉房产及房屋现有动产进行了拍卖和变卖,因无人竞买导致流拍。安某敏申请将刘某佳名下案涉房产抵偿其部分债务。因光大银行在该房产上设定了218万元最高额抵押权,并要求优先受偿,2019年11月4日保定市中级人民法院作出(2017)冀06执222号之二执行财产分配方案,确定光大银行应按最高额抵押权218万元优先受偿,罚息、加倍债务利息等款项不在优先受偿范围内。

光大银行和安某敏先后对该执行财产分配方案提出反对意见,2019年12月27日保定市中级人民法院作出(2017)冀06执222号之五,通知光大银行、安某敏可自收到通知之日起15日内提起诉讼。2020年1月13日光大银行以安某敏为被告向一审法院提起执行分配方案异议之诉。一审法院认为,本案为执行分配方案异议之诉,争议焦点是光大银行主张的执行财产分配方案异议是否成立。光大银行与刘某佳签订的《个人贷款授信额度合同》中约定抵押物为刘某佳名下案涉房产,在登记机关明确的权利价值为218万元,该项抵押为最高额抵押,抵押值为218万元。原《物权法》第203条第1款规定,为担保债务的履行,债务人或者第三人对一定期间内将要连续发生的债权提供担保财产的,债务人不履行到期债务或者发生当事人约定的实现抵押权的情形,抵押权人有权在最高债权额限度内就该担保财产优先受偿;原《最高人民法院关于适用〈中华人民共和国担保法〉若干问题的解释》第61条规定,抵押物登记记载的内容与抵押合同约定的内容不一致的,以登记记载的内容为准。另结合该解释第83条的规定看,最高额抵押权所担保的不特定债权,在特定后,债权已届清偿期的,最高额抵押权人可以根据普通抵押权的规定行使其抵押权。抵押权人实现最高额抵押权时,如果实际发生的债权余额高于最高限额的,以最高限额为限,超过部分不具有优先受偿的效力;如果实际发生的债权余额低于最高限额的,以实际发生的债权余额为限对抵押物优先受偿。故本案所涉的抵押应当被认定为最高额抵押,从以上规定亦可以看出,对于最高额抵押的实现,不仅受一般抵押权相关规定的规制,而且优先受偿权的债权额度应当在最高额抵押权担保的范围内。本案中光大银行办理的最高额抵押登记明确写明"被担保主债权数额(最高债权数额)"金额为218万元,故光大银行抵押权优先受偿范围应以抵押登记确定的218万元范围为限。光大银行提交的3007号判决书已确定光大银行有权就本金、利息(包括法定利息、约定利息、复利及罚息)等对涉案抵押物行使优先受偿,但因案涉抵押为最高额抵押，故光大银行对抵押财产的优先受偿的实现仍需受到法律关于最高额抵押权相关规定的限制，优先受偿的债权金额依法应当以218万元为限。一审法院作出的财产分配方案，确定光大银行在218万元范围内优先受偿，没有侵犯其合法权益。光大银行主张在(2017)冀06执222号之二执行财产分配方案中光大银行优先受偿的范围及数额增加利息（包括法定利息即迟延履行期间的债务利息暂计251,713.85元，约定利息、复利及罚息暂计716,857.47元等，且均应计算至实际清偿之日）以及实现债权所发生的所有必要费用（包括但不限于诉讼费12,792元、律师费等）无法律依据，一审法院不予支持。

光大银行不服一审判决，上诉请求撤销一审法院(2020)冀06民初14号民事判决。二审法院通过阅卷、调查、询问等方式审理了本案，当事人对一审判决认定的事实均无异议，二审法院对一审法院查明的事实予以确认。二审法院认为，本案争议的焦点问题是光大银行就案涉房产变价款优先受偿的范围是218万元最高限额，还是包括本金218万元及利息、罚息、实现债权的费用。首先，原《物权法》第173条规定："担保物权的担保范围包括主债权及其利息、违约金、损害赔偿金、保管担保财产和实现担保物权的费用。当事人另有约定的，按照约定。"第203条第1款规定："为担保债务的履行，债务人或者第三人对一定期间内将要连续发生的债权提供担保财产的，债务人不履行到期债务或者发生当事人约定的实现抵押权的情形，抵押权人有权在最高债权额限度内就该担保财产优先受偿。"根据以上规定，最高额抵押是在最高债权额限度内，以抵押物对一定期间内连续发生债权提供担保，抵押合同约定的最高限额决定了抵押权人对抵押财产的交换价值的可支配范围，这一限额按照抵押合同之约定及司法实践之情况，应包括债权本金、利息、违约金、实现债权的费用等全部内容，但其全部债权总额不应超过最高债权限额。也就是说，如果实际发生的借款本金、利息、违约金加上实现债权的费用等之和，未超过抵押登记的最高债权数额，那么抵押权人可以在登记的"最高债权数额"内对抵押财产拍卖、变卖价款享有优先受偿的权利；如果实际发生的借款本金、利息、违约金加上实现债权的费用等之和，超出抵押登记的最高债权数额，那么，抵押权人应以登记的“最高债权数额”为限对抵押财产拍卖、变卖价款享有优先受偿的权利，实际超出部分的债权不具有优先受偿的效力。其次，原《最高人民法院关于适用〈中华人民共和国担保法〉若干问题的解释》第61条规定：“抵押物登记记载的内容与抵押合同约定的内容不一致的，以登记记载的内容为准。”可见以登记作为公示方式的不动产担保物权的担保范围，一般应当以登记的范围为准。本案中，2015年3月27日光大银行与刘某佳在办理抵押登记时，填写房地产抵押权设立（个人）登记申请书选择的登记方式为“最高额抵押权登记”，附记、备注中均为空白，并未将双方在最高额抵押合同中关于利息、罚息及实现债权的费用等体现在附记或者备注中。光大银行主张办理抵押登记时只能登记已发生的债权，不得包含未发生的贷款利息、罚息等，对此，光大银行未提交相关证据。实际上，双方办理最高额抵押权登记的时间是2015年3月27日，登记机关仅对登记材料是否齐全进行形式审核，不对借款的具体数额、登记时借款是否已实际发放等内容进行审查。案涉《个人贷款授信额度合同》第19条约定，本合同附表第1项中的抵押人（如抵押物为抵押权人与第三人共有，则在本合同项下，凡提及“抵押人”应同时包含抵押物共有人）同意为借款人在本合同项下的全部债务提供最高额抵押担保；第20条约定，抵押所担保的主债权是指本合同第一章约定的授信项下形成的一系列债权，其本金的最高额度为第一章约定的授信额度。作为借款人的光大银行，完全有能力也有可能在签订最高额抵押合同时合理确定最高债权数额，或者在办理抵押登记时将“被担保主债权数额（最高债权数额）”登记为本息之和，以充分保护自身权益，避免将来保护不周的风险。故光大银行的上述主张，与事实不符，不能认定。再次，物权法以公示公信为基本原则，以登记生效为基本理念。如果最高额抵押登记中所登记的只是本金，抵押权担保范围却极大可能超出登记的最高限额，则物权法的基本原则与基本理念将受到损害。因此，对最高额抵押进行严格解释与限定，有利于保障抵押财产上的后顺位抵押权人以及无抵押权人的一般债权人的正当权益，有利于保护交易安全。本案为执行分配方案执行异议之诉，申请参与涉案房产变价款352.11万元分配的有最高额抵押权人光大银行和首先查封债权人安某敏，一审法院

(2017)冀06执222号之二执行财产分配方案确定“光大银行在拟抵债房屋上设定的是最高额抵押权,贷款最高额为218万元,罚息、加倍债务利息等款项不应在优先受偿的范围内,应按最高额抵押权218万元优先受偿”,并无不当。最后,关于光大银行要求将诉讼费12,792元列入对案涉房产变卖款优先受偿范围问题。2015年《民事诉讼法解释》(2020年修正)第510条规定:“参与分配执行中,执行所得价款扣除执行费用,并清偿应当优先受偿的债权后,对于普通债权,原则上按照其占全部申请参与分配债权数额的比例受偿。清偿后的剩余债务,被执行人应当继续清偿。债权人发现被执行人有其他财产的,可以随时请求人民法院执行。”《诉讼费用交纳办法》第29条、第53条规定,诉讼费用由败诉方负担,胜诉方自愿承担的除外;案件审结后,人民法院应当将诉讼费用的详细清单和当事人应当负担的数额书面通知当事人,同时在判决书、裁定书或者调解书中写明当事人各方应当负担的数额,需要向当事人退还诉讼费用的,人民法院应当自法律文书生效之日起15日内退还有关当事人。本案中,根据光大银行提供的申请参与分配的执行依据即桥西区法院3007号判决书主文内容“四、减半收取案件受理费12,792元,由刘某佳负担”,判决书确定的12,792元诉讼费由刘某佳负担,说明光大银行没有向桥西区法院预交了该笔诉讼费,光大银行没有提交其已向桥西法院预交了诉讼费,结案后没有申请退费且自愿承担该笔诉讼费并同意从执行款中扣除的有关证据,故对光大银行请求将12,792元诉讼费应否从涉案房产变价款中优先扣除一事,不能认定。一审法院在对涉案房产变价款实际分配时,应向桥西区法院核实该笔诉讼费的交纳、负担情况后,依法予以处理。综上,对于案涉最高额抵押合同中约定的利息、罚息及实现债权的费用,虽然属于该抵押合同约定的被担保最高债权额范围,但因其未体现在最高额抵押登记信息中,光大银行实际发放给刘某佳的贷款本金加上利息、罚息及实现债权的费用等超过了抵押登记的“被担保主债权数额(最高债权数额)”218万元最高限额,故利息等衍生债权因超出抵押登记的最高债权限额218万元而不能列入优先受偿的范围。综上所述,光大银行的上诉请求不能成立,应予驳回。一审判决认定事实清楚,适用法律正确,应予维持。

光大银行申请再审称，请求撤销(2017)冀06执222号之二执行财产分配方案并重新作出执行分配方案。事实和理由：(1)原审法院在没有通过审判监督程序撤销3007号判决的情况下，直接在执行分配方案异议之诉案件中更改了该生效判决内容，原判决存在错误。如安某敏认为3007号判决错误，应通过审判监督程序解决。3007号判决确定了光大银行对案涉抵押物的优先受偿范围包括本金、利息、罚息及复利(其中本金2,172,756.56元，计算至2017年2月4日的利息、罚息、复利为175,258.89元，之后按合同约定计息标准计算至清偿之日)，而本案一、二审判决更改了该生效判决的内容，认为光大银行对案涉抵押物的优先受偿范围仅为本金218万元。(2)案涉抵押物在2015年办理抵押登记时，登记系统并未设置"担保范围"栏目，仅有"被担保主债权数额(最高债权数额)"的表述，且只能填写固定数字218万元(本金数额)。光大银行与刘某佳签订的《个人贷款授信额度合同》约定的抵押担保范围包括主债权及其利息、违约金及实现债权的费用等附属债权，且该合同已留存登记部门备案登记。为解决不动产登记部门的登记簿的设置没有完全与物权法的规定相一致的问题，《九民纪要》第58条明确确定了应当以合同约定认定担保物权的担保范围。本案一、二审法院认为"218万元"的本金为最高限额，适用法律错误。

安某敏辩称：(1)光大银行称原判决未综合分析本案实际情况不符合事实。为查明本案事实并进一步核实涉案房产办理抵押登记时的有关情况，二审法院于2020年9月11日到石家庄市自然资源和规划局进行了查询了解，证实二审法院充分查证了本案事实，光大银行所述不实。(2)本案争议因光大银行自主行使权利导致，与登记系统的设置无关，本案并无适用《九民纪要》第58条的前提条件。光大银行作为专业金融机构，应当知晓最高额抵押的法律特征及最高债权限额的适当填写方式。本案登记的"最高额抵押"及"最高债权数额218万元"均来源于光大银行与抵押人所签《个人贷款授信额度合同》，该合同附表第5项"担保方式"中也明确约定了"抵押人刘某佳向贷款人提供最高抵押额为218万元的最高额抵押"，这明显与登记系统设置无关。此外，二审法院调取的房地产抵押权设立(个人)登记申请书显示,其中申请内容项下“附记”“备注”两项均为空白,结合二审法院到登记部门现场调查了解到的情况可以证实光大银行在办理抵押登记时不仅可以自主填写最高债权数额,而且可以通过适当填写附记和备注的内容以充分保护其自身权益,这进一步说明石家庄市不动产登记部门在办理最高额抵押时并非“仅有‘被担保主债权数额(最高债权数额)’的表述,且只能填写固定数字”,这一事实基础与《九民纪要》第58条的适用情形不同,故原判决未适用《九民纪要》第58条并无错误。(3)安某敏对登记公示内容具有信赖利益,光大银行与抵押人所签合同不能约束安某敏。(4)“最高债权限额”是最高额抵押权的法定属性,同时也是光大银行自主行使权利的法律后果,光大银行优先受偿的限额应当以其自主确定并登记公示的最高债权限额218万元为限,原判决适用法律正确。此外,光大银行的执行依据,即3007号判决确定其本金数额为217.275656万元,而本案原判决确定光大银行优先受偿的债权限额218万元,说明原判决已将其本金及部分利息列入了优先受偿范围,光大银行第2项再审理由中所述原判决认为“218万元”的本金为最高限额并不符合事实。(5)原判决是根据客观证据依法作出的,其内容与3007号判决并无冲突,光大银行的第1项再审理由也不能成立。3007号判决中“被告到期不履行前款判决义务”是光大银行在主权利未满足时行使担保从权利的前提条件,而未对其优先受偿债权数额进行限定或延伸。综上所述,光大银行作为专业的金融机构,其在申请登记时自主选择了最高额抵押及限额并放弃填写“附记”“备注”两项内容,这均与系统设置无关,故本案没有适用《九民纪要》第58条的前提条件,请最高人民法院再行斟酌并依法裁判。

再审中,双方当事人均未提交新证据,双方当事人对一、二审判决查明的事实均无异议。

最高人民法院认为,本案系执行分配方案异议之诉,争议焦点为:一审法院(2017)冀06执222号之二执行财产分配方案是否正确。本案中,光大银行依据已经发生法律效力的3007号判决申请执行,该判决主文第1项为被告刘某佳于本判决生效之日起10日内偿还原告光大银行借款本金

2,172,756.56元及相应的利息、罚息及复利（计算至2017年2月4日为175,258.89元，之后按合同约定计息标准计算至清偿之日）；判决主文第2项为被告到期不履行前款判决义务，原告有权以被告刘某佳名下房产的价款优先受偿。3007号判决内容明确具体，依据该判决，光大银行就案涉房产折价或以拍卖、变卖价款优先受偿的范围包括借款本金2,172,756.56元及相应利息、罚息及复利。（2017）冀06执222号之二执行财产分配方案确定"光大银行应按最高额抵押权218万元优先受偿，罚息、加倍债务利息等款项不在优先受偿范围内"，实际上是在未经法定程序变更、撤销的情况下改变了已经发生法律效力的3007号判决结果，缺乏事实和法律依据。一、二审判决对此未予纠正，系认定事实不清，适用法律错误，应予纠正。本案为执行分配方案异议之诉，根据审判权与执行权分离的原则，不能通过审判程序直接修正或重新制作执行财产分配方案，故对于光大银行要求调整执行财产分配方案的诉讼请求，不予支持。综上所述，光大银行的再审理由成立，一审法院（2017）冀06执222号之二执行财产分配方案确有不当，遂判决撤销一审、二审判决及保定市中级人民法院（2017）冀06执222号之二执行财产分配方案。

【案例评析】

分配方案异议之诉的审理范围是分配方案的合法性，分配方案不应改变生效的判决结果，最高人民法院在（2022）最高法民再123号一案中做出了明确的回应。生效法律文书的裁判结果是否有误并非分配方案异议之诉的审理范围，人民法院应当严格按照法律规定和当事人的诉讼请求进行审理，不得违法扩张分配方案异议之诉审理的合法范围。如当事人认为生效裁判违法，应当通过审判监督程序予以救济，不应通过分配方案异议之诉改变生效判决内容。

第四节 分配方案异议之诉裁判结果

一、分配方案异议之诉判决主文研究

司法实践中,原告提起分配方案异议之诉的诉讼请求不能成立时,由执行法院判决驳回其诉讼请求并无不当,但是当原告胜诉时,执行法院应当如何裁判,是仅仅撤销分配方案并按照原告的诉讼请求确认其受偿顺位或金额,还是应当在判决主文中直接变更分配方案,目前我国理论界和实务界在认识上存在很大的分歧。既有论者主张判决应当直接变更分配方案,①也有论者以审执分离为由,主张判决仅能撤销分配方案中的异议部分,并责令原执行分配方案制作部门重新制作分配方案。②

基于审执分离原则,本书认同第二种观点,即人民法院不应在分配方案异议之诉判决中径行做出新的分配方案。如果允许人民法院在分配方案异议之诉判决中明确新的分配方案,由于生效判决之既判力,该列明在判决书中的新的分配方案将成为不可挑战的权威,将彻底剥夺未参加分配方案异议之诉却因诉讼结果导致权利减损的其他债权人的救济权利,有违公平原则。人民法院不应在分配方案异议之诉判决中做出新的分配方案,如认定原告的诉讼请求成立,人民法院不得做出仅包含撤销原分配方案责令执行机构作出新的分配方案的判决,针对原告具体的诉讼请求,人民法院做出的裁判应当包含确认原告债权分配顺位,或是确认某债权人不具有分配资格等内容。

二、判后当事人能否再次提起分配方案异议之诉

分配方案异议之诉判决生效后,执行机构据此制作新的分配方案,债权人和债务人能否就该新制作的分配方案提出分配方案异议和分配方案异议之诉?因法律及司法解释并无明确规定,实践中争议较大。有观点认为对于执行机构重新制作的分配方案,债权人和债务人有权继续提出分配方案异议。

---

① 参见谭秋桂:《民事执行法学》(第3版),北京大学出版社2015年版,第313页。

② 参见李世成:《论执行分配方案异议之诉的程序构造》,载《法律适用》2011年第9期。

另有观点认为分配方案异议之诉的判决对所有债权人均有约束力，对于执行机构根据生效判决制作的新的分配方案，债权人和债务人无权继续提出分配方案异议。基于执行效率原则，本书倾向第二种观点，如果允许债权人和债务人继续就新的分配方案提出分配方案异议和异议之诉，无疑会导致分配方案异议之诉被多次提起，造成程序空转，浪费司法资源。另外，新的分配方案系依据生效判决制作，如果允许继续就新的分配方案提出分配方案异议之诉，新的异议之诉判决有可能包含与前次异议之诉判决相背离的内容，有挑战既判力原则之嫌。

三、超期提起分配方案异议之诉的法律效果

《民事诉讼法解释》第510条第2款明确规定异议人提起分配方案异议之诉的法定期间为收到未提出异议的债权人、被执行人反对意见通知之日起15日内，异议人逾期未提起诉讼，将产生执行法院按照原分配方案进行分配的法律效果。如债权人或者被执行人对分配方案有合法的异议理由，但未在法定期间内提出异议，或者提出异议之后撤回异议的，在执行法院按照原分配方案进行分配后，其是否还能通过其他途径予以救济？能否按照不当得利的规定主张执行法院的分配不合法，并请求已经获得分配的债权人返还分配所得，或者通过执行监督程序予以救济？

基于执行效率原则，法律及司法解释需要规定一定的期限督促当事人尽快行权，一刀切地认为超期行权会导致失权的法律后果难免对于有合理理由未在法定期间行权的当事人有所不公。在不违反法律规定的前提下，超期行权的当事人依据现有法律规定申请救济的，应予准许。据此，债权人或者被执行人对分配方案有合法的异议理由但未在法定期间内提出异议的，可以通过执行监督程序予以救济。

第十六章　到期债权执行和参与分配

第一节　我国大陆现行债权执行的制度设计

我国大陆现行的债权执行制度的理论基础是债权人对债务人的实体及程序代位权,但根据《民法典》第535条的规定,代位诉讼以债务人怠于行使到期债权、损害债权人债权为条件和前提。而代位诉讼是否遵循入库规则始终存有争议。因此,将代位诉讼作为对到期债权执行程序衍生的诉讼在理论层面并不周延。

对被执行人债权进行强制执行的制度是在“债务人的财产是其所负债务的担保之原理”及“债权具有可代位性”的基础上发展而来的,因此该制度又称为“代位执行制度”。[①] 在法理上,债务人的全部财产是其所负债务的担保,债权作为一项拥有财产价值的权利,自然也属于责任财产范畴,作为债权人债权实现的担保。[②] 此即解释了对被执行人债权进行执行的正当性问题。

一、现行债权执行的一般理论

根据《民事诉讼法解释》第499条的规定,对到期债权执行是由执行法院向第三人发出履行通知,要求其直接向申请执行人履行的。由此可以看出,到期债权的执行与一般执行显著的不同在于前者必然涉及第三人。执行的基本原理要求执行必须以执行名义为依据,[③]债权人申请法院执行的名义如判决

---

① 参见江必新主编:《强制执行法理论与实务》,中国法制出版社2014年版,第654页。

② 参见谭秋桂:《民事执行原理研究》,中国法制出版社2001年版,第277页。

③ 参见谭秋桂:《民事执行原理研究》,中国法制出版社2001年版,第278页。

书、调解书等涉及的当事人仅为申请执行人与被执行人，并不包括第三人。这就引发了执行法院要求第三人向申请执行人履行其对被执行人所负债务的执行依据为何的疑问。关于到期债权执行的执行名义存在履行通知书说、原生效法律文书说、冻结裁定说、加强制执行裁定说等多种不同观点，[①]履行通知书说及原生效法律文书说均存在难以周延之处，履行通知只是推进执行的一种程序性法律文书，不具备判定实体权利义务的功能，不能作为执行名义；[②]原生效法律文书说认为，对第三人执行源于生效法律文书执行力主观范围的扩张，但执行力主观范围一般只能扩张至当事人权利义务的继受人及债权债务转移后的受让人，[③]难以扩张至次债务人。债权冻结裁定说和加强制执行裁定说能否作为到期债权的执行名义取决于裁定能否单独作为执行名义。有观点主张，仅为实现执行名义确定的内容而采取的执行措施不能作为新的执行名义，但若执行裁定具有给付内容，并且该给付义务在原执行名义中未予规定，或确立了非原执行名义的执行力所及的新被执行人，则应当承认此种裁定属于新的执行名义。到期债权执行中，保全阶段的债权冻结裁定和变价阶段的强制执行裁定，均已超出原执行名义效力所及的主体和规定义务，故债权冻结裁定及强制执行裁定分别构成了到期债权执行程序保全阶段和变价阶段的执行名义。[④] 基于此，向次债务人发出的法律文书应同时包括债权冻结裁定及履行到期债务通知书。

结合上述观点，可以认为到期债权执行的性质是一种略式程序，即省略了被执行人对第三人债权的实体审理，通过一定法律程序将债权人与债务人之间需要经过实体审理的债权债务关系与债务人与第三人之间未经实体审理的债权债务关系融合在一起进行处理，其理论基础是债权人对债务人的实体及程序代位权。[⑤]

---

① 参见谢春和、黄胜春：《代位执行制度的理论与实践》，载《现代法学》1995 年第 6 期；吴英姿：《代位执行之我见》，载《南京大学法律评论》1998 年第 2 期；江必新、贺荣主编，最高人民法院执行局编：《强制执行法的起草与论证(三)》，中国法制出版社 2014 年版，第 264 页。

② 参见李哲：《到期债权执行若干理论和实务问题探析》，载《人民司法》2021 年第 10 期。

③ 参见肖建国、刘文勇：《论执行力主观范围的扩张及其正当性基础》，载《法学论坛》2016 年第 4 期。

④ 参见李哲：《到期债权执行若干理论和实务问题探析》，载《人民司法》2021 年第 10 期。

⑤ 参见江必新主编：《强制执行法理论与实务》，中国法制出版社 2014 年版，第 654 页。

二、现行债权执行制度的困境

(一)次债务人容易滥用异议权

第三人在期限内提出实体异议,人民法院不应对异议是否真实进行审查,这是现行法律对限缩执行自由裁量权提出的要求。《执行规定》第45、47条规定,法院在发出履行到期债务通知书时,应指定异议期间,如第三人在期限内提出异议则不能执行。到期债权的执行实际上是债权人代债务人行使追偿其债权的权利,是一种代位制度,在债权存在争议的情况下,权利义务还没有确定,不能由执行机构直接执行。第三人提出异议的内容涉及债权债务关系是否存在,有无抵销、免除等情况,均为实体异议,执行机构不能直接确认实体法律关系。到期债权的次债务人在履行到期债务通知书规定的期限内提出异议,人民法院即应停止对该到期债权的执行。《最高人民法院关于认真贯彻实施民事诉讼法及相关司法解释有关规定的通知》已经明确,人民法院对次债务人提出的异议不予审查,债权人可以另行提起代位权诉讼主张权利。

但也正是基于上述原因,导致执行程序中次债务人滥用第三人异议的现象非常严重,只要次债务人提出实体异议,执行法院原则上不得进行实质审查,对到期债权进行执行的目的就会落空,该制度自出台以来,因其制度设计的"鸡肋"之嫌,一直备受争议。

(二)代位诉讼管辖对债权人不利

《最高人民法院关于适用〈中华人民共和国合同法〉若干问题的解释(一)》(已废止)第14条规定,代位权诉讼由被告住所地人民法院管辖。即由次债务人住所地的法院管辖,这无疑对申请执行人不利。

(三)代位请求得到支持需要符合民事实体法规定的要件

如前所述,我国到期债权执行的本质是一种略式程序,其理论基础是债权人对债务人的代位权。因此若第三人提出实体异议,申请执行人应依据《民法典》第535条提起代位诉讼主张其权益。但根据《民法典》第535条的规定,"债务人怠于行使其债权或者与该权利有关的从权利"是前提,"影响债权人的到期债权实现"是条件,由此引发一个问题,在因次债务人异议引发的申请执行人代位诉讼中,法院是否需审查上述前提和条件是否成立?此外,代位诉讼的结果是否遵循入库规则在仍不明朗,《最高人民法院关于适用〈中华人民共和国合同法〉若干问题的解释(一)》(已废止)第20条突破了代位权行使的入库规则,规定第三人执行向债权人履行,但《民法典》生效后,合同法及其相关司法解释已经被废止。如代位诉讼遵循入库规则,则并不能发生债权人可以直接向次债务人收取债权的效果,称不上是对到期债权的执行。

第二节　我国台湾地区债权执行的制度机理

我国台湾地区"强制执行法"第115、115－1、115－2条就债务人对于第三人之金钱债权的执行进行了规定。其执行程序可分解为两步,第一步是执行法院向债务人与第三人发扣押命令,禁止债务人收取或为处分,并禁止第三人向债务人清偿。违反扣押命令的,对执行债权人不生效力。法院在核发扣押命令前,应审查该债权是否属于法律上或性质上禁止扣押的债权,但无须审查债权是否存在。第二步是扣押后,要实现债权须进行换价。换价方式有四种,四种方式性质及效果互有不同,执行法院除斟酌具体情形外,还应询问债权人意见,以保护债权人利益。以下对四种换价方式的适用进行简要介绍:

1. 执行法院核发收取命令。收取命令,是指执行法院以命令授予执行债权人收取权,准许债权人以自己的名义直接向第三人收取所扣押之金钱债权,但债权人并未取得债务人对第三人之债权人身份。即债务人仅丧失其收取权,并未丧失其债权。

收取命令的执行程序须进行至债权人已收取该债权金额完毕后才结束。如债权人尚未收取完毕,有其他债权人并案执行或参与分配,执行法院应撤销该收取命令,改核发支付转给命令,并制作分配表。债权人未能从第三人处收取全部或部分债权金额的,未收取之部分债权不消灭,仍可依原执行名义申请对债务人执行。

收取命令在送达第三人时生效,收取命令生效后,第三人对债务人之抗辩均可对抗债权人。但第三人在收到扣押命令或收取命令后10日内未声明异议的,债权人可申请执行法院对第三人强制执行。如第三人依法声明异议的,债权人须另行起诉第三人。

2. 执行法院核发移转命令。移转命令，是指法院以命令方式将扣押之金钱债权移转给债权人，以扣押之金钱债权为代物清偿，债务人丧失债权人之地位，债权人取得被扣押之金钱债权的债权人地位。执行债权人的债权在移转范围内消灭。但如果被移转之金钱债权一部分或全部不存在的，不发生移转效果，债权人可以主张移转命令无效，再对债务人其他财产强制执行。若第三人资力不足以清偿的，已消灭的债权不会再恢复，债权人不能再向债务人请求清偿。移转命令于送达第三人时生效，生效后该移转命令执行程序即已终结。

适用移转命令的债权应符合的要件：第一，被扣押之金钱债权不具有法律上或性质上不能扣押、让与、抵销的情形。第二，金钱债权具有一定金钱数额，且能够即时明确决算的，如附条件或附期限或应为对待给付之债权无法即时确定金钱数额，不能适用核发移转命令（薪资或其他继续行给付债权除外）。若移转之金钱债权确有对待给付，第三人行使同时履行抗辩权致使债权人无法实现债权的，移转命令无实益，属无效。第三，须无其他债权人并案执行或参与分配。

3. 执行法院核发支付转给命令。如有其他债权人并案执行或参与分配，除有优先受偿权外，应平均分配，不能单独由某债权人受偿，此时，应核发支付转给命令，由法院制作分配表分配。支付转给命令，是指执行法院以命令，命第三人将扣押之金钱债权，向执行法院支付，再由执行法院转给债权人。在执行法院未收到钱，债务人仍是扣押金钱债权的主体，故因第三人无资力给付，仍应由债务人承担损失，并对债务人其他财产执行。支付转给命令生效后，第三人未支付转给执行法院，并未于收受执行命令后 10 日内声明异议的，执行债权人可声请执行法院执行第三人。

4. 执行法院拍卖变卖。被扣押之金钱债权因附条件、附期限、存在对待给付，缺乏确定性，执行法院难以适用上述三种命令换价，执行法院得依申请，准用动产拍卖或变卖程序进行变价。

第三节　《民事强制执行法(草案)》关于到期债权执行规定之评价

2022年6月最高人民法院提交立法机关审议的《民事强制执行法(草案)》使用10个条文的篇幅,对一般债权的执行作出了规定。除《民事强制执行法(草案)》外,目前最高人民法院也正在制定债权执行的司法解释。2022年《最高人民法院关于为加快建设全国统一大市场提供司法服务和保障的意见》(法发〔2022〕22号)明确提出,为了依法及时兑现市场主体胜诉权益,要制定或修订债权执行等司法解释。草案对债权执行制度进行了大胆创新之处不少,但是,也正是急于创新,未能充分厘清债权收取的法理构造,尤其是草案对其他制度也进行了改造后,未能理顺债权收取制度和其他相关制度如参与分配之间的内在逻辑关系,不免顾此失彼,在创新的同时,给债权执行制度的设计留下了逻辑和制度上的瑕疵。至少目前,该制度设计在逻辑严密性和制度实用性方面还存在较大的改进空间。

(一)概念变形问题

当前《民事强制执行法(草案)》关于到期债权和未到期债权执行的制度设计,相对于现行立法,有多处制度上的创新,经过笔者辨析,该创新之处在一定程度上借鉴了我国台湾地区"强制执行法"的某些规定。首先,在体系结构上,将银行存款、保险单现金价值统一纳入了对债权执行的规定范围,其次,在具体条文方面,比如,扩大了可供执行的债权的类型(第151条第2款和第153条第2款),该两个条款源于我国台湾地区"强制执行法"第116条;又如,草案规定了法院通知申请人在规定期限内起诉的法定义务(第156条),该条对应的是我国台湾地区"强制执行法"第120条;再如,对于附期限、附条件和被执行人有对待给付义务的债权,执行法院可以通过拍卖、变卖进行换价(第154条),该条对应的是我国台湾地区"强制执行法"第115条。只不过附条件、附期限等特殊债权,草案参照的是不动产拍卖、变卖规定,而我国台湾地区参照的是动产变现的规定。

值得注意的是,在概念上,《民事强制执行法(草案)》在对债权的执行法律条文的设计中,使用了此前立法未见的“查封令”和“履行令”。这两个概念到底是从哪里来的,也颇值得研究。从中国法制史看,令一般指政治、经济、法律、军事、文化、宗教等各种制度的行政管理法规。从西方法制发展史看,所谓的令主要指普通法上的令状,普通法上最重要的令状为调卷令、禁止令、执行令和人身保护令。我国《反家庭暴力法》创设了人身安全保护令制度,该保护令为一种民事强制措施,是为施暴人和受害人之间建立隔离墙。“查封令”“履行令”不太可能源于中国古代和英美法系的令或者令状制度,有可能是借鉴于我国台湾地区“强制执行法”。我国台湾地区“强制执行法”对债权的执行条文中,多次出现了“命令”的表述,该地区执行法院向次债务人送达的法律文书也被称为“扣押命令”“收取命令”“移转命令”“支付转给命令”“支付命令”等,以上命令加上对债权的拍卖、变卖,分别对应台湾地区对债权执行的四种方式。

《民事强制执行法(草案)》使用的所谓“查封令”实际就是对被执行人债权采取冻结措施的书面裁定,而“履行令”相当于要求次债务人向申请执行人履行的履行到期债务通知书,草案目前的规定并未体现出“查封令”“履行令”与现行的裁定和履行通知书在法律效果上有任何差别。现行立法中的冻结裁定、协助执行通知书、到期债务履行通知书已经为人们所熟知,如果法律效果上没有不同,没必要仅仅追求概念上的创新。

从本质上,草案中这个充当到期债务履行通知书作用的“履行令”,与我国台湾地区收取命令、支付转给命令、移转命令功能并不相同,我国台湾地区立法对债权执行并未使用与查封动产、不动产一样的概念,而是使用了“扣押”的表述,因此称为扣押命令,而不称之为查封命令。所谓扣押命令实际是禁止命令,经过申请执行人申请,只要不是禁止扣押或者禁止让与的债权,执行法院不问被执行人对次债务人的债权有无和真假,必须核发扣押命令,经过扣押这道程序后,次债务人如果不提出异议,欲实现债权人获得清偿之目的,还需要经过若干不同类型的换价程序。除准用动产进行拍卖、变卖外,执行法院可以依据不同情形,在征询申请执行人意见后,分别核发收取、移转、支付转给三种命令给次债务人,然后根据次债务人的反应,是否继续执行或者由债权人提起诉讼。这也是我国台湾地区对债权执行使用扣押而不使用查封的原因所在,因为查封针对的实物资产,动产或者不动产,扣押针对的是被执行人享有的债权。

由此可知,《民事强制执行法(草案)》使用的查封令,概念虽然进行了创新,但是并未达成对现行到期债权执行制度实质性改造的目的,草案在对我国台湾地区债权执行制度进行了若干条文的借鉴之外,在法院应当核发什么样的法律文书时,却进行了180度的反转。因我国台湾地区对债权拍卖、拍卖准用的是动产的规定,故使用扣押命令的概念,而草案第154条则规定,对债权的拍卖、变卖,准用第九章第二节关于不动产拍卖、变卖的规定,与我国台湾地区完全相反,也正能说明"查封令"的使用,是立法者将债权执行准用不动产的意图的体现。

对于"履行令",笼统指向次债务人向法院履行和向申请执行人履行,草案未像台湾地区强制执行制度一样进一步区分不同情形,分别使用不同的换价命令,这就导致草案虽然使用了一个新词汇,如果该词汇对应的执行方法没有发生变化,容易导致制度逻辑之间形成冲突。

(二)制度冲突问题

1. 废除参与分配,是否有必要通过法院支付转给

我国台湾地区执行机构可以核发三种不同的命令:收取命令(请求权仍归属于债务人,只是收取权归属于申请执行人)、移转命令(代物清偿)和支付转给命令(为参与分配做准备),三种命令的功能完全不同。支付转给命令在我国台湾地区取决于被执行人是否有多个债权人,如果法院发现被执行人有多个债权人就不能发收取命令或移转命令,法院会要求统一将执行标的物交付执行法院,由执行法院统一进行分配。

从制度法理观察,《民事强制执行法(草案)》第153条第1款既规定了债权收取命令制度,又规定了通过法院中转的支付转给方式,也就是说,次债务人既可以直接向申请执行人履行,也可以通过人民法院向申请执行人履行。

到期债权作为被执行人的责任财产,与执行法上的参与分配制度密切相关。如果民事强制执行法保留参与分配制度,那么,直接向申请执行人履行,在被执行人有多个债权人的情况下有失妥当,此时,债权应当纳入被执行人的责任财产范围,适用参与分配程序,直接向申请执行人履行无疑会架空参与分配制度,使其他债权人利益受损。相反,如果要废除参与分配制度,实行完全的按查封顺位清偿,再规定通过法院中转的所谓支付转给命令就没有任何价值。从草案第179条关于执行款分配顺序的规定来看,实际上起草者废弃了

现有的参与分配制度,对普通债权按照查封财产的先后顺序清偿,那么,债权执行也应在这个大前提下进行制度设计。先不说取消已经实行多年的参与分配制度不符合国情,已经引起广泛的争议。即使最后真的废除了参与分配,也要在逻辑上对债权执行制度作出符合逻辑的对应规定。

2. 关于转移权属的债权债务人向被执行人履行的查封问题

执行法院查封被执行人对次债务人的债权,主要目的是防止次债务人向被执行人履行。从草案目前的规定看,查封被执行人对次债务人享有的债权,目的也是促使第三人向申请执行人或人民法院履行,防止被执行人在获偿后转移财产。但是,草案第 151 条第 2 款和第 153 条第 2 款规定,当收取的债权类型为被执行人对第三人享有的转移权属的债权时,债务履行期限届满,要求第三人将该财产权属登记在被执行人名下。问题来了,如果需要申请执行人向申请法院申请再对被执行人名下的该财产进行查封,就会出现开始对被执行人享有的转移权属债权的查封的目的,偏离了防止次债务人向被执行人履行的出发点。如果法院不对该财产进行再查封,权属转移登记后,该被执行人的其他债权人所在的执行法院对该财产采取了查封措施,但草案废除了参与分配,那么此时该财产应当由哪一个债权人清偿呢,如何确定顺位呢?关于"查封令"和"履行令",《民事强制执行法(草案)》只规定了上述文书向第三人送达,无须向被执行人送达,这与我国台湾地区的制度设计又不相同,其规定,无论是扣押命令还是换价命令,需要同时送达被执行人和第三人,以送达第三人时发生法律效力,这样做的好处是,对于转移权属的债权就能得到法理上的支持,如果"查封令"和"履行令"绕过被执行人,而办理权属转移登记时,又需要被执行人予以配合。

(三)救济错位问题

1. 对申请执行人的救济

我国台湾地区"强制执行法"在扣押命令阶段和换价命令阶段允许债权人提起两种诉讼,前一种为债权确认诉讼,后一种为债权收取诉讼。我们的草案显然没有明确申请执行人提起的诉讼到底为何种性质的诉讼,代位权诉讼还是债权收取诉讼?除此之外,草案第 155 条第 2 款规定了次债务人虚假异议的损害责任,用以约束次债务人诚信陈述。

2. 次债务人异议

我国台湾地区“强制执行法”对次债务人的救济实行的是三次救济原则，因在核发扣押命令时，只要债权人申请，法院就要扣押，因此次债务人收到扣押命令后，即可声明异议；如果此时次债务人不声明异议，则执行法院进一步核发三种换价命令，次债务人在收到任何一种换价命令后，均可以声明异议，从而阻断执行法院的强制执行措施；如果次债务人在收到换价命令后，还是没有声明异议，法院在采取强制执行措施后，次债务人还可以提起债务人异议之诉。

再看《民事强制执行法（草案）》第155条，对于次债务人有权在收到“查封令”或“履行令”哪一个环节可以提出异议，没有明确规定，而且草案关于“履行令”出现的场合指向的是未到期债权，到期债权的执行是在发了“查封令”后还是在发了“履行令”后，似乎只有通过推论才能够证成，问题在于，收到“查封令”后次债务人能否直接提出异议，还是要等“履行令”的作出后再统一提出异议，从草案的第156条第3款看，“申请执行人未在规定期间内提起诉讼的，人民法院应当依据第三人申请，在异议范围内解除‘履行令’”，不难得出结论，即只有等法院送达所谓的“履行令”之后，次债务人才能提出异议，未免对次债务人过于苛刻，而且不允许在查封阶段就提出异议，实际上是将债权人提起诉讼的时间拖后，不利于对申请执行人和次债务人的权利救济。

从对债权执行的法理看，我国台湾地区的做法倒有可取之处，即次债务人第一次收到扣押命令时，就赋予其提出异议的权利，从而将债权的确定问题尽早引入诉讼程序解决。

3. 次债务人异议之诉

草案第155条第3款关于对生效法律文书确认的债权提出异议的规定源于《民事诉讼法解释》第499条，但立法者对现行司法解释条文的表述作了较大调整，表述上从“人民法院不予支持”变为“第三人不得提出”。

实践中，第三人对经生效法律文书确认的债权提出异议，执行法院并非一概不予支持。(2020)苏执复139号执行裁定认为，生效法律文书作出后，如果由于履行、抵销、免除等原因消灭的，则对到期债权的执行已无对象，缺乏事实和法律依据，如果仍按照《民事诉讼法解释》第499条驳回第三人的异议，第三人的实体权益将受到损害。《民事诉讼法解释》第 499 条虽然规定了人民法院对异议不予支持,但与“不得提出”相比,法院保留了审查、解释和裁量的权力,也给了第三人在特定情形下救济的空间。

草案之所以禁止生效法律文书债权的次债务人提出异议,是因为在第 157 条第 2 款规定了次债务人异议之诉,此处只规定可以准用第 88 条的债务人异议之诉,对该诉讼次债务人以谁为被告提起诉讼,不得而知,从文义上看,似乎是以申请执行人为被告。执行法院对债权执行的程序应当中止,等待该法院判决。如果不中止执行,还不允许针对生效法律文书确认的债权在系属后情形提出异议,则无疑对次债务人不利。草案第 90 条规定债务人异议之诉期间一般不停止执行,如果次债务人异议之诉也不停止执行,无疑使次债务人异议之诉之功能丧失。因此,是否完全比照债务人异议之诉设置次债务人异议之诉制度,确实值得商榷。

另外,次债务人提起债务人异议之诉的时点,草案也含糊不清,次债务人是在法院送达查封令就可以提起异议之诉,还是要等收到履行令才可以提起异议之诉呢?如果允许次债务人在法院查封时就起诉,那么,就与草案第 156 条规定只有收到履行令才能提出异议的规定相冲突。不允许次债务人提出异议却可以提出异议之诉的法理基础为何?这样安排同时也将债权人提起收取诉讼的时间滞后于次债务人异议之诉的时间,这对救济来说是严重不平衡的制度设计。

《民事强制执行法(草案)》对于次债务人没有及时对履行令提出异议,等法院采取强制执行措施时,是否可以提出债务人异议之诉,没有明确规定。实际上,我国台湾地区的“强制执行法”规定的次债务人异议之诉,主要解决的是次债务人对查封和履行均未提出异议时,执行法院视为次债务人对该笔债权的承认,从而对次债务人财产采取强制执行措施,此时的次债务人仍可以持之前的异议事由提起债务人异议之诉。

第四节　对到期债权参与分配的实务操作

法律依据

《民事诉讼法解释》

第499条　人民法院执行被执行人对他人的到期债权，可以作出冻结债权的裁定，并通知该他人向申请执行人履行。

该他人对到期债权有异议，申请执行人请求对异议部分强制执行的，人民法院不予支持。利害关系人对到期债权有异议的，人民法院应当按照民事诉讼法第二百三十四条规定处理。

对生效法律文书确定的到期债权，该他人予以否认的，人民法院不予支持。

制度研究

到期债权作为被执行人的责任财产，不应豁免在参与分配执行之外。然而，在现有到期债权执行的规定下，次债务人在收到履行通知后按照其规定直接向申请执行人履行的情况下，客观上排除了其他债权人申请参与到期债权分配之可能。

有观点认为，到期债权执行的理论基础为代位权制度，但到期债权执行的相关规定在时间上早于代位权的规定，1999年《合同法》第73条首次规定了代位权制度，但1992年《民诉意见》第300条已经规定了到期债权执行制度，“被执行人不能清偿债务，但对第三人享有到期债权的，人民法院可依申请执行人的申请，通知该第三人向申请执行人履行债务。该第三人对债务没有异议但又在通知指定的期限内不履行的，人民法院可以强制执行”，该条款明确在第三人按照法院通知履行时，只得直接向申请执行人履行。后续几次修改，均延续了人民法院通过履行通知要求第三人直接向申请执行人履行的规定。

在“执行难”和“三角债”问题爆发的时代背景下，到期债权执行制度应运而生，彼时实体法中还没有关于代位权制度的规定，到期债权制度是为了解决实际问题而做出的大胆尝试，难免失之周全，尤其是在和其他法律规定的衔接适用上，确有可改进之处。

实务操作

根据到期债权执行的现有规定，人民法院向次债务人发出履行通知后，可能发生三种结果：(1)次债务人按照履行通知的要求直接向申请执行人履行；(2)次债务人提出有效异议，到期债权执行程序停止；(3)次债务人未提出有效异议又不履行的，人民法院对次债务人强制执行。到期债权作为被执行人的责任财产，应当适用参与分配制度，其他债权人有权对到期债权申请参与分配，但在次债务人按照履行通知的要求直接向申请执行人履行的情形下，其他债权人事实上丧失了对到期债权申请参与分配的可能。质言之，在被执行人财产不足以清偿所有债权时，次债务人可以通过选择性执行改变法律规定的债权清偿顺位，如次债务人在收到多个案件的履行通知时，可以自身好恶随意选择某一债权人清偿，即使其他债权人已提出了参与分配申请，但因为次债务人系直接向债权人清偿，其他债权人客观上无法参与该到期债权分配，被该次债务人选择清偿的债权人事实上取得了优先于其他债权人受偿的法律地位，有违参与分配制度公平清偿的立法目的。

在被执行人财产不足以清偿所有债权的，到期债权作为被执行人的责任财产，其他已经取得执行依据的债权人原则上有权向人民法院申请对到期债权参与分配。江西省高级人民法院执行局印发民事执行实务疑难问题解答(到期债权执行专刊)也持此种观点，“按照法理，到期债权作为一种财产权，应当适用参与分配制度(广义)。在多个债权人对被执行人到期债权申请执行，被执行人到期债权不足以清偿全部债务情形下，根据被执行人的性质不同而采取不同的执行顺序：(1)被执行人为公民或其他组织的，执行所得价款扣除执行费用并清偿应当优先受偿的债权后，对于普通债权，原则上按照债权比例受偿。(2)被执行人为企业法人，当事人不同意移送破产或者有关法院不受理破产案件的，扣除执行费用及清偿优先受偿的债权后，对于普通债权，按照执行法院采取冻结到期债权措施的先后顺序受偿。需要注意的是，在被执行企业法人破产的情况下，债权人不因冻结到期债权而享有优先受偿权。已经冻结的到期债权在被执行人被裁定宣告破产时，都应列入破产财产范围，由所有普通债权按照债权比例分配（比例受偿）”。

审判前沿

姜某明对张某芝与张某民间借贷纠纷执行一案执行复议案

【案例索引】

（2021）吉 03 执复 9 号

【基本案情】

张某芝与张某民间借贷纠纷一案，执行法院于 2019 年 6 月 20 日作出的（2019）吉 0303 民初 760 号民事判决，判令被告张某于判决生效之日起 10 日内一次性给付原告张某芝借款本金人民币 217 万元及利息，该民事判决于 2019 年 7 月 9 日发生法律效力。

姜某明与张某民间借贷纠纷一案，执行法院于 2018 年 12 月 17 日作出的（2018）吉 0303 民初 2831 号民事调解书被告张某于 2018 年 12 月 25 日前一次性偿还原告姜某明借款本金 400 万元及利息，共计 700 万元。该民事调解书于 2018 年 12 月 17 日发生法律效力。

申请执行人姜某明与被执行人张某民间借贷纠纷一案于 2019 年 5 月 5 日立案执行，执行案号为（2019）吉 0303 执 256 号。执行法院于 2019 年 7 月 25 日裁定冻结被执行人张某在第三人长春新星宇建筑安装有限责任公司（以下简称新星宇公司）的到期债权 235.44 万元及利息。执行法院于 2019 年 11 月 13 日裁定冻结该公司存款账户，又于 2020 年 1 月 6 日裁定扣划该公司账户存款 2,273,338.05 元，此款已支付给申请执行人姜某明 114.55 万元，余款 1,127,838.05 元存在执行法院执行款账户内，未予发放。

申请执行人张某芝与被执行人张某民间借贷纠纷一案立案执行后，经申请执行人张某芝 2019 年 8 月 1 日的申请，执行法院于 2019 年 11 月 11 日裁定轮候冻结被执行人张某在第三人新星宇公司的到期债权 235.44 万元。执行过程中为张某芝执行 148,132 元。

张某芝于2020年4月2日向执行法院提出参与对被执行人张某享有的第三人债权分配，执行法院于2020年7月2日经审委会研究决定，张某芝不能参与分配，并已告知张某芝。

执行法院认为，依据2020年《民事诉讼法解释》第508条第1款的规定，应当看被执行人张某的财产是否能够清偿所有债权，如不能清偿所有债权，则应让其他债权人按照债权比例参与分配。经调查，本案被执行人张某无其他可供执行的财产，其提供的债权经查不存在，故应当认定属于"被执行人的财产不能清偿所有债权"的情形。经执行法院2021年第1次审判委员会讨论决定，张某芝要求对被执行人张某享有的第三人债权参与分配的异议理由成立，执行局不准予其参与分配应予纠正。

姜某明向吉林省四平市中级人民法院申请复议称：被执行人张某目前有可供执行财产，请求撤销执行法院作出的（2021）吉0303执异2号执行裁定，驳回张某芝参与被执行人张某享有第三人到期债权分配请求。

四平市中级人民法院查明事实与执行法院查明事实一致。

四平市中级人民法院认为，依照2020年《民事诉讼法解释》第508条第1款的规定，被执行人的其他已经取得执行依据的债权人向法院申请参与分配应当满足下列条件：(1)被执行人为公民或者其他组织；(2)执行程序已经开始；(3)被执行人的财产不能清偿所有债权。经调查，张某芝取得的执行依据为执行法院作出的（2019）吉0303民初760号民事判决，该判决已进入执行程序。复议申请人姜某明虽主张被执行人张某有其他可供执行财产，但未能提供证据予以证明，其主张不能成立。执行法院对张某进行财产调查查明，张某名下除其对第三人新星宇公司的到期债权（235.44万元）外无其他财产可供执行。因张某名下财产不能清偿上述全部债权，张某芝申请参与分配的主张于法有据，应予支持。

【案例评析】

到期债权在满足以下条件时应予支持其他债权人对被执行人到期债权的参与分配申请：(1)主体条件：被执行人为公民或者其他组织；(2)时间条件：执行程序已经开始，尚未终结；(3)适用条件：被执行人的财产不能清偿所有债权。到期债权执行中，次债务人未提出有效异议也未履行时，人民法院可以强制执行次债务人，此种情形下对到期债权适用参与分配并无障碍，如果本案中次债务人按照履行通知的要求直接向申请执行人履行，那么客观上其他债权人无法对该到期债权参与分配，事实上侵害了其他债权人的权益。

第十七章　参与分配与破产程序的衔接

第一节　执行转破产制度

法律依据

《民事诉讼法解释》

第511条　在执行中，作为被执行人的企业法人符合企业破产法第二条第一款规定情形的，执行法院经申请执行人之一或者被执行人同意，应当裁定中止对该被执行人的执行，将执行案件相关材料移送被执行人住所地人民法院。

第512条　被执行人住所地人民法院应当自收到执行案件相关材料之日起三十日内，将是否受理破产案件的裁定告知执行法院。不予受理的，应当将相关案件材料退回执行法院。

第513条　被执行人住所地人民法院裁定受理破产案件的，执行法院应当解除对被执行人财产的保全措施。被执行人住所地人民法院裁定宣告被执行人破产的，执行法院应当裁定终结对该被执行人的执行。

被执行人住所地人民法院不受理破产案件的，执行法院应当恢复执行。

第514条　当事人不同意移送破产或者被执行人住所地人民法院不受理破产案件的，执行法院就执行变价所得财产，在扣除执行费用及清偿优先受偿的债权后，对于普通债权，按照财产保全和执行中查封、扣押、冻结财产的先后顺序清偿。

制度研究

根据《民事诉讼法解释》的相关规定，执行转破产程序遵循破产法规定中的当事人申请主义原则，"执转破"程序启动需经申请执行人之一或者被执行人同意，充分尊重当事人之意思自治，当事人不同意移送破产的，执行法院就执行变价所得财产，在扣除执行费用及清偿优先受偿的债权后，对于普通债权，按照财产保全和执行中查封、扣押、冻结财产的先后顺序清偿。

大多法院都存在执行案件多，化解难和破产案件少、启动难的"两难"问题。一方面，作为被执行人的企业法人不能清偿债务的执行案件大量存在，由于执行程序具有市场主体出清功能，导致这类本应及时出清终结的执行案件长期滞留在司法领域，消耗了大量的司法资源，积聚了信用垃圾，引起了人们的不满；另一方面，由于认识观念、配套制度、社会维稳、政绩考核等因素制约，进入破产程序的案件数量寥寥。①

而过去与执行程序相关的司法解释中，对于解决公民或非法人组织不能破产而设置的参与分配程序适用边界的模糊，执行与破产如何具体衔接缺乏规定，是执行与破产之间纠缠不清的原因。2008 年《执行规定》第 96 条提出，被执行人为企业法人，未经清理或清算而撤销、注销或歇业，其财产不足清偿全部债务的，应当参照该规定第 90 ~ 95 条的规定，对各债权人的债权按比例清偿。虽然 2008 年《执行规定》第 90 条规定了被执行人为公民或其他组织方可适用参与分配，但是第 96 条的规定在实践中造成了参与分配适用企业法人的情况。② 此后，2015 年开始施行的《民事诉讼法解释》第 508 条重申了参与分配只适用于自然人和非法人组织，但是《执行规定》当时并未进行相应的修改调整，第 96 条适用的问题依旧存在，直至 2020 年年底为配合《民法典》施行大规模修改司法解释时，第 96 条才被删除。

最高人民法院曾经在 2012 年修正《民事诉讼法》中，向全国人大常委会

---

① 参见王富博：《〈关于执行案件移送破产审查若干问题的指导意见〉理解与适用》，载《人民司法(应用)》2017 年第 10 期。

② 参见最高人民法院修改后民事诉讼法贯彻实施工作领导小组编著：《最高人民法院民事诉讼法司法解释理解与适用(下)》，人民法院出版社 2015 年版，第 1363 页。

法制工作委员会提出建立“移送破产”制度的建议；在参与分配的专门司法解释的制定中，也尝试建立该项制度；在《民事诉讼法解释》修改过程中，也提出了建立直接移送破产制度的方案。但由于各种原因，修改《民事诉讼法》的建议未被采纳，参与分配司法解释并未出台，《民事诉讼法解释》修改中提出的移送破产方案也未付诸实践。《民事诉讼法解释》最终采用的方案是限制参与分配制度对企业法人的适用和在企业破产法的框架内，以当事人同意为前提进行“执转破”，①即《民事诉讼法解释》第511～514条。

除此之外，最高人民法院还于2017年1月20日出台了《执转破意见》，对“执转破”审查的具体问题提出了规范性意见。

实务操作

一、“执转破”的启动

（一）“执转破”移送的条件

根据《企业破产法》第7条第1、2款的规定，企业破产由债务人或债权人申请，故《民事诉讼法解释》第511条规定，在执行中，如被执行人符合《企业破产法》第2条第1款规定的情形，不能清偿到期债务，并且资产不足以清偿全部债务或者明显缺乏清偿能力，执行法院首先需要征得申请执行人之一或被执行人同意，才能将案件相关材料移送被执行人住所地法院审查是否启动破产程序。

《执转破意见》第2条进一步归纳了执行案件移送破产审查的3个前提条件：

（1）被执行人为企业法人；

（2）被执行人或者有关被执行人的任何一个执行案件的申请执行人书面同意将执行案件移送破产审查；

（3）被执行人不能清偿到期债务，并且资产不足以清偿全部债务或者明显缺乏清偿能力。

① 参见最高人民法院修改后民事诉讼法贯彻实施工作领导小组编著：《最高人民法院民事诉讼法司法解释理解与适用（下）》，人民法院出版社2015年版，第1363页。

《执转破意见》第5、6条还提出了执行法院内部和作为执行法院的基层法院和上一级中级法院之间就移送破产审查的决定程序和审核程序。

如果有当事人同意移送，执行法院作出移送决定后，执行案件的其他当事人提出异议的，由受移送法院在破产审查期间一并处理（《执转破意见》第7条）。

（二）"执转破"的衔接程序

1. 中止执行

按照《民事诉讼法解释》第511条，执行法院作出决定将执行案件移送破产审查后，执行法院应当裁定执行案件中止执行。这里的中止执行并不是指《企业破产法》第19条中规定的法院受理破产申请后，执行程序中止，而是法院根据《民事诉讼法》第267条第1款中的第5项（人民法院认为应当中止执行的其他情形）来中止执行。中止执行一是为了受移送法院进行破产审查，二是为了避免将来受移送法院受理破产案件后，在破产前夕出现对个别债权人的个别清偿而影响其他债权人的利益。

中止执行只是暂停执行，执行法院已经采取的强制执行措施并不解除。强制执行措施期限届满前，申请执行人可以申请续期（《执转破意见》第9条）。如果符合终结本次执行程序的条件，执行法院可以裁定终结本次执行程序（《执转破意见》第8条第2款）。

2. 移送破产审查

执行法院决定移送后，根据《执转破意见》第10条，应当向被执行人住所地法院移送的材料包括：

（1）执行案件移送破产审查决定书；

（2）申请执行人或被执行人同意移送的书面材料；

（3）执行法院采取财产调查措施查明的被执行人的财产状况，已查封、扣押、冻结财产清单及相关材料；

（4）执行法院已分配财产清单及相关材料；

（5）被执行人债务清单；

（6）其他应当移送的材料。

执行法院对应协助配合受移送法院，补充资料、办理受托事项等，以便受移送法院顺利进行破产审查（《执转破意见》第11条）。执行法院移送破产审查的材料,由受移送法院立案部门负责接收。受移送法院不得以材料不完备等为由拒绝接收。立案部门经审核认为移送材料完备的,应以“破申”作为案件类型代字编制案号登记立案,并及时移送破产审判部门进行破产审查。破产审判部门在审查过程中发现法院对案件不具有管辖权的,应当按照《民事诉讼法》移送案件至有管辖权法院的规定处理(《执转破意见》第 12 条)。受移送法院拒绝接收移送材料,或者收到移送材料后不按规定期限作出是否受理裁定的,执行法院可函请受移送法院的上一级法院进行监督。上一级法院收到函件后应当指令受移送法院在 10 日内接收材料或作出是否受理的裁定(《执转破意见》第 21 条第 1 款)。

执行案件移送破产审查,由被执行人住所地人民法院管辖。在级别管辖上,为适应破产审判专业化建设的要求,合理分配审判任务,破产案件实行以中级人民法院管辖为原则、基层人民法院管辖为例外的管辖制度。中级人民法院经高级人民法院批准,也可以将案件交由具备审理条件的基层人民法院审理(《执转破意见》第 3 条)。故执行法院需了解被执行人住所地法院对破产案件的管辖规定,向有管辖权的法院进行移送。

3. 移送破产审查结果与执行案件的后续处理

受移送法院对执行移送破产的审查,与当事人申请破产案件的审查一致,按照《企业破产法》和相关司法解释的规定进行,审查被执行人是否具有破产原因,是否应启动破产程序。移送破产审查的结果就是受移送法院裁定受理破产案件或者不受理破产案件。①

按照《民事诉讼法解释》第 512 条和第 513 条第 2 款的规定,受移送法院不受理破产案件的,应将相关案件材料退回执行法院,执行法院应当恢复执行,即按照《民事诉讼法》第 267 条第 2 款的规定(中止的情形消失后,恢复执行)恢复执行。

按照《民事诉讼法解释》第 513 条的规定,受移送法院裁定受理破产案件的,②

---

① 对于“执转破”不受理破产案件的审查结果,最高人民法院认为当事人也可以提出上诉。参见王富博:《〈关于执行案件移送破产审查若干问题的指导意见〉理解与适用》,载《人民司法(应用)》2017 年第 10 期。

② 参见王富博:《〈最高人民法院关于执行案件移送破产审查若干问题的指导意见〉理解与适用》,载《人民司法(应用)》2017 年第 10 期。

执行法院应当解除对被执行人财产的保全措施。此时执行案件继续中止执行（或处于终结本次执行程序的状态），但中止的依据不再是《民事诉讼法》第267条，而是《企业破产法》第19条，即法院受理破产程序后的中止。《执转破意见》第16条规定，执行法院收到受移送法院受理裁定后，应当于7日内将已经扣划到账的银行存款、实际扣押的动产、有价证券等被执行人财产移交给受理破产案件的法院或管理人；第17条规定，执行法院收到受移送法院受理裁定时，已通过拍卖程序处置且成交裁定已送达买受人的拍卖财产，通过以物抵债偿还债务且抵债裁定已送达债权人的抵债财产，已完成转账、汇款、现金交付的执行款，因财产所有权已经发生变动，不属于被执行人的财产，不再移交。按照《最高人民法院关于适用〈中华人民共和国民法典〉物权编的解释（一）》第7条的规定，法院在执行程序中作出的拍卖成交裁定书、变卖成交裁定书以物抵债裁定书属于《民法典》第229条所称导致物权设立、变更、转让或者消灭的法律文书。而这些文书自送达时生效，故送达成交裁定书和抵债裁定书之后，相应财产的所有权已经发生变化，不应再移送给受理破产的法院。类似地，被执行的动产如果已经完成交付，被执行的钱款已经发还，所有权也发生变化，也不应再移送。当然，执行法院自决定移送破产审查时起，执行就应中止，上述执行行为应该在决定移送之前作出。如果没有作出和送达成交裁定书、抵债裁定书，没有交付动产，没有发还钱款给申请执行人，那么对应财产仍然属于被执行人的财产，应该移送给受理破产案件的法院。

按照《民事诉讼法解释》第514条的规定，虽然执行法院认为执行案件具有《企业破产法》第2条第1款规定的情形，但如果法院征询申请执行人、被执行人的意见，申请执行人、被执行人不同意移送，并且也没有其他人申请被执行人破产的；或者虽然移送，但是受移送法院不受理破产案件的，执行法院对不具有优先受偿权的普通债权，应当按照财产保全和执行中查封、扣押、冻结财产的先后顺序清偿，不适用参与分配按比例平等受偿的规则。

按照《民事诉讼法解释》第513条第1款的规定，受移送法院受理破产案件后，又裁定宣告被执行人破产的，执行法院应当裁定终结执行。这是《民事诉讼法》第268条终结执行规定的体现。

《执转破意见》第19条提出，受移送法院作出不予受理或驳回申请的裁定后，人民法院不得重复启动执行案件移送破产审查程序。申请执行人或被执行人以有新证据足以证明被执行人已经具备破产原因为由，再次要求将执行案件移送破产审查的，人民法院不予支持。但是，申请执行人或被执行人可以直接向具有管辖权的法院提出破产申请。这一要求限制了执行法院多次移送破产，但是不限制当事人自行申请破产。

而对于终结执行，《执转破意见》第20条明确，受移送法院裁定宣告被执行人破产或裁定终止和解程序、重整程序的，应当自裁定作出之日起5日内送交执行法院，执行法院应当裁定终结对被执行人的执行。进一步确定了可以终结执行的情形除宣告破产外，也包括裁定中止和解程序、重整程序。

二、司法解释的适用中应注意的问题

（一）中止执行的特殊事宜

特别地，《执转破意见》第8条中还提出关于中止执行的两项特殊事宜。

一是如果有多个执行案件由不同的执行法院执行，某一执行法院决定将该院的执行案件移送破产审查后，该院应当书面通知所有已知的执行法院，所有执行法院对同一被执行人的执行案件都需要中止执行。实践中，实现通知效果可能会面临如下困难：第一，无法准确知晓所有执行案件进而无法通知到相应的执行法院；第二，即便通知到相应的执行法院，也可能会出现受通知法院没有依法中止执行的情况；第三，在通知存在困难、通知效果存疑的情况下，决定移送法院也有可能怠于通知。如果出现决定移送破产后，其他执行案件没有及时中止而继续执行的情况，根据《破产法解释（二）》第5条的规定，破产申请受理后，有关债务人财产的执行程序未依照《企业破产法》第19条的规定中止的，采取执行措施的相关单位应当依法予以纠正。依法执行回转的财产，人民法院应当认定为债务人财产。当事人可以提出执行异议，通过执行回转来追回已执行的财产。但是，如果是对被执行人提供的担保物进行执行，申请执行人在执行程序中基于担保物而优先受偿，并不影响执行移送破产的审查和破产程序的进行，可以不必执行回转。①

二是对被执行人的季节性商品、鲜活、易腐烂变质以及其他不宜长期保存

① 参见王富博：《〈最高人民法院关于执行案件移送破产审查若干问题的指导意见〉理解与适用》，载《人民司法（应用）》2017年第10期。

的物品，执行法院应当及时变价处置，处置的价款不作分配。受移送法院裁定受理破产案件的，执行法院应当在收到裁定书之日起 7 日内，将该价款移交受理破产案件的法院。

除此之外，对于中止执行，还有一个中止执行的范围问题，即中止执行是仅指民事执行，还是也包括刑事等其他程序中对被执行人企业财产的执行。原《企业破产法（试行）》第 11 条规定仅是指民事执行程序应当中止，但是《企业破产法》第 19 条已经改变了这一规定，修改为“执行程序”应当中止。《破产法解释（二）》第 5 条中也规定，破产申请受理后，有关债务人财产的执行程序未依照《企业破产法》第 19 条的规定中止的，采取执行措施的相关单位应当依法予以纠正。这里写的是“相关单位”而不是“法院”也说明中止并不限于法院的民事执行案件。故有观点认为，中止执行的范围不应限于民事执行案件，也包括刑事等其他执行案件。与此类似，受移送法院受理破产案件后，解除保全措施的范围也面临同样问题。《破产法解释（二）》第 7 条规定，对债务人财产已采取保全措施的相关单位，在知悉人民法院已裁定受理有关债务人的破产申请后，应当依照《企业破产法》第 19 条的规定及时解除对债务人财产的保全措施。本条所用的措辞也是“相关单位”而不是“法院”，故有观点认为，解除保全措施也不应限于民事执行案件。[①] 当然，《企业破产法》《民事诉讼法解释》《破产法解释（二）》《执转破意见》都没有对中止和解除保全措施的范围作出明确规定，这个问题可能要结合具体案情来具体分析。

（二）《民事强制执行法（草案）》的设计

《民事强制执行法（草案）》针对债权清偿的顺序，提出了与以往司法解释不同的意见。该草案第 82 条提出：在金钱债权执行中，被执行人符合该法第 80 条规定情形（终结本次执行程序的情形）和破产法规定的清理债务情形的，人民法院应当裁定终结本次执行程序，将执行案件相关材料移送被执行人住所地人民法院。被执行人住所地人民法院应当自收到执行案件相关材料之日起 30 日内审查，一般应当裁定受理破产申请；特殊情况不予受理的，应当将相关案件材料退回执行法院并书面说明原因。

---

① 参见最高人民法院修改后民事诉讼法贯彻实施工作领导小组编著：《最高人民法院民事诉讼法司法解释理解与适用（下）》，人民法院出版社 2015 年版，第 1358 ~ 1360 页。

《民事强制执行法(草案)》提出了前述“执转破”规则制定过程中未能采纳的依职权移送破产方案,其思路应该是强化破产制度的适用,解决执行程序不适当地负担破产程序功能的问题。同时,《民事强制执行法(草案)》中也取消了参与分配的概念,不再在执行程序中参照破产程序和平等主义进行多个债权的清偿,而是贯彻优先主义(《民事强制执行法(草案)》第179条)。这可能与个人破产立法正在积极推进相关。《民事强制执行法(草案)》提出的这些新方案如果最终落地,将进一步捋清执行程序与破产程序的关系,可能会有更多案件进入破产程序。参与分配制度公平清偿的功能将通过破产程序实现,对执行与破产都将产生深远影响。

审判前沿

国家开发银行河南省分行申请执行监督案

【案例索引】

(2022)最高法执监121号

【基本案情】

国家开发银行河南省分行(以下简称国开行河南省分行)与莲花健康公司(原河南莲花味精股份有限公司)、莲花集团借款合同纠纷一案,周口市中级人民法院(以下简称周口中院)于2006年12月8日作出(2006)周民初字第107号民事判决,判决莲花健康公司偿还国开行河南省分行借款本金99,577,909.47元及利息1,349,727.03元,支付违约金759,276.36元;莲花集团对莲花健康公司所负债务承担连带责任,莲花集团向国开行河南省分行支付违约金1,138,914.54元(计至2006年9月20日)。后经国开行河南省分行申请,周口中院立案执行;2009年12月24日,周口中院作出(2007)周法执字第46-8号裁定,裁定本次执行程序终结。2019年10月15日,周口中院作出(2019)豫16破申7号民事裁定,裁定受理国厚资产管理股份有限公司对莲花健康公司的重整申请。2019年12月16日,周口中院作出(2019)豫16破7号之二民事裁定,裁定批准莲花健康公司重整计划,终止莲花健康公司重整程序。莲花健康公司在破产重整程序中未通知国开行河南省分行申报债权,导致其失去在破产重整程序中主张债权的机会。后国开行河南省分行申请恢复执行，周口中院于2021年3月11日立案，2021年3月22日作出（2021）豫16执恢20号恢复执行通知书，恢复（2006）周民初字第107号民事判决的执行。

莲花健康公司对恢复执行通知书不服，提出异议，周口中院经该院审判委员会研究决定于2021年4月21日作出（2021）豫16执异40号裁定，撤销周口中院（2021）豫16执恢20号恢复执行通知书。国开行河南省分行不服上述异议裁定，向河南省高级人民法院（以下简称河南高院）申请复议，河南高院作出（2021）豫执复339号执行裁定，驳回国开行河南省分行复议申请，维持周口中院（2021）豫16执异40号异议裁定。

国开行河南省分行不服河南高院（2021）豫执复339号执行裁定，向最高人民法院申诉。

最高人民法院根据国开行河南省分行的申诉理由，结合本案异议法院、复议法院的认定，本案应重点审查的问题是：（1）本案能否通过执行程序处理国开行河南省分行的债权？（2）本案国开行河南省分行的债权应按照何种条件清偿？

（一）关于本案能否通过执行程序处理国开行河南省分行的债权的问题

本案中，国开行河南省分行于2006年取得对莲花健康公司的胜诉判决，案件进入执行程序，执行法院周口中院在执行到位部分金额后于2009年裁定该案终结本次执行程序。2019年，周口中院裁定受理对莲花健康公司的重整申请以及批准莲花健康公司的破产重整计划，莲花健康公司进入重整执行期间，至2020年4月30日重整计划执行完毕。在莲花健康公司破产重整程序过程中，并未通知国开行河南省分行申报债权，导致该分行的债权未能在破产重整程序中获得清偿。虽然《企业破产法》第92条第2款规定“债权人未依照本法规定申报债权的，在重整计划执行期间不得行使权利；在重整计划执行完毕后，可以按照重整计划规定的同类债权的清偿条件行使权利”，但该条未明确在破产程序中由于被执行人未通知已经进入执行程序的债权人申报债权而导致该债权人未在破产重整程序中申报债权及获得清偿，应通过何种程序保护该债权人的合法利益？

对此,就本案已经进入执行程序的债权人国开行河南省分行而言,针对莲花健康公司在本案破产重整程序中未通知其申报债权,导致国开行河南省分行失去在破产重整程序中主张债权的机会,对国开行河南省分行已经进入执行程序但未在破产程序中申报的债权,可通过执行程序处理。主要有以下几个方面的理由:

首先,通过执行程序处理该未申报债权,与《企业破产法》第92条第2款规定“债权人未依照本法规定申报债权的,在重整计划执行期间不得行使权利;在重整计划执行完毕后,可以按照重整计划规定的同类债权的清偿条件行使权利”的文义相符。就本条规定文义而言,“在重整计划执行完毕后,可以按照重整计划规定的同类债权的清偿条件行使权利”应解释适用于在重整计划执行完毕后,未申报债权但是已经进入执行程序的债权人,可以直接参照重整计划确定的同类债权清偿比例,请求执行法院通过执行程序保护其未获得清偿的债权。在该法律规定并未排除执行程序中直接适用的情况下,从有利于保护债权人利益和节约司法资源、提高司法效率的角度来看,应解释适用于执行程序之中的债权人利益保护。

其次,通过执行程序解决本案进入执行程序的债权人利益保护问题,有利于提高保护债权人利益的效率,避免本案债权人利益保护缺乏救济途径而影响其利益保护。针对终结本次执行程序的债权人,由于未被通知其申报债权而导致其未在破产重整程序中行使债权的情形,《企业破产法》未规定其债权保护和救济方式,但是根据该法第4条关于“破产案件审理程序,本法没有规定的,适用民事诉讼法的有关规定”,则可以补充适用民事诉讼法有关规定、原则来处理。《民事诉讼法》第8条规定,人民法院审理民事案件,应当保障和便利当事人行使诉讼权利,对当事人在适用法律上一律平等,故对于进入执行程序的债权人权利保护而言,执行工作在确定债权人行使权利的方式上亦应当注意保障和便利其依法行使权利。本案原审理破产重整案件的合议庭由于破产重整计划执行完毕,已经完成破产重整任务,往往对该破产案件结案处理;而破产管理人也由于破产重整计划执行完毕,其管理人任务已经完成,已不再具有相应职权。故向破产法院审判合议庭或者破产管理人请求行使权利,显然已无救济上的程序途径。在此情况下,强行要求债权人向原破产合议庭或破产管理人主张行使权利,则无异于徒然增加当事人行使权利的程序成本,而不会使其实体权益诉求得以实现。相反,案涉未清偿的债权在重整计划执行完毕后由执行法院通过恢复执行程序,按照重整计划所规定的债权清偿方式和比例予以保护,可使得债权人的权利得以直接实现,提高保护债权人利益的效率。

最后,由执行法院通过恢复执行程序处理,可以直接延续执行法院已开展的强制执行程序工作,节约司法资源,提高司法工作效率。本案中,债权人国开行河南省分行的债权已于2006年经生效判决确认,债务人莲花健康公司在执行程序中清偿部分债权后,周口中院已于2009年裁定终结本次执行程序。故案涉未清偿的债权属于已经法院生效判决确定并具有既判力的债权,已经不再具有再次审理和裁判的争议本质和法理基础。因此,该已经生效判决所确定并已进入执行程序的债权,属于具有强制执行效力的债权。对于该已启动强制执行程序的债权,执行法院对相关债权已经基于强制执行而获得清偿的债权数额及未获清偿的债权数额,已经基于执行案件而建立案件账目,且最为清楚。故由该执行法院恢复执行,有利于其及时高效地计算债权人未获清偿债权的具体数额,在体现保护债权人利益工作延续性基础上,提高执行案件的执行效率;而通过在执行程序中直接按照破产重整计划确定的条件清偿未获得清偿的债权,则可以避免让已经完成破产重整程序任务的破产审判合议庭和破产管理人重新启动工作,增加不必要的工作负担,进而有利于节约司法资源。

此种处理方式除适用于本案执行案件实施部门和破产案件审理合议庭属于同一法院的情形外,还适用于执行案件实施法院和债务人破产案件审理法院非同一法院的类似情形,即如果通知义务主体未通知执行案件债权人被执行人已经进入破产程序的事实,导致该执行案件债权人的债权在破产程序中未获得保护,那么执行法院亦可参照上述程序处理,通过恢复执行程序处理,以实现裁判标准的统一。

(二)关于本案国开行河南省分行的债权应按照何种条件清偿的问题

针对本案破产程序相关通知义务主体未通知执行案件债权人导致执行案件债权人未通过破产重整程序申报的债权,涉及人民法院在执行程序中如何执行的问题,即执行法院应按照何种条件保障该债权的执行问题。对此,本院认为,根据《企业破产法》第92条第1款的规定,经人民法院裁定批准的重整计划,对债务人和全体债权人均有约束力,该规定当然能够适用于本案国开行河南省分行的情形,故针对国开行河南省分行已经进入执行程序但未获强制执行清偿的剩余债权,可以直接按照重整计划确定的清偿方案强制执行获得清偿。且就本案的事实而言,本案重整计划之四(三)2明确:未申报债权,对于莲花健康公司账面记载但未依法申报的债权,债权权利应受法律保护的,在本重整计划执行期间不得行使权利,但可以在重整计划执行完毕后要求莲花健康公司按照重整计划中规定的同类债权清偿方案进行清偿,故该重整计划亦明确了可按照重整计划同类债权清偿方案清偿。故就本案国开行河南省分行所享有的、已经进入执行程序但未依照《企业破产法》规定申报的债权,在莲花健康公司重整计划执行完毕后,债权人国开行河南省分行可以按照重整计划规定的同类债权的清偿条件行使权利。

至于本案恢复执行之后,是否存在国开行河南省分行免除莲花健康公司债务的问题。鉴于本案周口中院、河南高院在异议、复议程序中均从本案不应通过执行程序处理的角度进行审查,认定本案不应通过恢复执行程序处理,而未对是否存在国开行河南省分行免除莲花健康公司债务的问题进行审理。若针对国开行河南省分行是否存在免除莲花健康公司债务的实体问题,则本院原则上应将本案发回周口中院重新审理。但是,本院从明确法律适用标准、提高审判效率、节约司法资源的角度出发,在明确本案应通过恢复执行程序处理案涉法律适用问题的情况下,不将本案发回重审,而是直接对周口中院、河南高院法律适用错误予以纠正。在该处理模式下,莲花健康公司仍可依据《异议复议规定》第7条第2款"被执行人以债权消灭、丧失强制执行效力等执行依据生效之后的实体事由提出排除执行异议的,人民法院应当参照民事诉讼法第二百二十五条规定进行审查"的规定,依法就是否存在国开行河南省分行免除其债务的问题向执行法院请求救济;若莲花健康公司提出该异议请求救济,则异议法院可在本案恢复执行的前提下,聚焦该焦点问题进行审理,从而节约司法资源、提高司法效率,进而提高保护合法权利人利益的效率。

综上,周口中院(2021)豫16执异40号执行裁定撤销该院(2021)豫16执恢20号恢复执行通知书;河南高院作出(2021)豫执复339号执行裁定,裁定驳回国开行河南省分行复议申请、维持周口中院(2021)豫16执异40号异议裁定,均适用法律错误,应予纠正。

【案例评析】

重整计划执行完毕后,未能在重整债权申报期限内申报的债权并不当然消灭,依据《企业破产法》第92条第2款之规定,债权人在重整计划执行完毕后,可以按照重整计划规定的同类债权的清偿条件行使权利。但法律司法解释并未规定该权利应通过何种程序向何者主张,亦未区分债权人对未申报债权是否具有过错的不同救济途径。最高人民法院通过(2022)最高法执监121号案明确,被执行人导致已进入执行程序的债权人未能在重整程序中申报债权的,该债权人申请人民法院按照重整计划规定的同类债权清偿条件恢复执行的,人民法院应予准许。

未在重整期间申报的债权人究竟应向管理人或者重整企业申报债权,还是向人民法院申请恢复执行,法律司法解释并无规定,实践中对此存有争议。

从提高执行效率、保障债权人尽快实现债权的角度分析,如债权人对未在重整申报期限申报债权不存在过错,此时强行要求债权人向破产审判合议庭或破产管理人主张行使权利,无疑将大大增加当事人的行权成本,有违公平原则。允许对未申报债权无过错的债权人通过执行程序受偿,能够避免已经完成破产重整程序任务的破产审判合议庭和破产管理人重新启动工作,有利于节约司法资源。

邱某春、梁某建设用地使用权转让合同纠纷执行监督审查案

【案例索引】

(2018)最高法执监666号

【基本案情】

邱某春、梁某、莱芜市盛瑞达商贸有限公司(以下简称盛瑞达公司)不服山东省高级人民法院(以下简称山东高院)(2018)鲁执复32号执行裁定,向最高人民法院申诉。

莱芜市塑料彩印厂(以下简称塑料彩印厂)与山东汇昶豪啤酒有限公司(以下简称汇昶豪公司)建设用地使用权转让合同纠纷一案,山东省莱芜市中级人民法院(以下简称莱芜中院)于2012年7月12日作出(2012)莱中民一初字第10号民事判决。该判决生效后,因汇昶豪公司未履行生效法律文书确定的义务,塑料彩印厂向莱芜中院申请强制执行,该院于2013年1月30日立案执行。2013年10月31日,莱芜中院作出(2013)莱中执字第14号执行裁定,查封汇昶豪公司所有的啤酒生产设备流水线一套及院内啤酒瓶一宗(以下简称案涉财产)。执行过程中,莱芜中院委托中介机构对案涉财产进行评估,评估价值为1245.34万元。2015年9月29日,莱芜中院委托拍卖机构对案涉财产进行第一次公开拍卖,因无人参与竞买而流拍。同日,塑料彩印厂申请以第一次拍卖的保留价1245.34万元接受案涉财产抵偿相应债务。2015年9月30日,莱芜中院作出(2013)莱中执字第144号执行裁定:将案涉财产作价1245.34万元,扣除评估费45,400元、拍卖公告费1440元、执行费79,806.56元,交付塑料彩印厂抵偿12,326,753.44元债务,上述财产的财产权自裁定送达塑料彩印厂时起转移。该执行裁定于同日送达双方当事人。

利害关系人邱某春、梁某、盛瑞达公司、王某福、刘某花对莱芜中院上述抵偿债务行为不服,向莱芜中院提出执行异议。莱芜中院于2016年6月20日作出(2016)鲁12执异39号执行裁定,驳回上述异议人的异议请求,梁某等不服(2016)鲁12执异39号执行裁定,向山东高院申请复议,该院于2017年3月31日作出(2017)鲁执复94号执行裁定,撤销莱芜中院(2016)鲁12执异39号执行裁定,发回莱芜中院重新审查。莱芜中院于2017年6月29日作出(2017)鲁12执异42号执行裁定,驳回了上述异议人的异议请求。邱某春、梁某、盛瑞达公司不服(2017)鲁12执异42号执行裁定,向山东高院申请复议,该院于2017年9月15日作出(2017)鲁执复221号执行裁定,撤销莱芜中院(2017)鲁12执异42号执行裁定,发回莱芜中院重新审查。莱芜中院于2017年11月15日立案受理。

邱某春、梁某、盛瑞达公司、王某福、刘某花向莱芜中院提出异议称,莱芜中院作出的关于汇昶豪公司以设备抵债的执行行为违法,请求撤销有关执行裁定,重新作出执行分配方案。其主张的主要事实和理由为:(1)邱某春等人早在2014年6月至7月就向执行法院提出了参与分配申请,此时《民事诉讼法解释》尚未出台,执行法院依据2015年2月4日起施行的《民事诉讼法解释》的有关规定作出执行分配行为,属适用法律不当,应予纠正。(2)在莱芜中院执行汇昶豪公司的设备前,邱某春等人已于2015年8月向山东省莱芜市莱城区人民法院(以下简称莱城法院)提出了对汇昶豪公司的破产申请,莱城法院作出不予受理的裁定后,邱某春等人提出上诉,莱芜中院认为邱某春等人的破产申请符合法律规定,此时应中止对汇昶豪公司的执行。

莱芜中院查明,该院于2015年5月26日作出(2012)莱中执字第26号案件移送函,将本案有关材料移送莱城法院审查是否受理破产案件。莱城法院于2015年7月15日作出(2015)莱城立民破字第1号民事裁定,裁定对汇昶豪公司的企业破产申请不予受理。2016年2月5日,经梁某、盛瑞达公司、王某福、邱某春、刘某花申请,莱城法院作出(2016)鲁1202民破1号民事裁定,决定立案受理对汇昶豪公司的破产申请。

莱芜中院认为,本案的争议焦点是:莱芜中院作出的(2013)莱中执字第144号执行裁定是否合法有效。莱芜中院(2013)莱中执字第14号执行案件中的被执行人汇昶豪公司为企业法人,根据2015年《民事诉讼法解释》第508条、第513条的规定,被执行人为企业法人的不适用参与分配程序;即便依据2008年《执行规定》第88~90条及第96条的规定,邱某春等人申请参与分配亦不符合《执行规定》第96条规定的条件,本案不属于参与分配的案件,应按照执行法院采取执行措施的先后顺序受偿。莱芜中院作出(2013)莱中执字第144号执行裁定时,《民事诉讼法解释》已经施行,该司法解释与《执行规定》并不冲突,莱芜中院根据该司法解释作出裁定并无不当。莱芜中院在执行过程中,发现汇昶豪公司的现有资产不能清偿全部到期债务,为保护全部债权人的合法利益,经汇昶豪公司同意,该院于2015年5月26日将案件移送莱城法院进行破产审查,但莱城法院裁定对汇昶豪公司的企业破产申请不予受理。综上,本案抵债裁定作出时,莱城法院未受理汇昶豪公司企业破产,因此邱某春等人提出本案应当中止执行并无法律依据。依照2015年《民事诉讼法解释》第516条和2008年《执行规定》第88条第1款的规定,本案各债权均无担保物权,应当按照执行法院采取执行措施的先后顺序受偿。2004年《拍卖变卖规定》第19条第1款规定:"拍卖时无人竞买或者竞买人的最高应价低于保留价,到场的申请执行人或者其他执行债权人申请或者同意以该次拍卖所定的保留价接受拍卖财产的,应当将该财产交其抵债。"对汇昶豪公司所有的案涉财产,因第一次拍卖无人参与竞买而流拍,申请执行人塑料彩印厂申请以第一次拍卖的保留价接受以物抵债。莱芜中院作出(2013)莱中执字第144号执行裁定,将上述财产作价1245.34万元,扣除相关费用后,交付塑料彩印厂抵偿12,326,753.44元债务,符合司法解释规定。综上,莱芜中院于2017年10月23日作出(2017)鲁12执异65号执行裁定,驳回了异议请求。

异议人不服上述执行裁定,向山东高院申请复议,请求撤销(2017)鲁12执异65号执行裁定和(2013)莱中执字第144号执行裁定,重新作出分配方案。其主张的主要事实和理由为:(1)莱芜中院(2017)鲁12执异65号执行裁定认为邱某春等人的参与分配申请不符合执行规定第96条规定的条件,认定事实及适用法律错误。邱某春等人的参与分配申请符合2008年《执行规定》第96条规定的"其财产不足清偿全部债务的"的条件,实际上莱芜中院也接受了邱某春等人的参与分配申请,邱某春等人几乎每个月都去莱芜中院询问分配情况,莱芜中院均是告知耐心等待,从来没有向邱某春等人表示参与分配申请不符合条件,现在莱芜中院又说邱某春等人不符合参与分配条件,与事实不符。(2)(2013)莱中执字第144号执行裁定违反了《最高人民法院关于人民法院执行公开的若干规定》第1、2、10条的规定,莱芜中院认为邱某春等人的参与分配申请不符合条件,却不通知邱某春等人,该院也从未告知委托评估、拍卖及执行分配方案情况,侵害其知情权。(3)(2013)莱中执字第144号执行裁定违反了法律不溯及既往规定,应予纠正。邱某春等人提出参与分配时,《民事诉讼法解释》尚未出台,根据法不溯及既往的原则,对于邱某春等人的参与分配申请是否合法,应当根据邱某春等人提出申请时的法律或者司法解释作出裁定,裁定邱某春等人可以参与分配。(4)莱芜中院(2017)鲁12执异65号执行裁定依据《民事诉讼法解释》认为应当按照先后顺序执行,适用法律不当。①根据《民事诉讼法解释》,法院应当告知当事人申请企业破产,自2014年6月申请参与分配以来,该院始终没有告知邱某春等人申请破产的权利;②莱芜中院受理邱某春等人的参与分配申请时,汇昶豪公司已经停业,主要财产房屋、土地、设备被查封,且资不抵债,根据2008年《执行规定》第96条的规定,被执行人为企业法人,未经清理或清算而撤销、注销或歇业,其财产不足以清偿全部债务,应当参照该规定第90~95条的规定对各债权人的债权按比例清偿。但莱芜中院拒不按比例分配,明显违法。(5)莱芜中院存在恶意欺骗邱某春等人的情况,应予纠正。①隐瞒委托执行事实,欺骗邱某春等人。邱某春等人于2014年申请参与分配,莱芜中院接受了该申请,经多次询问,该院一直让其等待,从未告知其不能参与分配。在莱芜中院2015年9月30日执行被执行人设备前,邱某春等人已经于2015年8月向莱城法院提出破产申请,莱城法院作出不予受理的裁定后,邱某春等人依法上诉,莱芜中院于2015年9月25日作出破产申请符合法律规定的裁定。根据2008年《执行规定》第102条第1项的规定"人民法院已受理以被执行人为债务人的破产申请的",莱芜中院应当中止对汇昶豪公司的执行。在此情况下,莱芜中院作出以物抵债的裁定违法,应予纠正。②莱芜中院滥用职权、拖延办理。邱某春等人于2017年11月1日收到山东高院的指令重审的裁定,但直到2017年12月1日莱芜中院才向其送达(2017)鲁12执异65号执行裁定,违反了2015年《异议复议规定》第3条所规定的15日作出裁定的规定。

山东高院查明的事实与莱芜中院查明的事实一致。

山东高院认为,本案的争议焦点是:(1)本案是否适用2015年2月4日公布施行的《民事诉讼法解释》;(2)本案能否适用参与分配程序;(3)莱芜中院作出(2013)莱中执字第144号执行裁定前,应否中止对汇昶豪公司的执行。关于焦点问题一,2015年《民事诉讼法解释》第552条规定:"本解释公布施行后,最高人民法院于1992年7月14日发布的

《关于适用〈中华人民共和国民事诉讼法〉若干问题的意见》同时废止；最高人民法院以前发布的司法解释与本解释不一致的，不再适用。”从该规定内容可以看出，《民事诉讼法解释》自公布施行后，所有民事、执行案件均适用该司法解释。莱芜中院作出（2013）莱中执字第144号执行裁定时，《民事诉讼法解释》已经施行，莱芜中院根据该司法解释作出裁定并无不当。关于焦点问题二，依据2008年《执行规定》第89条、2015年《民事诉讼法解释》第508条第1款及第513条的规定，被执行人为企业法人的，不适用参与分配程序。邱某春等人申请参与分配亦不符合2008年《执行规定》第96条规定的条件，本案不能适用参与分配程序。关于焦点问题三，《企业破产法》第19条规定：“人民法院受理破产申请后，有关债务人财产的保全措施应当解除，执行程序应当中止。”《民事诉讼法解释》第515条第2款规定：“被执行人住所地人民法院不受理破产案件的，执行法院应当恢复执行。”根据本案查明的事实，经申请，莱城法院于2016年2月5日作出（2016）鲁1202民破1号民事裁定，决定立案受理破产申请。莱芜中院于2015年9月30日作出（2013）莱中执字第144号执行裁定时，莱城法院并未受理梁某等人的破产申请，莱芜中院不应当中止对被执行人汇昶豪公司的执行程序。故案涉财产第一次拍卖无人参与竞买而流拍后，塑料彩印厂申请以第一次拍卖的保留价接受以物抵债，莱芜中院作出（2013）莱中执字第144号以物抵债执行裁定，并无不当。梁某等人提出本案应当中止执行，重新作出分配方案的复议理由，没有法律依据。山东高院于2018年5月31日作出（2018）鲁执复32号执行裁定，驳回复议申请，维持莱芜中院（2017）鲁12执异65号执行裁定。

复议申请人不服山东高院上述裁定，向最高人民法院申诉，请求：撤销山东高院（2018）鲁执复32号执行裁定；撤销莱芜中院（2017）鲁12执异65号执行裁定；撤销（2013）莱中执字第144号以物抵债裁定；莱芜中院重新作出分配方案。其主张的主要事实和理由为：(1)山东高院（2018）鲁执复32号执行裁定依据2008年《执行规定》第89条、2015年《民事诉讼法解释》第508条第1款及第513条，认为被执行人为企业法人的，不适用参与分配程序，适用法律错误。2015年《民事诉讼法解释》的有关规定并未禁止企业法人为被执行人的执行案件适用参与分配程序；相反，依据2008年《执行规定》第96条的规定，被执行人为企业法人，未经清理或清算而撤销、注销或歇业，其财产不足以清偿全部债务的，应当参照该规定第90～95条的规定，对各债权人的债权按比例清偿。本案被执行人汇昶豪公司自2012年停止营业，已实际构成歇业。在汇昶豪公司未经清算即停止营业的情况下，其财产不足以偿还全部债务，符合2008年《执行规定》第96条申请参与分配的条件。申诉人已按照2008年《执行规定》第96条申请参与分配，山东高院(2018)鲁执复32号执行裁定认为申诉人申请参与分配不符合2008年《执行规定》第96条的规定，适用法律错误。(2)山东高院(2018)鲁执复32号执行裁定认为莱芜中院(2013)莱中执字第144号执行裁定作出前，不应当中止执行，适用法律错误。申诉人已于2015年8月已向莱芜中院提出对汇昶豪公司的破产申请，莱芜中院也认为汇昶豪公司无法偿还全部债务，符合破产条件，在没有取得最终定论的情况下，执行法院应当依法中止执行。莱芜中院在汇昶豪公司是否破产尚未终审裁决的情况下，作出以物抵债裁定继续执行被执行人财产，明显违法。

汇昶豪公司向最高人民法院提交书面意见称：(1)山东高院(2018)鲁执复32号执行裁定认为本案不适用参与分配程序，系适用法律错误。本案符合2008年《执行规定》第96条规定的情形，应当对债权人进行按比例清偿。(2)莱芜中院系在申诉人对不予受理裁定上诉期间作出的以物抵债裁定，即人民法院尚未最终作出受理破产案件的裁定，此时执行法院应当中止执行。

最高人民法院对莱芜中院、山东高院查明的上述事实予以确认。

最高人民法院另查明，莱城法院于2015年8月27日作出(2015)莱城立民破字第3号民事裁定，不予受理破产申请。申请人上诉后，莱芜中院作出(2015)莱中辖终字第63号民事裁定，指令莱城法院重新作出裁定。莱城法院于2015年10月15日作出(2015)莱城立民破字第5号民事裁定，再次不予受理破产申请。申请人再次上诉后，莱芜中院于2015年12月11日作出(2015)莱中辖终字第63号民事裁定，撤销莱城法院上述裁定，并裁定莱城法院受理对汇昶豪公司的破产清算申请。

最高人民法院认为,本案的争议焦点为:(1)莱芜中院按照法院采取执行措施的顺序分配案涉财产是否正确;(2)莱芜中院在有关法院审查申诉人等提交的对被执行人的破产清算申请期间未中止执行是否应予纠正。

一、关于莱芜中院按照法院采取执行措施的顺序分配案涉财产是否正确

根据2008年《执行规定》第89条之规定,被执行人为企业法人,其财产不足以清偿全部债务的,可告知当事人依法申请被执行人破产;而因各种原因未能进入破产程序的,2008年《执行规定》第96条规定了处理方式,即在企业法人未经清理或清算而撤销、注销或歇业且其财产不足清偿全部债务的情况下,可以对各债权人的债权按比例清偿。但是,2015年《民事诉讼法解释》第516条作出了新的规定,即在执行程序中,对于财产不足以清偿全部债务的企业法人,当事人不同意移送破产或者被执行人住所地人民法院不受理破产案件的,执行法院就执行变价所得财产在扣除执行费用及清偿优先受偿的债权后,对于普通债权,按照财产保全和执行中查封、扣押、冻结财产的先后顺序清偿债务。本案系莱芜中院于2013年立案执行,被执行人汇昶豪公司系企业法人。邱某春等人虽然自2014年6月开始申请参与分配。但因申请参与分配的债权人较多,莱芜中院从接受各债权人参与分配的申请到实施分配行为之间存在一个周期,实属正常。在该周期中,《民事诉讼法解释》生效,为保护案涉全部债权人的利益,莱芜中院在发现汇昶豪公司的现有资产不能清偿全部到期债务的情况下,已经依照2015年《民事诉讼法解释》第513条的规定,于2015年5月26日移送其住所地法院莱城法院进行破产审查,但莱城法院于2015年7月15日裁定不予受理破产案件。在此情况下,莱芜中院决定对案涉拍卖款按照法院采取执行措施的先后顺序予以分配,并无不当。如邱某春等人认为莱城法院2015年7月15日以及之后几次拒不受理破产案件违法,损害其合法权益,可以依法另行主张权利。

二、关于莱芜中院在有关法院审查申诉人等提交的对被执行人的破产清算申请期间未中止执行是否应予纠正的问题

执行案件移送破产审查程序中,在被执行人住所地人民法院审查是否受理破产清算申请期间,执行法院应当中止对所涉被执行人的执行。但是,本案中,被执行人住所地人民法院审查是否受理对汇昶豪公司的破产清算申请并不是基于执行法院移送,而是基于申诉人等申请执行人的申请,即此情况与上述规定的条件不符。故本案中执行法院莱芜中院未予中止执行并无不当,申诉人的申诉理由不成立,裁定驳回申诉请求。

【案例评析】

执行法院裁定中止执行,将执行案件移送破产审查的法律依据并不是《企业破产法》第19条,而是《民事诉讼法》第267条第1款第5项规定的法院认为应当中止执行的其他情形。故《民事诉讼法解释》第511条中法院作出中止执行裁定的前提条件和《企业破产法》第19条中中止执行的前提条件并不相同。本案恰恰是执行法院将案件移送被执行人住所地法院后,受移送法院裁定不予受理破产申请。执行法院恢复执行,在2015年9月对案涉财产进行拍卖和以物抵债。虽然被执行人的债权人在2015年8月向莱城法院申请被执行人破产,但是莱城法院是在2016年2月才裁定受理破产。在当事人自己申请破产的情况下,执行法院只能直接依据《企业破产法》第19条,在破产受理后才中止执行,一般不会依据《民事诉讼法》第267条第1款第5项中止执行。“执转破”中的中止执行要早于当事人自己申请破产受理后的中止执行,两者不能等同。因此,在莱芜中院恢复执行之后,莱城法院裁定受理破产之前,执行案件不应中止。

第二节　参与分配与个人破产制度的关系

法律依据

《民事诉讼法解释》

第506条　被执行人为公民或者其他组织,在执行程序开始后,被执行人的其他已经取得执行依据的债权人发现被执行人的财产不能清偿所有债权的,可以向人民法院申请参与分配。

对人民法院查封、扣押、冻结的财产有优先权、担保物权的债权人,可以直接申请参与分配，主张优先受偿权。

第508条 参与分配执行中，执行所得价款扣除执行费用，并清偿应当优先受偿的债权后，对于普通债权，原则上按照其占全部申请参与分配债权数额的比例受偿。清偿后的剩余债务，被执行人应当继续清偿。债权人发现被执行人有其他财产的，可以随时请求人民法院执行。

制度研究

法人与非法人组织作为被执行人出现资不抵债情形时，《民事诉讼法解释》规定的清偿顺位不同，对非法人组织实行平等主义的按比例清偿，即参与分配（第508条）；对法人实行优先主义的按顺序清偿，即破产（第511条）。作出这种结构的规定主要是因为在我国，只有企业法人可以根据《企业破产法》进行破产，而公民个人、非法人组织不能进行破产，在执行程序中设计参与分配制度，参照破产制度的特点，平等保护非法人债务人的各个债权人。[①]

《执行规定》起草之初，主要观点认为要对所有被执行人都适用参与分配，修改《民诉意见》第297条的规定，扩大适用参与分配的被执行人的范围。但是在后期，主流观点发生了变化。全国人大常委会法制工作委员会的主导观点是不同意对所有被执行人适用参与分配制度，认为应当将其与破产制度区分开。对于法人的执行过程中遇到资不抵债的情况，应严格按照破产程序处理，解决债权人之间公平受偿的问题，而不应适用强制执行程序中的参与分配制度；对公民和其他组织，因为没有相应的破产程序，可以适用参与分配制度。因此，最高人民法院最后主要是根据全国人大常委会法制工作委员会的意见，将参与分配制度仍限制在对公民和其他组织进行执行的范围内。避免了法人适用参与分配与破产制度的矛盾。[②]

《民事诉讼法解释》第506、508条是对1992年《民诉意见》第297、299条以及2008年《执行规定》第90、93、94条的继承，并根据实践情况和法律、司法

---

① 参见人民法院出版社编：《司法解释理解与适用全集·执行卷1》，人民法院出版社2018年版，第214页。

② 参见人民法院出版社编：《司法解释理解与适用全集·执行卷1》，人民法院出版社2018年版，第213页。

解释的修改变化，对参与分配的适用、清偿顺序等进行了修改。在废止《民诉意见》，删除《执行规定》第 90、93、94 条后，《民事诉讼法解释》第 506、508 条成为区分法人与非法人分别适用不同清偿顺序、适用参与分配条件、参与分配中债权清偿顺序的核心规定。

目前，我国确定个人破产制度（包括非法人组织破产制度）的呼声越来越高，一个标志性的节点是，2019 年 6 月 22 日，国家发展和改革委员会、最高人民法院等多部门印发了《加快完善市场主体退出制度改革方案》，方案明确：建立健全破产退出渠道。在进一步完善企业破产制度的基础上，研究建立非营利法人、非法人组织、个体工商户、自然人等市场主体的破产制度，扩大破产制度覆盖面，畅通存在债权债务关系的市场主体退出渠道；逐步推进建立自然人符合条件的消费负债可依法合理免责，最终建立全面的个人破产制度；参考企业法人破产制度，推动建立非营利法人、农民专业合作社、合伙企业等非法人组织破产制度。这表明我国已正式确定了个人破产制度、非法人破产制度的发展方向和路径，这必然会影响到弥补个人和非法人破产制度空缺的参与分配制度。

实际上，在上述方案对个人破产制度予以正式肯定之前，有的法院对于被执行人为个人的案件，已经在尝试"个人债务集中清理"的做法，这是在个人破产立法前的空档期、在现有法律框架内依法开展的积极探索。尽管各地做法不一，但其核心是参考破产制度，在执行程序中引入中介机构作为管理人，对债务人的财产、收入、债务进行全面梳理和管理，同时将众多债权人以债权人会议的形式组织起来，以执行和解制度为基础，在众多债权人和债务人之间商讨、达成财产管理方案、变价方案、分配方案及债务豁免方案，由法院、管理人、债权人会议监督并执行，对债务人的诸多债务统一进行处理，故谓之"个人债务集中清理"。其原理、功能和程序和破产制度很相似，但由于缺乏明确立法基础，在实际执行时也伴随一些争议，并且也存在可能被债务人利用而逃废债的担忧。

在方案公布后，2021 年 3 月 1 日深圳市人大颁行《深圳经济特区个人破产条例》。该条例第 2 条明确，在深圳经济特区居住，且参加深圳社会保险连续满 3 年的自然人，因生产经营、生活消费导致丧失清偿债务能力或者资产不足以清偿全部债务的，可以依照本条例进行破产清算、重整或者和解。

深圳市作为特区,先行先试,率先创设了个人破产制度。由此,除了执行中的参与分配之外,债权人和债务人在深圳也可以选择破产程序处理债务问题。

按照该条例第 89 条的规定,破产财产在优先清偿破产费用和共益债务后,其他债务依照下列顺序清偿:

(1)债务人欠付的赡养费、抚养费、扶养费和专属于人身赔偿部分的损害赔偿金;

(2)债务人所欠雇用人员的工资和医疗、伤残补助、抚恤等费用,应当缴入雇用人员个人账户的基本养老保险、基本医疗保险等社会保险费用,以及依法应当支付给雇用人员的补偿金;

(3)债务人所欠税款;

(4)普通破产债权,其中债务人的配偶以及前配偶、共同生活的近亲属以及成年子女不得在其他普通破产债权人未受完全清偿前,以普通债权人身份获得清偿;

(5)因违法或者犯罪行为所欠的罚金类款项。

破产财产不足以清偿同一顺序债权的,按照比例分配。

该条例和《企业破产法》一样,其分配方式遵循了平等主义的原则,与执行中的优先主义不同。

《深圳经济特区个人破产条例》的出台,弥补了我国个人破产制度的空白。个人、非法人破产制度的发展会越来越快,在执行中设置参与分配制度的基础会发生变化,未来要重新审视参与分配制度的意义和发展问题。

实务操作

一、个人破产与参与分配的关系

根据《深圳经济特区个人破产条例》的规定,法院在宣布债务人破产之后,将设置至少 3 年的免除债务人未清偿债务的考察期限(第 95 条),考察期内债务人应当继续履行法院作出的限制行为决定规定的义务,并履行本条例规定的债务人其他义务(第 96 条第 1 款)。在考察期届满后,或者视同届满后,债务人可以向法院申请免除其未清偿的债务(第 100 条)。管理人应当对债务人是否存在不得免除的债务以及不得免除未清偿债务的情形进行调查,征询债权人和破产事务管理部门意见,并向法院出具书面报告。法院根据债务人申请和管理人报告,裁定是否免除债务人未清偿债务,同时作出解除对债务人行为限制的决定(第 101 条)。法院作出免除债务人未清偿债务裁定后,应当将裁定书送达债权人和债务人,并予以公告,债权人不服的,可以自裁定书送达之日起 15 日内申请复议。而免除未清偿债务裁定的效力及于已申报和未申报的全体债权人(第 102 条)。债权人或者其他利害关系人发现债务人通过欺诈手段获得免除未清偿债务的,可以申请法院撤销免除未清偿债务的裁定(第 103 条)。法院裁定不免除债务人未清偿债务的,或者撤销免除债务人未清偿债务裁定的,债权人可以向债务人继续追偿债务(第 105 条)。

而《民事诉讼法解释》第 508 条中明确,清偿后的剩余债务,被执行人应当继续清偿。债权人发现被执行人有其他财产的,可以随时请求人民法院执行。

由此可见,个人破产与参与分配,最大的区别在于债务人所负债务最终是否会被免除。债权人可能会在两个制度之间进行选择,而《深圳经济特区个人破产条例》并未明确个人破产与参与分配程序的关系问题。但是,该条例第 27 条规定,人民法院裁定受理破产申请后,对债务人财产采取的保全措施应当解除,执行程序应当中止。除该条例第 110 条规定的情形外,为实现有财产担保债权或者其他法定优先权而对特定财产的执行可以不中止。这一规定与《企业破产法》第 19 条的规定类似。由于参与分配是在执行程序中进行的,如果执行程序中止,那么参与分配也应当中止。所以,如果法院受理个人破产,其他债权人无法再启动或者继续执行中的参与分配,债务人的所有财产和债务应该通过破产程序处理,这也是破产制度的应有之义。

二、司法解释适用中应注意的问题

2022 年 6 月公开的《民事强制执行法(草案)》对参与分配制度也提出了重要调整的意见:

1. 取消了参与分配的概念,而代之以“分配”这一概念,并且对债权清偿顺序作出了与以往司法解释不同的方案。草案第 14 章为“清偿与分配”,规定了分配、申请分配、分配的审查、分配方案的制作等内容。第14章第179条提出：

执行款在优先清偿执行费用和共益债务后，依照下列顺序进行分配：

(1)维持债权人基本生活、医疗所必需的工资、劳动报酬、医疗费用等执行债权；

(2)对执行标的享有优先受偿权的债权；

(3)其他民事债权。

前款第3项规定的民事债权，按照查封财产的先后顺序受偿。

刑事判决中确定被告承担赔偿责任的，按照民事债权顺位受偿。

按此意见，执行款首先要清偿执行费用、共益债务、维持债权人基本生活、医疗所必需的工资、劳动报酬、医疗费用等债权、优先受偿权债权。在清偿上述债权之后，其他民事债权按照查封的先后顺序受偿。这不同于《民事诉讼法解释》在广义的执行竞合中参与分配规定的按比例受偿的规定。一旦作为参与分配制度基础的公平清偿规则被取消，那么参与分配制度也就不再适用了。这应该是草案只规定分配概念，不再使用参与分配概念的缘由。

2. 明确了法院可以依职权将执行案件移送破产审查。

在金钱债权执行中，被执行人符合该法第80条规定情形和破产法规定的清理债务情形的，人民法院应当裁定终结本次执行程序，将执行案件相关材料移送被执行人住所地人民法院。

被执行人住所地人民法院应当自收到执行案件相关材料之日起30日内审查，一般应当裁定受理破产申请；特殊情况不予受理的，应当将相关案件材料退回执行法院并书面说明原因。

该草案第82条的意见不同于《民事诉讼法解释》第511条经申请执行人之一或者被执行人同意移送破产审查的规定，而是提出了法院依职权移送破产审查的意见。《加快完善市场主体退出制度改革方案》也提及，总结执行转破产实践经验，明确执行转破产制度的法律地位。草案第82条的意见可能就是对该方案要求的回应。如将来按此意见实施，可能会有更多案件进入破产程序，参与分配制度公平清偿的功能将通过破产制度实现。

总体而言，在个人破产、非法人破产制度可能最终被立法确认的背景下，《民事强制执行法(草案)》的思路应该是不再在执行程序中设置参照破产程序和平等主义进行多个债权清偿的参与分配制度，而是同时配合依职权执转破的规定，强化包括个人破产、非法人破产在内的破产制度的适用。

审判前沿

呼某个人破产案

【案例索引】

(2021)粤03破417号(个11)

【基本案情】

债务人呼某于2014年至2016年投资经营深圳市呼延文化发展有限公司，该公司经营场所与新一佳超市同处于深圳市罗湖区京基东方华都大厦，受新一佳超市有限公司倒闭的影响，深圳市呼延文化发展有限公司被关闭，呼某负债480余万元。2018年，呼某卖掉唯一住房，卖房款260万元全部用于偿还债务，之后坚持还债，仍欠100多万元未能清偿。2021年6月9日，呼某申请个人破产。深圳市中级人民法院（以下简称深圳中院）于9月2日裁定受理呼某个人破产清算申请，并指定广东华商律师事务所担任破产管理人。

管理人对呼某的破产事实进行了调查，认为呼某的陈述符合事实，亦有相关证据佐证。呼某的财产包括呼某为其女儿购买的两份价值5万元的保险、深圳市呼延文化发展有限公司60%股权、少量现金、家具、家电、手机等。目前呼某每月劳务收入约5000元。共有7位债权人向管理人申报债权，申报债权总额为924,146.87元。呼某陈述，除上述债务外，其仍欠平安普惠融资担保有限公司债务约50万元。

呼某向债权人会议提交了豁免财产清单，豁免财产包括价值约3950元的家具、家电、手机等学习、生活用品，以及保障呼某本人及其所扶养人的基本生活及权利的赡养费、抚养费、基本生活费等必要生活支出费用。

债权人对呼某的陈述、财产报告、债权表记载的债权均未提出异议。债权人会议经表决，通过了呼某财产报告、呼某豁免财产清单以及呼某破产案债权表。

深圳中院经审查认为，呼某因生产经营损失导致负债，资产不足以清偿全部债务,且在破产程序中遵守《深圳经济特区个人破产条例》规定的相关义务,符合宣告破产条件,遂于2021年11月8日依法裁定宣告债务人呼某破产;自宣告呼某破产之日起3年,为免除呼某未清偿债务的考察期限,呼某应当继续履行相关义务,考察期届满,呼某可以依照条例规定申请免除其未清偿的债务。

2021年12月6日,债权人会议表决通过破产财产分配方案后,经管理人申请,深圳中院裁定认可破产财产分配方案,同时终结呼某个人破产清算程序。

【案例评析】

《深圳经济特区个人破产条例》施行后,已有不少债务人向法院申请破产,进行重整或达成和解。同时,也有债务人被宣告破产,(2021)粤03破417号(个11)通知书即为宣告债务人破产的法律文书。按照《深圳经济特区个人破产条例》的相关规定,个人债务人被宣告破产之后,将进入为期至少3年的考察期,考察期内债务人仍要履行必要的义务。考察期届满后,债务人可以申请免除未清偿的债务。法院在管理人调查报告的基础上,裁定是否免除债务。若裁定免除,则债务人不再履行债务。《深圳经济特区个人破产条例》颁行时间不长,目前还没有考察期届满的案例。但无论如何,个人破产制度已经在实际运行,其对执行程序、参与分配制度必将产生深远的影响。

第十八章　参与分配错误的救济路径

第一节　虚构优先债权申请参与分配的救济

法律依据

《民法典》

第 985 条　得利人没有法律根据取得不当利益的，受损失的人可以请求得利人返还取得的利益，但是有下列情形之一的除外：

(一)为履行道德义务进行的给付；

(二)债务到期之前的清偿；

(三)明知无给付义务而进行的债务清偿。

《执行规定》

65. 在执行中或执行完毕后，据以执行的法律文书被人民法院或其他有关机关撤销或变更的，原执行机构应当依照民事诉讼法第二百三十三条的规定，依当事人申请或依职权，按照新的生效法律文书，作出执行回转的裁定，责令原申请执行人返还已取得的财产及其孳息。拒不返还的，强制执行。

执行回转应重新立案，适用执行程序的有关规定。

71. 上级人民法院依法监督下级人民法院的执行工作。最高人民法院依法监督地方各级人民法院和专门法院的执行工作。

制度研究

根据现行法律及司法解释的规定，优先债权申请参与分配并不需要取得执行依据，该规定在一定程度上保障了优先权人的合法权益，但也可能导致虚构优先债权申请参与分配侵害其他债权人利益的情形出现。在财产被实际分配前,根据《民事诉讼法解释》第509条和第510条第1、2款的规定,债权人或者被执行人对分配方案可以提出异议,进而提起分配方案异议之诉,从而保护自己的合法权益,但分配方案异议及分配方案异议之诉的提出有时间限制,如果债权人未能在法定期间对虚构优先债权提出异议,或者提出异议之后撤回异议的,在执行法院按照原分配方案进行分配后,债权人应当通过何种途径予以救济,法律及司法解释并无明确规定,学界中有三种观点:一是通过不当得利之诉予以救济;二是通过执行监督程序予以救济;三是通过执行回转程序予以救济。

一、不当得利

参与分配程序中,债权人对虚构优先债权参与分配的行为超出法定期限提出异议导致财产分配已完成的,能否通过提起不当得利之诉予以救济,学界有不同观点。肯定说认为,被执行人或者债权人未对分配方案提出异议,仅仅是同意按照分配方案进行分配,并非承认受分配的债权人有实体法上之权利,亦非放弃不当得利返还请求权。否定说认为,既然法律已经赋予当事人提出异议的机会,而其不利用该机会提出异议,应当视为其同意该分配。因此,受领人依分配方案受领分得金额,有法律上之原因,他人事后不得再依不当得利请求返还。折中说主张,能否依不当得利请求返还,应当区分优先债权或一般债权而定:对于优先债权,即使其未依法提出异议,也可以在事后请求返还不当得利;而对于一般债权,应完全通过分配方案异议及分配方案异议之诉来解决争议,否则不得于事后请求返还不当得利。①

学界以肯定说为通说,因法律并未规定当事人未在法定期间内提出异议即生失权之效果,故其未提出异议,执行法院固然可以按照原分配方案进行分配,当事人亦可以提出不当得利返还请求。

二、执行监督

执行监督程序和执行异议等执行救济系不同概念,属于不同的纠错机制。

---

① 参见杨与龄编著:《强制执行法论》,中国政法大学出版社2002年版,第300页。

执行监督的机构是最高人民法院和上级人民法院，执行监督的范围是人民法院的执行工作，参与分配属于法院执行工作的一部分，从这个角度来说，债权人对虚构优先债权参与分配的行为超出法定期限提出异议导致财产分配已完成的，应当允许其通过执行监督程序予以救济。

三、执行回转

执行回转，是指在部分执行或者全部执行完毕后，因据以执行的法律文书被撤销或变更，人民法院依新的生效法律文书，将原债权人因执行所得的利益强制执行给原债务人，以恢复到执行开始前状态的一种法律制度。[①] 根据《执行规定》第 65 条的规定，执行回转以执行依据被人民法院或其他有关机关撤销或变更为前提，对于参与分配程序中未取得执行依据的虚构优先债权来说，执行回转的适用条件尚未达成，该种情形下，不得通过执行回转予以救济。从制度设计的角度来看，执行回转属于执行后救济制度，但执行回转本身不具备纠错功能，若要发挥纠错功能则依赖于审判监督程序，执行回转只是实施审判监督程序的结果，因此，该种情形不适用执行回转程序。

实务操作

我国法律关于不当得利制度规定的条文相对较少，只有 4 条，系《民法典》第 985 条至第 988 条，分别规定了不当得利的定义、善意得利人返还义务免除、恶意得利人返还义务、第三人返还义务。而实践中不当得利诉讼涉及的问题相当复杂，远非这 4 个条文可以解决。从不当得利的主体、客体、返还范围等方面对不当得利诉讼进行论述。

一、不当得利主体

1. 受损人

受损人亦可称之为债权人，为受损失之人，其权利为不当得利返还请求权，在涉参与分配的不当得利诉讼中，受损人为有合法的异议理由但未提出异

① 参见江必新主编：《强制执行法理论与实务》，中国法制出版社 2014 年版，第 467 页。

议的债权人或者被执行人。

2. 得利人

得利人亦可称为债务人,一般为不当利益取得人,有时候受让不当利益的第三人也可成为得利人。在涉参与分配的不当得利诉讼中,得利人为取得不当利益的债权人。

二、不当得利客体

根据《民法典》第985条之规定,得利人没有法律根据取得不当利益的,受损失的人可以请求得利人返还取得的利益。不当得利的客体是指得利人所获得利益,此处的利益应为财产利益,不包括精神利益。同时,得利人基于所获利益而衍生的其他利益,也应该一并返还,主要包括以下三种:孳息(天然孳息及法定孳息)、基于原权利的所得、原物的代偿。同时,不当得利的返还应以原物返还为原则,但依照所获利益的性质(如所获利益为劳务)或其他情形(如得利人已将原物出卖),不能原物返还时,得利人应当折价补偿。

三、不当得利返还范围

不当得利的得利人负有返还义务,且不当得利的得利及受损之间存在因果关系,得利人的返还范围也受到两者之间的限制,通说认为,受损大于得利,应以得利为准(这与以填平损失为目的的损害赔偿不同);得利大于受损,则以受损为准(若返还超过受损的利益,则受损人成立不当得利)。[①] 此乃抽象标准,在具体的适用上,尽管不当得利的性质属于法律事实中的事件,得利人主观上的善意或恶意不影响不当得利之债的构成,但不当得利返还的范围因得利人主观上的善意或者恶意有所不同,同时返还义务人为第三人时也有差异。

1. 善意得利人的返还范围。根据《民法典》第986条之规定,得利人不知道且不应当知道取得的利益没有法律根据,取得的利益已经不存在的,不承担返还该利益的义务。从上述法律规定可知,得利人返还的范围以现存利益为限,如果所获利益已经不存在,得利人不再承担返还义务,但得利人应就取得

---

① 参见郑玉波:《民法债编总论》(修订2版),中国政法大学出版社2004年版,第108页。

利益已经不存在的事实承担举证责任。这主要是因为不当得利制度的目的在于去除利益,而非损害赔偿,不能使善意得利人承担如同侵权责任的后果。

(1)现存利益的确定时间。关于现存利益应以何时为标准进行确定,通说认为应以受返还请求之时为准,但少数说则认为应以提起返还请求之诉时为准。[①] 本书认为应以受损人请求返还之时为准,因受损人请求返还和提起诉讼的时间并不总是一致的,为避免得利人在此时间差内人为造成现存利益的灭失,应以受损人请求返还之时确定现存利益。

(2)善意得利人返还的具体情形。得利人在取得利益时为善意的,在原物存在时,应返还原物;原物不存在时,应区分不同情形,如果原物因意外事件损毁灭失,得利人不承担返还义务;原物因有偿转让等其他情形不存在的,得利人实际取得利益高于受损人的客观损失的,返还范围以客观损失为限;得利人实际获利低于受损人的客观损失的,只需返还实际获利。

2. 恶意得利人的返还范围。根据《民法典》第 987 条之规定,得利人知道或者应当知道取得的利益没有法律根据的,受损失的人可以请求得利人返还其取得的利益并依法赔偿损失。所谓恶意,是指得利人知道或者应当知道没有法律根据取得利益,且按照得利人知道或者应当知道没有法律根据的时间,可以分为自始恶意和嗣后恶意。

(1)自始恶意得利人的返还范围。原则上应加重恶意得利人的返还责任,其返还范围包括:①受领时取得的全部利益及基于该利益产生的收益。②所得利益的附加利息,这主要是指所得利益为金钱的,应按照法定利率计算利息,并予以返还。③赔偿损失,恶意得利人返还所得利益后,仍不足以填补受损人的损失的,应当赔偿不足部分。此项损害赔偿请求权是不当得利请求权,非属侵权行为的损害赔偿,不以受损人对损害的发生具有故意或者过失为要件。[②] ④丧失支出费用请求权。恶意得利人不得主张扣除因取得利益所支出的费用。

(2)嗣后恶意得利人的返还范围。嗣后恶意得利人的返还范围,应当按照其知情的时间为限,分别处理:①在其不知道没有法律根据的阶段,其为善

---

① 参见郑玉波:《民法债编总论》(修订 2 版),中国政法大学出版社 2004 年版,第 109 页。

② 参见王泽鉴:《债法原理 2:不当得利》,中国政法法学出版社 2002 年版,第 233 ~ 234 页。

意得利人,应当按照《民法典》第986条之规定,仅返还现存利益,其为取得利益所支出的费用亦应扣除;②得利人知道没有法律根据后,应当按照《民法典》第987条的规定,加重其返还责任。

3. 第三人的返还范围。根据《民法典》第988条之规定,得利人已经将取得的利益无偿转让给第三人的,受损失的人可以请求第三人在相应范围内承担返还义务。原则上,受损人只能向得利人主张返还义务,但是如果得利人为善意,并将取得的利益无偿转让给第三人,此时得利人所取得的利益已经不存在,善意得利人不负返还义务,在此情况下,第三人因得利人的无偿转让行为成为间接取得利益的人。第三人取得了利益,并导致了受损人的损失,且得利与受损之间存在因果关系,此时构成三人关系的不当得利,第三人负有将所得利益返还给受损人的义务。

在不当得利诉讼过程中,对于得利人无偿向第三人转让所得利益及得利人因此不再承担返还义务的事实,应当由受损人承担举证责任。

第二节　基于错误执行依据申请参与分配的救济

法律依据

《民事诉讼法》

第59条　对当事人双方的诉讼标的,第三人认为有独立请求权的,有权提起诉讼。

对当事人双方的诉讼标的,第三人虽然没有独立请求权,但案件处理结果同他有法律上的利害关系的,可以申请参加诉讼,或者由人民法院通知他参加诉讼。人民法院判决承担民事责任的第三人,有当事人的诉讼权利义务。

前两款规定的第三人,因不能归责于本人的事由未参加诉讼,但有证据证明发生法律效力的判决、裁定、调解书的部分或者全部内容错误,损害其民事权益的,可以自知道或者应当知道其民事权益受到损害之日起六个月内,向作出该判决、裁定、调解书的人民法院提起诉讼。人民法院经审理,诉讼请求成立的,应当改变或者撤销原判决、裁定、调解书;诉讼请求不成立的,驳回诉讼请求。

第209条　各级人民法院院长对本院已经发生法律效力的判决、裁定、调解书，发现确有错误，认为需要再审的，应当提交审判委员会讨论决定。

最高人民法院对地方各级人民法院已经发生法律效力的判决、裁定、调解书，上级人民法院对下级人民法院已经发生法律效力的判决、裁定、调解书，发现确有错误的，有权提审或者指令下级人民法院再审。

第238条　执行过程中，案外人对执行标的提出书面异议的，人民法院应当自收到书面异议之日起十五日内审查，理由成立的，裁定中止对该标的的执行；理由不成立的，裁定驳回。案外人、当事人对裁定不服，认为原判决、裁定错误的，依照审判监督程序办理；与原判决、裁定无关的，可以自裁定送达之日起十五日内向人民法院提起诉讼。

制度研究

近年来，参与分配案件已成为民事虚假诉讼的“重灾区”，参与分配程序中，如果债权人申请参与分配依据的执行依据有误，执行法院据此制作分配方案并实施分配后，其他债权人应当如何救济？

比较虚构优先债权申请参与分配和基于错误的执行依据申请参与分配两种情形，最大区别在于错误产生的阶段不同，虚构优先债权申请参与分配错误产生在执行阶段，基于错误的执行依据申请参与分配错误产生在审判阶段，因为错误产生原因的不同，两者的救济途径也有所区别。基于错误的执行依据申请参与分配的错误根据在于生效法律文书错误，因此救济重点在于改变或者撤销错误的原判决、裁定、调解书。根据法律规定，改变或者撤销错误的原判决、裁定、调解书可以通过审判监督程序或者第三人撤销之诉。

参与分配的实施主要存在以下三种情形：(1)按照执行法院制作的分配方案进行参与分配；(2)按照异议后的分配方案进行参与分配；(3)按照诉讼后的分配方案进行参与分配。根据本章第一节的分析，债权人可以提出不当得利诉讼，请求其他债权人返还通过参与分配取得的利益，举轻以明重，对当事人通过虚假诉讼取得的不当利益，其他债权人当然可以通过不当得利诉讼维护自己的合法权益。但参与分配毕竟是在执行过程中进行的，通过不当得利诉讼进行救济在实践过程中存在不同的认识，且面临立案难、诉讼成本高、诉讼程序烦琐等问题。

执行监督通常是指执行内部监督，系人民法院自行对本院及下级法院的违法和不当执行行为及措施监督。参与分配系执行法院在执行过程中作出的具体执行行为，属于执行监督对象，亦可以通过执行监督对不当的参与分配行为进行纠正，但对于依据生效法律文书实施的参与分配，执行监督对此进行纠正会否定生效的裁判文书，存在天然的障碍。

执行回转适用的前提是据以执行的法律文书被撤销或变更，在参与分配过程中，当事人通过虚假诉讼获得不当利益，并不会同时导致据以执行的法律文书被撤销或变更，故不存在直接适用执行回转的条件，只能在原生效法律文书被撤销或变更后适用。因此，在针对错误执行依据导致的分配错误时，债权人可以尝试通过第三人撤销之诉和案外人申请再审程序予以救济。

实务操作

一、第三人撤销之诉

为应对虚假诉讼、恶意诉讼等诉讼欺诈案件不断增多的现实问题，以更好保护案外第三人，2012 年《民事诉讼法》增设了第三人撤销之诉制度。[①]《民事诉讼法》第 59 条第 3 款规定，"前两款规定的第三人，因不能归责于本人的事由未参加诉讼，但有证据证明发生法律效力的判决、裁定、调解书的部分或者全部内容错误，损害其民事权益的，可以自知道或者应当知道其民事权益受到损害之日起六个月内，向作出该判决、裁定、调解书的人民法院提起诉讼。人民法院经审理，诉讼请求成立的，应当改变或者撤销原判决、裁定、调解书；诉讼请求不成立的，驳回诉讼请求"。基于错误的执行依据进行财产分配无疑会侵害其他债权人的民事权益，在符合第三人撤销之诉提起期间的情况下，债权人可以通过提起第三人撤销之诉予以救济。

---

① 参见周克文：《厘清第三人撤销之诉与案外人申请再审的关系》，载《法律适用》2020 年第 9 期。

二、案外人申请再审

根据《民事诉讼法》第 238 条的规定，案外人申请再审以提出执行异议为前置程序，因此债权人能否通过案外人申请再审程序予以救济的关键在于债权人能否对分配结果提出异议，尤其是在司法解释对分配方案和分配方案异议之诉有明确规定的情形下。当事人、利害关系人提出异议的范围系执行行为违反法律规定，基于错误的执行依据进行分配能否囊括进执行行为违反法律规定的范围之内，从文义解释的角度看，似乎有些牵强。但出于遏制虚假诉讼维护债权人合法权益的目的，在第三人难以提起再审申请的情况下，且在第三人撤销之诉时间限制较为严苛的基础上，本书认为，应当允许债权人通过案外人申请再审程序予以救济。

典型案例

易某诉被告张某某借贷纠纷案

【案例索引】

最高人民法院发布整治虚假诉讼十大典型案例之捏造事实骗取民事调解书，据此申请参与执行财产分配的，构成虚假诉讼罪

【基本案情】

2019 年 5 月至 2020 年 1 月，易某分多次陆续向被告人张某某借款共计 200 余万元，后相继归还其中的 100 余万元，尚欠 90 余万元未还。易某另外还向郭某某等人大额借款未能归还，郭某某将易某起诉至某市人民法院。2020 年 3 月 26 日，该市人民法院判决易某偿还郭某某借款 132.6 万元后，该案进入执行程序，该市人民法院准备强制执行易某名下房产。张某某为达到在强制执行过程中多分执行款的目的，与易某进行了预谋。同年 4 月 2 日，张某某和易某恶意串通，张某某隐瞒易某已经偿还借款 100 余万元的事实，以易某拖欠其借款共计 182.5 万元不还为由，向该市人民法院提起民事诉讼。该市人民法院经开庭审理后，在法庭主持下，易某与张某某达成调解协议，由易某支付张某某欠款 182.5 万元，该市人民法院据此作出民事调解书。张某某以该民事调解书为执行依据，申请参与分配被执行人易某的财产。债权人郭某某报案后，公安机关将张某某抓获。

人民法院依法以虚假诉讼罪判处张某某有期徒刑1年，并处罚金人民币1万元。

根据《最高人民法院、最高人民检察院关于办理虚假诉讼刑事案件适用法律若干问题的解释》第1条的规定，采取伪造证据、虚假陈述等手段，捏造民事法律关系，虚构民事纠纷，向人民法院提起民事诉讼的，应当认定为《刑法》第307条之一第1款规定的“以捏造的事实提起民事诉讼”……向人民法院申请执行基于捏造的事实作出的仲裁裁决、公证债权文书，或者在民事执行过程中以捏造的事实对执行标的提出异议、申请参与执行财产分配的，属于“以捏造的事实提起民事诉讼”。实施上述行为，达到《刑法》和该司法解释规定的定罪标准的，应当以虚假诉讼罪定罪处罚。该司法解释第2条第3项规定，以捏造的事实提起民事诉讼，致使人民法院基于捏造的事实作出裁判文书、制作财产分配方案，或者立案执行基于捏造的事实作出的仲裁裁决、公证债权文书的，应当认定为《刑法》第307条之一第1款规定的“妨害司法秩序或者严重侵害他人合法权益”。本案中，张某某先后多次向易某出借款项，共计200余万元。二人之间实际上形成了数个债权债务关系。后易某向张某某偿还借款100余万元，二人之间的一部分债权债务关系已经消灭。在易某名下财产面临人民法院强制执行的情况下，张某某与易某恶意串通，隐瞒一部分债权债务关系已因债务人易某的清偿行为而消灭的事实，以该部分债权债务关系仍然存在为由提起民事诉讼，致使人民法院基于捏造的事实作出民事调解书，并以骗取的民事调解书为执行依据，申请参与分配易某的财产，符合《刑法》和该司法解释规定的虚假诉讼罪的行为特征和定罪条件。故人民法院依法以虚假诉讼罪判处张某某有期徒刑，并处罚金。

【案例评析】

参与分配程序中，捏造事实骗取民事调解书，据此申请参与执行财产分配的，构成虚假诉讼罪。通过虚假诉讼方式干扰人民法院正常执行活动、为自己或者帮助他人逃避人民法院生效裁判文书确定的执行义务的行为严重妨害司法秩序，侵害其他债权人的合法权益，社会危害严重。此类行为往往以债权人和债务人恶意串通的形式出现，且多数在民事诉讼过程中自行达成调解协议，隐蔽性强，甄别难度大。建议司法机关加大审查力度，提高甄别能力，重视对被害人报案和控告、群众举报等线索来源的调查审查工作，及时发现虚假诉讼犯罪，依法从严惩处。

附录　地方部分高级人民法院指导意见

《江苏省高级人民法院正确理解和适用参与分配制度的指导意见》

苏高法〔2020〕33号

为正确理解和适用参与分配制度，统一办案尺度，提高执行质量与效率，依法保护执行当事人及申请参与分配债权人的合法权益，根据《中华人民共和国民事诉讼法》（以下简称民事诉讼法）、《最高人民法院关于适用〈中华人民共和国民事诉讼法〉的解释》（以下简称民事诉讼法解释）以及《最高人民法院关于人民法院执行工作若干问题的规定（试行）》《最高人民法院关于适用〈中华人民共和国民事诉讼法〉执行程序若干问题的解释》等法律、司法解释规定，结合全省法院工作实际，制定本指导意见。

一、关于适用参与分配制度应把握的基本原则

1. 参与分配是指执行程序开始后，被执行人为公民或者其他组织的财产不能清偿所有债权，被执行人的其他债权人依法向人民法院申请对执行财产按其债权性质或者债权数额按比例予以受偿的法律制度。

2. 为促进执行公正、效率与效果的平衡，适用参与分配制度应当坚持以下原则：

（1）债权平等原则。参与分配中，必须严格按照法定优先权、一般优先权以及普通债权的法定清偿顺序予以分配。相同性质以及相同顺序的债权，原则上应当按比例予以分配，确保各债权人依法获得公平受偿。

（2）利益平衡原则。参与分配程序中除坚持债权平等原则外，还应注意

平衡某些特定或特殊债权人的利益,对执行财产查找、控制以及获得中贡献较大的债权人应当适当提高分配比例。同时,要合理兼顾劳动债权人以及人身损害赔偿债权人的合理利益关切,以体现分配程序的实质公正。

(3)分配效率原则。执行程序的价值功能在于实现胜诉当事人的权益,效率性原则居于主导地位。对执行财产予以分配,必须考虑参与分配程序概括性执行的特殊性,不仅涉及制作并向各债权人送达分配方案,而且涉及分配方案异议及其后续的分配方案异议之诉程序,要切实防止分配方案反复变动带来的分配迁延以及低效率问题。

(4)禁止分配原则。被执行人为企业法人的,除对执行财产享有优先权、担保物权的债权人申请优先分配受偿之外,不得对其财产适用参与分配制度。其他债权人申请参与分配的,应告知其按照"执转破"程序对执行财产申请破产清偿。否则,按照一般清偿原则予以执行,促使债权人启动"执转破"程序。

(5)一体分配原则。参与分配程序中,不同法院以及不同案件中查控的被执行人财产应当纳入待分配财产进行一体分配。参与分配程序启动后,其他法院或者其他执行案件应当停止对同一被执行人执行所得价款的发放工作,未发放的价款应当在分配程序中统一分配。

(6)申请例外原则。参与分配程序原则上经债权人申请启动,但考虑到债权平等以及债权救济等问题,执行法院对其已经受理的涉及同一被执行人的多起执行案件的债权人、已知的未申请参与分配的优先受偿债权人以及已通知主持分配法院且已取得执行依据的轮候查封债权人,应当依职权启动参与分配程序。

二、关于参与分配的适用条件与范围

3. 执行程序开始后,被执行人的其他债权人向人民法院申请参与分配,同时符合下列条件的,人民法院应当启动参与分配程序:

(1)被执行人为自然人或者其他组织;

(2)被执行人的财产不能清偿所有债权;

(3)债权人已经取得执行依据,或者虽未取得执行依据但对执行财产享有优先权、担保物权等应予分配情形;

(4)债权人在执行程序开始后,被执行人财产执行终结前提出书面申请。

4. 根据民事诉讼法解释第五十二条规定，本意见所指其他组织包括下列不具备企业法人资格的情形：

（1）依法登记领取营业执照的个人独资企业；

（2）依法登记领取我国营业执照的中外合作经营企业、外资企业；

（3）经依法登记领取营业执照的乡镇企业、街道企业；

（4）其他合法成立、有一定的组织机构和财产的组织。

企业法人的财产不能清偿所有债权的，不得适用参与分配制度。普通债权人申请对企业法人财产参与分配的，应征求其意见，建议其同意移送破产审查或者直接申请被执行人破产。债权人坚持申请参与分配的，不予支持。

5. 具有下列情形之一的，可认定为被执行人的财产不能清偿所有债权：

（1）执行法院已通过网络执行查控系统及线下调查或者搜查发现的被执行人财产不足以清偿所有已知债权的；

（2）申请参与分配债权人所涉案件已因无财产可供执行，被终结本次执行程序的，但有证据证明被执行人尚有其他财产可供执行的除外；

（3）被执行人其他财产为公司股权，该股权明显无财产价值、价值较小或者难以变现的；

（4）被执行人其他财产为难以现状处置的无证房产或者农村宅基地上房产的；

（5）其他能够证明被执行人财产不能清偿所有债权的情形。

债权人认为被执行人财产能够清偿所有债权，对其他债权人参与分配申请或者启动参与分配程序提出异议的，应提供相应证据或者提供被执行人能够用于执行的相关财产线索。不能提供证据或者提供的财产线索无法查实的，对其异议不予支持。

6. 未取得执行依据的普通债权人具有下列情形之一，提出参与分配申请的，应根据其在诉讼、仲裁或者公证程序中请求给付的债权数额预留相应的财产份额：

（1）债权人对执行财产首先申请采取查封、扣押、冻结措施的；

（2）债权人为职工，请求支付其被拖欠工资、医疗及伤残补助、抚恤费用、基本养老保险金、基本医疗保险费用，以及按照法律、行政法规规定应当支付给职工的补偿金的；

(3)受害人基于人身损害赔偿请求权主张赔偿的;

(4)债权人主张抚养费、扶养费、赡养费的;

(5)人民调解协议的债权人已申请司法确认的;

(6)符合法律或司法解释规定的其他情形。

职工作为债权人以被执行人拖欠其工资为由申请参与分配的,按照债务人的普通职工正常应当支付的平均工资计算为其预留款项,但工资债权超过12个月的除外。

上述债权人请求给付的债权数额未获执行依据支持或者执行依据支持的债权数额低于预留财产份额的,预留的财产份额或者超出部分应再次进行分配。预留财产份额低于或者等于债权人按其执行依据载明的债权数额计算后应当获得的财产份额的,按照预留财产份额予以发放。

7. 人民法院作出的执行依据被提起再审的,不影响该债权人申请参与分配,已经启动的分配程序继续进行,但应当预留该债权人根据被提起再审的执行依据确定的债权计算后应当获得的财产份额。

执行依据经再审维持原判或者再审后改判数额大于原执行依据载明数额的,应向该债权人支付已经预留的财产份额。再审后改判数额小于原判决数额的,超过根据再审结果计算其应分配部分的预留财产份额,应当再次进行分配。再审后驳回该债权人诉讼请求,其他债权人尚未足额受偿的,预留的财产份额应当再次进行分配;仍有剩余的,发还被执行人。

人民调解协议确认裁定被撤销、仲裁裁决被撤销或者不予执行以及具有强制执行效力的公证债权文书被裁定不予执行,债权人已依照法定途径寻求权利救济的,参照上述原则处理。

8. 申请参与分配的截止时间,应当根据下列情形予以确定:

(1)待分配财产为货币类财产,分配方案已制作完成且当次分配方案已发送任一相关当事人的前一日为申请参与分配截止日,该日期不受债权人、被执行人提出异议而重新制作分配方案所影响。主持分配法院邮寄发送的,以投递签收邮件日期为发送时间。直接送达的,以相关当事人签收日期为发送时间。

经执行当事人、参与分配的债权人自主协商或者以执行和解协议方式确定各债权人应分配数额,主持分配法院收到书面意见或者记入执行笔录的,视为当次分配方案已向当事人发送。

执行法院尚未制作分配方案或者分配方案尚未发送的，执行案款发放的前一日为申请参与分配的截止日。

(2)待分配财产为非货币类财产且通过拍卖或者变卖方式已经处置变现，债权人申请参与分配的截止时间，按照本条第一款第(1)项相同的原则处理。不受买受人未缴纳尾款或者人民法院撤销拍卖后再次拍卖、变卖所影响。

(3)待分配财产为非货币类财产，流拍或者变卖不成后以物抵债的，申请参与分配的截止时间为抵债裁定送达之日的前一日。

未经拍卖或者变卖程序，当事人自行协商以物抵债，其他债权人申请参与分配的，不予支持。

上述截止日前未申请参与分配的债权人，仅就本次分配后的剩余款项受偿。

申请参与分配的截止时间，以主持分配法院收到参与分配申请书的时间为准。债权人截止日前已寄送参与分配申请，但主持分配法院在截止日前未收到的，仅就本次分配后的剩余款项受偿。

三、关于参与分配债权的清偿顺序及其比例

9. 执行财产在扣除下列相关费用后予以分配：

(1)首查封案件保全费、主持分配案件申请执行费、评估费、审计费、鉴定费、公告费、保管费、悬赏费、拍卖辅助费等应由被执行人承担的必要费用以及相关债权人为处置待分配财产垫付的必要费用；

(2)执行财产为国有划拨土地使用权，依法应缴纳的土地使用权出让金；

(3)根据相关法律、行政法规规定，办理物权变更登记时应由被执行人负担的税费，但已明确由买受人负担的除外；

(4)其他依法应当扣除的必要费用。

10. 执行财产在扣除上述费用后仍有剩余的，按照以下顺序依次予以分配：

(1)享有优先权、担保物权的债权依法定顺序予以受偿；

(2)普通债权人的债权原则上按照其纳入分配程序的债权金额占全部纳入分配范围的债权总额的比例受偿。

对下列债权人可适当提高分配比例：

(1)分配财产系根据其提供线索查控所得；

(2)分配财产系其首先申请查控所得；

(3)分配财产系其行使撤销权诉讼、执行异议之诉或者通过司法审计、悬赏执行等方式查控所得。

上述债权人的分配比例，应考虑所涉债权及分配财产数额大小等因素，原则上不超过其按债权比例分配时应分得款项的20%。

11. 被执行人在执行中同时承担刑事责任及民事责任，其财产不足以清偿所有债权的，按照《最高人民法院关于刑事裁判涉财产部分执行的若干规定》第十三条规定的下列顺序予以分配：

(1)人身损害赔偿中的医疗费用；

(2)对执行标的依法享有优先受偿权的债权；

(3)退赔被害人的损失；

(4)其他民事债权；

(5)罚款、罚金；

(6)没收财产。

执行财产涉及非法集资刑事案件涉案财物的，按照最高人民法院、最高人民检察院、公安部《关于办理非法集资刑事案件若干问题的意见》第九条规定，退赔非法集资参与人的损失部分，应当优先于其他民事债权以及罚金、没收财产予以执行。仍有剩余的，用于参与分配。

12. 参与分配程序中，应当以执行依据确定的尚未受偿的债权数额为基数进行分配；分配后有剩余的，以迟延履行利息、迟延履行金为基数进行分配。各债权人达成分配协议的，按照该协议进行分配。

四、关于适用参与分配的程序问题

13. 启动参与分配程序，原则上依债权人申请，但有下列情形之一的，可依职权启动：

(1)对被执行人财产首先申请采取查封、扣押、冻结措施的债权人并非本案债权人的，应当通知该债权人参与分配；

(2)主持分配法院对已经设定权利负担的执行财产予以分配的，应通知其已知的对该财产享有优先权、担保物权的债权人参与分配；

(3)其他法院对被分配财产已经采取轮候查封、扣押、冻结措施且已书面通知主持分配法院的，应通知已取得执行依据的轮候查封债权人申请参与分配；

(4)执行法院已经受理多起涉及同一被执行人的执行案件且被执行人财产不能清偿所有债权的，应通知未申请参与分配的债权人申请参与分配；

(5)其他依法应当依职权启动参与分配程序的情形。

前款第(1)(2)项两种情形无法通知债权人的，应当预留其应分得财产份额。除前款第(1)(2)项两种情形外，债权人经通知后不申请参与分配的，视为其放弃参与分配权利。

14.参与分配原则上由首先采取查封、扣押、冻结或者实际控制财产的人民法院主持。处置权经协商后移送的，由获得财产处置权的人民法院主持。受移送法院应当及时处置财产并启动分配程序，并将相关分配情况及时告知移送处置权的人民法院。

被执行人有多项财产，且被不同法院查封、扣押、冻结并处置变现的，由控制主要财产的法院主持分配，也可以报请省法院或者中级法院指定其中一个法院主持分配。涉及省外法院的，可通过执行协调方式予以确定。

15.参与分配程序启动后，对其他已获准参与分配债权人案件中查控或者处置变现的执行款应当停止清偿，并移交给主持分配法院统一进行分配。

(1)债权人申请参与分配的，主持分配法院自收到参与分配申请书或者依职权启动分配程序之日起三日内，通知申请参与分配案件所在人民法院停止对同一被执行人财产的清偿行为。自收到通知之日起三日内，相关法院应将同一被执行人的款项移交给主持分配法院。

(2)其他法院向主持分配法院发函并转交债权人参与分配申请的，自收到债权人申请参与分配申请书之日起，应当停止对同一被执行人财产的清偿行为，并在发函之日起三日内将其控制的同一被执行人的款项移交给主持分配法院。

前款情形中应当移交的款项，相关法院在收到主持分配法院要求其停止清偿通知前或者该法院债权人向其递交参与分配申请书之日前，已经完成转账、汇款、现金交付等手续，或者抵债裁定已送达债权人的折价价款，不再移交。

其他法院查控的尚未处置变现、正在处置变现或者尚未执行终结的被执行人财产,可暂不移交并可依法予以变价,变价款应按本意见相关规定进行分配。

16. 申请参与分配的债权人,应当按照下列情形提交参与分配申请书及相关证据材料:

(1)已取得执行依据的,应写明其申请参与分配的债权金额、债权性质以及被执行人不能清偿所有债权的事实、理由,并附执行依据及其受偿情况;

(2)未取得执行依据但享有优先权、担保物权的,应写明其申请参与分配的债权数额,并附其享有该权利的详细证据材料;

(3)未取得执行依据的首查封债权人申请参与分配,应写明其申请参与分配的债权数额,并附其财产保全申请以及相关法院作出的生效查封裁定等证据材料;

(4)本意见中未取得执行依据的其他普通债权人申请参与分配的,应附其提起诉讼以及相关法院已经受理其诉讼的相关证据材料;

(5)主持分配法院根据本意见要求债权人提供的其他相关材料。

除主持分配法院直接受理案件的债权人申请参与分配外,其他债权人申请参与分配的,原则上应向受理其案件的执行法院提交参与分配申请书。该法院收到申请后,应将该债权所涉案件案号、当事人基本情况、应执行标的金额、已执行标的金额以及已查控但未执行终结的被执行人财产等情况,连同申请书通过送交、寄送或者传真、邮件、cocall 等即时传输方式传送给主持分配法院。

主持分配法院收到其他法院受理案件的债权人直接向其递送参与分配申请书的,视为该债权人已申请参与分配,同时通过上述方式告知受理其案件的相关法院,要求发送上述有关材料。

17. 主持分配法院在收到参与分配申请书后五日内,应当对是否准予相关债权人参与分配问题进行审查。包括但不限于审查以下事项:

(1)参与分配申请书是否在截止日前递交或者收到;

(2)申请人是否已经提交必要的证据材料,材料不全的是否已在规定期限内补充完整;

(3)申请人的债权是否系金钱债权以及执行依据是否生效,执行依据指定债务人履行行为义务的,是否属于可替代履行行为以及是否已经履行完毕;

(4)申请人是否系执行依据确定的权利人或者权利继受人,继受权利的债权人是否符合《最高人民法院关于民事执行中变更、追加当事人若干问题的规定》第二条至第九条规定的相关情形;

(5)债权清偿情况;

(6)其他需要审查的情况。

对执行财产享有优先权、担保物权,但未取得执行依据的债权人申请参与分配的,仅对其主张的权利及证据材料进行形式审查,原则上应准予其参与分配。

18. 主持分配法院对参与分配申请审查后,应当根据下列不同情形予以处理:

(1)不符合参与分配条件的,应当书面通知申请人不准参与分配及其理由,并告知其可以按照民事诉讼法第二百二十五条规定提出执行异议。该债权人提出执行异议的,不影响参与分配程序继续进行,但应按照其应纳入分配范围的债权金额预留其应分配数额。

(2)符合参与分配条件的,准予其参与分配,并将其债权纳入分配方案,确定其应分配数额,并送达被执行人和其他参与分配的债权人。

被执行人以及已经准予参与分配的债权人,对已进入分配程序的其他债权人参与分配提出异议的,应通过分配方案异议及其异议之诉程序加以解决。

19. 具有下列情形之一的,不得启动参与分配程序或者不准相关债权人参与分配:

(1)因构成"套路贷"或者虚假诉讼,执行依据被依法撤销的;

(2)被执行人财产足以清偿所有债权的;

(3)债权人对其执行依据中其他债务人放弃权利,放弃范围内的债权数额足以清偿其债权的;

(4)债权人申请执行案件中其他被执行人的财产、执行担保财产或者执行担保人的财产能够清偿其债权的;

(5)不符合本意见第3条规定情形的;

(6)其他不准参与分配的情形。

债权人对其执行依据中其他债务人放弃权利,放弃部分的权利不足以清偿其所有债权的,可准予其参与分配,但其放弃部分的权利应在其获得分配数额中予以扣减。

20. 其他法院就主持分配法院执行所得价款要求协助冻结的,不影响参与分配程序的进行,并根据下列情形进行处理:

(1)请求协助执行法院受理的案件债权人符合参与分配条件的,准予其参与分配,并予以书面告知;

(2)请求协助执行法院受理的案件债权人不符合参与分配条件,且不享有优先权、担保物权,分配后无剩余财产的,不予协助,并书面告知理由。

无论是否准予请求协助执行法院受理案件的债权人参与分配,该法院已经查控的尚未执行终结的同一被执行人财产,均应纳入一体分配。

21. 适用参与分配制度时,主持分配法院应当制作财产分配方案,分配方案应当载明以下内容:

(1)当事人的基本情况;

(2)分配财产的范围、变价情况及其数额;

(3)各债权人的债权数额、性质及其参与分配依据;

(4)分配顺序、各债权人的分配比例及数额;

(5)实施分配日期;

(6)不服分配方案的异议权利及救济途径;

(7)其他应当载明的事项。

财产分配方案应经合议庭研究确定。涉及债权人人数众多或者争议较大的,应经执行局法官会议研究决定。必要时,提请本院审判委员会研究决定。

基于其他债权人申请或依职权启动参与分配程序的,应当在执行所得价款到账后二十日内制作完成财产分配方案,并在财产分配方案确定后三日内,送达执行当事人及申请参与分配的债权人。

经执行当事人、参与分配的债权人自主协商或者以执行和解协议方式确定各债权人应分配数额的,执行法院应当将其记录在案或者将执行和解协议入卷,不另行制作财产分配方案。除结案文书及债权清偿证明材料之外,不得出具以物抵债裁定或者其他相关法律文书。

22. 参与分配程序中,债权人或者被执行人对主持分配法院的下列行为提

出异议的,适用民事诉讼法第二百二十五条进行审查:

(1)不适用参与分配程序的行为;

(2)不准债权人参与分配的行为;

(3)分配方案的送达行为;

(4)分配方案数额计算错误;

(5)其他程序性行为。

上述执行异议及复议案件审查期间,不影响执行程序或者分配程序继续进行,但应当为提出异议的债权人预留其相应款项。

23. 本次参与分配程序终结后十五日内,涉及其他法院受理案件债权人的,主持分配法院应将参与分配以及各债权人受偿等情况,书面告知受理其案件的人民法院。

24. 参与分配程序终结后,主持分配法院或者其上级法院经执行监督程序认定相关债权人的债权应当进入分配程序而未进入,或者分配方案存在错误的,主持分配法院应按该监督意见予以纠正。分配方案经异议之诉程序确定的,应通过审判监督程序予以纠正。

分配方案被撤销后,应重新进行制作分配方案。债权人已经获得清偿的债权数额高于其重新分配后应获得数额的,应予返还。不予返还的,参照执行回转相关规定予以回转。

债权人自主协商分配方案并获得清偿的,其他债权人认为其利益受到损害的,应依法通过其他途径解决。

25. 债权人以其对企业法人为被执行人的财产享有优先权或者担保物权为由,主张优先受偿的,参照本意见相关规定办理。

五、其　　他

26. 本意见自下发之日起实行。本院之前的相关规定与本意见不一致的,不再适用。

《浙江省高级人民法院执行局关于多个债权人对同一被执行人申请执行和执行异议处理中若干疑难问题的解答》

浙高法执〔2012〕5号

多个债权人对同一被执行人申请执行时，应采用什么样的处理原则？适用平等分配原则时，哪些债权人有资格申请参与分配，被执行人多项财产被不同法院查封时如何实行分配，申请参与分配的截止日期如何确定，分配中对优先权如何保护，优先受偿权受制于财产处置权时如何解决？等等问题，我省各地法院和执行人员理解不一，做法各异。关于执行行为异议和执行标的异议的处理，由于法律和司法解释中缺乏具体的程序规定，执行审查机构和执行法官在一些问题的处理上无所适从。为正确处理这两类问题，省高院执行局经深入调研，广泛听取意见，依照《中华人民共和国民事诉讼法》、最高人民法院《关于适用〈中华人民共和国民事诉讼法〉若干问题的意见》、《关于人民法院执行工作若干问题的规定（试行）》、《关于适用〈中华人民共和国民事诉讼法〉执行程序若干问题的解释》等法律、司法解释的规定，就其中的23个突出问题作出解答，供办案时参考。

一、关于多个债权人对同一被执行人申请执行中的问题

（一）两个以上普通债权人分别对同一被执行人申请执行，哪些情况下按照各债权比例受偿？

答：具有以下情形之一的，按照各债权比例受偿：

1. 被执行人为公民或其他组织，其可供执行的财产不足清偿全部债务；

2. 被执行人为企业法人，未经清理或清算而撤销、注销或歇业，其可供执行的财产不足清偿全部债务；

3. 系同一份生效法律文书确定的债权，且被执行人可供执行的财产不足清偿全部债务。

(二)不同生效法律文书确定金钱给付内容的两个以上普通债权人分别对同一被执行人申请执行,哪些情况下适用最高人民法院《关于人民法院执行工作若干问题的规定(试行)》(以下简称《执行规定》)第 88 条第 1 款的规定,按照执行法院采取执行措施的先后顺序受偿?

答:具有以下情形之一的,适用《执行规定》第 88 条第 1 款的规定,按照执行法院采取执行措施的先后顺序受偿:

1. 被执行人为公民或其他组织,其可供执行的财产足以清偿全部债务;

2. 被执行人为企业法人,其可供执行的财产足以清偿全部债务,或者虽不足清偿全部债务,但尚在经营。

(三)问题(一)第 2 种情形中的“歇业”应如何掌握?

答:“歇业”是指企业法人终止经营的状态,企业法人歇业,依法应当向工商部门办理注销登记。根据《中华人民共和国企业法人登记管理条例》①第二十二条的规定,企业法人领取营业执照后,满六个月尚未开展经营活动或者停止经营活动满一年的,视同歇业。

企业法人因资金链断裂、负责人逃匿或主要财产被执行处置等原因而停止经营的,可按歇业处理。

(四)被执行人为公民、其他组织或者未经清理或清算而撤销、注销、歇业的企业法人,其多项财产分别被不同法院查封,部分法院查封的财产足以清偿其执行中的债务,但被执行人可供执行的全部财产相加不足清偿已为生效法律文书所确定的债务,此种情况下是各自执行还是适用参与分配?

答:被执行人的多项财产分别被不同法院查封,部分法院查封的财产虽足以清偿其执行的债务,但被执行人的资产负债表,或者审计报告、资产评估报告等显示其可供执行的全部财产不足以清偿已为生效法律文书所确定的全部债务,此种情况仍属于《执行规定》第 90 条和第 96 条规定的“财产不足清偿全部债务”,应适用参与分配。

(五)被执行人的多项财产分别被不同法院查封、符合参与分配条件的,如何实行分配?

答:各查封法院对适用参与分配意见一致的,由每项财产的在先查封法院

① 已废止。

对各自查封的财产进行分配。

各查封法院对适用参与分配不能形成一致意见，或者涉及的法院较多的，可由各查封法院的共同上级法院通过提级执行或指定执行将所有案件管辖权集中至一家法院，由该法院处置财产并主持分配。或者由共同的上级法院作出决定，确定其中一家法院对被执行人所有可供执行的财产统一处置，统一分配。

（六）已经起诉或申请仲裁但尚未取得执行依据的普通债权人申请参与分配，如何处理？

答：根据最高人民法院《关于适用〈中华人民共和国民事诉讼法〉若干问题的意见》第297条，已经取得执行依据或者已经起诉的债权人都可以申请参与分配。但《执行规定》第90条规定，已经取得执行依据的债权人才有资格申请参与分配。根据“后法优于前法”的原则，已经起诉或申请仲裁但尚未取得执行依据的债权人申请参与分配的，法院一般不予准许。

但有以下情形之一的，主持分配的法院应当按照相关债权人诉讼或申请仲裁请求给付的债权数额确定其可分得的款项予以留存，待该债权人取得执行依据后支付：

1. 在先查封为财产保全，所涉案件尚未审结，经协调由首先进入终局执行的法院处置财产并主持分配，在先查封的申请人要求参与分配的；

2. 被执行人的职工主张支付被拖欠的工资和医疗、伤残补助、抚恤费用，应当划入职工个人账户的基本养老保险、基本医疗保险费用，以及法律、行政法规规定应当支付给职工的补偿金的；

3. 人身损害赔偿纠纷案件的受害人向被执行人主张赔偿金，不能实现将严重影响受害人生活的。

（七）尚未取得执行依据的优先权人申请参加参与分配程序，主张优先受偿权的，如何处理？

答：对执行标的物享有优先权的债权人，即使未取得执行依据，其申请参加参与分配程序，主张优先受偿的，应予允许。

对该优先权存在与否及其数额，由主持分配法院的执行机构审查认定。对于符合形式要件的优先权，原则上可予认定。

（八）问题（七）中的优先权包括哪些？

答：根据现行法律和司法解释的规定。包括：

1.《中华人民共和国物权法》①、《中华人民共和国担保法》②、《中华人民共和国民法通则》③规定的“担保物权”；

2.《中华人民共和国海商法》第二十一条和第二十二条规定的“船舶优先权”；

3.《中华人民共和国民用航空法》第十八条和第十九条规定的“民用航空器优先权”；

4.《中华人民共和国合同法》④第二百八十六条规定的“建设工程价款优先受偿权”；

5.《中华人民共和国担保法》⑤第五十六条规定的“土地使用权出让金优先权”；

6.《中华人民共和国税收征收管理法》第四十五条规定的“税收优先权”；

7.《中华人民共和国民办教育促进法》第五十九条规定的“应退受教育者学杂费用优先权”；

8.最高人民法院《关于建设工程价款优先受偿权问题的批复》⑥第二条规定的“已交付全部或大部分款项的商品房买受人(消费者)优先权”；

9.最高人民法院《关于人民法院民事执行中查封、扣押、冻结财产的规定》第十八条、第十九条规定的“基于保留所有权或未转移登记而产生的剩余价款优先受偿权”。

(九)尚未取得执行依据的优先权人申请参加参与分配程序,主张优先受偿权,而被执行人或其他债权人对优先权存在与否及其数额提出异议,如何处理?

答:可依照最高人民法院《关于适用〈中华人民共和国民事诉讼法〉执行程序若干问题的解释》(以下简称《民诉法执行程序解释》)第二十六条的规定,按分配方案异议处理。

(十)债权人申请对保证人的财产参与分配的,应不应当准许?

答:要区分是一般保证的保证人还是连带责任保证的保证人。如债权人

① 已废止。
② 已废止。
③ 已废止。
④ 已废止。
⑤ 已废止。
⑥ 已废止。

申请对一般保证的保证人的财产参与分配的，必须提供主债务人已无财产可供执行的证据，否则不允许其参与分配。如债权人申请对连带责任保证的保证人的财产参与分配的，应当允许。

（十一）债权人在主债务人尚有财产可供执行的情况下，先申请对连带责任保证的保证人的财产参与分配，使得该保证人为主债务人的案件的申请执行人受偿比例降低，如何解决这一问题？

答：该保证人为主债务人的案件的执行法院可在保证人向主债务人行使追偿权后，对追偿所得予以执行，并在未足额受偿的债权人中再次分配。

如果该保证人怠于行使追偿权，上述法院可按执行已决到期债权的方法（第三人无权对履行到期债务的通知提出异议）在保证人可追偿的数额范围内对其为之担保的主债务人予以执行，执行所得在未足额受偿的债权人中再次分配。

（十二）申请参与分配的截止日期如何确定？

答：主持分配法院的执行程序中只有一个申请执行人的，其他债权人申请参与分配（根据《执行规定》第92条的规定，应通过其原申请执行法院向主持分配的法院转交参与分配申请书，下同）的截止日期，为执行价款支付给申请执行人的前一工作日，或者执行标的物因以物抵债而将产权转移给承受人的前一工作日。

主持分配法院的执行程序中已有两个以上债权人参与分配的，其他债权人申请参与分配的截止日期，为执行法院将分配方案送达第一个当事人的前一工作日。

（十三）《浙江省高级人民法院关于在立案和审判中兼顾案件执行问题座谈会纪要》（浙高法〔2009〕116号）第三条第（四）项规定首先申请财产保全并成功保全债务人财产的债权人在参与该财产变价所得价款的分配时，可适当多分，但最高不得超过20%（即1∶1.2的系数）。具体如何确定分配比例？

答：举例说明如下：

甲、乙、丙均申请执行丁，申请执行标的额分别为200万元、300万元和100万元，符合参与分配条件。在诉讼中，甲首先申请财产保全并成功保全丁的全部财产，后拍卖得款300万元。主持分配的法院决定给甲多分20%（即增加0.2的系数）。分配时，先计算出乙、丙的受偿比例（以A指代），确定系数1,再乘以(1+20%)得出甲的受偿比例。乙、丙受偿比例的计算方法为:甲债权200万元×A×(1+20%)+(乙债权300万元+丙债权100万元)×A=可分配金额300万元,由此计算出A=46.875%。则甲的受偿比例为46.875%×1.2=56.25%。

需要注意的是,当首先申请财产保全并成功保全债务人财产的债权人的申请执行标的额远大于可分配金额,或者其他债权人的受偿比例已经较高(达到83.34%以上)时,奖励的系数应视情降低,以免出现首先申请财产保全并成功保全债务人财产的债权人分走全部款项或超额受偿的情况。

(十四)被执行人已设定抵押的财产被执行普通债权的法院在先查封,如抵押财产的价值低于或相当于抵押债权额的,应由哪个法院处置?

答:此种情况下,在先查封法院应将抵押财产的处分权移交给执行抵押债权的法院。在先查封法院不同意移交的,执行抵押债权的法院可以报请其与在先查封法院的共同上级法院协调处理。

(十五)被执行人已设定抵押的财产被执行普通债权的法院在先查封,该财产的价值高于抵押债权额,但执行普通债权的法院怠于处分,或者其当事人以执行和解等为由要求暂不处分财产,执行抵押债权的法院应如何处理?

答:执行抵押债权的法院可以报请其与在先查封法院的共同上级法院协调处理,要求移转抵押财产处置权。

(十六)在先查封为财产保全,但案件尚未审结,或虽已审结但债权人怠于申请执行,而其他涉及同一被执行人的案件亟待执行,应如何处理?

答:首先进入终局执行的法院可以报请其与在先查封法院的共同上级法院,决定由首先进入终局执行的法院处置财产并主持分配。

对于财产保全申请人诉讼中的债权,分配法院应当按照其诉讼请求数额计算出可分得的款项予以留存,视诉讼结果作出相应的处理。

(十七)债权人申请参与分配,但分配法院认为其不具备参与分配条件而未将其列入分配方案,该债权人提出异议的,怎么处理?

答:对该债权人的异议,可依照《中华人民共和国民事诉讼法》(以下简称《民诉法》)第二百零二条的规定,作为执行行为异议处理。

如该债权人的异议或复议申请得到支持，主持分配的法院将其列入分配方案后，其他债权人就该债权人的分配资格问题又提出异议的，不予受理。

二、关于审查处理执行行为异议和执行标的异议中的问题

（十八）执行行为异议和执行标的异议竞合时，怎么处理？

答：案外人提出的异议既指向执行行为，又对执行标的主张所有权等实体权利，或者其异议针对执行行为，但异议依据的基础权利为所有权或者其他实体权利，并主张该实体权利具有阻止执行效力的，按照《中华人民共和国民事诉讼法》（以下简称《民诉法》）第二百零四条的规定进行审查。

（十九）财产刑和行政非诉案件执行中，案外人参照《民诉法》第二百零四条行使救济，其对执行标的提出的异议被驳回后，因难以解决列被告的问题而无法提起诉讼，此时应如何保护其获得救济的权利？

答：为了不使这两类执行案件的案外人与民事执行案件案外人获得救济的权利相差太大，可允许前者参照《民诉法》第二百零二条向上一级人民法院申请复议。

（二十）审查执行行为异议和执行标的异议作出的裁定中，需不需要交代申请复议权或诉权？

答：审查这两类异议作出的裁定中，应当分别交代申请复议权或诉讼权利。

（二十一）审查执行行为异议和执行标的异议作出的裁定中，需不需要表述“本裁定送达即发生法律效力”？

答：在审查执行行为异议作出的裁定中，不需要表述“本裁定送达即发生法律效力”，直接交代申请复议权即可。在审查执行标的异议作出的裁定中，应在交代诉讼权利后表述“本裁定送达即发生法律效力”。

（二十二）当事人、利害关系人援引《民诉法》第二百零二条提出异议，但执行法院审查后发现其提出的异议并不属于该条规定的执行行为异议，应如何处理？

答：对异议是否成立仍需审查并作出裁定，但裁定中不能告知申请复议权，而应表述“本裁定送达即发生法律效力”。

(二十三)当事人、利害关系人援引《民诉法》第二百零二条提出异议,执行法院作为执行行为异议审查并作出了裁定,裁定中还告知了申请复议权。上一级人民法院受理复议申请后,经审查发现当事人、利害关系人提出的异议并不属于《民诉法》第二百零二条规定的执行行为异议,应如何处理?

答:复议法院经审查发现存在上述情形的,可直接裁定驳回复议申请,无需对复议理由是否成立进行审查。

《上海市高级人民法院执行局、执行裁判庭联席会议纪要(二)》

沪高法执〔2018〕7号

一、关于执行程序中的参与分配

1. 执行程序中参与分配的适用条件是什么?

答:执行程序中参与分配的适用条件为:被执行人为公民或者其他组织的,在执行程序开始后,被执行人的其他已经取得执行依据或者对被执行的财产享有优先权、担保物权的债权人发现被执行人的财产不能清偿所有债权的,可以向人民法院申请参与分配。被执行人为企业法人,其财产不能清偿所有债权的,不适用执行程序中的参与分配。

2. 对于未提交参与分配申请书的债权人,主持分配的法院是否应当通知其申请参与分配?

答:普通债权人未提交参与分配申请书的,主持分配的法院无需通知其申请参与分配。

对被执行的财产享有优先权、担保物权的债权人未提交参与分配申请书的,主持分配的法院应当通知已知的优先权、担保物权人,如果债权尚未清偿的,可以提交参与分配申请书申请参与分配。

3. 其他法院向主持分配法院发送协助执行通知书或者参与分配函等文书要求参与分配的,主持分配的法院如何处理?

答:其他法院向主持分配法院发送协助执行通知书或者参与分配函等文

书要求参与分配,但文书中载明的债权人未提交参与分配申请书的,主持分配的法院应当直接通知或者通过其他法院通知其提交参与分配申请书。

4. 对于申请参与分配的债权人及其债权的审查是由原执行法院审查还是由主持分配的法院审查?

答:对于申请参与分配的债权人及其债权的审查应当由主持分配的法院负责。其他法院转交参与分配申请书时应当向主持分配的法院说明执行情况,包括执行案号、当事人基本情况、应执行标的额、已执行标的额、未受偿标的额、对被执行人的财产调查情况以及已控制但未处置完毕的被执行人财产及其价值等。

认为符合参与分配条件但未被纳入分配方案的债权人,可以按照《民事诉讼法》第二百二十五条提出书面异议。对于分配方案有异议的,按照《最高人民法院关于适用〈中华人民共和国民事诉讼法〉的解释》第五百一十一条和五百一十二条关于分配方案异议、异议之诉的程序进行处理。

5. 在先查封的普通债权人在参与分配中是否享有优先受偿权?

答:参与分配执行中,执行所得价款扣除执行费用,并清偿应当优先受偿的债权后,对于普通债权,原则上按照其占全部申请参与分配债权数额的比例受偿。据此,在先查封的普通债权人在参与分配中不享有优先受偿权。

二、关于"一套房"的执行

6. "一套房"执行时,"扣除的五至八年租金"具体年限如何确定?

答:申请执行人同意参照当地房屋租赁市场平均租金标准从房屋变价款中扣除五至八年租金的,执行法院应当组成合议庭评议确定"五至八年"的具体年限。

7. "一套房"执行时,房屋在上海的,所参照的"当地房屋租赁市场"中的"当地"如何确定?

答:申请执行人同意参照当地房屋租赁市场平均租金标准从房屋变价款中扣除五至八年租金,房屋在上海的,其中的"当地"是指被处分房屋所在的各区。

8. "一套房"执行时,所参照的当地房屋租赁市场平均租金标准如何确定?

答:申请执行人同意参照当地房屋租赁市场平均租金标准从房屋变价款

中扣除五至八年租金的，执行法院应当组成合议庭，参照当地房屋租赁管理部门提供的信息及市场行情并结合案件具体情况，进行充分评议，确定租金标准确定“当地房屋租赁市场平均租金标准”。

9.“一套房”执行时，“扣除的五至八年租金”具体如何计算？

答：申请执行人同意参照当地房屋租赁市场平均租金标准从房屋变价款中扣除五至八年租金的，计算租金时应当分别确定被执行人及所扶养家属的人数、当地廉租住房保障面积标准以及当地房屋租赁市场的平均租金标准，计算公式为：租金(元)＝被执行人及所扶养家属的人数(人)×当地廉租住房保障人均面积(平方米/人)×当地房屋租赁市场的平均租金(元/平方米)。

三、关于立审执兼顾

10.对离婚纠纷或者继承纠纷类案件中财产内容是否应当立案执行？

答：实践中，对离婚纠纷或者继承纠纷类案件中的财产内容，裁判主文往往表述为特定财产归原告或者被告所有，而未规定当事人之间负有协助办理过户等义务，似为确认之诉，但其本质实为财产分割的给付之诉，符合其他申请执行条件的，应当立案执行。

11.据以执行的生效法律文书主文表述为“继续履行合同”的，如何执行？

答：根据《上海市高级人民法院关于完善立案、审判、执行工作衔接机制的意见》第21条，据以执行的生效法律文书要求继续履行合同的，应当明确继续履行合同的具体内容，包括继续履行合同的时间、地点、方式等。未明确“继续履行合同”具体内容的，按照据以执行的生效法律文书主文不明确进行处理(参见问题12)。

12.据以执行的生效法律文书主文不明确的，如何处理？

答：根据《上海市高级人民法院关于完善立案、审判、执行工作衔接机制的意见》第30条，执行部门应当根据据以执行的生效法律文书主文的文义，结合其所认定的事实、理由，考量当事人请求及抗辩，依据日常生活经验法则进行解释。通过上述方法仍无法解释的，执行部门应当书面要求作出生效法律文书的有关部门就不明确的主文作出解释。有关部门应当作出书面意见。确无执行可能的，执行部门应当与立案部门、有关部门沟通、研究后，采取补救措施，尽可能充分保障当事人的合法权益。

13.据以执行的生效法律文书要求返还特定物，无法确定特定物何时灭失的，如何处理？

答：根据《上海市高级人民法院关于完善立案、审判、执行工作衔接机制的意见》第29条，无法确定特定物在据以执行的法律文书作出前还是作出后毁损或者灭失的，经双方当事人同意，可以折价赔偿。双方对折价赔偿不能协商一致的，人民法院应当终结执行程序，申请执行人可以另行提起诉讼。

四、其他

14.执行转破产中当事人同意移送破产的，应当通过何种形式予以确定？

答：根据《上海市高级人民法院关于实施执行转破产工作的规范指引（试行）》第10条，依照《最高人民法院关于执行案件移送破产审查若干问题的指导意见》第4条向申请执行人或者被执行人征询意见时，应当释明法律依据和法律后果，并告知其在十五日内作出是否同意移送的答复。申请执行人或者被执行人的答复应当以书面方式提交或者记明笔录。在规定的期限内未作答复的，视为不同意移送。

15.在执行养老金的案件中，留给被执行人及其扶养家属的基本生活保障费标准如何确定？

答：在执行养老金的案件中，一般按照当地的低保收入标准为被执行人及其扶养家属保留基本生活保障费，如果被执行人及其扶养家属有患病等特殊情况的，执行法院应当组成合议庭进行评议确定。

16.在执行养老金的案件中，被执行人下落不明或者不同意出具冻结扣划书面承诺函的，如何处理？

答：根据《上海市高级人民法院、上海市人力资源与社会保障局关于进一步推进本市人民法院与人社部门协作机制的合作协议》，被执行人下落不明或者不同意出具冻结扣划书面承诺函的，可以通知人社部门所属社保经办机构协助暂停办理个人"领取养老金方式"调整业务并冻结被执行人名下与社保卡关联的银行账户。

17. 对于执行中迟延履行期间的债务利息，生效法律文书规定支付至生效之日或者实际清偿之日的，分别应当如何计算？

答：根据《最高人民法院关于执行程序中计算迟延履行期间的债务利息适用法律若干问题的解释》第一条，执行中迟延履行期间的债务利息包括一般债务利息和加倍部分债务利息。

对于一般债务利息，生效法律文书确定债务人支付利息至生效之日的，截止时间计算至生效之日，生效法律文书确定债务人支付利息至实际清偿之日的，截止时间计算至实际清偿之日。

对于加倍部分债务利息，无论生效法律文书确定债务人支付利息至判决生效之日还是实际清偿之日，均从债务人迟延履行时开始起算，计算方法为：加倍部分债务利息＝债务人尚未清偿的生效法律文书确定的除一般债务利息之外的金钱债务×日万分之一点七五×迟延履行期间。

18. 在不动产腾退的执行中，案外人无合法依据占有不动产的，如何处理？

答：在不动产腾退的执行中，案外人无合法依据占有被执行标的不动产的，执行法院可以依法对其进行强制执行。原被执行人虽然已经腾退，但由于其未履行向申请执行人交付标的不动产的义务，执行法院仍可以依法对其采取相应的执行措施。

19. 执行终结后，被执行人或者其他人对已执行的标的有妨害行为的，如何处理？

答：根据《最高人民法院关于适用〈中华人民共和国民事诉讼法〉的解释》第五百二十一条，在执行终结六个月内，被执行人或者其他人对已执行的标的有妨害行为的，人民法院可以依申请排除妨害，并可以依照《民事诉讼法》第一百一十一条规定进行处罚。人民法院依申请排除妨害、继续执行的，应当立“执恢”字案号。因妨害行为给执行债权人或者其他人造成损失的，受害人可以另行起诉。

20. 在执行程序中，对于下落不明的被执行人如何送达相关法律文书？

答：被执行人下落不明，相关法律文书无法直接送达的，执行法院应当根据有关规定以公告的方式进行送达。实践中，可以将执行通知书、拍卖裁定书等需送达文书的内容一并列明予以公告送达，并告知以后情况没有变化的，不再进行公告送达。

21. 网络司法拍卖已经过两次拍卖一次变卖仍未成交的，是否可以重新启动网络司法拍卖程序？

答：《最高人民法院关于人民法院网络司法拍卖若干问题的规定》第二十六条关于网络司法拍卖经过两次拍卖一次变卖即告终结的原因是，防止因拍卖标的物变现价值过低而损害当事人合法权益。因此，如果此后拍卖标的物价值发生重大变化的，可以依当事人申请重新启动网络司法拍卖程序。

22. 拍卖房屋时，案外人主张对房屋享有租赁权的，如何处理？

答：案外人主张对房屋享有租赁权的，可以向执行法院提出书面异议，执行法院应当依据《最高人民法院关于执行案件立案、结案若干问题的意见》第九条第（二）项和《民事诉讼法》第二百二十七条进行立案和审查，经审查认为案外人所主张的租赁权依法成立且能够对抗申请执行人的，裁定案外人异议成立，应当负担租赁权进行变现；经审查认为案外人所主张的租赁权依法不能成立或者不能够对抗申请执行人的，裁定驳回案外人异议，对房屋不负担租赁权予以变现。案外人或者申请执行人对异议审查结果不服提起异议之诉的，执行法院应当根据诉讼结果作出相应处理。在异议审查及异议之诉审理期间，原则上应当停止对房屋的变现。

《重庆市高级人民法院关于执行分配方案异议之诉若干问题的解答》

渝高法〔2017〕300号

一、被执行人为企业法人的，当事人提起执行分配方案异议之诉如何处理？

答：被执行人为企业法人，当事人提起执行分配方案异议之诉的，人民法院不予受理；已经受理的，裁定驳回起诉。并由执行法院按照《最高人民法院关于适用〈中华人民共和国民事诉讼法〉的解释》第五百一十三条、第五百一十四条之规定处理。

申请执行人、被执行人不同意移送破产或者被执行人住所地人民法院不受理破产案件的，执行法院应当按照《最高人民法院关于适用〈中华人民共和国民事诉讼法〉的解释》第五百一十六条之规定处理。

被执行人为企业法人的，当事人对清偿的先后顺序或者对与执行依据无关的债权数额等提出的异议，属于执行行为异议，执行法院按照《中华人民共和国民事诉讼法》第二百二十五条之规定处理；当事人对执行依据提出的异议，不属于执行异议，执行法院按照《中华人民共和国民事诉讼法》第二百二十七条之规定依照审判监督程序处理。

二、在执行分配方案异议之诉中，未提出反对意见的债权人、被执行人是否作为第三人参加诉讼？

答：执行法院制作财产分配方案后，债权人或者被执行人对财产分配方案提出书面异议，未对财产分配方案提出异议的债权人、被执行人提出反对意见的，异议人应当以提出反对意见的债权人、被执行人为被告向执行法院提起诉讼。其他未提出反对意见的债权人、被执行人，可以不作为第三人参加诉讼。

人民法院经审查认为，异议人提出的异议可能改变财产分配方案，并进而影响到未提出反对意见的债权人或者被执行人权利的，人民法院应当通知其作为第三人参加诉讼。

三、在执行分配方案异议之诉中，判决主文如何表述？

答：对执行分配方案异议之诉，人民法院经审理，按照下列情形分别处理：

（一）债权人或者被执行人对财产分配方案提起的异议成立的，应当判决撤销财产分配方案，并在判决说理部分阐明财产分配方案存在错误的具体事由；

（二）债权人或者被执行人对财产分配方案提起的异议不成立的，应当判决驳回诉讼请求。

财产分配方案被撤销后，执行法院应当重新作出财产分配方案。

四、在《最高人民法院关于适用〈中华人民共和国民事诉讼法〉的解释》施行前，执行法院对企业法人作为被执行人制作的财产分配方案，当事人提起执行分配方案异议之诉如何处理？

答：在《最高人民法院关于适用〈中华人民共和国民事诉讼法〉的解释》施行前，执行法院对企业法人作为被执行人制作的财产分配方案，当事人提起执行分配方案异议之诉的，人民法院不予受理；已经受理的，裁定驳回起诉。

《北京市高、中级法院执行局（庭）长座谈会（第五次会议）纪要——关于案款分配及参与分配若干问题的意见》

为进一步解决案款分配及参与分配中的疑难问题，统一司法尺度，规范办理程序，切实维护当事人的合法权益，市高、中级法院执行局（庭）长座谈会于2013年8月15日至16日召开了第五次会议。与会同志通过认真讨论，就案款分配及参与分配的若干问题取得了基本共识。现纪要如下：

一、案款分配、参与分配程序的适用范围

1. 本纪要中的案款分配，是指根据《最高人民法院关于人民法院执行工作若干问题的规定（试行）》（以下简称《执行规定》）第88条的规定分配案款。

本纪要中的参与分配，是指根据《执行规定》第90条至第95条的规定分配案款。

2. 多份生效法律文书确定金钱给付内容的多个债权人分别对同一被执行人申请执行，被执行人的财产足以清偿全部债务的，按照《执行规定》第88条第一款、第二款的规定进行案款分配；被执行人的财产不足清偿全部债务的，区分以下情形分别予以处理：

（1）被执行人为自然人或其他组织（指非法人组织），按照《执行规定》第90条至第95条的规定进行参与分配，法律、司法解释另有规定的除外。

（2）被执行人为企业法人，且符合《执行规定》第96条规定条件的，参照

《执行规定》第 90 条至第 95 条的规定处理；不符合《执行规定》第 96 条规定条件的，依照《执行规定》第 89 条的规定告知当事人依法申请被执行人破产，告知情况记入笔录。当事人申请被执行人破产并被法院受理的，相关执行案件中止执行，被执行人被法院裁定宣告破产的，相关执行案件终结执行；当事人不申请被执行人破产或其破产申请未被法院受理的，按照《执行规定》第 88 条第一款、第二款的规定进行案款分配。

《执行规定》第 96 条中的"歇业"是指，根据《中华人民共和国企业法人登记管理条例》[①]第二十二条的规定，企业法人领取营业执照后，满六个月尚未开展经营活动或者停止经营活动满一年。企业法人被吊销营业执照满一年且未注销的，视为该条规定中的"歇业"；企业法人被吊销营业执照未满一年，或经登记机关许可暂停营业而处于停止经营状态的，不视为该条规定中的"歇业"。当事人主张企业法人歇业的，由其提供相应证据予以证明。

被执行的企业法人被撤销、注销或歇业，其主管部门、清算组织或其他负有清算责任的主体向登记主管机关或其他有权机关出具了债权债务清理、清算完结的证明或负责清理、清算债权债务的文件的，不适用《执行规定》第 96 条的规定。其主管部门、清算组织或其他负有清算责任的主体出具不实的债权债务清理、清算完结证明办理法人注销登记的，可告知债权人依法另行起诉追究相关责任主体的民事责任；其主管部门、清算组织或其他负有清算责任的主体承诺未了结的债权债务由其负责而未实际履行该承诺的，可告知债权人依照《中华人民共和国民事诉讼法》第二百三十二条的规定申请追加其为被执行人。

(3)被执行人为机关法人、事业单位法人、社会团体法人等其他法人的，按照《执行规定》第 88 条第一款、第二款的规定进行案款分配。

3. 一份生效法律文书确定金钱给付内容的多个债权人对同一被执行人申请执行，执行的财产不足清偿全部债务，该生效法律文书已确定各债权的受偿顺位或者其中有法律规定的可优先受偿的债权的，按照该生效法律文书确定的顺位和相关法律的规定分配案款；该生效法律文书未确定各债权的受偿顺位且无法律规定的可优先受偿的债权的，根据《执行规定》第 88 条第三款的规定，各债权按比例受偿。

---

① 已废止。

二、案款分配程序的具体适用

4. 多份生效法律文书确定金钱给付内容的多个债权人分别对同一被执行人申请执行，各债权人对执行标的物均无担保物权和法律规定的其他优先受偿权（即各债权均为普通债权）的，根据《执行规定》第 88 条第一款的规定，按照执行法院对执行标的物采取控制性措施（如查封、扣押、冻结等）的先后顺序受偿。

5. 多份生效法律文书确定金钱给付内容的多个债权人分别对同一被执行人申请执行，其中有债权人对执行标的物享有担保物权或法律规定的其他优先受偿权的，对执行标的物或其变价款，根据《执行规定》第 88 条第二款的规定，按照以下规则确定各债权的受偿顺位：

（1）对执行标的物享有担保物权的债权优先于普通债权受偿。执行标的物上存在多个担保物权的，按照有关担保物权的法律、司法解释的规定确定其债权的受偿顺位。

（2）执行标的物为建筑物的，建设工程价款中享有优先权的部分优先于基于担保物权的债权受偿。执行标的物为房屋的，对该房屋的变价款，消费者（指符合《中华人民共和国消费者权益保护法》中消费者条件的买受人）为购买该房屋（特指用于生活消费的住房）所支付的款项优先于建设工程价款受偿。

（3）多个债权中有职工工资债权（包括劳动报酬、经济补偿、赔偿金、职工基本医疗保险费、失业保险费、基本养老保险费等）的，对案款分配时本地区上一年度职工平均工资（上一年度职工平均工资未公布的，按照上上年度职工平均工资）范围内的工资部分，比照建设工程价款优先权的顺位受偿，剩余工资部分作为普通债权受偿。被执行人欠缴职工基本医疗保险费、失业保险费、基本养老保险费，该职工尚未取得执行依据的，在分配案款时可为其预留相应数额的款项。

（4）执行标的物为船舶或民用航空器的，按照《中华人民共和国海商法》、《中华人民共和国民用航空法》等法律及相关司法解释的规定，确定船舶优先权、民用航空器优先权的债权与其他债权之间的受偿顺位。

（5）本款前几项中优先于普通债权的债权受偿完毕后，案款有剩余的，各普通债权按照执行法院对执行标的物采取控制性措施的先后顺序受偿。

6. 根据《中华人民共和国民办教育促进法》第五十九条的规定，被执行人为民办学校的，其财产优先清偿应退受教育者学费、杂费和其他费用，并扣除本纪要第18条所列费用后，剩余款项用于案款分配。

三、参与分配程序的具体适用

（一）适用参与分配程序的条件

7. 同时符合以下三个条件的，按照《执行规定》第90条至第95条的规定进行参与分配程序：

（1）被执行人为自然人（包括外国人和无国籍人）或其他组织（指非法人组织）。

（2）被执行人的全部财产或主要财产已被一个法院查封、扣押或冻结。

（3）被执行人无其他财产可供执行或其他财产不足清偿全部债务。

《执行规定》第90条中，"全部财产"是指主持分配的法院控制了被执行人的全部财产，被执行人无其他可供执行财产；"全部债务"是指申请参与分配并符合参与分配条件和程序的债权之和（包括迟延履行利息和迟延履行金）。

（二）申请参与分配的债权人主体资格

8. 按照《执行规定》第90条的规定，有权申请参与分配的主体为已经取得执行依据的债权人。

（三）申请参与分配的截止日

9. 申请参与分配的截止日是指主持分配的法院收到申请参与分配的债权人的执行法院转交参与分配申请书的最后日期。

10. 按照《执行规定》第90条的规定，若执行标的物为货币类财产，以案款到达主持分配法院的账户之日作为申请参与分配的截止日；若执行标的物为非货币类财产，需对该财产予以拍卖、变卖或以其他方式变价的，以拍卖、变卖裁定送达买受人之日或以物抵债裁定送达申请执行人之日作为申请参与分配的截止日。

前款中的以物抵债裁定应当载明执行标的物折抵的价款数额，但不应载明折抵的债权数额，待分配方案确定后再作出认定。

同一案件中,法院执行多项财产的,各项财产分别确定申请参与分配的截止日;同一项财产(指同一项执行措施控制的财产)为可分的多个财产的,以被处置的最后一个财产确定申请参与分配的截止日。

(四)主持参与分配的法院

11. 对被执行人财产的处置和具体分配,按照《执行规定》第 91 条的规定,原则上由首先查封、扣押或冻结的法院主持进行。本市法院之间亦可协商由非首封的法院主持进行;协商不成的,可报请高级法院予以协调。

(五)申请参与分配的程序

12. 按照《执行规定》第 92 条的规定,债权人申请参与分配的,应当向其执行法院提交参与分配申请书,并附执行依据。该执行法院向主持分配的法院转交参与分配申请时,应当提供以下材料:

(1)申请参与分配的债权人提交的参与分配申请书及所附执行依据。参与分配申请书应当写明申请参与分配的理由及法律依据。

(2)该执行法院出具的执行情况说明。执行情况说明的内容应当包括:执行案号,当事人基本情况,应执行标的额,已执行标的额,未受偿标的额,对被执行人财产的调查情况,以及已控制但未处置完毕的被执行人财产及其价值等。

对该执行法院转交的参与分配申请及上述材料,主持分配的法院应当予以登记。该执行法院派人直接转交的,应当由转交人签字确认;以其他方式转交的,应当由主持分配的法院 2 人或 2 人以上签字确认。主持分配的法院收到参与分配申请的日期以登记的日期为准。该执行法院提供的材料不齐备的,通知其限期补正,并将该情况告知申请参与分配的债权人。该执行法院在指定期限内补正材料的,以主持分配的法院第一次收到其转交的参与分配申请的日期作为申请参与分配的日期;逾期未补正的,再次通知其补正,并告知其未在申请参与分配截止日前补正的,不准予该债权人参与分配,并将该情况通知申请参与分配的债权人。

(六)参与分配申请的审查程序

13. 主持分配的法院对上条所列材料进行审查,对不符合参与分配条件和程序的债权人,不准予其参与分配。对符合参与分配条件和程序的债权人,若截至申请参与分配的截止日可分配的财产足以清偿全部债务的,适用案款分配程序的相关规定办理;若截至申请参与分配的截止日可分配的财产不足清

偿全部债务的,视情况分别作出以下处理:

(1)被执行人的全部财产被主持分配的法院控制的,申请参与分配并符合参与分配条件和程序的债权按照本纪要第15条、第16条的规定受偿。

(2)被执行人的主要财产被主持分配的法院控制,申请参与分配并符合参与分配条件和程序的债权人的执行法院未控制被执行人的其他可供执行财产的,其债权按照本纪要第15条、第16条的规定受偿;其执行法院控制了被执行人的其他可供执行财产但截至申请参与分配的截止日尚未完成处置的,不准予其在本案中参与分配,但被控制的财产经完成法定的拍卖、变卖程序后仍无法变现的除外。

(七)申请参加参与分配程序的条件及相关程序

14. 按照《执行规定》第93条的规定,对法院查封、扣押或冻结的财产享有担保物权和法律规定的其他优先受偿权的债权人,可以申请参加参与分配程序,主张优先受偿权。该债权人未取得执行依据,主持参与分配的法院告知其依照相关法律规定取得执行依据,但在分配案款时为其预留相应款项。对被欠缴基本医疗保险费、失业保险费、基本养老保险费的职工,劳动行政主管部门作出要求被执行人补缴上述保险费的文书的,在分配案款时也应为其预留相应款项。

(八)参与分配程序中的债权受偿顺位

15. 按照《执行规定》第94条的规定,享有担保物权和法律规定的其他优先受偿权的债权,其受偿顺位按照本纪要第5条第(1)、(2)、(3)、(4)项的相关规定办理。享有担保物权和法律规定的其他优先受偿权的债权受偿完毕后,案款有剩余的,各普通债权按比例受偿。

参与分配程序中,若执行标的物为诉讼前、诉讼中、仲裁前或仲裁中依债权人申请所保全的财产,在清偿对该标的物享有担保物权和法律规定的其他优先受偿权的债权后,对该债权人因申请财产保全所支出的成本及其损失,视具体情况优先予以适当补偿,但补偿额度不得超过其未受偿债权金额的20%;其剩余债权作为普通债权受偿。

16. 被执行人为民办学校的,各债权人的债权受偿顺位按照本纪要第6条的规定办理。

（九）参与分配后的继续执行

17. 按照《执行规定》第 95 条的规定，被执行人的财产被分配给各债权人后，被执行人对其剩余债务应当继续清偿。债权人发现被执行人有其他财产的，人民法院可以根据债权人的申请继续依法执行。

四、其他问题

（一）案款分配及参与分配中应先行扣除的款项

18. 案款执行到位后，应当先行扣除案件受理费、申请保全费、申请执行费、评估费、鉴定费、公告费、保管费等因诉讼、仲裁或执行所支出的费用（执行依据确定由一方当事人向另一方当事人支付的除外），剩余部分用于案款分配或参与分配。

19. 根据《中华人民共和国担保法》第五十六条的规定，执行标的物为划拨的国有土地使用权的，对该土地使用权的变价款，在依法缴纳相当于应缴纳的土地使用权出让金的款额，并扣除本纪要第 18 条所列费用后，剩余款项用于案款分配或参与分配。

（二）民事债权与行政罚款、司法罚款、刑事罚金、没收财产的受偿顺位

20. 同一被执行人既有民事债权执行案件，又有行政罚款、司法罚款或者刑事罚金、没收财产执行案件的，民事债权优先受偿。刑事退赔案件中权利人的权利视为普通民事债权，可申请参加案款分配或参与分配程序。

（三）迟延履行利息或迟延履行金的受偿

21. 被执行人财产足以清偿全部债务的，各债权人在案款分配程序中受偿的债权数额中包括迟延履行利息或迟延履行金；被执行人财产不足清偿全部债务的，各债权人在案款分配或参与分配程序中受偿的债权数额中不包括迟延履行利息或迟延履行金，执行依据确定的债权清偿完毕后，案款有剩余的，各债权的迟延履行利息或迟延履行金按比例受偿。

（四）替代履行费用的受偿

22. 因被执行人拒不履行生效法律文书中指定的行为，执行法院委托有关单位或他人替代履行的，因替代履行发生的费用可申请参加案款分配或参与分配程序。

（五）被执行人增资前、后发生债权的受偿顺位

23. 被执行人的开办单位因增加注册资金不实被追加为被执行人的，对执行到位的注册资金，优先清偿发生在增加注册资金之后的债权，案款有剩余的，用于清偿发生在增加注册资金之前的债权。发生在增加注册资金前、后的债权，是指同一位阶的债权。

（六）分配方案的制作、审批及内容

24. 案款分配或参与分配程序中，主持分配的法院应当经合议庭合议后制作书面的财产分配方案，并逐级报本院执行局局长或主管院长审批。分配方案应当载明可供分配的款项总额、待分配的债权总额、各债权人的基本情况及其债权的性质和数额、分配顺位、各债权的受偿比例及数额、分配的法律依据、提出异议的权利等内容。

（七）案款分配或参与分配中异议的处理

25. 案款分配或参与分配程序中，债权人或者被执行人提出的以下异议，适用《最高人民法院关于适用〈中华人民共和国民事诉讼法〉执行程序若干问题的解释》第二十五条、第二十六条的规定进行处理：

（1）执行依据确定的债权是否已经履行或部分履行及履行的数额，以及该债权是否已经超过申请执行时效；

（2）执行依据确定的建设工程价款是否享有优先受偿权及优先受偿的款项范围；

（3）担保物权人以及其他有权请求实现担保物权的人申请执行法院作出的拍卖、变卖担保财产的裁定，该裁定未明确债权数额，当事人对分配方案中确定的债权数额提出异议的；

（4）其他应当通过参与分配异议及参与分配异议之诉处理的情形。

参与分配异议及参与分配异议之诉的审查和审理期间，主持分配的法院对争议债权的相应款项可依法予以提存。

26. 债权人、被执行人对主持分配的法院在案款分配或参与分配程序中的以下执行行为提出的异议，适用《中华人民共和国民事诉讼法》第二百二十五条的规定进行处理：

（1）是否适用案款分配程序或参与分配程序的决定；

（2）申请参与分配的债权人是否适合的认定；

(3)债权人申请参与分配是否逾期的认定；

(4)分配方案的送达；

(5)其他应当通过执行行为异议处理的情形。

债权人、被执行人对分配方案中分配顺位及分配数额的确定提出异议的，由执行实施机构进行初步审查。经审查，因法院工作失误或计算错误导致分配顺位及分配数额确定错误的，由执行实施机构依法予以纠正；认为分配顺位及分配数额的确定不存在错误的，适用《最高人民法院关于适用〈中华人民共和国民事诉讼法〉执行程序若干问题的解释》第二十五条、第二十六条的规定进行处理。

五、本纪要的适用

27.案款分配或参与分配程序中，法院可依各方债权人达成的合意制作分配方案并进行分配；达不成合意的，适用本纪要的相关规定。